南宋及南宋都城临安研究系列丛书　杭州市社会科学院 编

专题研究

张润秀 著

王十朋研究

《南宋及南宋都城临安研究系列丛书》
编辑委员会

主　　编　王国平

执 行 主 编　何善蒙　何忠礼

执行副主编 （以姓氏笔画为序）

　　　　　　朱学路　孙　璐　杨　毅　张旭东

　　　　　　范立舟　周小忠　徐吉军

编撰办公室工作人员（以姓氏笔画为序）

　　　　　　尹晓宁　李　辉　魏　峰

序　言

徐规

　　靖康之变，北宋灭亡。建炎元年（1127）五月初一日，宋徽宗第九子、钦宗之弟赵构在应天府（河南商丘）即帝位，重建宋政权。不久，宋高宗在金兵的追击下一路南逃，最终在杭州站稳了脚跟，并将此地称为行在所，成为实际上的南宋都城。

　　南宋自立国起，到最终为元朝灭亡（1279），国祚长达一百五十三年之久。对于南宋社会，历来评价甚低，以为它国力至弱，君臣腐败，偏安一隅，一无作为。但是近代以来，一些具有远见卓识的史学家却有不同看法，如著名史学大师陈寅恪先生在二十世纪四十年代初指出：

　　　　华夏民族之文化，历数千载之演进，造极于赵宋之世。①

　　著名宋史专家邓广铭先生更认为：

　　　　宋代是我国封建社会发展的最高阶段，两宋期内的物质文明和精神文明所达到的高度，在中国整个封建社会历史时期之内，可以说是空

---

① 陈寅恪：《金明馆丛稿二编》，生活·读书·新知三联书店2001年出版。

前绝后的。①

很显然,对宋代的这种高度评价,无论是陈寅恪还是邓广铭先生,都没有将南宋社会排斥在外。我以为,一些人所以对南宋贬抑至深,在很大程度上是出于对患有"恐金病"的宋高宗和权相秦桧一伙倒行逆施的义愤,同时从南宋对金人和蒙元步步妥协,国土日朘月削,直至灭亡的历史中,似乎也看到了它的懦弱和不振。当然,缺乏对南宋史的深入研究,恐怕也是其中的一个原因。

众所周知,南宋历史悠久,国土虽只及北宋的五分之三,但人口少说也有五千万人左右,经济之繁荣,文化之辉煌,人才之众多,政权之稳定,是历史上任何一个偏安政权所不能比拟的。因此,对南宋社会的认识,不仅要看到它的统治集团,更要看到它的广大人民群众;不仅要看到它的军事力量,更要看到它的经济、文化和科学技术等各个方面,看到它的人心之所向。特别是由于南宋的建立,才使汉唐以来的中华文明在这里得到较好的传承和发展,不至于产生大的倒退。对于这一点,人们更加不应该忽视。

北宋灭亡以后,由于在淮河、秦岭以南存在着南宋政权,才出现了北方人口的大量南移,再一次给中国南方带来了充足的劳动力、先进的技术和丰富的生产经验,从而推动了南宋农业、手工业、商业和海外贸易的显著的进步。

与此同时,南宋又是中国古代文化最为光辉灿烂的时期。它具体表现为:

一是理学的形成和儒学各派的互争雄长。

南宋时候,程朱理学最终形成,出现了以朱熹为代表的主流派道学,以胡安国、胡宏、张栻为代表的湖湘学,以谯定、李焘、李石为代表的蜀学,以陆九渊为代表的心学。此外,浙东事功学派也在尖锐复杂的民族矛盾和阶级矛盾的形势下崛起,他们中有以陈傅良、叶适为代表的永嘉学派,以陈亮、唐

---

① 邓广铭:《关于宋史研究的几个问题》,载《社会科学战线》1986 年第 2 期。

仲友为代表的永康学派,以吕祖谦为代表的金华学派。理宗朝以前,各学派之间互争雄长,呈现出一派欣欣向荣的景象。

二是学校教育的大发展,推动了文化的普及。

南宋学校教育分中央官学、地方官学、书院和私塾村校,它们在南宋都获得了较大发展。如南宋嘉泰二年(1202),仅参加中央太学补试的士人就达三万七千余人,约为北宋熙宁初的二百五十倍。① 州县学在北宋虽多次获得倡导,但只有到南宋才真正得以普及。两宋共有书院三百九十七所,其中南宋占三百十所,② 比北宋的三倍还多,著名的白鹿洞、象山、丽泽等书院,都是各派学者讲学的重要场所。为了适应科举的需要,私塾村校更是遍及城乡。学校教育的大发展,有力地推动了南宋文化的普及,不仅应举的读书人较北宋为多,就是一般识字的人,其比例之大也达到了有史以来的高峰。

三是史学的空前繁荣。

通观整个南宋,除了权相秦桧执政时期,总的说来,文禁不密,士大夫熟识政治和本朝故事,对国家和民族有很强的责任感,不少人希望借助于史学研究,总结历史上的经验和教训,以供统治集团作为参考。另一方面,南宋重视文治,读书应举的人比以前任何时候都多,对史书的需要量极大,许多人通过著书立说来宣扬自己的政治主张,许多人将刻书卖书作为谋生的手段。这样就推动了南宋史学的空前繁荣,流传下来的史学著作,尤其是本朝史,大大超过了北宋一代,南宋史家辈出,他们治史态度之严肃,考辨之详赡,一直为后人所称道。四川、两浙东路、江南西路和福建路都是重要的史学中心。四川以李焘、李心传、王称等人为代表。浙东以陈傅良、王应麟、黄震、胡三省等人为代表。江南西路以徐梦莘、洪皓、洪迈、吴曾等人为代表,福建路以郑樵、陈均、熊克、袁枢等人为代表。他们既为后世留下了宝贵的史料,也创立了新的史学体例,史书中反映的爱国思想也对后世史家产生了

---

① 徐松辑:《宋会要辑稿》崇儒一之三九,中华书局1987年影印本。
② 参见曹松叶《宋元明清书院概况》,载《中山大学语言历史研究所周刊》第十集,第111–115期,1929年12月至1930年出版。

重大影响。

四是公私藏书十分丰富。

南宋官方十分重视书籍的搜访整理,重建具有国家图书馆性质的秘书省,规模之宏大,藏书之丰富,远远超过以前各个朝代。私家藏书更是随着雕板印刷业的进步和重文精神的倡导而获得了空前发展。两宋时期,藏书数千卷且事迹可考的藏书家达到五百余人,生活于南宋的藏书家有近三百人,①又以浙江为最盛,其中最大的藏书家有郑樵、陆宰、叶梦得、晁公武、陈振孙、尤袤、周密等人,他们藏书的数量多达数万卷至十数万卷,有的甚至可与秘府、三馆等。

五是文学、艺术的繁荣。

南宋是中国古代文学、艺术繁荣昌盛的时代。词是两宋最具代表性的文学形式,据唐圭璋先生所辑《全宋词》统计,在所收作家籍贯和时代可考的八百七十三人中,北宋二百二十七人,占百分之二十六;南宋六百四十六人,占百分之七十四,李清照、辛弃疾、陆游、姜夔、刘克庄等都是南宋杰出词家。宋诗的地位虽不及唐代,但南宋诗就其数量和作者来说,却大大超过了北宋。由北方南移的诗人曾几、陈与义;有"中兴四大诗人"之称的陆游、杨万里、范成大、尤袤;有同为永嘉(浙江温州)人的徐照、徐玑、翁卷、赵师秀;有作为江湖派代表的戴复古、刘克庄;有南宋灭亡后作"遗民诗"的代表文天祥、谢翱、方凤、林景熙、汪元量、谢枋得等人。此外,南宋的绘画、书法、雕塑、音乐舞蹈以及戏曲等,都在中国文化史上占有一定的地位。

在日常生活中,南宋的民俗风情,宗教思想,乃至衣、食、住、行等方面,对今天的中国也有着深刻影响。

南宋亦是我国古代科学技术发展史上最为辉煌的时期,正如英国学者李约瑟所说:"对于科技史家来说,唐代不如宋代那样有意义,这两个朝代的气氛是不同的。唐代是人文主义的,而宋代较着重科学技术方面……每当

---

① 参见《中国藏书通史》第五编第三章《宋代士大夫的私家藏书》,宁波出版社2001年出版。

人们在中国的文献中查找一种具体的科技史料时,往往会发现它的焦点在宋代,不管在应用科学方面或纯粹科学方面都是如此。"①此话当然一点不假,不过如果将南宋与北宋相比较,李约瑟上面所说的话,恐怕用在南宋会更加恰当一些。

首先,中国四大发明中的三大发明,即指南针、火药和印刷术而言,在南宋都获得了比北宋更大的进步和更广泛的应用。别的暂且不说,仅就将指南针应用于航海上,并制成为罗盘针使用这一点来看,它就为中国由陆上国家向海洋国家的转变创造了技术上的条件,意义十分巨大。再如,对人类文明有重大贡献的活字印刷术虽然发明于北宋,但这项技术的成熟与正式运用却是在南宋。其次,在农业、数学、医药、纺织、制瓷、造船、冶金、造纸、酿酒、地学、水利、天文历法、军器制造等方面的技术水平都比过去有很大进步。可以这样说:在西方自然科学东传之前,南宋的科学技术在很大程度上代表了中国封建社会科学技术的最高水平。

南宋军事力量虽然弱小,但军民的斗争意志却异常强大。公元1234年,金朝为宋蒙联军灭亡以后,宋蒙战争随即展开。蒙古铁骑是当时世界上最为强大的军队,它通过短短的二十余年时间,就灭亡了西夏和金,在此前后又发动三次大规模的西征,横扫了中亚、西亚和俄罗斯等大片土地,前锋一直打到中欧的多瑙河流域。但面对如此劲敌,南宋竟顽强地抵抗了四十五年之久,这不能不说是世界战争史上的一个奇迹。从中涌现出了大量可歌可泣的英雄人物,反映了南宋军民不畏强暴的大无畏战斗精神,他们与前期的岳飞精神一样,成为中华民族宝贵的精神财富。

古人有言:"以古为镜,可以知兴替。"近人有言:"古为今用,推陈出新。"前者是说,认真研究历史,可为后人提供历史上的经验和教训,以少犯错误;后者是说,应该吸取历史上一切有益的东西,通过去粗取精,改造、发展,以造福人民,总之,认真研究历史,有利于加强精神文明的建设,也有利于将我国建设成为一个和谐的、幸福的社会。我觉得南宋可供我们借鉴反

---

① 《中国科学技术史·导论》中译本,科学出版社、上海古籍出版社1990年出版。

思和保护利用的东西实为不少。

以前,南宋史研究与北宋史研究相比,显得比较薄弱,但随着杭州市社会科学院主持的50卷《南宋史研究丛书》编撰出版工作的基本完成,这一情况发生了一些令人欣喜的改变。但历史研究没有穷尽,关于南宋和南宋都城临安的研究,尚有许多问题值得进一步探讨,也还有一些空白需要填补。近日,欣闻杭州市社会科学院南宋史研究中心拟进一步深化和扩大南宋史研究,同时出版"博士文库",加强对南宋史研究后备人才的培养,对杭州凤凰山皇城遗址综保工程,也正从学术上予以充分配合和参与,此外还正在点校和整理部分南宋史的重要典籍。组织编撰《南宋及南宋都城临安研究系列丛书》,对于开展以上一系列的研究,我认为很有意义。我相信,在汲取编撰《南宋史研究丛书》成功经验的基础上,新的系列丛书一定会进一步推动我国南宋史研究的深入开展,对杭州乃至全国的精神文明建设都有莫大的贡献,故乐为之序。

2010年11月于杭州市道古桥寓所

目　录

序言 ······································· 徐　规（1）

导言 ··（1）
　一、王十朋的生平和著作 ······················（1）
　二、王十朋研究成果综述 ······················（5）
　三、文本内容与书写构架 ·····················（10）

第一章　时世家风　乡贤角色
——在社会大变局时期家族诗礼孕育的一代乡贤范式 ······（14）

第一节　社会变局时代 ··························（15）
　一、从靖康之乱到绍兴和议的时代变局 ··········（16）
　二、动乱趋稳时期的社会政治文化特点 ··········（17）
　三、两宋之交温州乐清的社会发展概况 ··········（20）

第二节　家世家风传承 ··························（24）
　一、世代寒微家 ······························（25）
　二、忠孝立家风 ······························（35）
　三、耕读传家学 ······························（45）

第三节　一代乡贤雅士 ··························（52）
　一、乡贤形象　自为表率 ······················（53）

二、设馆结社　传承儒学……………………………………（61）

　　三、担当公务　导民向善……………………………………（72）

　　四、乡贤文化　涵育文明……………………………………（81）

第二章　求学科考　殿试夺魁

　　——探求并践履经学、教育、科举报国精义的畎亩遗士………（83）

　第一节　辗转求学　自铸颜渊……………………………………（84）

　　一、宋代科举制度改革及其积极意义………………………（84）

　　二、修学铸颜渊的信念与盐梅情结…………………………（87）

　第二节　太学科场　精义励人……………………………………（98）

　　一、科考精义求新解…………………………………………（98）

　　二、十年太学志未遂…………………………………………（105）

　　三、修习策文论古今…………………………………………（109）

　第三节　殿试对策　大魁天下……………………………………（113）

　　一、《廷试策》的拟题背景和命题主旨……………………（114）

　　二、《廷试策》推重《春秋》学术的运用…………………（121）

　　三、《廷试策》的政治思想与社会价值……………………（123）

　第四节　致身许国　倾心民事……………………………………（128）

　　一、春风得意致身愿…………………………………………（129）

　　二、佐郡治政行民事…………………………………………（133）

　　三、代札言事资国政…………………………………………（141）

第三章　刚直立朝　激进言事

　　——"五贤臣""真御史"振衰拨乱整朝纲的高风劲节………（144）

　第一节　整朝纲轮对言事…………………………………………（146）

　　一、秦桧路线阴霾笼罩朝野…………………………………（146）

　　二、奉诏任职秘书省建王府…………………………………（153）

　　三、上策言事清除秦桧流弊…………………………………（155）

　第二节　五贤臣相继开陈…………………………………………（164）

  一、微臣同谏虏有叛盟意 …………………………………… (165)
  二、两次被誉称"五贤臣" ………………………………… (167)
  三、毅然乞祠去国忧天下 …………………………………… (169)
 第三节 竭孤忠直言敢谏 ……………………………………… (174)
  一、政局由乱趋稳 …………………………………………… (175)
  二、矫拂更张国策 …………………………………………… (180)
  三、条陈时政弊端 …………………………………………… (185)
  四、弹劾史浩党羽 …………………………………………… (192)
  五、聚讼隆兴弹劾 …………………………………………… (204)
 第四节 真御史献策北伐 ……………………………………… (209)
  一、申论进取方略 …………………………………………… (210)
  二、适时进谏良策 …………………………………………… (213)
  三、应对不利战局 …………………………………………… (215)
  四、符离溃败自劾 …………………………………………… (217)

第四章 知饶帅夔 中和为治
 ——在"无隐无喧"中完成民本纯臣高标范式的形塑 ………… (230)
 第一节 爱民抚字施仁政 ……………………………………… (231)
  一、以民为本 关心农务 ………………………………… (232)
  二、惠民实事 泽被后世 ………………………………… (235)
  三、马纲再奏 夔民欢庆 ………………………………… (237)
  四、公正办案 避免冤狱 ………………………………… (240)
  五、守夔掌帅 保民平安 ………………………………… (242)
 第二节 风教为先敦民俗 ……………………………………… (247)
  一、标榜范颜 ………………………………………………… (247)
  二、修庙崇祀 ………………………………………………… (251)
  三、兴儒崇文 ………………………………………………… (253)
 第三节 臣僚相得结高谊 ……………………………………… (261)

一、拜会张魏公……………………………………………（261）
　　二、诗哭冯员仲……………………………………………（266）
　　三、缘结张孝祥……………………………………………（268）
　　四、际会三同年……………………………………………（272）
　第四节　无喧无隐中和美……………………………………（275）
　　一、以诚立身　中和为美…………………………………（276）
　　二、开通言路　讲求人和…………………………………（279）
　　三、无隐无喧　良治在人…………………………………（282）

第五章　民本乐章　惠泽浙闽
　　——南宋社会发展转型期的吏治高标及其施政理念………（286）
　第一节　湖州困境绘宏图……………………………………（287）
　　一、和议已成　意存中兴…………………………………（287）
　　二、财政困境　理想憧憬…………………………………（290）
　　三、复兴文教　培育人才…………………………………（297）
　第二节　雨泽泉南天地心……………………………………（300）
　　一、忧心广宇　普惠黎民…………………………………（301）
　　二、割俸兴学　风教育才…………………………………（307）
　　三、闽商海贾　讵容庸缪…………………………………（310）
　　四、肝胆相照　大爱人间…………………………………（315）
　第三节　吏治高标垂后世……………………………………（327）
　　一、辞谢詹事　魂归梅溪…………………………………（328）
　　二、仁怀治郡　政绩卓然…………………………………（331）
　　三、政坛声望　后世高标…………………………………（335）

第六章　文学成就　史学价值
　　——承先启后、振衰起弊的文史学贡献及其历史地位……（344）
　第一节　上承元祐下启中兴的诗歌创作……………………（345）
　　一、记录时代衍进　构筑诗史图景………………………（346）

二、阳刚浑厚条畅　宋诗中兴先导…………………………（348）

第二节　开宋文中兴风气之先的散文创作………………………（350）
　　一、政论体散文引发爱国主义热情………………………………（351）
　　二、辞赋作品争得江南文学话语权………………………………（353）
　　三、叙记体散文作品俨然大家风范………………………………（354）

第三节　引领一代文风的文学理论新建树………………………（356）
　　一、诗歌理论新法度………………………………………………（356）
　　二、文学思想新建树………………………………………………（359）

第四节　王十朋的诗学路线与文史学贡献………………………（362）
　　一、广结州郡诗社　导引诗风成长………………………………（363）
　　二、制定诗令规约　成就诗学路线………………………………（369）
　　三、溯源诗名文誉　判认文学地位………………………………（377）
　　四、儒家经典著作　彰显史学价值………………………………（386）

第七章　儒学传统　自成一体

——"真儒者"爱国忧民、以民为本的儒学思想体系…………（392）

第一节　"真儒者"的哲学思想 …………………………………（394）
　　一、注重践行的理学思想…………………………………………（395）
　　二、儒释相济的宗教观念…………………………………………（402）

第二节　"真儒者"的政治思想…………………………………（407）
　　一、"奉天法古""大一统"思想…………………………………（408）
　　二、忧国忠君一体化的家国观念…………………………………（411）
　　三、民为邦本先抚字的民本思想…………………………………（413）

第三节　"真儒者"的学术思想 …………………………………（415）
　　一、以《春秋》学术阐述揽权……………………………………（416）
　　二、以《春秋》学术议政论人……………………………………（418）

第四节　"真儒者"的教育思想 …………………………………（422）
　　一、彰显教育本质属性的目标规范………………………………（422）

二、富有现代启示意义的教育观念……………………（425）
结　语……………………………………………………（428）
　　一、阳德刚明的君子人格……………………………（430）
　　二、垂范后世的南宋大贤……………………………（435）
附　录　王十朋年谱……………………………………（439）

导　言

　　王十朋是南宋名臣，一身兼具诗人、学者、政治家、教育家、文艺理论家等多重角色，史称"真御史""真儒者"，今人尊之为"文学大家""南宋大贤"。本书拟采用社会史、政治史、文学史与文化思想史相结合的研究方法，以《梅溪集》经典诗文为基本素材，全面考察史籍、方志、宗谱中的相关材料，通过比勘梳理、考证辨析，大体上从学术、思想、政治这三个层面解读时代文化，考述王十朋的生平仕履、交游脉络、政治业绩、思想特质与文学观念、创作风格等，阐发王十朋忠君爱国的思想体系、勤政爱民的政治建树、先德后艺的教育观念与宗杜学韩的文学路线，从横向比较和纵向联系中肯定王十朋在我国古代文学史、政治史、文化史上的应有地位。

　　王十朋研究有很大的学术开发空间。本书试图从内容主旨、资源开发和历史叙述、历史解释、历史观点、历史结论诸项书写的准确到位与井然有序等几个方面做些努力，在承担学术搬运工的同时，有所拓展，有所发现，有效贯通历史与现实，如实地再现王十朋的爱国精神及其"真儒者"的高洁人生和磊落风骨，彰显中国文化中值得弘扬传承的优秀传统。

一、王十朋的生平与著作

　　王十朋生活在南北宋交替时期，江南历史和中国历史在赵宋王朝的延续过程中遭遇了百年未遇的大变局。身处动荡颠踬年代，王十朋以其较常人更为敏锐的史识眼光与素善的诗文翰墨，记录评判亲身经历与耳闻目睹的历史事件和日常生活。他的主要著作《梅溪集》成为今人观察那段历史的一个窗口，其诗文记录的心路历程也成为他与他周边士人群体的影像样本。

（一）王十朋的生平

王十朋字龟龄，号梅溪，温州乐清（今属浙江）左原梅溪村人。生于宋徽宗政和二年（1112），卒于宋孝宗乾道七年（1171），身历徽宗、钦宗、高宗、孝宗四朝，主要政治活动正当高宗绍兴末期至孝宗隆兴、乾道年间，见证了北宋末年徽宗统治的腐朽黑暗、标志北宋灭亡的"靖康之变"以及高宗、孝宗的屈辱求和阶段，在所谓的"乾淳之治"来临之前离世，终年六十。卒后赠左中散大夫，爵乐清县开国男，赐谥忠文。《宋史》卷三八七有传。著有《梅溪集》五十四卷传世。

王十朋出生于耕读之家，自小天姿颖悟，饱读诗书，深受儒家文化与佛教文化影响。在青少年时期，耳闻目睹山河破碎之惨状，心中埋下了忧国忧民的思想种子，其早期诗作每每表达一介书生身在畎亩、心忧天下的家国情怀。居乡期间，写诗述学，设馆授徒，组结诗社，三十四岁开始入太学，博研经史典籍，诗文著述名闻遐迩。然而在秦桧专权之时，其科考屡遭挫折，入仕之途颠踬艰辛。他常以诸葛亮、韩愈、范仲淹等君子自比，对他们"以天下为己任"的责任感和忠君爱国的情怀表达钦佩。

作为左原王家长子，他事亲尽孝，友爱二弟，刻苦勤奋，大器晚成。绍兴二十七年（1157），秦桧死后的第一科由高宗赵构亲自主持殿试。四十六岁的王十朋作《廷试策》以"揽权"为对，切中政坛痛点，一鸣惊人，被高宗亲擢为进士第一，由此踏入仕途。两任帝师，三任京官，入则为侍从台谏，出则守饶、夔、湖、泉四郡一路，自正九品京官的承事郎擢至正三品的龙图阁学士，历时十五年。凡其爱民仁民、惠民恤民、安民保民、犯颜极谏诸实绩，謇謇谔谔，声震朝野，无愧身体力行儒家民本思想的典范。

在中央政府任职的数年中，王十朋秉持鲜明的抗金立场，与主和派相抗衡。为应对"金将渝盟"之险恶形势，时除秘书省"一介小臣"的王十朋，在轮对时建言宋高宗，"要在自备如何"，"御敌莫急于用人"，对于那些"天资忠义、材兼文武"而受排挤的"投闲置散"者和"老于藩郡"者,"愿起而用之,以寝敌谋,以图恢复"。元代史官以为其力荐"起而用之"者"盖指张浚、刘锜也"。孝宗登基后,"十朋见上英锐,每见必陈恢复之计"。①他秉承《廷试策》所表述的政治主张,以春秋大义、维护皇权为理据,以抗金北伐、中兴复国为目标,要求皇帝大权独揽,振兴恢复大业,显得理直气壮,说论周全。不幸"隆兴北伐"以失败告终,主和派一时议论蜂起。王十朋慨然为主战的孝宗分担政治压力,以辞官表明自己仍持抗战立场,不改初衷。此举既显个性品格,又有政治担当。此后,他被派往地方主政。虽远离政治中心,仍以恢复大业为重,勤政爱民,政绩赫然,深得民望。

历史曾给予他公正而全面的评价。一代大儒朱熹将他的人格与诸葛亮、杜甫、颜真卿、韩愈、范仲淹五君子相提并论,称其文"规模宏阔,骨骼开张,出入变化,俊伟神速",称其诗"浑厚质直,恳恻条畅,如其为人"。②南宋思想家叶适称许他"名节为世第一,士无不趋下风者"。③《四库全书总目提要》称"十朋立朝刚直,为当代伟人",又评其诗文"全集淳淳穆穆,有元祐之遗风"。④当代学人南怀瑾称颂王十朋:"从其生平之学问、德业、事功而言,则先生之功名,已为南宋第一状元。"⑤历经时势辗转,此等评骘依然堪称切中肯綮之至论,为今人认可传诵。

（二）王十朋的著作

王十朋精通儒学,一生勤于著述。曾作《尚书》《春秋》《论语》《孟子》众书讲义,惜多佚失。其传世作品集结于《梅溪集》,又名《梅溪王先生文集》《宋王忠文公文集》。据《宋史》卷二〇八《艺文七》、卷二〇九《艺文八》记载,王十朋尚有《南游集》二卷、《后集》一卷、《楚东酬唱集》一卷,惜已不传。真德秀知泉州时辑刊的《梅溪续集》亦不可复得。《道光乐清县志》卷

---

① 《宋史·王十朋列传》,见《王十朋全集》（以下简标为《全集》）附录二,第1114—1115页。《王十朋全集》,梅溪集重刊委员会编,上海古籍出版社1998年版。
② 朱熹:《宋梅溪王忠文公文集·序》,见《全集》附录一,第1090页。
③ 叶适:《三贤祠记》,见《全集》附录四,第1129页。
④ 《四库全书总目提要·梅溪集》,见《全集》附录一,第1105—1106页。
⑤ 南怀瑾:《王十朋全集·前言》,《全集》第1页。

一四著录王十朋《家政集》并自序一篇,《四库全书》集部收录王十朋《东坡诗集注》三十二卷,《四部丛刊》收录《增刊校正王状元集注分类东坡先生诗》二十五卷。近传苏州市图书馆善本部收藏有宋版的《王状元集百家注编年杜陵诗史》珍本,值得关注。

《梅溪集》初刻之时,宋代大儒朱熹为其作序,可见冠绝一时,于官于学地位之重要。成书后,历代史志、私家书目均有著录。传世本《梅溪集》多为五十四卷,即其子闻礼、闻诗编本,为今世流传本之始本。《梅溪集》为历代学者所关注,书版多次翻刻。清乾隆时,中国现存最大的官修丛书《四库全书》将《梅溪王先生文集》收入其中,名为《梅溪集》,沿用至今。

1994年1月,中国人民政治协商会议乐清市委员会批准成立《梅溪集》重刊委员会,同意重刊《梅溪集》。1998年10月,《梅溪集》重刊委员会以《梅溪集》正统本为底本,以雍正本和四库本为主要参校本,整理重刊《梅溪集》,由上海古籍出版社出版,定名《王十朋全集》。这次重刊在编排上做了重大改动,又在辑佚和附录方面做了相当数量的增补,搜集补辑了部分未收入《梅溪集》的王十朋佚诗、佚文及有关轶事传闻。《全集》增收佚作四十七件,计佚诗十六首,佚词二十一首从《全宋词》中辑出,佚赋三篇,佚文五篇,包括录自《左原王氏宗谱》1936年重修本的《家政集》;还辑编附录《梅溪集》旧集序、跋和正史、方志及其他古籍中有关王十朋的古迹记载、轶事传闻等六十余件。

重刊本《王十朋全集》在整理校点和搜集资料方面多有建树,资料颇为丰富。印行后,徐规先生为之订正错讹、疏忽71条;参与《儒藏·梅溪集》校勘整理工作的王芳硕士也校点订误74处。徐老先生认为重刊的《王十朋全集》"是今存该文集最完备而精审的版本,给研究宋代史事及人物提供了较好的条件"。① 以笔者所见,近时论者论稿近半采用1998年重刊文本。可见乐清学人整理重刊《梅溪集》,对于推进王十朋研究功不可没。

---

① 徐规:《新本〈王十朋全集〉订正》,载王祝光主编《王十朋纪念论文集》,辽宁人民出版社2001年版,第474页。

北京大学古文献研究所编纂、北京大学出版社1998年出版的《全宋诗》（全72册）第36册收录王十朋诗三十卷，2172首2残句。

2005年，吉林出版集团影印刊行摛藻堂《钦定四库全书荟要·梅溪集》。由于《荟要》仅供皇帝御览，所以，"有着《全书》无法与之相匹的特点"，即"书品精美，质量上乘"，"选编慎重，卷帙精约"，"内容真实，少经删篡"，"校勘翔实，版本珍贵"，堪称"书中精品"云云。①

近年，教育部哲学社会科学研究重大课题攻关项目《儒藏》将《梅溪集》作为重要的儒家思想经典著作收入其中，予以全面校正整理，这就更彰显了《梅溪集》的时代价值与现实意义。

二、王十朋研究成果综述

自宋以降，研究王十朋生平仕履与思想业绩的编著并不少见。1998年《梅溪集》重刊本《王十朋全集》发行以来，陆续问世的普及读物、学术会议论文集及单篇论文渐趋多样化，但具有开创意义的重大学术成果与厚重而有见地的学术专著未得寓目。

（一）王十朋生平仕履的研究成果

王十朋生平仕履研究的最早成果，当属清雍正六年（1729）刊行的《梅溪集》所附的《梅溪王忠文公年谱》，乐清学者徐炯文编。此年谱极简略，虽有错漏讹误，但属首创，有很大参考价值。

20世纪60年代以来诞生了一批民间研究成果。

温州学者徐顺平作于1960年代的《温州诗史》《温州历史概述》，被称为"建国后最早科学系统概论温州历史的著述"，②有相当篇幅关涉王十朋；其编订的《王十朋年谱简编》附在其所著《王十朋评传》③后，简洁明了，1998年由作家出版社出版。

---

① 摛藻堂《钦定四库全书荟要·梅溪集》影印序，吉林出版集团2005年版，第4—6页。
② 徐顺平：《温州学人文选·徐顺平集》评介语，黄山书社2011年版。先此收入《怀乡集》，香港天马图书有限公司1996年版。
③ 徐顺平：《王十朋评传》，作家出版社1998年版，第183—199页。

吴鹭山的《雁荡诗话·王梅溪诗文及年谱》作于1980年代,其辑编的《王梅溪先生年谱》①非常详尽,将王十朋的重要作品附于各年之下,并记载各年重要时事,便于读者了解时代背景,2013年由乐清市社科联纳入《乐清文献丛书·吴鹭山集》,由线装书局出版。

左原王氏后裔王祝光、王雪丽父女以徐炯文编年谱为蓝本而成的《王十朋年谱》,附在其所作《王十朋传》②后。此传记较简略,计十五万字,1990年由辽宁大学出版社出版,是关于王十朋传记的首部公开出版物。

台湾学者郑定国《王十朋及其诗》于1994年由台湾学生书局出版,中有《王十朋年谱》③一章,长达百页,占全书四分之一,综括王十朋之生平、交游、事功、作品,统一编年叙述,体例分时事、生活、作品及备考四项,纲举目张,条分缕析,叙事详明,参校方便。

《王十朋全集》主编王晓泉所作年谱型《王十朋生平纪略》,作为附录六,收录于重刊本《王十朋全集》。

温州王十朋研究会副会长吴宏富编著的《王十朋往返剡中时间表》和《王十朋仕途生涯一览》附于其所著《南宋大贤王十朋剡中诗文集》中,以表格形式厘清王十朋的求学经历与仕宦履历,时序清晰,内容简洁醒目。④

(二)有关部门组织的纪念活动及其研究成果

最近三十年来,王十朋研究经历了一个从王十朋出生地温州乐清向全国范围铺展、研究人员结构从非专业人员向专业人员扩展的过程。王十朋平生业绩与思想研究成果主要集中在有关论文中,讨论的焦点是王十朋的文学成就和政治业绩。

1991年10月4日,温州市委宣传部举办纪念爱国政治家、文学家、教育家、诗人王十朋逝世八百二十周年暨《王十朋传》首次出版研讨会。同年,乐清市文联组织召开"王十朋学术研讨会",并于1994年将征集的近二十篇论

---

① 吴鹭山:《王梅溪先生年谱》,《温州师范学院学报社会科学版》1997年第1、2期。
② 王雪丽、王祝光:《王十朋传》,辽宁大学出版社1990年版,第181—198页。
③ 郑定国:《王十朋及其诗》,学生书局1994年版,第161—262页。
④ 吴宏富:《南宋大贤王十朋剡中诗文集》,中国文史出版社2018年版,第5—12页。

文,整理汇编成《王十朋研究文集》。

温州王十朋研究会由王十朋后裔王祝光、王雪丽父女于1991年发起筹建,1996年8月13日于温州市民政局注册成立,在王十朋诞辰八百八十五周年的1997年底挂牌。1999年初在状元故里召开千人大会。组编的《王十朋纪念论文集》于2001年12月由辽宁人民出版社出版发行。相继出版的还有《颂梅集三百首》《纪念历史名人王十朋——诗碑题词楹联书画选集》和王文碎的《爱国状元王十朋——纪念宋龙图阁学士王十朋诞辰890周年》,王翼、王逴晶的《状元·良臣·王十朋》等。

2002年2月,王十朋纪念馆在乐清梅溪村落成。2003年10月,王十朋国际学术研讨会在温州市举行。

2012年王十朋诞辰900周年之际,乐清、温州文化学术界经多次研讨,为王十朋量身定制了"南宋大贤"的历史文化评价定位。同年10月在王十朋的故乡雁荡山召开"纪念王十朋诞辰900周年全国学术研讨会"。研讨会由光明日报社、中国社会科学院哲学所、北京大学古代文体研究中心、浙江省社会科学院、中共温州市委宣传部、中共乐清市委、乐清市人民政府联合主办,乐清市委宣传部、乐清市社会科学界联合会承办。来自全国各地和温州本地的70多位专家学者与会。同时举办了由中央电视台主持人董倩女士主持的"王十朋精神高峰论坛";出版了由项宏志主编的《王十朋诞辰九百周年全国学术研讨会论文集》,收论文41篇,论及王十朋的文学成就、道德理念、教育思想、学术思想、政治主张及实践等领域。同时推出的还有《历代诗人咏王十朋》《王十朋故事与传说》等。《光明日报》《浙江日报》《温州日报》《乐清日报》等报刊做过长篇专题报道,摘登专家言论。

近年,乐清本地与王十朋求学、施教、宦游或主政过的温州、杭州、绍兴、嵊州、新昌、饶州、夔州、湖州、泉州等地的研究队伍继续扩大并有所集结。乐清市社科联组建乐清历史学会,创办《乐清历史学会会刊》,开辟了"王十朋研究"专栏,大量刊登省内外学人的王十朋专题研究文章;并出版由笔者选注的《王十朋选集》(全二册)。最近两年,刊发的研究论稿有虞云国的《先生之风:王十朋颂范诗文述论》《王十朋的初心与底气》等,出版的编著有吴宏富的《南宋大贤王十朋剡中诗文集》《宋人吟唱王十朋》与笔者的文学传记《梅溪诗传》等。乐清社科联和温州王十朋研究会都计划推出王十朋研究系列丛书。

(三)专业学者的介入提升拓展了研究的深广度

王十朋研究成果也有部分散见于专业学术期刊上,研究深入到思想、学术领域,并出现了由几乎一边倒的赞美颂扬到某一角度的质疑、论辩的活跃气象。这是王十朋学术研究深化的表征。

21世纪初,以杭州市社会科学院南宋史研究中心主任、浙江大学历史系教授何忠礼领军的一大批南宋史研究专家的专题论文强势登场。

几乎是同一时间段,2007年至2009年间,全国几所大学的文学类、史学类硕士研究生在各自导师的指导下,完成了以《王十朋诗歌研究》《王十朋散文研究》等为题的学位论文撰写,为王十朋研究增添新生力量。

近年来,王十朋研究成果日益丰富,有关大学学报、学术专刊陆续刊载专家学者的王十朋专题论文近30篇。内容涵盖文、史、哲各学科,有意梳理王十朋思想体系和王十朋与理学的关系等,弥补了王十朋研究中关涉思想学术发展史的内容缺憾。

近年还有多种文史论著、论稿关涉王十朋史事研究,如钱志熙著《温州文史论丛》、孔凡礼著《宋代文史论丛》、谢海林著《清代宋诗选本研究》、周兴禄著《宋代科举诗词研究》、欧阳光著《宋元诗社研究丛稿》、应守岩著《南宋西湖词解读》、马茂军著《宋代散文史论》、郭预衡著《中国散文史》、刘培著《两宋辞赋史》、马积高著《赋史》、朱迎平著《宋文论稿》等以及乐清学人许宗斌、王志成、吴济川、王建秋、王炳伟等的文史著述,都具有较强的学术价值和地方文献史料价值。这些跨地域的文史论著前呼后拥地追寻着王十朋的史事踪影。

杭州市社科院主持编纂、人民出版社出版的五十卷《南宋史研究丛书》,何忠礼、徐吉军的《南宋史稿》,虞云国的《宋代台谏制度研究》,贾玉英的《宋代监察制度》等学术专著,也为王十朋研究提供广博丰足的背景资讯和学术导引。

（四）目前王十朋研究工作中的不足与缺憾

1. 自1990年代以来，陆续问世的王十朋普及读物、会议论文集及专题论文已见不少，但未见全面、系统的学术专著面世。本书可资依傍者寥寥，与岳飞、秦桧、陆游、朱熹、陆九渊、辛弃疾、叶适、文天祥等南宋人物的研究不在同一个起点上。

2. 文史学界主流对王十朋研究的投入力度有待提增，对王十朋著作文本的研读普遍不深不细，包括文史专业研究者在内的撰稿人对王十朋诗文的误解、误判有不少即由此而生。虽然不会再出现1980年代某电视频道一栏目把绍兴年间的王十朋说成是绍兴人的笑话，但时下诸多宋诗选注本，或大型宋诗鉴赏辞典以及宋诗文研究著作等，选录解读梅溪诗文者，视听所囿，局境逼仄，所撰解读文字也多有偏颇，甚至连人文背景介绍都有张冠李戴现象。

3. 对王十朋的历史文化评价缺乏一分为二的辩证观点，很少有指出其历史局限性的。研究中存在一些过分拔高其历史地位或无端贬低其人格品质的两极现象。

4. 近现代以来，王十朋研究领域存在怠慢其文学特别是诗歌创作成就的偏颇。这种现象值得探究。其间固然有时代文学思潮、审美观念的客观影响，也有诗人自己交游经历、艺术个性局限的原因，其文学成就为其"名臣"盛誉所掩，也当是不能否认的事实。笔者以为，这与近现代学者选家受定势思维的影响，从众心理的障碍，缺乏全面耐心的基础文本解读不无关联。

5. 对王十朋的思想体系和学术渊源缺乏全面系统深入的研究，分歧较多而少学理交锋。文史学界高端乏人介入，研究深度、广度有待提高。有关义理史观、叙事史观的分歧与融合探究也似未充分展开。

6. 近些年来，王十朋研究逐渐引起社会重视，特别是温州地区，关于王十朋的方方面面都有人研究，多涉及前人未曾关注的领域，有些还结合当今实际，发掘其现实意义。但是有一个事实不容忽视，即现在很多着力于王十朋研究的，包括临时接受综合研究任务的笔者在内，纵有"不辱使命"之诚，但毕竟未经受系统史学和研究方法训练,缺乏规范的史学修养,勉为其难地"越界"操作,力所不逮,在研究的深广度上就难免把握不周全,阐说不通透。

三、文本内容与书写构架

鉴于以上陈述分析,本着实事求是的精神,本书融王十朋生平、思想、著作研究于一体,置其于所处时代的恢弘复杂背景之中,对王十朋生平业绩事功和思想学术作出合乎历史事实的论述与评价,以期将本书打造成既是一部厚重的人物评传,又初成可供一读的关于南北宋交替时期有地域特色的断代史研究成果。

作为南北宋交替时期重要的历史人物,王十朋一生较集中地体现了该时代的各种复杂矛盾,其精神品格和思想学术与当时社会大变局有着千丝万缕的联系。在长达四十多年的文学创作、经史研究和仕宦生涯中,王十朋记录了亲身经历的重大历史事件和政治变局,留下了几乎等同于自传性质的诗文著述,为我们了解和研究该时期历史真相与士人实际思想提供了第一手资料。王十朋在政治文化活动中,交集结识了一大批有代表性的政治和文化精英人物,既有最高统治者宋高宗、宋孝宗,有像张浚、胡铨、虞允文、汪应辰、张阐、王大宝、陈良翰、冯方、查籥、喻良能、楼钥、刘韶美、史浩、史正志、林安宅、汤思退、龙大渊、杨存中、王之望这样的政坛高层人物,也有像张孝祥、陆游、周必大、胡铨、洪迈、朱熹、张栻这样的诗文大家、学术精英,还有更多名不见经传却与王十朋交往密切、影响十朋思想才艺成长的端友密契、乡间士子,他们或相互砥砺、精诚协作,或各持理据、职守互制,或针锋相对、决绝抗争。本书在研究论列中,有意考察王十朋周边士人群体的思想行为,对他们诗文作品关涉的社会政治、经济、文化背景做综合观照,并适当引录政坛学界相关人士如叶适、辛弃疾、赵汝愚、吕祖谦、陈傅良、戴复古、真德秀等对王十朋道德文章的吟咏评论意见,以之为参照系,发掘王十朋成长、发展的特定人际环境和客观历史文化条件,以促成王十朋历史文化评价定位的全面性和准确性。通过对他们的交往记录和私密性质的个人褒贬意见的分析研究,我们或可揭开其与党争交织的神秘面纱,了解历史变局皱褶处的若干奥秘与士人群落的集体面相,这或将有助于挖掘出沉淀于特定历史阶段中的某些遗产,吸取历史经验教训,以加深对中华民族优秀文化传统的认知与敬重。

全书主体分设七章,研讨七个专题。基本上以研究对象的行实编年为序,突出人物生平业绩的重要节点,有分有合,点面兼顾,尽力避免单一的线性演绎。各章设正副标题并配以导语,提领阐述内容和基本观点,保持各自相对独立的叙述系统和研究分析脉络;每节撰有引言,提示内容要点,有序铺展综合交错的书写。前两章阐说评判王十朋所处时代的社会和文化思想背景,追述王十朋的家世家风与家学渊源,诠释王十朋乡居时期的文学创作活动与推韩学韩的诗识路径,阐述王十朋乡贤角色的社会担当,追寻他在宋代科举政策大背景下从辗转求学到殿试夺魁的艰辛经历,研讨他设馆授徒、组结诗社对于传承儒学、推进"私学"发展的意义,探究王十朋的科考生涯与他对科举精义的新解,重点研究评价《廷试策》的历史意义及其时代性局限。第三章述说王十朋与他志同道合的同僚"五贤臣"在高宗朝后期为拨乱反正、清除秦桧余毒而进行抗争的事迹,以及王十朋起重要作用的主战派群体在孝宗即位后,特别是隆兴北伐期间,高扬爱国旗帜,为实践抗金恢复理想的忠勇作为,以翔实的言事弹劾实绩凸显"真御史"刚正立朝的政治品格和抗战派群体的集体面相,也不回护符离溃败的政治后果。第四、五两章阐说王十朋受排挤出京知饶帅夔、惠泽浙闽的仕履业绩,探究概括他和他的同僚们以民为本、以德治国的政治理念,在纯臣形象的完美形塑中彰显其与时俱进的观念衍化及"中和为美"的儒学思想。最后两章综合简述王十朋的诗文创作实绩、文学路线、文艺理论建树以及哲学思想、政治思想和教育理念,在追踪其诗文作品历经的世态炎凉中,在与诗哲文宗、时贤豪杰的比较鉴析中,论证其应有的文学史地位,重点阐析"真儒者"王十朋忠君忧民的儒学传统和爱国精神。全书收结于"南宋大贤"君子风范、人格精义的现代启示意义,以为探求人生价值取向提供有益借鉴。

国务院参事、中国宋史研究会会长邓小南在纪念王十朋诞辰900周年全国学术研讨会闭幕式致辞中,称誉王十朋是"正色凛凛'特立不回'的'真儒者'"。本书即以"真儒者"为基调解读评判王十朋其人其事。爱国爱民是贯穿于王十朋一生的主线。他的诗文充分体现了士大夫的优秀品质和高尚人格。时代要求我们培养有操守、有担当、有襟怀、有胆识、有雅趣的新君子。提升新一代的家国观念、悲悯情怀和人文素养，是当今研究王十朋的重要意义所在。

鉴于梅溪诗文意蕴博大精深，又受限于笔者本人的识见与精力，史籍文献、时贤大著与网络资讯难能一收眼底，因而从研习梅溪文本到搜罗史籍资料，从引经据典到文献综述，从积累史识、酝酿观点到借鉴今人研究成果，再到统筹书写体例和规范文本的语言方式等，其间的劳作充满艰辛与挑战，时有捉襟见肘之困窘。随着时间推移，在与越来越多相关观念识见的碰撞融合中，特别是一旦受惠于高人明确指点或辩驳勘正，以及南宋史研究中心何忠礼、尹晓宁二位先生的具体导引，则欣欣然有顿悟之乐："快哉，吾道不孤矣夫！"

在文献选择与运用方面，虞云国教授在本书动笔之初即适时推荐其时才点校面世的《中兴两朝编年纲目》。清人张金吾有云："南宋编年之书，高宗一朝有《中兴小纪》《系年要录》《十朝纲要》，年经月纬，纪载详核。孝宗一朝则自刘时举《续资治通鉴》《宋史全文》外别无专书"，"考孝宗一朝之政治者，是书其较备"。①《中兴两朝编年纲目》一书无疑能为高、孝两朝，尤其是为孝宗朝的研究提供珍贵的史料。以笔者目力所及，迄今未曾见到有论著征引此书者，故特借沪上高人的美意为之推荐，以期有补于学界。在书稿撰写后期，温州王十朋研究会副会长吴宏富先生无私提供他历数年搜罗辑编、甄采荟萃而计划出版的《王十朋资料汇编》电子文本，让我先睹为快，得参校征引之便。直至交稿前夕，吴君还以其专业之长，不辞辛劳为书稿的全部史籍引文作了周详的校勘修订，并一一查对核订历朝宋诗选本所选梅溪诗的篇目数字，"捉虫"数十处之多。对如此关切支持赐教惠我者，谨借此机会道一声谢谢！

---

① 张金吾：《爱日精庐藏书志》卷九"编年类"，中华书局1990年版，第357页。

全书所引王十朋诗文均以点校重刊本《王十朋全集》为依据，所引史乘文献资料凡是《王十朋全集》辑录的亦均取其中，所示页码均以该书为准。注释时简标为"《全集》卷×第×页"。叙说中个别引文已径予校正，凡标点有异于原本或为较长诗题删简字数者，属笔者意见，为的是节约篇幅、方便阅读。这是需要事先说明的。

历史学研究责任重大，当从复杂纷繁的人世交替、事件之来龙去脉、制度之兴亡演变中追索国家民族文化发展之路。每念及此，笔者诚惶诚恐，下笔随之踌躇游移，故屡欲借重史家之言为自己壮胆。本书参阅史籍文献、时贤大著不下三百种（篇）。阐说的观点体认，凡有引用或借鉴，不敢掠人之美，均随文注明出处。但凡有自说自话、对前辈时贤抵牾冒犯不敬处，还望海涵，指谬发蒙，不亦幸甚哉！

文化接力，生生不息。自多博雅硕学之士的文史学界，庶几乎王十朋之系统研究有继而集大成者！

张润秀
辛丑夏月谨识于杭州西溪寓所

第一章 时世家风 乡贤角色
——在社会大变局时期家族诗礼孕育的一代乡贤范式

在人文衍化进程中,人的思想观念的发育、成熟与行为能力的习得、增长,既受先天遗传的生命基因的控制,更与其生存的社会群体关系脉络中的历史文明密切相关,深受机体、社会、文明的制约、影响。因而,考察历史上的不凡人物,总能找到造就他的诸多因素。

王十朋从乡间文士到一代名臣的嬗变历程,自然离不开他生活的那个动荡趋稳的特殊时代赋予的各种考验和机遇。从传统文化观念看,家世也是其人文成长诸多因素中的重要环节。王十朋能成全其南宋大贤和文学名家的历史地位,自有其独具的世系所承和家族诗礼渊源。

本章简要阐说王十朋得以磨砺成长的赵宋王朝百年未遇的大变局,揭橥人物生活的特殊历史时期政治环境的复杂性、社会矛盾的尖锐性,加之内部党争不断,严酷地考验着士大夫的人生走向选择;而根据乐清左原王氏世系图录,综合验证个性化的、具有相当宗族倾向性的族谱史料、方志记载与后世考证等,对王十朋家族的结构、繁衍等进行解析,将有助于我们了解王氏家族在传统社会中的运行与发展。乐清左原王氏一族世代寒素,耕读传家,种德积善,一脉贯之;其《家政集》以文本形式确立的家族文化风格,涵盖诗礼相传的家风、积淀深厚的家学、严谨求实的家教,延续数代而不衰。

从总体看,在有宋一代科举制度得以革新健全的体制下,以进士及第者为主的士大夫群体,已经成为一代政治文化构建的主体。由乡村士绅跃升为庙堂高官的王十朋与他的政坛挚友,其政治观念的形成与人生道路的抉择都基于南北宋交替时期特殊的政治、历史、文化背景;而王十朋之所以能在立朝治民、文化建设与军事边防等领域发挥作用,各有创获,与其特定的家世家风、诗礼渊源以及数十年的乡贤角色的责任担当也有密不可分的关联。

第一节　社会变局时代

考察王十朋的生平仕履,作为入仕前的乡村贤达和入仕后的政治活动家,王十朋从未出将入相,但在南宋初期的政治舞台上与瓯越乡村社会里,却产生过较大影响,远远高于其身份职位所能达到的程度。其间原因,自当深究其所处时代的社会政治经济文化的发展特点,包括王十朋经历的从靖康之乱到绍兴和议、隆兴和议的历史大变局状况,考察此后由乱趋稳时期的社会政治文化状态以及王十朋长期生活的温州乐清的乡土社会发展等,并且要从王十朋自身的品质行守、政治理想与人格意志诸方面追寻其内在原因。

王十朋的政治活动正值高宗朝绍兴晚期至孝宗朝隆兴、乾道年间。这段时间国家政治上的基本特点是在屈辱"和议"下的相对稳定。由于南宋军民的抗金斗争,靖康之变到建炎、绍兴初年的那种战乱局面已成过去,宋金南北对峙的局面已经形成,开启了从战乱走向承平、从残破凋敝转向恢复发展的历史新阶段;但由于南宋统治者奉行对金妥协的政策,相对稳定的政治局面始终笼罩在屈辱"和议"的阴影之下,民族压迫和阶级压迫交织一起,人民的苦难依然深重,对金的和、战、守始终是政治生活的主要问题。

宋代是一个充满争议的朝代,政治军事上内忧外患深重,尤其是南宋偏安江南一隅备受诟病,但无可否认,其文化发展又达至我国历史上的繁荣高峰。史学家告诉我们,今天的我们不能坐在历史的成见上,误将一个有所作为的王朝说成一个只图享受、不思进取的偏安小朝廷,"在政治上,不但要看到南宋王朝外患深重、苟且偷安的一面,更要看到爱国志士精忠报国、南宋政权注重内治的一面";"在经济上,不但要看到南宋连年岁贡不断、赋税沉重的状况,更要看到整个南宋生产发展、经济繁荣的一面";"在文化上,不但要看到封闭保守、颓废安逸的一面,更要看到南宋'百家争鸣、百花齐放'的繁荣局面";"在社会生活上,不但看到南宋一些富豪官绅生活奢华、挥霍淫乐的一面,更要看到南宋政府关注民生、注重民生保障的一面";"在历史地位上,既要看到南宋在当时国际国内的地位,又要看到南宋对后世中国和世界的影响"。①

一、从靖康之乱到绍兴和议的时代变局

北宋末年,政治腐败,社会动乱,民族矛盾非常尖锐,国难危机极为深重。特别是徽宗即位以后,统治集团骄奢淫逸日甚,农民起义此伏彼起。史载,"徽宗宣和二年(庚子,1120)冬,睦州(今浙江淳安)清溪民方腊作乱","附者益众,东南大震","温郡民望风奔遁",②后占领乐清,左原山村历经一场兵火之乱,十朋祖父苦心经营的数十间房舍化为灰烬。其时,十朋正好十岁,曾跟着祖父、父亲避乱至左原西南三井,留下动荡时局的切肤记忆。

"徽宗宣和七年(1125)十二月,上以金兵迫,禅位于太子桓(即钦宗)。时天下皆知蔡京等误国,而用事者多受其荐引,莫肯为帝明言之,于是太学生陈东率诸生上书曰:'……此六贼者,异名同罪,愿陛下肆诸市朝,传首四方,以谢天下!'"③一时间,对金屈辱雾霾弥漫域内,全国上下烽烟迭起,乱象横生,中原大地哀鸿遍野,大宋国势岌岌可危。王十朋平生第一首诗咏雪七律《宣和乙巳冬大雪次表叔贾元实韵》有云:"安得晴天开万里,行人愁思渺无涯。"④就是在这一年写的。

靖康二年(1127)四月,金军破汴京,掳徽宗、钦宗二帝和后妃、皇子、宗

---

① 王国平:《以杭州(临安)为例 还原一个真实的南宋——从"南海一号"沉船发现引发的思考》,《南宋史研究丛书·代序》,人民出版社2008年版,第8—28页。
② 陈邦瞻撰:《宋史纪事本末》卷六六"平群盗",第659页;卷五四"方腊之乱",第547—548页。中华书局2018年修订本。《道光乐清县志》卷一六·杂志,线装书局2009版,第1128页。
③ 《宋史纪事本末》卷五五"群奸之窜",第551页。
④ 《王十朋全集》诗卷一,第4页。

室、贵卿数千人北归,北宋灭亡,史称"靖康之祸"。靖康年的恐怖劫难,其实是落后残暴的金军和腐败无能的宋廷共同造成的,其时的宋廷武将和文官同恶相济,起了十分无耻而恶劣的作用。五月,宋康王赵构于南京(今河南商丘南)嗣帝位,改元建炎,即为高宗。赵宋王朝江山只剩下半壁。宋高宗一路南逃,流窜海上,于建炎四年(1130)正月逃到温州,曾到江心屿避难,两个月后才离温返回杭州。在宋高宗之前,还没有一位皇帝亲临温州,所以,尽管高宗的温州之行并不光彩,却也给温州人带来一阵兴奋。当时十九岁的王十朋还赋诗一首,称"北斗城池增王气,东瓯山水发清辉",①在伤时怀忧的时日里,诱发了对南宋王朝的些许祈愿。

两次"绍兴和议"是在抗金战争节节胜利的情况下签订的。一次成于绍兴八年(1138),一次成于绍兴十一年(1141),都有宋对金纳贡称臣的内容,条件非常严苛,而以第二次和议维持的时间最长,影响最大。高宗、秦桧为了求和,放弃了宋军经过艰苦战斗已收复的淮河以北的土地,宋帝向金称臣,每年向金纳绢二十五万匹、银二十五万两。为了保障"和议"的实行,高宗、秦桧还收了前线各大将的兵权,杀害了民族英雄岳飞,罢黜了抗金名将韩世忠,一大批反对屈辱"和议"的官员被罢职流放。

忧国伤时慷慨论,青春血泪少陵吟。乡居士子王十朋以诗篇记录时代变局:"淡荡三秋冷时节,萧条万里空山河。伤时眼泪满襟血,更把少陵诗句哦。""慨然挥袂谒行在,报国已淬腰间刀。登坛拜将预指日,看君举手清风涛。"②其诗以政治抒情为骨架营构出南北宋变局初期的诗史图景,呼唤英雄诞生,拯救民族于危亡之际。

二、动乱趋稳时期的社会政治文化特点

王十朋与宋皇帝的直接触撞,发生在殿试夺魁之后。其时,奸相秦桧倒台才两年,余毒尚烈;但士人爱国热情高涨,皇权仍属稳定。由于采取"寒门

---

① 《王十朋全集》诗卷一《驾幸温州次僧宗觉韵》,第5页。
② 《王十朋全集》诗卷一《伤时感怀》,第4页;《送曹大夫赴行在所》,第16页。

入仕"的科举制度,像王十朋这样的寒士有机会登上政治舞台。继而高宗禅位孝宗,孝宗励精图治,锐意恢复,不幸隆兴北伐失败。尽管其时的和战之争依然十分激烈,但南宋由此从战乱走向承平,从经济凋敝转向恢复发展。无论就政治、经济、教育、文学、科技、思想文化还是国家财政、百姓生活等等方面来看,均属于南宋首尾一百五十余年中十分难得的最好时期。虞云国教授研究指出:"隆兴和议以后,宋金关系再度恢复正常,直到开禧北伐才试图再次打破这种地缘政治的均衡态势。而隆兴和议到开禧北伐的四十年间,对宋金双方来说,都是社会经济发展的最好时机。"①

南宋扩大了稻麦两熟的复种制,创造了当时世界上最高的亩产量。而随着北方手工业者的大批南下和先进生产技术的传入,南方的手工业生产也上了一个新台阶,促进了商品经济和对外贸易的发展。早在绍兴二十九年(1159),除了泗州市场和盱眙市场,金和南宋的边贸交易全停止了,但东南部的对外海上贸易却得到发展,如两浙路有镇江府、江阴军、青龙镇、杭州、明州(今宁波)、温州、台州等海港,福建路主要是泉州港。所有这些都与当时南宋及整个东亚大陆较为稳定的局势有关。

王十朋出朝治郡之时,宋金双方大规模的战争已经停息,宋金对峙局面已成,而宋蒙(元)战争尚在数十年之后才会发生。可惜的是,王十朋在孝宗朝的仕履更多感受到的是经济恢复之前的困窘,直到知泉州的最后任期里,才在商业贸易发达的现实场景中觉察到经济发展的曙光。

宋代是中国古代经学发展的重要时期,宋学流派纷呈,非程朱理学一家所能囊括。这为王十朋研习以《春秋》学为主的经学、提升义理史学、发展经世致用新思路提供广阔的天地。隆兴北伐虽遭败绩,但朝廷此后在整顿吏治、收拾人心、发展经济等方面均有成绩。乾道年间(1165—1173)理学名家辈出,如朱熹、张栻、吕祖谦等大家影响日广,形成理学传播史上的"黄金时代"。② 儒学各派互相论辩,互争雄长,共同构筑起中国儒学发展史上的一

---

① 虞云国:《细说宋朝》五八"隆兴北伐",上海人民出版社2002年版,第410页。
② 范立舟:《理学的产生及其历史命运》,陕西人民出版社2001年版,第250—251页。

个新阶段。

宋代的苛捐杂税之多超过前代。朱熹说:"古者刻剥之法,本朝皆备。"①王十朋的多篇悯农劝农诗真实地反映了农民的贫穷痛苦。中书舍人刘珙上疏直陈内外困局:"今仇虏窥觊,哆然未厌,而国家因仍纵弛,有赏无罚","且舆土未复,地狭民贫,而费用日滋,征求日广,为监司者不恤郡,为郡者不恤县,为县者不恤民"。孝宗闻知实情后当即下诏,要求臣僚自律,"避正殿,减常膳",并进而采取多项措施,"所在灾伤依条振恤、检放,如有隐匿不以闻者,重置典宪";得知"江、淮、襄、蜀尤极劳扰"的情况,则嘱"疆场之吏宜加安辑,蠲其苛敛,以称德意"。② 孝宗继承高宗绍兴时期的减税政策,以刺激生产发展,其中既有实施于南宋全境的税额减免,也有针对下户、归正人等弱势群体的政策优惠;既有灾伤年份的大额减税,也有平常年份的欠税蠲除。

从总体上看来,孝宗除了晚年即淳熙后期锐气渐失、耽于安乐外,其统治方式的特点可用"独断""务实"来概括。孝宗的"务实"作风显然有利于王十朋等地方官施政意图的推行和社会经济的发展。③

王十朋在这个时期由中央政府转往地方政府任职。隆兴二年(1164)六月出知饶州(今江西鄱阳),任期一年;乾道元年(1165)七月转任夔州(今重庆奉节)知州,兼充夔州路安抚使,任期二年;乾道三年(1167)七月移知湖州,任期八个月;乾道四年(1168)八月赴任泉州(今福建晋江)知州,任期二年。他正是在这样的时代背景下开展其地方施政实践的。王十朋在孝宗强调发展生产及其创造的较为宽松的政治氛围中履行治郡职责,不能不说是得其时势的。

王十朋精忠爱国、以民为本、一身正气、廉洁自律的施政理念,只有在上

---

① 黎靖德编:《朱子语类》卷一一〇,中华书局1994年点校本。
② 佚名撰、燕永成点校:《中兴两朝编年纲目》(以下简称《中兴纲目》)卷一四癸未隆兴元年,凤凰出版社2018年版,第471—472页。
③ 何忠礼论及孝宗朝政治特征时指出,孝宗的独断作风导致宠信近习,并频繁更换宰相和大臣,亦有副作用。详见何著《宋代政治史》,浙江大学出版社2007年版,第416页。

述政治环境中才能施展。推而广之,南宋时期浙江诸多杰出人物,包括王十朋的爱国爱民、刚正不阿,陆游的诗情热血、精忠报国,翁卷的纯粹真率、清新脱俗,叶适的经世致用,陈亮的工商皆本,他们的文化业绩与浙东事功学派、南戏等文化精品都诞生在富于创造力的南宋社会文化发展进程中,并推动着近世文明的发展。

叙说王十朋的生平业绩、评价王十朋的治政得失,不能离开其所处时代特定的社会政治经济文化背景。

三、两宋之交温州乐清的社会发展概况

温州位于我国东南沿海丘陵地区,在地理和人文上都是一个相对独立的地域,有着悠久的历史和在依山滨海环境中发育起来的区域经济文化。从总体进程看,其社会发展"是由正常情况下的渐进式发展与特殊因素推动下的跃进式发展两种形式进行的"。① 史志载,"吾温限山阻海,而乐尤土瘠民贫。竭力稼穑,仅支一岁,或遇水旱,即多艰食。地罕桑柘,女勤纺织。濒海之家,多藉鱼盐"。② 历经数千年的渐进式发展,在宋室南渡使政治中心南移后,中原文化、海洋文化、山地文化、重商文化等在这里交汇互融,创造了独具特色的瓯越文化,进入了发展快车道。

北宋末,金军大举南侵,宋与女真贵族的矛盾突出起来了。赵宋统治集团苟且偷安,屈膝求和,对内却加重了压迫剥削,导致尖锐的阶级矛盾。宣和二年(1120),浙江睦州爆发了以方腊为领袖的农民大起义。王十朋故乡乐清左原也遭兵火之灾。至宋室南迁,交替时期的乱象平稳后,客观的历史环境促使温州地域的经济文化得到跃进式发展。

农业生产上,温州水利工程进入一个新阶段。《温州府志》《乐清县志》载,南宋绍兴、淳熙至嘉定间,永嘉的军前大埭、南塘百里河港,乐清的黄花

---

① 钱志熙:《论历史上温州地域文化的形成和发展》,载《温州文史论丛》,上海三联书店2013年版,第33页。

② 鲍作雨、张振夔总修:《道光乐清县志》卷一四·风俗,第943页。原按,此段俱仍元、明前志,乃自昔而记之矣。

大埭、黄塘八埭等相继建成。绍兴年间,乐清县令刘默带头捐俸,组织邑民治理古乐琯运河,疏河道,筑堤塘,长五十余里,直通府治。名刘公塘。"隆庆《志》:又有袁公塘、周公塘,俱在刘公塘上下。"①这些措施有效防止海潮侵蚀农田,在灌溉和航运方面也发挥重大作用。由于推广闽南良种占城稻,温州地区水稻可一年两熟,单位面积产量得到提高。温州的柑橘在唐时已被列入"土贡",至宋朝更是极享盛名。苏轼、王十朋、叶适等名家都有诗赞美柑橘。

在工业生产方面,温州造船、漆器工业进入全盛时期。北宋初年,全国官营船厂年造船额2916艘,而温州就有125艘,是当时全国十大船厂之一。②温州的青瓷器、"瓯绣"名闻全国,所生产的蠲纸、漆器称全国第一。

在商业方面,温州与广州、泉州、杭州、明州等成为我国东南沿海重要的贸易港口,转运出口漆器、瓷器、丝绸、布匹、酒类等货物。北宋的温州已有"小杭州"之称。两宋间专设了管理对外贸易的"市舶司",绍兴十五年(1145)十二月十八日,"诏江阴军依温州例置市舶务,以见任官一员兼管,从本路提举市舶司请也"。③

随着工农业生产和商业的发展,特别是由于宋室南迁,将杭州作为实际上的都城,久处边缘地位的温州一下子成了东南重镇。其时,由北方中原地区和福建(主要是闽南)向温州的移民达到了一个新高潮,温州人口迅速增加,城市开始繁荣。建炎四年(1130),宋高宗在金兵的追赶下曾驻跸温州,一时间皇族、勋戚、政要及大批难民跟随而来。据统计,从北宋末到南宋初七十余年中,温州人口由十六万多增到九十多万。④温州城内人口已超十万,乐清全县计有24582户、41716口。⑤

---

① 《道光乐清县志》卷之二·舆地下,第201页。
② 俞雄、俞光:《温州工业简史》,上海社会科学院出版社1995年版,第3页。
③ 《宋会要辑稿》职官四四之二四,卷一一二四,第3375页。
④ 张义德:《叶适评传》,南京大学出版社1994年版,第131页。
⑤ 《道光乐清县志》卷之五《田赋》,第345页。(永乐《志》缺宋代户口,此据隆庆《志》。)

南宋时期的温州所属四县境内,商品交易场所有八镇、二十二个小市。乐清县由于人口增长而"分两部,号邑东、西",①县域市镇也由北宋时的柳市、封市两个增加了乐清、湖头、樊子、象浦、新溪、云门六个;乐清乡村市镇还有窑奥市、万桥市、水涨市、新市、大荆市,以及天富北盐盐场等。② 温州农业人口开始从事商业贸易,"多务于贸迁"。③ 淳熙年间曾两度担任乐清县令的袁采说:"市井街巷,茶坊酒肆,皆小人杂处之地。"④他们贩私盐、卖私茶。

这种经济繁荣、商业发达、人口迁徙及其人口数量增多、成员结构改变,必然促使温州地域学术文化的发展和兴盛。在外来文化特别是中原文化与温州、乐清本地文化的融合进程中,乐清精英文化应运而生,成为中国传统文化的一条流动线。

儒家文化的重心从北方转移到南方,温州地域兴学热潮持续不断,并开花结果,科名兴盛,学术繁荣,人才辈出,"温多士,为东南最",陈亮《南乡子》词有"人物满东瓯"之赞誉。⑤ 地域内出现具有全国影响力的文化品牌:永嘉学派、永嘉四灵和南戏等。尤其是永嘉学术,至叶适集其大成,在我国学术思想史上有着较高的地位和进步的影响。儒、释、道合一的观念得以传扬。

作为温州的一个属县,与温州府城隔江相望的乐清,自然也为时代风潮所激荡,本土文化呈现同步发展态势:

一是掀起办学热潮。王十朋《答曾知郡》云:"昔游宦于乐成,最留心于乡校。经横绛帐,躬率诸生,遂能于数载之间,翕然变百里之俗。"有"弦歌满邑"之景象。⑥ 据考,全县著名的民间书院、学馆有金溪招仙馆(县

---

① 洪迈:《夷坚乙志》卷四《乐清二士》,九州图书出版社1998年版,第243页。
② 李璋:(康熙)《温州府志》卷五。转引自陈丽霞《温州人地关系研究》,浙江大学博士学位论文。
③ 张穆:《方舆胜览》卷九《瓯海轶闻》,上海社会科学出版社2005年版,第1383页。
④ 袁采:《袁氏世范》卷二《言貌重则有威》,蓝天出版社1999年版,第137页。
⑤ 《慈湖学案·徐凤传》,《宋元学案》卷七四;《陈亮集》卷三九。
⑥ 《王十朋全集》文卷一八,第877页。

城)、梅溪学馆(左原)、图南书塾(长安乡,今柳市)、艺堂书塾(后改宗晦书院,县城)等。① 其中以王十朋创办的梅溪书院和汤建创办的艺堂书塾影响最大。

二是科名兴盛。据《温州府志》和新修《乐清县志》卷三八载,终唐一代,温州地区考取进士的仅二人,北宋时期永嘉、平阳与瑞安三县的进士分别是54人、16人、27人,乐清仅出过一名,说明王十朋所处的小环境并没有科举业儒的优势。而南宋时则达154名之多,王十朋又领永嘉木待问、赵建夫,平阳周坦、徐俨夫等人之先,成为温州地区第一个状元,表明乐清知识分子群的强大势头。至南宋咸淳元年,乐清一县就考中进士三十六名,其成绩之突出在全国的县级地区中可能是无与伦比的。

三是本土士人群体开始形成,涌现了一批有突出建树的文学家和人文学者,本土文学作品数量大增,不止百倍于前代,王十朋、翁卷、刘黻等大家名家有整部诗文集存世。特别值得一提的是,在文学大家缺席的两宋之交,王十朋的诗、赋、文创作,作为温州本土早于永嘉学术、南戏及四灵诗歌等的极为罕见的文化创造,以其较鲜明的江南文学特征和现实主义美学追求,率先全面挺进华夏文化发展主体。其影响由东瓯及至两浙,又随着他的宦游勾连起於越文化、荆楚文化、巴蜀文化与闽越文化,流播朝野并延续至今,警戒士风民气,涵养现代文明。②

四是随着台州和温州之间的驿道改从雁荡山中经过,这座东南名山迎来了更多的游客,众多文化名人相继来游,为本地人士与外界的接触、交往创作了条件。同时,雁荡山的寺院建设进入全盛时期,能仁寺、灵岩寺等发展为著名寺院,一时间"冠盖络绎,缁素云集",有寺僧数百,俨然成一大丛林,相应的有关雁荡山诗文数量质量也大为提升,诞生了不少名篇名作。

五是本土文士群落崛起,一改自唐以来本土文人寥若晨星的面貌,在乐清境内还出现了若干文化世家,家族文化传承地域文脉,带动亲近文化,并

---

① 《道光乐清县志》卷之四《学校》,第331—335页。
② 拙注本《王十朋选集》卷首语,线装书局2016年版。

对周边产生巨大的文化辐射力。

如此等等,说明乐清的本土精英文化进入发展的成熟期,王十朋正是这个成熟期的产物和标杆。王十朋不无自豪地说:"永嘉自元祐以来,士风浸盛……至建炎绍兴间异才辈出,往往甲于东南。"①

从上述情况可以看出,两宋时期温州、乐清的经济文化不仅是温州地域历史上最光辉灿烂的一页,而且在我国学术文化史上写下了华丽篇章。乐清籍学者许宗斌研究乐清历史文化的发展,指出,"乐清背山面海",台风、海啸等自然灾害频发,虽有"山海鱼盐之利",但"历史上乐清人生存处境的艰难",却"磨炼了乐清人的意志"。他说,"乐清的特殊地理状况影响了乐清人的群体性格和乐清传统文化的某些具体状态,而人口的迁徙则促进了外来文化特别是中原文化和乐清原始文化的融合"。南宋以来温州、乐清地域文化发展特色的形成,"是多种因素综合交互作用的结果","而地理位置上既靠海同时又和政治中心保持适当的距离是众多因素中的一个"。②

第二节　家世家风传承

对家族世系结构、世代间隔和房族分派等的纵向研究,是认识家族结构的重要组成部分。本书研究的重点不在血缘、析产和行辈字号,也不细究其婚姻关系、分支迁徙等,而有意扬播王氏家族以《家政集》为标志的家风家学传统与家族文化传承,特别注重王十朋本人的乡贤角色的社会担当。

南宋绍兴十三年(1143),三十二岁的王十朋在左原居父丧时作《家政集》,集左原王氏家风之大成,并终身践履示范,倡导教化,世代沿袭,流播甚广,实乃开启王氏一族文化风格的先导者与乡里文明的典型范式。南

---

① 《王十朋全集》文卷二五《何提刑墓志铭》,第1008页。
② 参见许宗斌《昨夜风——乐清历史文化述略》,线装书局2016年版,第4—11页。

宋庆元六年(1200),乐清县治建三贤祠,祭祀本朝乡贤王十朋、钱尧卿、贾如规。叶适作《三贤祠记》,称十朋"公名节为世第一,士无不趋下风者"。① 王十朋德业学行著于世,理所当然地列入先贤祠,享受后世祭祀,俎豆千秋,荣光乡梓。其童年阶段内化的历史文化养分,对其成熟之后的一生的外化实践,具有举足轻重的作用和影响;而其嘉言懿行垂范乡里,涵育文明乡风,其在乡美俗的乡贤角色所展示的传统意义上的"仁义忠孝"思想、耕读观念与民族精神,都可集合到爱国的旗帜下,赋予其现代价值。

一、世代寒微家

家族家风是一种根植于中国文化传统的社会关系形态。乐清左原王氏一族家风醇正,家教谨严,子孙后代也多能秉承先祖遗训,以家族固有的门风作为修身养性、涵养思想的准则,终于凝成维系家族文化的精神纽带,保证了家风家学的延续。考王十朋之先世,旧居杭州,五代末避地择所自钱塘徙于温州乐清左原。依十朋所言,王氏家世可溯及二百年前,"家寒微",然"孝顺慈善,至今邻里父老尚能道之"。②

(一) 先祖南迁世系绵延

王十朋诗文多有述及先世事,文字类似,而以《左原诗三十二首并序》所云最为详明。其序云:

> 乐清之东三十有五里,群山环绕,地名左原,以其居邑之左也。中有左岭、左湖、左口,皆以左名之。予七世祖自杭徙温,家于是原,地虽荒僻,有山水足以自娱。③

十朋所云之"先世"当指"七世祖"王庆嗣,字文盛,号隆,即王十朋之左

---

① 叶适:《三贤祠记》,见《全集》附录四,第1129页。
② 《王十朋全集》辑佚文《家政集·自序》,第1032—1033页。
③ 《王十朋全集》诗卷一五,第252页。

原太祖。又《大井记》云:"予始祖,五代末自钱塘徙于温州乐清之左原,迨今无虑二十房。虽吾庐世得先祖始卜之地,阅二百年矣。"①其《祭始祖母文》亦云:"昔我始祖,来居左原,夫人向之,以有子孙,历载二百。"②说明迄于十朋有二十房,家世已有二百年。

左原地虽偏僻而有山水之美。群山环绕,风景秀美,富登游之乐。左原四周之山,大者有四,曰东高山、西高山、南高山、北高山。另有一横向山曰龟山,原之水口有卧虎山。明永乐《乐清县志》载,县东北永康乡里,"笔架(峰)在南,文(笔)峰在北,宋王十朋所居之地"。既"笔架",又"文笔",这格局自出于文人构思无疑。北高山之南有梅溪,梅溪东流,合左原数水谓之杨溪,杨溪其实只是梅溪的下游。梅溪者,旧属乐清左原,今属乐清市淡溪镇,是溪名,同样是村名,也是王十朋的号。十朋说,梅溪"在北高山之阳,去孝感井二十步。……溪名旧矣,莫知所自,予植梅以实之"。③ 十朋年少时曾在梅溪之畔广植梅树,平生眷念梅溪,尤爱梅溪之手植梅树,故自以梅溪为号。王十朋爱左原山水,做诗数十首倾情吟咏周匝山水之美,寄托恋乡情怀。

左原王家宅有庐舍,先人所居,有四友室藏书数百卷;王十朋为官后达千卷,夔州归后,藏书已达万卷。又有书阁一室,地仅容膝。有隙地,理成小园,名之曰小小园。十朋于草堂植"十八香",吟"林下十二子",悠游自乐。王十朋生平常以诸葛亮、颜真卿、寇准、范仲淹、韩琦、唐介自勉,治学以孔孟为正宗,以韩愈、欧阳修、司马光为师。

十朋之妻贾氏,于乾道四年(1168)卒于泉州郡舍,年五十六。生有三子二女。长子闻诗,知光州,提点江东刑狱;次子闻礼,知常州,及江东转运判官;三子孟丙,幼童时聪慧过人,但七岁即早夭。长女适进士钱万全,次女适贾梓。

据考,宋人少立谱牒,鲜及祖系者,盖因宋时门阀士族解散,取士不问家世与出身贫富,故而不愿追溯先祖,亦难以追溯世次。④ 像乐清左原王氏一

---

① 《王十朋全集》文卷一二,第764页。
② 《王十朋全集》文卷一八,第786页。
③ 《王十朋全集》诗卷一五《梅溪》诗序,第253页。
④ 参见朱瑞熙《宋代社会研究》,中州书画社1983年版,第111页。

族《王氏宗谱》留有《左原王氏世系图录》,①尽管不无失考缺憾,但能追及长期战乱的五代十国之七世先祖,实属不多见。据此《左原王氏世系图录》和《左原王氏宗谱》,②参照《宋史·王十朋传》与绍兴五年(1135)进士第一名汪应辰所撰之《宋龙图阁学士王公墓志铭》和《浙江通志》③所载,兼及叶适《水心集》卷一六、卷一七两篇王公墓志铭,④并结合王十朋本人在《三井记》《祭始祖母文》等诗文中的自述与后世学者的有关考述,乐清左原王氏一族,始于太祖庆嗣,世系绵延,家风源远流长。清周兆麟《重修王氏宗谱序》称:"厥后人文蔚起,甲第蝉联,家乘邑志均斑斑可考也。"⑤今之本地学者对王氏家世传承也多有查考。⑥ 综合以上考据,左原王氏家族所历十五世可大略编列如次:

左原王氏世系表

世系		字号	生卒年	子女	行事仕迹
一世	王隆,王十朋之太祖。配林氏	字文盛号庆嗣	约生于945年	有子貌、聪、钊	裔出太原。五代间自并州迁杭州,徙居乐清,为左原王氏之始祖。

左原王氏二至四世人事或有失考者。《左原王氏宗谱》录世系名行:元光安一,应世时昌……字行:洪君恩矣,宁清邦国……王雪丽、王祖光著《王十朋传》摘《大扇房谱》乐清左原王氏字辈为隆—聪—荣—宽—格—辅……王翼、王逵晶著《状元良臣王十朋》附录《王十朋家族源流、世系与分布》所示左原前七世为:隆、貌、文闲、信、格、辅、十朋。周兆麟《重修王氏宗谱序》称"七世忠文公,大魁多士"云云。另据《中国王氏家谱字辈大全》载,乐清左原王氏字辈为本、隆、页、觉、信、格、辅……略有异同,俱录之备一说。

---

① 《王十朋全集》附录五,注明"辑自《左原王氏宗谱》",第1164页。
② 蒋振喜选编:《乐清谱牒文献选编·左原王氏》,线装书局2009年版,第27—29页。
③ 《王十朋全集》附录二,第1113—1117、1107、1119页。
④ 《王十朋全集》附录四,第1140—1144页。
⑤ 《乐清谱牒文献选编·左原王氏》之《重修王氏宗谱序》,第27页。
⑥ 参见余力《王十朋及其子孙仕迹生卒年考订》、潘猛补《王十朋家风与家学》,见项宏志主编《王十朋诞辰九百周年全国学术研讨会论文集》(以下简称《论文集》),第279—282、318—319页;吴济川《王十朋〈家政集〉和家风传承》,刊《乐清历史学会会刊》第五期。

(续表一)

世系		字号	生卒年	子女	行事仕迹
五世	王信,庆嗣之五世孙,王十朋之曾祖。配马氏	字友思	约生于1025年	有子格	积德好善,人号小王佛。坟在白岩庵青龙首。
六世	王格,王十朋之祖父。配贾氏	字嘉言	约生于1055年	有子辅、安,二女	业农。天质淳朴,勤俭持家,有田三顷。坟在东山之原,系东派大井头。
七世	王辅,王十朋之父。配万氏	字勤公,号安民	生于北宋元丰辛酉(1078),卒绍兴壬戌(1142) 生于元丰戊(1080),卒绍兴壬申(1152)	有子十朋、百朋、寿朋。长女适孙思邈,次适万夫。	始业儒。平生读书好义,安分乐天。以孝闻,《瓯江逸志》纪其事。置"四友堂"。以十朋之故赠左朝散郎。葬东山大板桥,王之望志其墓。 为本邑先贤万桥东平四孙女。能知书史,以孝闻,笃于教子。忍贫好施。以十朋之故赠硕人。享年六十七岁。
八世	王十朋(弟寿朋、百朋) 配贾氏	字龟龄,号梅溪,谥忠文	生政和壬辰(1112),卒乾道辛卯(1171) 生政和甲午(1114),卒乾道戊子(1168)	生三子:闻诗、闻礼、孟丙(夭亡)。	进士第一名。历绍兴府鉴判、秘书省校书郎兼建王府小学教授、国子司业、起居郎、侍御史、太子詹事。出朝知四郡。以龙图阁学士致仕。有《梅溪集》传世。葬左原白岩(今梅岙村)。贾氏卒于泉州,归葬故里。

第一章 时世家风 乡贤角色

(续表二)

世系	世系	字号	生卒年	子女	行事仕迹
九世	王闻诗,王十朋之长子。	字兴之,号凤山。幼名孟甲。	1141—1197	生二子,夔、闽。一女早卒。	太学生。能笃学自立。初授监建康粮料院,进大理丞,知和州、光州。终提点江东刑狱。"为治能守家法。"能正学尽言,矢义勇发,克继家声,与闻礼合编《梅溪集》,刻以传世。葬于东山。
	配孙氏				孙氏卒于1207年。
	王闻礼,王十朋之次子。	字立之,号中界主人。幼名孟乙。	1143—1206	子仲龙、大任、大节	太学生。能笃学自立。初授监湖州乌青镇,知黎州、常州、德安府。改江东转运判官。终直秘阁。"为治能守家法。"果敢激烈,雷霆独立。与闻诗合编《梅溪集》,刻以传世。葬于邑东白岩。
	配万氏				万氏先卒。
十世	王夔,王十朋长孙。闻诗长子。	字梅峰	1165—1217	有六子,子虬及一女皆早卒	宣教郎,兴化军通判。从水心游,永嘉学派继承者。继祖德,传家风,梅溪家学传人的最佳者。
	王闽,十朋次孙。	字长民,号梅岩	1169—?	有子万九	
	王仲龙,王十朋二房长孙。闻礼长子。		1174—?		太学生,迪功郎。官南京(商丘)学谕。迪功郎,江淮宣抚司准备差遣,泉州安溪县主簿。后知福宁县。梅溪家学传人,刊《家政集》。官安抚使,中大夫。
	王大任,闻礼次子。				

(续表三)

世系		字号	生卒年	子女	行事仕迹
十世	王德芝,百明之孙。				宋绍定进士,知怀安、桐庐县。有忠文公风范,立生祠额曰:"公正廉明"。
十一世	王元庆,王十朋曾孙。王闽之子。				进士,迪功郎。任知州,太常博士。
	王持垕,十朋曾孙。闻礼孙。	字载仲,号畬端	1200—1276	有六子,时中、政、白、寿薄、登士、通士	进士,饶州教授。入浙西帅幕。除大理寺少卿。宋亡,绝食而卒。
	王元持,十朋曾孙。闻礼孙。	字维道,号清非子	约1210	有五子,麟孙、凤孙、宜孙、龟孙、龙孙	进士,泉州学教授。知余杭县。两浙运管提辖。福王府教授。受朝议大夫直秘阁。继承家风家学。
十二世	王白,十朋第五代孙(来孙)。王持垕第三子。	字纯甫	1237—1316		进士,镇江司理,饶州府学教授。甘居清贫,积财善散,立祠塾,置义庄。
十三世	王樊,十朋第六代孙(晜孙)。	号镇玉	1260?		以武职镇守玉环,食邑千户。
十四世	王敬节,十朋第七代孙(云孙)。	字宗益号三友			元仁宗(1312—1320)官湖广岳阳府经历,升盛天府通判。
十五世	王景增,十朋第八代孙(礽孙)。	字德进号一隅	1330—1407		明洪武元年例同进士,任国举录训,后居林下讲道。

（二）左原王氏七世未昌

王十朋所宗的左原王氏可以追溯到河南太康王氏。五代吴越时，其七世祖才从钱塘（浙江杭州）迁居温州乐清，至少从其曾祖起并无仕宦的记录。《左原王氏世系图录》载："（庆嗣）王十朋之太祖，字文盛，号隆。……裔出太原，相传为周灵王太子王子乔之后。五代间自杭州迁居乐清，为左原之鼻祖。"①十朋《寒食祭始祖文》载："昔我始祖，西来自杭，避地择所，山林遯光。今二百年，子孙寖昌。"②庆嗣即为左原王氏始祖。其后，由庆嗣传至七世辅。王辅就是王十朋之父。

王十朋在《族人祭十四伯母文》里自述其家族说："嗟吾宗之薄祜兮，绵七叶而未昌。"③表明自始迁祖以下七世，即到十朋父辈，左原王氏一族都未能以仕宦光大门楣。

1. 祖父王格置田二顷

王十朋的七世祖王庆嗣，既非远宦客居，又非返归桑梓，为何要从繁华的吴越国都城钱塘，跋山涉水，迁往八百里之外且十分荒僻的乐清左原居住呢？何忠礼认为："答案只有一个，乃为生活逼迫所致。因为左原气候温和，地旷人稀，荒山颇多，有着一定的生存空间。"④

自王庆嗣起，王氏子孙便在左原开荒种地，从事农耕，历数代，逐渐积累起一些家产。王十朋家族真正意义上的兴盛始于他的祖父王格。《家政集·自序》云，王格"天质淳朴，长者人也"。经过他的努力，家境已较为富裕，属于"山林有木以给材用，园圃有桑以给衣服，有田三百亩以支伏腊之费。……仓箱充实，门户阜昌"的殷富家庭。家族逐渐形成了这样的格局："以孝敬奉先，以谨厚持身，以勤俭兴家，以诗书教子……有贤配以修其内政，有四男以供其子职。"《家政集·继志篇》又云："先祖有田三百亩，先人

---

① 《王十朋全集》附录五，第1164页。
② 《王十朋全集》文卷一三，第786页。
③ 《王十朋全集》文卷一三，第782页。
④ 何忠礼:《王十朋与宋代科举》,《论文集》第16页。

广之至五百亩,其后为人冒赎者百余亩,先人一不与竞。"①十朋诗《后七夕二夜同梦龄宿湖边庄》有"弟兄身事各茫然,赖有先人二顷田"②之句。王格置田二顷——或说先祖"有田三百亩""广之至五百亩"云云,此后家人幸赖此祖传田产,尚能平实度日。

如此家庭在当时属于什么档次?徐规先生提供资料说:"宋代政府按照财产多少把乡村中的主户(税户)分为五等,一、二等户称为上户,是地主;三等户称为中户,是小地主或自耕农;四、五等户称为下户,是半自耕农或佃农。"③按此,王家有田产二三百亩,当属三等以上之"中户",是"小地主或自耕农",有赖以生存发展的经济依托。

王家祖传的左原田产是十朋兄弟三人耕读之资产,王家子弟坚持田间劳作,《代笠亭记》说农务基本由二弟昌龄承担:"吾季弟昌龄,日课农事于其间。有雨旸风埃之患,盖焉而手疲,焉而足蹷,黧面目,暴肌体,身劳而况恶。"另据《率饮亭二十绝》之二所云:"苍头稍知耕,赤脚颇能酿。有田俱种秫,我日坐亭上。"可见王家还雇有"苍头"(佃农)与"赤脚"(雇工),为其耕田、种秫、酿酒。据周必大称:"龟龄家有小小园,而侍姬号隆隆。"④看来,王家生活不应该算是贫苦的。但《陈元佐和诗赠以前韵》有云:"无功懒仕犹堪酒,故向东皋事田亩。自惭耕稼非老农,岁入何曾给糊口?"说的是即使兄弟"东皋事田亩",其岁入还是不够"糊口"。那为什么王家依然有衣食之忧呢?大概有这样一些原因,一是左原属半山区,土地贫瘠,粮食产量甚低;二是当地自然条件较差,台风、海溢、水旱灾害频繁,有时会造成颗粒无收;三是如《亡姊之葬》所言,王氏家庭人口多,"先人六儿女",⑤负担不轻。再加上当时的赋役十分繁重。据载,以浙江而论,乡村中的下户,固然是"饥寒转徙,

---

① 《王十朋全集》辑佚之《家政集·自序》,第 1033 页;《家政集·继志篇》,第 1048 页。
② 《王十朋全集》诗卷四,第 56 页。
③ 徐规著:《徐规学案》,浙江大学出版社 2018 年版,第 276 页。
④ 周必大:《省斋文稿》三《九月十八日夜忽梦作送王龟龄》诗注。
⑤ 《王十朋全集》文卷一二,第 764 页;诗卷八,第 120 页;诗卷五,第 70 页;诗卷二〇,第 347 页。

朝不保夕"；①即使"中户"之家，也"往往一岁之入，不足以支一岁之用"。②

"中户"之家尚且如此，其时左原乡民生活之贫困可想而知。十朋长处"我家素孤寒，金玉苦无储""蔬肠久不饱，肌骨尪且狞"③之窘境，依仗二弟躬耕，妻子青灯绩织，自己设帐授徒，才维持略优于一般乡民的生活水准。

2. 父亲王辅亦耕亦读

左原王氏家族"由农易士"的真正转型期是在王十朋的父亲王辅时期。王家世代务农，其父王辅开始亦耕亦读，成了一个稍具文墨之人。汪应辰作《宋龙图阁学士王公墓志铭》载，王辅"至朝散公始业儒，有声"④——这里称王辅为"朝散公"，实乃王十朋去世后所得的朝廷赠官，王辅"始业儒"之时王家并非官宦之家，王十朋自己有关父亲的记载中都未提及其父亲做过官。王辅兄弟姐妹六人，王十朋《祭六姑文》云："嗟我先子，同气六人，残月孤星，仅存者三。白发苍颜，姑为最尊，不见祖考，典刑常存。"⑤十朋《族人祭十四伯母文》述及王辅"获夫人以内助兮，措生涯于小康"。⑥ 可见是王辅奠立了王氏家族发展的经济基础，王家这才在经济上初步具备了耕读的条件。王家有田产二顷，屋一区。王辅本人农闲时读书学文，吟诗作对，农忙时与家人下地劳作，打造了个小康的耕读之家。十朋于隙地辟小小园，植十八香，时可漫步其间；"良天佳月，与兄弟邻里把酒杯同赏……有足乐者"。有书阁一室，藏书数百卷，俯仰其间，怡然自乐："晨起焚香，读书于其间。兴至赋诗；客来，饮酒、啜茶或弈棋为戏。"⑦可见得这个耕读家庭的书香韵致非同一般。

王辅在生前对三个儿子的主业作了这样的安排：长子王十朋因为自幼

---

① 《吕东莱文集》卷一《为张严州作乞免丁税奏状》。按，此状系吕祖谦代张栻起稿奏免严州丁钱。
② 王柏：《鲁斋王文宪公文集》卷七《赈济利害书》。
③ 《王十朋全集》诗卷九《和符读书城南示孟甲孟乙》《和南食》，第129、134页。
④ 汪应辰：《宋龙图阁学士王公墓志铭》，见《全集》附录二，1107页。
⑤ 《王十朋全集》文卷二四，第996页。
⑥ 《王十朋全集》文卷一三，第782页。
⑦ 《王十朋全集》诗卷一六《作小诗十五首》，第271页。

"颖悟强记",少年时,在当地已颇有诗名,值得培养,故让他与次子梦龄一起攻习诗文,力争走科举入仕之路;季子昌龄则主要从事农耕。① 王十朋对自家的生活和父亲的安排是知足为乐的。他说,先人"身死之日,无一钱之蓄,所遗子孙者,田宅之外,惟文字两厨耳",十朋自安于"我家有田可以耕,有桑可以蚕,有书可以读"②。始于王十朋一辈,王氏家族归属"士"的阶层,进入"忠孝传家,诗书继世"的昌盛时期,后世子孙或官或民,或隐或显,自成家风立范、德布乡邑的望族。

(三) 通家世姻诗书传家

左原王氏一族七世未有仕宦。父亲王辅是因王十朋入仕而得赠左朝散郎;其母万氏,也因王十朋官宦得赠硕人。所有父祖上辈在王十朋入仕前均无官宦记录。据虞云国考论:"王家在运营延续过程中一直注重诗书为上,通过通家世姻积聚家世背景资源,提升家族的地位和实力,保证以诗书礼仪绵延王氏世系,形成家族文化风格。"③诚然,姻祖关系既是经济利益的一种驱使,又是一种社会需求,有选择地实现婚姻关系是受家族利益所左右的。

王家一直重视以通家世姻的方式,在与当地有文化积淀且薄有田产的诗书门第联姻后,形成互通声气、相互支撑、相对稳定的家族共同体。王氏与贾氏、万氏世代联姻,故戚族众多。王十朋的母亲出自万氏,妻子出自贾氏,万、贾两姓在当地都是有实力的富族。十朋说,王氏与万氏之间,"家君与公,情好相忘,婚姻世修,如谢与王"。王氏与当地宋氏也再世联姻,十朋祭宋元明道:"君之父乃吾之舅,吾之母乃君之姑,而吾同气之姊妹,又为君之偶也。吾与君再世通家,游从最久。"④十朋与妻家贾氏也是表亲,他是岳父的表侄,"王、贾同邑,且世姻"。⑤ 十朋为长子订亲孙氏,乃其八姊之女,

---

① 《王十朋全集》诗卷二《用前韵酬昌龄弟》诗有小注云:"予拙于治生,每以田园劳二弟。"第31页。文卷一二《代笠亭记》载:"吾家之西北原,有田二顷,盖先业也。吾季弟昌龄,日课农事于其间。"第765页。

② 《王十朋全集》辑佚文《家政集·继志篇》,第1049页。

③ 参见虞云国《走向庙堂:王十朋诗文记录之乡绅影像》,《论文集》第186页。

④ 《王十朋全集》文卷一三《代祭万叔永文》《代祭宋元明文》,第793页。

⑤ 《王十朋全集》文卷二五《令人圹志》,第1022页。

所谓"忝属为侄,门阑为婿,蒙恩最深,再以女妻";"令女乃吾家之甥,想不嫌舅氏之薄;某男某辱东床之选,固稔知姑女之贤"。①

从与王氏联姻的别姓他族来看,也多为薄有田产之善德家庭,致力于诗书传家科举出仕的乡绅不在少数。如十朋岳家贾氏自五世祖从福建长溪迁来,但直到其岳父贾如讷一代都是"潜德不仕"的平民,如讷的伯父贾弈"以弦诵先里闬",其二子"俱美才,有声庠序间",如讷藉此激励自己两位胞弟,故"二弟皆力学",季弟不负所望,科场奏捷;其子贾循也"以业进士,克守家训"②。王十朋以诗相挽道:"负郭良田全种德,起家难弟已收功。"③说的就是岳父诗书传家、种德收功的生平。

另据《东平万府君行状》《代祭万叔永文》《万府君(泳中)挽词》等诗文所述,同为万氏的万世延"善治生",自己虽"早厌场屋,未尝废书",却"笃于教子,尝葺屋数楹,读书其间,厚礼以致名师,训督点窜之劳,率分其半"。他有六子,同为"诗礼传家","短檠书自照,铁砚志长存","阿戎成雅志,小阮发幽光",终于收获"一门今盛大"的回报,其源盖"诗礼荷公恩"。④

可见,在宋代科举社会中,王氏家族重视结交乡绅士人并联姻诗书继世的家族,以不断提升本家族的实力和地位。这类以薄有田产的诗书门第为基础的联姻,有利于促成温州乐清地方富户的士人化进程,毕竟富有人家在地方上有比较稳固的实力和文化地位,科举业儒正是他们不得不共同追随的时代潮流。

二、忠孝立家风

家风是一个家族世代相传的体现家族成员精神风貌、道德情操、审美取向和整体气质的家族文化传统。一般说来,一种精神或行为方式在某一宗族内延续三代以上,便可视为某一家族之文化风格,构成其家风。王十朋秉

---

① 《王十朋全集》文卷一一《闻诗定孙氏》,第 748 页;文卷二四《又代闻诗》,第 997 页。
② 《王十朋全集》文卷一五《贾府君行状》,第 813 页。
③ 《王十朋全集》诗卷六《贾府君挽词(予妻父)》,第 95 页。
④ 《王十朋全集》文卷一五、卷一三,第 809、793 页;诗卷一一,第 173 页。

持"植德积善"为修身齐家的基本理念,构建王氏家族以孝敬奉先、以谨厚持身、以忠孝传家、以诗书继世的家风,且定型于王十朋编撰的《家政集》,一时风靡于众多大家族群。

(一) 孝立法首

《家政集》是绍兴十三年(1143)三月王十朋三十二岁时撰写的。在此之前绍兴九年,王十朋成婚;绍兴十一年,他自己得子成为父亲;同年十一月,他父亲去世。这些人生经历的重大事件,成为他写作这部家训著作的主要动因。当时,王十朋尚未取得科举功名,《家政集》的编写意在立修身治家之法,表彰父祖的人品道德,希望子弟发扬光大,终身奉之,世代守之,庶使君子之泽百世不斩,当然也以之自励,实现父辈企盼的中举为官的愿景。《道光乐清县志》"家政集"条载:"王十朋编次。所采皆圣贤明训,与历代史传所载仁人义士、孝子慈孙,前言往行之可法者,及其祖、父居家事迹,排纂成书,以戒子孙。"①

1. 王氏以孝传家的风范定型于《家政集》

王氏家风的形成至少经历三代之功。《家政集》载:王氏"始祖自钱塘来,盖七世矣。虽家寒微,无德可纪","然而高、曾以来,皆孝顺慈善,至今邻里父老尚能道之"。② 说的是,王氏数代不闻于世,自十朋的高祖时起,开始以"孝顺慈善"的家风闻名乡里。王十朋的祖父王格虽然也"以诗书教子",但是这一时期其家族仍然是以农耕为主的家族。到父亲王辅时期,该家族由原先的以农耕为主转变为"以士易农",即实现从务农之家到诗书之家的转型。

王十朋钦慕父亲王辅"善人君子"的高尚品格,给予很高的评价:

> 为子则能孝其亲矣,为兄则能友其弟矣,为夫则能和其妇矣,为父则能教其子矣。闺门之内,上下和睦,与乡党邻里之间,无怨无恶,身死之日,虽行道之人,无一不咨嗟叹息。呜呼!真可谓善人君子矣。③

---

① 《道光乐清县志》卷一一艺文上,第738页。
② 《王十朋全集》辑佚文《家政集·自序》,第1032—1033页。
③ 《王十朋全集》辑佚文《家政集·自序》,第1033页。

说明王家至此基本营造出良好风气,也可以算是有所积德了。十朋父亲集中体现王氏家族"以儒为业,以孝传家,兄弟友爱,夫妻相穆,闺门和睦"的孝慈家风。王十朋回忆说:

> 至我先人,以士易农,笃志好学,至老不倦,虽偃蹇无成,不获有为于世,然施之一家,良有可观者焉。①

左原王氏家族秉持"修身齐家治国平天下"的古训,重视良好家风的营造与传承。王十朋总其所成,将王氏家风家规家训从观念到理论上作了定型。《家政集》倡言孝为"德之本""礼之始",把"孝"立为家法之首,与"先业"相提并论。他立下家规:"以为修身治家之法,且以告二弟及后世为吾子孙者,终身奉之,世世守之,庶使君子之泽百世不斩云!"他立下家训:"为子则能孝其亲矣,为兄则能友其弟矣,为夫则能和其妇矣,为父则能教其子矣。"②阖家"父慈子孝,颇存古风","督虽严而爱不失"。③

2. "植德积善"是王十朋修身齐家的基本理念

在中国传统儒家的理论中,修身、齐家与治国、平天下是同样重要的,士人需要在诚意、正心的基础上修身、齐家,在修身、齐家的基础上参与治国、平天下。所以,齐家是知识分子必须解决好的大问题。王十朋《家政集·自序》完整地表达了对理想家庭的构想:

> 父子欲其孝慈,兄弟欲其友爱,夫妇欲其相穆,帷簿欲其洁修,门闾欲其清白,男子欲其知书,女子欲其习业,亲戚欲其往来,宾朋欲其交接,祭祀欲其精丰,用度欲其节俭,财货欲其无私……疾病欲其相扶,患难欲其相恤,喜庆欲其相贺,死亡欲其相哀。④

---

① 《王十朋全集》辑佚文《家政集·自序》,第1033页。
② 《王十朋全集》辑佚文《家政集·自序》,第1033页。
③ 郑定国:《王十朋及其诗》,第23页。
④ 《王十朋全集》辑佚文《家政集·自序》,第1032页。

中国古代对于人伦要求定位在君臣、父子、夫妻、兄弟、朋友五个方面。王十朋构想的家庭状态契合传统儒家伦理的基本要求,包含两个层面:一是构建理想的家庭伦理关系,二是维持家庭运转的生计经营。这两个层面的地位并不是相同的。他说:

> 古人有言曰:一年之计莫若植谷,十年之计莫若植木,百年之计莫若植德。《易》曰:"积善之家,必有余庆;积不善之家,必有余殃。"又曰:"善人富谓之赏,淫人富谓之殃。"《语》曰:"未尝若贫而乐,富而好礼者也。"士君子欲修一家之政者,非求富益之也,植德而已尔,积善而已尔!①

由此可见,王十朋治家的主要目的不单是为了"求富益",更是为了"植德、积善"。如何经营生计呢?首先要合乎"植德、积善"的伦理道德标准,为"植德、积善"服务。"植德、积善"的最终目的是建立起理想家庭的伦理道德和规范,构建家庭成员之间的和谐人际关系。②

3. "尊祖祭祀"是对儒家孝文化的一种发扬

敬祖、孝悌、孝友乃行仁之本。王十朋对父祖尤其是父母深怀敬意。父王辅贤而好学,平居好宾客;母万氏,能知书史,且笃于教子。父母当年命以业儒,冥冥中又"默启"田园"杉径"即是"异日归去来之路"。③故祭祀如仪,殆无缺漏。绍兴辛酉(1141),十朋作《先君子去世五十日》一诗,表达他于是日"入四友室,睹平生遗迹,哀号痛哭,绝而复苏"的深切悲情。诗有句曰:

> 业余经史案,趣寄圣贤尊……晨昏徒泣血,无路报深恩。④

十朋深情怀念先父"业余经史案"由农易士的耕读生涯,祭奠先父,寄托

---

① 《王十朋全集》辑佚文《家政集·自序》,第1032页。
② 参见苗书梅、刘本栋《移孝于忠——论王十朋的治家与从政》,《论文集》第290页。
③ 《王十朋全集》诗卷一二《记梦》诗并序,第190页。
④ 《王十朋全集》诗卷三《先君子去世五十日》,第38页。

"晨昏徒泣血"的"罔极之思"。

绍兴三十一年(1161),十朋五十岁,因受排挤,春迁太宗正丞,累章乞祠。五月离京归左原家居。秋省先人陇墓,在祖先墓地重葺"如在亭"。作《某辛巳秋归自武林省先陇遂修亭宇》三首,虚实结合,情景相生,思亲报国之情绵绵无终期。

尊祖祭祀是对儒家孝文化的一种发扬。十朋诗文多次记录与二弟一起的祭祖活动,包含岁旦献祭果、清明祭坟、端午祭、岁除祭及一般的四时节腊之祭。《家政集·尊祖篇》回忆自己小时候目睹祖父祭祖的场面,说:

> 大父每逢正旦,必自岁除之夕,设祖先神位于厅事之中。列香茶菓子于棹,汲净水以煎汤,然灯于四壁及两庑之间。四鼓未终起而盥洗,新其衣服。晓鸡初唱,东方未明,则家人皆列拜讫,然后撤神位,始讲贺正之礼。往往自始祖、高、曾以来,相传不废。十朋不得而知也。第见大父昔日如此,至先人遵而行之,以至于今耳。①

从这段回忆中可以看出,王十朋有意继承这种尊祖传统。《家政集》对祭祀、世系、坟墓、祖讳、祖忌、支派等都做了相应的综合规划,旨归以"敬宗收族"为特征的宗族制度。

(二) 人伦家规

为了能够实现"植德积善"治家理念,建立良好的家规、家范,王十朋参照儒家传统的五种社会人伦即君臣、父子、夫妇、兄弟、朋友关系,构建出家庭的"人祖、父子、母子、夫妇、兄弟"五种伦理关系。它们体现了前几代王氏家族对儒家这种基本伦理关系的继承和发展。这里说说夫妇、兄弟的伦理关系,因为此二者乃儒家道德精义之所在。

1. 夫妻共艰辛是家庭雍睦的基本条件

王十朋关于夫妇间的伦理关系除了在《家政集》序言中所说的"夫妇欲

---

① 《王十朋全集》辑佚文《家政集·尊祖篇》,第1034页。

其相穆"外,更主要的还是从孝道出发,要求妻子孝敬"舅姑"(公婆)。身为人子,娶妻之后,不能"厚妻子,薄父母"。身为人妻,要善事舅姑,常修奉养之礼。作为丈夫,不能因为丈夫自己的好恶而出妻。①

  王十朋既有家国大爱,又有骨肉亲情;既有凌云志向,又有百结柔肠。他与妻子相濡以沫,患难与共,鹣鲽情深而含蓄内敛。《荆妇夜绩》诗描绘遇旱歉收,一家生活日见窘迫之时,老妻深夜纺绩补贴家计的动人画面,称道妻子"青灯绩深夜,绩成寒素风","德耀随梁鸿"。② 长诗《家食遇歉有饭不足之忧妻孥相勉以固穷因录其语》记述了自己拙于谋生以致家贫几乎无饭可吃的情况下,妻子出言宽解安慰之事,借妻子调侃语,托出固穷不悔所为、不易所守的志操:

  细君笑谓我:"子命难食肉……归来固已幸,富贵非尔福。
  东皋二顷田,得雨尚可谷。子耕我当耘,固穷待秋熟。"③

  安贫守道是十朋固守的道德范式,夫妻"相勉固穷"是本诗的主题。诗将纯属私情心曲的家庭亲情呈现于符合儒家道德的人伦规范之中,从道德伦理情感上凸显了贾夫人孝慈贤慧、安贫乐道的品行美德。

  王十朋终身践履儒家夫妇人伦规范,对妻子贾氏一生都心存感激并深深依恋。其夫妇相穆、彼此陪伴的佳话传流后世,堪称慈顺雍睦家庭的楷模。

  2. 孝悌亲情是家庭雍睦的重要支柱

  《家政集·兄弟篇》开篇指出,理想的兄弟伦理关系应是"为兄之道主乎爱,为弟之道主乎顺,兄爱弟顺,家道方和。兄弟不谐,人伦之丑","难兄难弟,天伦之美也,人道之幸也"。

  为构建这种理想的兄弟人伦关系,王十朋对自己与二弟分别提出了要求:"为兄者当知所以教,为弟者当知所以率其教。"这种关系是互动的。现

---

① 《王十朋全集》辑佚文《家政集·夫妇篇》,第1068—1069页。
② 《王十朋全集》诗卷一六,第268页。
③ 《王十朋全集》诗卷一六,第282页。

实生活中如有一方不贤不孝,另一方要耐心地反复规劝与谏之。"不敢着成其恶,使终为不肖之归也……不可坐视而不谏,使其陷身于不义也。"而且明确兄弟之间要做到:

> 兄教弟,而弟不率教,不可一教再教而已也,当终身教之,百端喻之,至于终不可教,而过日甚,则亦不可遽斥绝之,以乘(乖)天属之恩。当思所以处之之道,如舜之处象,不失其亲爱可也。弟谏而兄不从,亦不可一谏再谏而止也,当朝夕谏之,事事救之,至于终不可谏,而刚愎自任,则亦不可遽悖逆之,以失为弟之道。

王十朋以其高祖和伯高祖的兄弟关系为例,说明构建兄弟人伦关系的出发点是"积善植德,庆及子孙",而其落脚点则是"忠、孝、悌",他说:"故人之为人父,则孝者必慈,而不孝者必不慈;以之为人臣,则孝者必忠,而不孝者必不忠;以之事长上,则孝者必顺,不孝者必不顺,此孝悌所以为立身之本,百行之先者也。"①

忠孝家风自然滋养兄弟亲情,也影响人格成长。十朋有弟二人,长名寿朋字梦龄,次名百朋字昌龄。兄弟三人皆有志于学,非常友爱,和乐融融,可谓善守古风。十朋于幼弟殊为怜爱,《梅溪集》中提及昌龄之诗有四十多首,述兄弟亲和互勉的君子交谊,再现了孔子倡导的"切切偲偲,怡怡如也"的生动场景。如《用前韵酬昌龄弟》有云:"田园劳尔辈,愧是素餐人。"②十朋感喟自己"拙于治生",愧对二弟长期辛劳耕作。"愧是素餐人",说的是肺腑之言,兄弟交心何其坦诚通透。

王氏三兄弟心胸豁达,亲密无间,友爱怡情延续久远,传为佳话。据《瓯江逸志》载,十朋殿试夺魁,首先向二弟报喜,曰:"今日唱名,蒙恩赐进士及第,惜二亲不见,痛不可言。嫂及闻诗、闻礼,可以此示之。"③又,十朋在仕

---

① 《王十朋全集》辑佚文《家政集·兄弟篇》,第 1069、1071—1072、1070、1073 页。
② 《王十朋全集》诗卷二,第 31 页。
③ 《道光乐清县志》卷一六·杂志,第 1113 页。

时,两次遇上郊祀推恩,十朋奏请授予其弟寿朋、百朋。按常理,凡有科名喜事,依序当报父母妻子,再兄弟;有封荫抚恤,亦先父母妻子,再兄弟,这才合于亲等之法。王梅溪痛二亲不见,报喜先诸弟,由诸弟转妻子,奏补亦先弟而后子。王十朋上念二亲,因二亲谢世而不以科名为喜;他特报二弟,而不以妻子为先;他推恩二弟,而不以二子为先。与今人孝同而悌异,可见他尤其珍惜兄弟亲情!

(三) 移孝于忠

君子先修身齐家,有能力有机会再推而广之,治国平天下,这是历代儒家知识分子的共同追求。王十朋深刻认识二者的关系,把家风、治家之法对自己施政产生的影响发挥到极致。

1. "今日之孝,在于继先人之志"

在《家政集·继志篇》中,十朋鲜明表述求取功名是继承父志的最好方式,是对慈亲的最大孝心:"顾今日之孝,岂不在于继先人之志,述先人之事乎?"父亲唯一的愿望就是诸子读书有成,以变白屋。其父病重时"执十朋手语,甚悲,叹十朋福命之薄,以不得试为恨"。① 十朋在《代谢同文馆解》中云:"某敢不勉修事业,早赴功名,收一第于少年,慰双亲于未老,报天子恢儒之德,酬使君在泮之恩。"在《升补上舍谢宰相》中也表述:"念孝子为亲而求禄,自伤无禄以及亲。"②可以说,继承父亲的遗志,已经深深地植根于十朋的内心深处,成为他读书应举的巨大动力和压力。

2. "学忠与孝,以显先人之名"

王十朋的忠孝思想深受父亲王辅的影响。王辅生活在两宋之交,经历了靖康之变和南宋前期的宋金战争,所以对时事感触很深,王十朋在《家政集》中这样记述他的父亲:

> 先人凡阅史,见前古忠臣义士,必条举其事,以教诸子。身虽不及仕,而有畎亩爱君之心。建炎初,闻金人犯阙,二圣北狩,读诏书泣涕者

---

① 《王十朋全集》辑佚文《家政集·继志篇》,第1043页。
② 《王十朋全集》文卷一一,第743—744、746页。

累日。每语及朝廷艰难事,必忧见颜色。常对十朋言执政大臣专权误国,陷害忠良者,俛眉蹙额曰:"所为如此,后世恶名当如何也!"

可见王辅是一个忠君爱国之人,这深刻地影响到子女。王十朋自表心迹,说:

> 十朋兄弟当修身谨行,以尊先人之教,学忠与孝,以显先人之名,不可使人言王氏有不肖子,而使先人含愤于九泉之下也。①

3."人君以家法为天下之法"

王十朋走上仕途以后,用自己的行动践履了他的这种忠孝观念。作为古代传统儒家知识分子,他的忠君观念是有一定的局限性,但就当时而言,忠君与忠于国家不可能截然分开,他对君主的忠更多表现为对国家的忠。

其《廷试策》有言:"臣闻有家法,有天下法。人臣以家法为一家之法,人君以家法为天下之法。"②宋孝宗即位之初,王十朋上疏孝宗劝谏道:"今社稷之安危,生民之休戚,人才之进退,朝廷之刑赏,宜若舜之协尧,断然行之,以尽继述之道。"③从时间上看,这分明就是他的《传家集·继志篇》的翻版。

王十朋以自身表率示范,遵守先人遗训,严教子孙。乾道元年(1165),王十朋移知夔州,远在临安太学准备秋试的闻诗、闻礼二子,放心不下体衰父亲长途奔波劳顿,赶来伴随父母前往任所。十朋赞许儿子的孝心,在《买鱼行》一诗中告诫他们:"尔曹异日宦西东,一饭安得如今同。寄鲊不须劳孟宗,但愿清白传家风。"④

---

① 《王十朋全集》辑佚文《家政集·继志篇》,第1046—1047页。
② 《王十朋全集》文卷一,第574页。
③ 《宋史·王十朋传》,见《全集》附录二,第1114—1115页。
④ 《王十朋全集》诗卷二〇《买鱼行》,第348页。

移孝于忠,"但愿清白传家风",这是十朋留给"异日宦西东"的后世为宦者的遗训,以守其"以家法为天下之法"的治国平天下理念。

4."所举措无不当人心"

十朋父亲王辅生前倡言为官清廉,曾对十朋言及"居官当以廉为本",十朋牢记于心;王父在"建炎初,闻金人犯阙,二圣北狩,读诏书泣涕者累日",给王十朋留下了很深的印象,也为他埋下了坚持反对"和议"的思想种子。从政后,他秉持忠孝观念,勤政为民,坚守抗金立场。《宋史》本传载:"十朋见上英锐,每见必陈恢复之计。及将北伐,上疏曰:'天子之孝莫大于光祖宗、安社稷。'"王十朋建言献策,抗金立场坚定不移。时人汪应辰评论其在中央为国子司业时的行迹,说:"公于学校事,其细微曲折皆粲前知,所举措无不当人心。"①

如此等等,王十朋把"孝"的内涵延伸至"忠",养成了正直、爱国、勤政为民的政治品格。

王十朋一生强调孝悌忠义、慈顺雍睦,并扩展至法律、道德、制度、社交诸方面,不仅"学为忠与孝",②而且主张唯有孝亲才能忠君:"孰识孝与弟,理与神明通;为臣不知此,事上焉能忠。"③为了使家规族训得到更好地贯彻实施,他们采取一些策略来调控对家族成员的教育与管理。王十朋的孝是有目共睹的。父慈子孝,世代相传。诗礼传家,忠厚继世。移孝为忠,代有楷模。

总之,《家政集》是王氏一族践行忠孝之道的教科书。其核心价值就在于移孝于忠,倡言以忠孝观念治国平天下。《家训集》以儒学标准概括了王氏父祖家长垂诫训示子孙后代,用以规范族人行为,处理家庭事务的言行准则,并以风俗、习惯和传统等方式固定下来。

尽管在此前已有类似家训的书文,如汉代刘邦的《手敕太子》、三国时诸葛亮的《诫子书》、北齐颜之推的《颜氏家训》、唐代李世民的《帝范》等,但宋

---

① 《王十朋全集》附录二,第1115、1109页。
② 《王十朋全集》诗卷九《和秋怀十一首》,第127页。
③ 《王十朋全集》诗卷一《畎亩十首》,第1页。

代是家训发展的繁荣期。王十朋的《家政集》架起了从忠孝伦理理论走向忠孝伦理实践的桥梁,使忠孝思想实现了民间化和通俗化的转向,影响广远。

三、耕读传家学

在两宋科举社会,平民庶族如欲跻身精英之列,唯一途径就是建立起家学背景,让子弟谙熟精英文化,以便在科场上角力争胜。王十朋在科场上独占鳌头,维持并提升了诗书传家的传统,其家族父祖子孙从此在学术上亦进入直接的师承关系。这种家学的形成与传承,离不开耕读之家的家教。耕,不仅可以自食其力,而且还有重要的功能是可以修德;读,则可以知礼开智。王氏家学立足于德慧双修、寓教于诗书礼乐的知行统一的耕读教育,值得传承发扬。

考察自宋徽宗政和壬辰(1112)王十朋诞辰至元至顺庚午(1330)第八代孙出生,历时220年,王氏家族世代秉承固有的家风家学以修身养性、涵养人格,一门风范清正,美德代代相传,未见有不肖之子辱没家门。

(一)"但愿青箱有人续"

"诗书传家"是两宋乡绅的治家准则。学优则仕是王十朋的平生愿景。王十朋秉承诗书传家的价值观念,在自己转战科场一再颠踬的时候,不仅不气馁,还作了《昌龄和诗以不得志于贤关有欲退隐之语复用前韵勉其涵养俟时未可真作休休计也》诗,勉励科场失意的两位胞弟:"出门休叹知己稀,开卷揽取前人奇","行看富贵来逼人,江左家声子当续",劝说弟弟"涵养胸襟"以俟时,"未可遽赋休休诗"。① 十朋在自己身处困境时,依然寄望于两个弟弟,不离不弃家族愿景。

他与二弟游乐于新辟的西园,告诫道:"何用身封万户侯,但愿青箱有人续。"他开导二弟:"丈夫未遇当安贫,带经且作锄园人。"②认为习儒不能汲汲于功名,最终目的在于传承读书种子,以诗礼传家继世。

---

① 《王十朋全集》诗卷七,第100—101页。
② 《王十朋全集》诗卷七《予与二弟连日赋诗饮酒》《东园小阁丹粉一新》,第100、102页。

十朋执着追求诗礼继世,还表现在为二子取名"闻诗""闻礼",执意要培养其诗礼继世的能力,希望他们"勉修愚鲁质,诗礼称家传"。二子曾一度好玩古钱,了解古代官府平抑物价的事,但苦于自家所蓄无多,十朋在肯定"其志颇可取"的同时,对因家贫而未能满足他们的愿望表示婉怜之情,转而从育人的长久之计出发,做诗云:

……间阎富家子,绕床堆阿堵。一字不识丁,碌碌何足数。
更宜移此力,典坟读三五。纵未到圣贤,定可过乃父。①

说的是热衷"阿堵物"只会让人碌碌无为,应将自己的爱好转移到学习典籍中去,"典坟读三五"以积累资质,成就才干,定可超越你们的父亲。纵使不能成为圣贤,也要在修身立德方面有所发展。谆谆教导之心与拳拳爱子之意相结合,传达了十朋诗书传家的育子观念和循循善诱的育人方法。

十朋遵守先人遗训,严教子孙,更以自身表率,时以叹穷嗟贫之作勉励子孙。他安居陋室,自谓:

予所居之乘偏,有室甚陋,目曰"陋斋"。客过而病之。曰:"子陋矣哉!"予曰:"居九夷而不陋者,夫子也,予不敢学;居陋巷而能乐者,颜回也,窃有慕焉。"②

作于绍兴二十年(1150)的《题卓》一文,诉说自己贫穷得只能"以卓(桌)为纸,以肺腑为书"。③ 而《记蛙》一文甚至说自己的麻布鞋"弊甚,十趾不能以自藏,有蛙乘罅而入,蛰于鞋颊间"。作于泉州任上的《乞祠不允三十韵》还说:"臣家素贫贱,仰禄救啼饥。"④

---

① 《王十朋全集》诗卷六《孟甲生日》《孟甲孟乙好蓄古钱因示以诗》,第94页。
② 《王十朋全集》诗卷九《和县斋有怀四十韵》诗序,第130页。
③ 《王十朋全集》文卷一四,第797页。
④ 《王十朋全集》文卷一四、诗卷二八,第797、807、530页。

如此一味叹穷，究其本意，当出于自我砥砺并教诲后辈童子的需要，符合十朋传承自己于逆境中奋起抗争的性格特质，实乃其耕读传家意志和自强不息精神的真实流露。如五言歌行《和韩诗·和符读书城南示孟甲孟乙》，是有名的"劝学诗""教子篇"。诗有云：

> 我家素孤寒，金玉苦无储。旧业止青箱，辛勤二星余。
> 遗尔以清白，尔曹宜念且。性情乃良田，学问为耘锄。
> 勿患远难致，跬步驰蹇驴。勿忧年不逢，六经有新畲。
> 勿随奔竞流，伺候人庭除。勿学田舍儿，黄金买冠裾。①

十朋结合"孤寒"家世，规勉儿子清贫自足，恪守"辛勤"传统和"清白"家风，不仅郑重提出"性情乃良田，学问为耘锄"的教育理念，而且以八句四个"勿"，从正反两面警戒儿子，不要担忧"远难致"和"年不逢"，不要随波逐流或待人恩赐，也不要学"田舍儿"以金钱买虚荣。

十朋的儿子，除孟丙夭折，闻诗、闻礼"皆国学生"，"闻诗亦好学有立，能守其家"，行守贤正，学有所成，俱克继家声，成了家风家学的传承人。后闻诗知光州，闻礼知常州。②

王十朋不仅期望儿子传承诗礼，对其弟寿朋甲戌年（1154）生子也企盼"从此吾门如谢傅，芝兰玉树满庭中"。③ 他期望的是家族"青箱有人续"，德善能传世，家风家学长久不坠，科举精英代不绝人。

（二）"发扬门户胜他族"

家风家学是家族传承的精神纽带。王十朋作为左原王氏家风的集大成者，为官之前以自己的德性行守以及一部《家政集》，从观念理论到实践完成了自身乡绅贤士的完美形塑，开启了下一轮继承者的经典传承。

---

① 《王十朋全集》诗卷九，第129页。
② 《王十朋全集》文卷二五《令人圹志》；附录一《宋梅溪王忠文公文集序》，第1022、1091页。
③ 《王十朋全集》诗卷七《梦龄得男，老者喜甚》，第102页。

据考,王十朋后裔今日居住在浙江、福建、河南、江西、湖北、广东、台湾等省,大约有45万人。今日居福建的,大多是王闻诗后裔;居乐清、温州一带的,大多出于王闻礼一脉。① 王十朋建构的以儒为业、诗礼继世的家学一脉相承,其为官清廉、勤政为民的家风也得以世代传承。《梅溪集》是由闻诗、闻礼编成的,其续集则由长孙王夔帮助大儒真德秀编成。《宋元学案》列王闻诗、王闻礼为梅溪家学传人。其后代子孙出了不少人才,"厥后人文蔚起,甲第蝉联"。②

根据左原王氏宗谱及相关史籍的记载,我们可以了解王氏家族"忠孝传家,诗书继世"的家风源远流长。朱熹代刘共父序《梅溪文集》时,即称赏其子"闻诗亦好学有立,能守其家";③《浙江通志》称其子"笃学自立","为治能守家法"。

> 子闻诗、闻礼,皆笃学自立。闻诗知光州,提点江东刑狱。闻礼知常州,江东转运判官,为治能守家法。④

明弘治《温州府志》述其二子生平事迹云:

> 闻诗,字兴之,由太学以父恩授监建康粮料院。秩满到选,宰相谓:"王龟龄子不宜屈铨部,出帖使见。"闻诗知之,不俟装归。历连江丞审察,登大理为司直。大理丞治边帅狱,怨家欲置囚于死,会将内禅,以诏旨趣狱具。闻诗鞫报如常日,竟得赦原。知和、光二州,钱监辇铁输炭为民患,即奏秦废之,寻奉祠。召为考功郎,枢密参详,终江东提刑。
>
> 闻礼,字立之,亦由太学以父恩监湖州乌青镇,历湖北营田司干官。

---

① 王志成、张卓鹏:《梅溪精神探微》,中国文联出版社2015年版,第95页。
② 周兆麟:《乐清谱牒文献选编》之《重修王氏宗谱序》,第27页。
③ 朱熹:《宋梅溪王忠文公文集序》,见《全集》附录一,第1091页。
④ 嵇曾筠、李卫等修:《浙江通志》,见《全集》附录二,第1119页。

奏正配流贼党戕泸帅者。知常州，有手刃佣主及家数人皆死，夭其庐州以无证奏裁，闻礼具驳论如法。岁旱饥，上疏救荒，措置民食。知德安府，改太府丞、江东运判，终直秘阁。①

赵汝愚权吏部侍郎时，尝称赏王闻诗"能敦尚志节"，"内行修饬，颇有父风"，以"廉靖修洁，可励风俗"为由，举奏"朝廷擢用"。云：

> 承务郎前福州连江县丞王闻诗，故太子詹事十朋之子。内行修饬，颇有父风，出而临民，不苟于事。故事，公卿之子凡到堂者例得优异差遣。况十朋为陛下旧学，清名直节，当世贵重。而其子能敦尚志节，两任只就史部注授差遣。逮今任既满，且复经年，萧然里居，衣食不继，乃有不复荣仕之意。臣观其人廉靖修洁，可励风俗。如蒙朝廷擢用之后，将来不如所举，臣甘坐谬举之罪。②

《道光乐清县志》以爱民"悉如其父"称赏王闻诗事迹，云：

> 少有远识，里之富人以其状元子，争婿之，辞而聘其姑之贫女，相敬如宾。与弟闻礼俱入太学。以父恩监建康粮料院，秩满谒选，宰相谓龟龄子不宜屈，铨部欲汲引之，闻诗不俟装归。历连江丞、大理司直，进大理丞。治边帅狱，怨家欲置之死，时将内禅，以诏旨趣其狱，闻诗不为动，竟得原。知和州、光州，以帅漕所置钱监辇铁输炭为民患，奏废之。寻为考功郎枢密参详，终江东提刑。闻诗为政，能爱民而去其害。及卒，民哀而思之悉如其父云。③

---

① 王瓒、蔡芳编：《弘治温州府志》卷一〇，上海社会科学院出版社2006年胡珠生校注本，第241—242页。《永乐乐清县志》卷七《人物·学业》所载略同。
② 黄淮、杨士奇：《历代名臣奏议》卷一四四，上海古籍出版社2012年版。
③ 《道光乐清县志》卷八·人物上，第517—518页。

孝宗淳熙二年(1175),二十六岁的叶适自临安太学归,一面研究学问,一面聚徒教学,"后二年,余教诸生于乐清"。① 这位永嘉学派大师对王十朋后世子孙多有了解和评价。在为王闻诗写的墓志铭中,叶适特别追溯其父王十朋反对秦桧的事迹,谓:"初,龙图阁学士、太子詹事王公十朋,以太学生对策,请收还威福,除秦桧蔽塞之政,天子即日施用。"他称闻诗"始从梅溪游太学,梅溪卒,而先生为士人如故。不以怵利动摇。其使江东,而詹事故治番。其治江东,如詹事之治。人以公之政能爱民,而又能去其害民者,父子一也。故其卒,而人哀之如思詹事不忘"。可见得闻诗的为人、为政几乎是王十朋的翻版。叶适还曾应王闻诗之请,为其所修司马光祠堂作《司马温公祠堂记》,云:"绍熙三年,太守王侯闻诗改祠公郡东堂。……表厉尊显,以明尚贤治民之本旨,此侯之志欤!"②王闻诗之志,即王十朋之志也。

叶适为王十朋次子王闻礼志墓,称他"辟知黎州,西南夷曳失索结连青羌、吐蕃五部并反。公切责诸将"。又记载其廉洁事云:闻礼"出迁江东转运判官。约浮拾漏,未久,有钱三十万缗,别藏以待非常。为部内损积逋,减月解;广德赈饥、宣州南康修学养士,费皆自出。急吏缓民,损上益下,随形纠割,风俗大改"。③ 正如赵汝愚所言"宣教郎、荆湖北路安抚司干办公事王闻礼,故太子詹事十朋之子,重厚质直,有其父风,临事毅然,义形于色"。④《道光乐清县志》归其为"循吏",称其审理冤狱,"置之法。岁寒饥,上疏救荒",⑤有乃父风范。

王夔(1165—1217)为梅溪承重孙,从水心游,也是叶适永嘉学派的继承者,其实主要还是王十朋家学传承者。王夔尝为兴化通判,叶适认为其继祖德,传家风,作《送王通判》诗称赞之:"左原冢孙产巴东,山灵地秀兼长雄。自小赤心天与通,可惜五十方治中。"对其五十岁才施展抱负而感到惋惜。

---

① 叶适:《丁少詹墓志铭》,《叶适集·水心文集》卷一四,中华书局1961年点校本,第268页。
② 叶适:《提刑检详王公墓志铭》,见《全集》附录四,第1140—1141页;《叶适集·水心文集》卷九《司马温公祠堂记》,第145页。
③ 叶适:《运使直阁郎中王公墓志铭》,见《全集》附录四,第1142—1143页。
④ 《历代名臣奏议》卷一四四《应诏荐王闻礼之状》。
⑤ 《道光乐清县志》卷八·人物上,第522页。

其《王通判挽诗》更是直接认为王夔是左原梅溪家学传人:"祖德风规近,诗流句法超。……传家道未消。长令汉杨震,名逐左原标。"①

作为梅溪家学传人的还有王十朋之孙王仲龙,其为闻礼长子,尝为江淮宣抚司准备差遣,嘉定六年(1213)任泉州安溪县主簿。其学有本源,与王氏家学一脉相承,刻印《家政集》就是王仲龙完成并由此流播的。《历代名臣奏议》载,"修职郎、泉州安溪县主簿王仲龙,名臣之后,学有本源。簿领卑官,未究其用"。②

再如十朋曾孙、闻礼孙王持垕,幼孤颖异,志高意远,力学游于潜室、程讷斋(端)、九轩诸公之门。"入太学,有声",曾率国子监、太学、四门、律学、书学、算学等六馆诸君子,到宫门论宰相史嵩之主和之罪。淳祐四年(1244)中进士,初授饶州教授,继入浙西帅幕。《道光乐清县志》载:

> 时有荐丁大全可任台谏者,持垕谓其"内怀奸诈,外示狂率,使得志,必为国家忧"。大全闻而恨之。未几,以著作兼左曹郎。吴潜罢相,持垕轮对,言于理宗曰:"宰相以进贤退不肖为职,不问恩雠。潜不当罢。"其贬也,争之甚力,不听,遂罢归。贾似道怨潜,并恶持垕,由是十五年间,三擢不越郎曹,二典郡皆不终。③

又云:"旧郡、邑《志》列之《名臣》。尝率六馆生论史嵩之,又谓丁大全奸狡,不可任台谏。""侯《志》称其'宋亡,不食而卒',其忠节如此。……其为《名臣》,卓然无愧。"康熙《志》载,"大理少卿王持垕墓""在铧锹"。④

又,十朋之曾孙王乾顺,字符祥,号鹤峰,宋淳祐间登春榜,授翰林学士。时赵鼎将革四方,盗贼蜂起。王乾顺告致归,会海寇逼乐清甚急。乾顺遗书温州路都督,策以奇谋。寇退后,遂不出,挈家潜居于永嘉上流菇溪。开创

---

① 叶适:《送王通判》《王通判挽诗》,《叶适集·水心文集》卷七,第72、110页。
② 《历代名臣奏议》卷一四九、卫泾《后乐集》一三《奏举陈嗣宗等状》。
③ 《道光乐清县志》卷八人物上,第528页。
④ 《道光乐清县志》附录一·乐清新志后议,第1170—1171页;卷一六·杂志,第1046页。

基业,凿池种荷,因号其村为荷塘云。

又,王持垕第三子,即王十朋第五代孙王白(1237—1316),字纯甫。除饶州府学教授,端方廉能,多所平反,不忌权贵,有忠文公风。宋亡,甘居清素,积财善散,志在奉先淑后,立祠塾,置义庄,造桥修路,掩骼赈饥诸善事。①

虽然随着时势转换,风水轮流,王氏家族竟也不免式微态势。南宋后期官至参知政事的高斯得就曾感叹:"公殁仅四传,子孙日失其序,至无聚庐托处,行者心恻",赖有"吏部侍郎刘公黻生于公里,悼先贤之世于今为庶,非型善之道,位谏省时,尝以告上。建祠给田、以处业之",终"以没入官田五百亩有奇赐之。自是祠春秋有荐,士朝晡有饩,公之子孙不能自振者,岁有廪",②云云。但纵观王氏一门,迄宋亡至于元、明之初,其可考者,家风承继,中举入仕、有识有为者不绝。家学深厚渊博,家教严谨求实,家风诗礼相传,乃是继承和发扬了儒家以孝为本、以廉从政的思想,在展示王十朋人生理想的同时,也成了其他家族的楷模。察王氏历代子孙的修为行守与治家从政表现,亦足以证明家族文化对于一个家族与社会发展具有一定的积极意义。

第三节 一代乡贤雅士

在乐清左原梅溪村,连同宋时乐清县的所有民众中,几乎没有人能像王十朋一样周全研习儒家"五经",但这并不妨碍儒家思想通过各种社会流行的文化风尚渗入民众的意识。王十朋撰辑的《家政集》,是王十朋用以规范家族人文风格的文本,集中体现左原王氏一族家风家学的伦理与实践,既是对千百年儒家传统思想的传承,又表明这种儒学伦理已然并将继续流播于社会文化风尚中。

---

① 参见吴济川《王十朋〈家政集〉和家风传承》,刊《乐清历史学会会刊》第五期。
② 高斯得:《耻堂存稿》卷四《梅溪先生忠文王公祠记》,文渊阁《四库全书》本。

古人云太上立德、次立功、再次立言,建功立业,荣光乡梓,是谓乡贤。①本节考察王十朋乡居期间的生活状态,考定其"乡居贤士"身份和作为,叙说他本人修德养性、示范礼仪方面的德行才能与在乡村通过设馆授徒、组结诗社、担当村务等公众活动传承儒学、推进教化、融合民意等方面的热情和作为,研讨其对于提升左原乡村文明水准和温州乐清地域知名度的意义与作用。

在宋代乡土社会里,王十朋作为新兴士人群体中的一员,即使科举入仕后,都长期保持与其他社会群体的交流渗透,融入包括本乡的村民小农、富户寺僧以及外籍官员、学子的网络结构,参与社会活动,推进地方教化,导引民风,理所当然地被称为"乡贤",奉进乐邑"三贤祠",受后人祭祀。

一、乡贤形象　自为表率

在传统社会历史进程中,精神劳动与物质劳动的分工进一步明晰起来了,随着学术文化不断下移的趋势,社会上逐步形成一个专门从事精神生产的知识分子阶层。王十朋即是知识分子阶层中的一员,称为"士",由最低一级的贵族演变为"四民"(士农工商)之首。在这个打破"学在官府"的垄断局面转向"学下私人"、学术文化由官学和私学并行发展的大势中,在自居乡间开办私学,授徒讲学,继承了由孔子开创的民间教育,出仕后又曾任国子司业(主管教育),两度出任帝师,更突出了他的教育家身份特征。他是先于朱熹的宋明讲学精神的开创者之一,是儒家教化传统的忠实执行者。

乡居的数十年中,王十朋以耕读、授徒、应举为中心内容,以故乡乐清为活动圆心,主要交游圈囿于温、台、婺、越、杭地区。入仕前,以他为核心的文士交游圈,在乡村展现文人雅士的集体面影。基于深厚而有影响力的家世家风,依仗乡人对他本人品学的认可与对他有望做官的期待,王十朋享誉乡里,示范礼仪,张扬儒者人格范式,成就了"乡居贤士"社会角色的定位,对社

---

① 张瀚:《松窗梦语·士人纪》有云:"古称三不朽曰:太上立德,其次立功,其次立言。士非此三者,无以托于世而列于士君子之林矣。"

会施加积极影响,导引民情舆论。

(一)"乡贤"有别于"乡绅"

乡贤,旧时亦称乡绅。通常来说,乡贤和乡绅的概念具有较多的重合性。但其区别也是客观存在的。

所谓乡贤,多半特称在本乡本土知书达理、才能出众、办事公道、德高望重之人,他们上慈下孝、为人正直、热心公益,在民众中享有良好的口碑和威望,而那些有恶行劣迹的"土豪劣绅"则绝对不是。乡贤是乡贤文化的核心和基础,乡贤文化经过千百年的传承和积累,在乡村治理、文明教化、谋利桑梓等方面形成了丰富的经验和深厚的传统,对中国社会的基层稳定、中华文明的赓续传扬具有举足轻重的意义。在以农业为主的传统中国,广袤乡村的基层建设、社会秩序和民风教化等,主要由每个村落和地方的乡贤担纲。①

科举制度下,王十朋们的乡土士人身份具有双重性质,即"士",读书求功名者;"仕",为官或准备为官者。在县以下不设治即"皇权不下县"的传统时代,"乡贤"是勾连农村与城镇、乡野与朝堂、乡民与官吏的纽带。而"乡绅"强调的则是有势力、有功名,一般是地主或退职官僚。在封建社会里,凡是乡绅必定有钱有势,占有田产房产,绝大多数乡绅大肆兼并土地,成了横行乡里、勾结官吏、朋比为奸、鱼肉人民的土豪劣绅。据徐规先生考证,宋朝的乡官或乡役,有衙前、里正、户长、耆长等。他们是受当地官府差遣的,有一定的职掌,如管理仓库、征收赋税、捕捉盗贼等。"乡绅"则不同于乡官或乡役,他们是有过官职或科举功名的士大夫,与地方官员平等往来,比较独立,不受官府差遣,不在国家行政体制之内。②

徐规曾给出一个"乡绅"的标准,说:"乡绅是指旧时代在乡间有一定政治地位和经济实力的士大夫,其中大多是长期离职或退休的官员以及有科举功名的士人。"③其典型代表选定婺州(今浙江金华)乡居绅士陈亮。陈亮

---

① 参见钱念孙《乡贤文化为什么与我们渐行渐远》,《学术界》总第214期,2016年3月。
② 参见徐规、周梦江《试析陈亮的乡绅生活》,载《宋史论集》,中州书画社1983年版。
③ 徐规:《徐规学案》,第263页。

（1143—1194）比王十朋晚生 31 年，是南宋前期著名的思想家、政论家和爱国词人。他乡居期间以学者著称，虽然是乡贡举人、太学上舍生——宋代政府规定太学上舍生通过考试直接释褐出仕，"依官户法中下等免户下支移、折变、借身丁内舍免支移身丁"，可以免税不服役，①但陈亮未做过官，晚年中了状元，回永康准备调养病体以便出任建康签判，担当天下大事，但未到任就病死了。他生平除了短期在太学读书外，长期居住婺州永康县龙窟乡下，在家著书授徒，组织"保社"——一种以"乡约"规定管理乡村事务的地方性组织，由此"结交了一批上自朝廷下至地方的官员"，与包括宰相在内的诸多达官名流均有交情，既提高了自身的名望和地位，又有条件可以向中央高级官员推荐低级官员，也有机会可以向高级官员评论地方官员的政绩。考其目的，是借以获取一般乡村士人不具有的权势，以适应自己政治活动、经济利益等的需要。正因为结交官员、干预政事，乾道年间（1165—1173），原本家境贫穷的陈亮大量增置田产，建造亭堂台榭；也正因为结交官员、干预政事，他在地方派系斗争中两次受诬告入狱。在徐规先生看来，陈亮是"豪强"，"他的入狱原因是他挤入了乡绅行列后引起另一派乡绅的不满，为'衣食粗足'而有龃龉"，"陈亮称得上是个地地道道的'乡绅'"，"乡绅是地主阶级的当权派"。② 朱熹不认同陈亮的行举，在陈亮终因罪证不足而获释后，曾写信以"正心诚意"之说规劝陈亮"绌去'义利双行，王霸并用'之说"，"粹然以醇儒自律"。③ 陈亮则完全不接受朱熹的批评，以自己的学术思想反驳朱熹的道学思想，写信阐明自己的"王霸义利"观点。④ 可见陈、朱二人学术思想分歧甚大，互不相让。

陈亮在南宋一朝称得上是最有名的"进取于善道，知进而不知退"的"狂者"之一。⑤ 对如此"狂者"，抗战时期邓广铭先生作于重庆的《陈龙川

---

① 《宋会要辑稿》选举一二之三四，卷一〇六五二，第 4464 页。
② 《徐规学案》，第 263、272、274 页。
③ 《朱熹集》卷三六《与陈同甫》，四川教育出版社 1996 年点校本，第 1590 页。
④ 《陈亮集》卷二八《甲辰秋答朱元晦秘书熹》，第 337 页。
⑤ 孔子曰："狂者进取，狷者有所不为也。"何晏集解引包咸语："狂者进取于善道。"邢疏曰："狂者进取于善道，知进而不知退。"

传》显然迥异于朱熹的立场,以客观公正的史观,对"特立独行,操心危,虑患深"的陈亮深表赞赏。①

考之王十朋入仕前居住左原四十余年的行举,即使于绍兴十九年(1149)三十八岁时与陈亮一样升为太学上舍生,有了直接释褐出仕的资格,可以免税不服役,但他仍然自保"贤士"身份而不以"士绅"地位呈豪施强,继续读经典、办学馆、任师席、结诗社、赋诗文,继续承担乡村义务,无意结交地方官员、热衷干政或商务活动,或谋取田产等家族经济利益。如朱熹所言,王十朋"粹然以醇儒自律",乃属标准"乡贤"无疑。

（二）"乡贤"形象的认定

王十朋曾把"乡绅"分割为正反两个类别。他笔下的贤士形象是这样的:

> 为士者,服诗书,精素履,圣贤之是师,臭味之与游。谨门户,时租税,忍焉以省讼,慎焉以远祸,俾足迹不及于公门,而官吏稀识其面目。②

再看其描摹的劣绅嘴脸:

> 貌焉而士,行焉而市,旁午里巷,而恶少与曹,争竞非分,而狱讼以兴,朝钻刺以识面,暮求判以欺愚。③

在我国古代,士农工商同属四民,但"士"作为精神生产者,又与农工商这些物质生产和流通的承担者有所不同。王十朋作《待士说》,推崇"士"者须"服诗书,精素履"而鄙弃"争竞非分""行焉而市"的行为。这说明王十朋对于"士人"的社会职能和自己的为人立德有非常清醒的认识和严格的规

---

① 参见邓广铭《邓广铭全集》第二卷《陈龙川传》,河北教育出版社2005年版。
② 《王十朋全集》文卷一四《待士说》,第800页。
③ 《王十朋全集》文卷一四《待士说》,第800页。

范。在论及士绅与县吏的关系时,他认为士人首先必须"自待",即自为表率,才能获得地方官的尊重;地方官"非能重士也,士实自重;非能轻士也,士实自轻。"①

考察王十朋入仕前在乡间的身份和行为,他具备了一般认定的乡贤角色构成的基本条件,切合"贤士"规范。

其一,乡居期间的王十朋已是有名望的学者,积累太学读书经历,还成了太学上舍生,受到政府的相关优待。他长期在家从事地方教育,著书立说,组织过三个诗社,均有史籍可稽。当然,王十朋也有选择地结交了一些地方官员,但更多的是出于对文章学问的向往。出仕以前,王十朋在与友人的私交和与本县官员的交往中,更多凸显的是他的文人身份而非绅士地位。他与县学关系密切,与不少同舍生度过一段"齑盐同冷落"的岁月。② 新县学落成,他受邀参加庆典,还特为写了一首百韵排律,揄扬"伟观"与"盛德",还曾赴县学"偶值"。③ 县尉曾汪关心教育,"尝于县学植双桂",十朋在他调任时赋诗赠别,其中含有私交的成分。④ 这些行为意在让地方官知道自己作为乡贤的存在。绍兴十七年(1147)秋他应邀赴温州太守鹿鸣宴,后又曾作《左原纪异》《题双峰资深堂》等诗文颂扬乐清县令周邵的为民"遗爱",⑤说明他具有了乡贤身份和参知地方政务的才干。

其二,乡间贤士与乡官、乡役有所不同,乡贤无须屈就当地官府的差遣,而能亲见地方官员,或在书信诗文往来中褒贬地方胥吏。王十朋的诗文中有与知州往还的纪录。如李光知温州时,曾"道由僻邑",视察乐清,十朋"与田夫野老奔走争先,瞻望于车尘马足间",这类事先安排欢迎或觐见地方大官的活动,是乡间头面人物的活动之一。事后,十朋得知其即将调任,"入秉洪钧",便主动致信,希望能"进拜黄堂,亲承謦咳"。⑥ 又如绍兴二十六年

---

① 《王十朋全集》文卷一四《待士说》,第800页。
② 《王十朋全集》诗卷二《县学别同舍》,第29页。
③ 《王十朋全集》诗卷二《县学落成百韵》、诗卷五《前日寓邑偶值》,第24、76页。
④ 《王十朋全集》诗卷二《次韵曾尉易任青田留别》,第29页。
⑤ 《王十朋全集》诗卷三、卷八、卷一三,第45、111、223页。
⑥ 《王十朋全集》文卷一一《上太守李端明》,第739、741页。

(1156),张九成知温州,"命诸邑访孝义",十朋也以乡贤接到公牒,将访查到的孝义汇报上去,可知在"旌表及门阑"之类活动中,非现任官员的乡间贤士起着主导的作用。王十朋凭借文化威望已有了一些干预乡里事务的实绩。①

其三,拥有一定的田产是乡绅的必备条件。但王十朋在乡间具有一定的社会地位和影响力,凭借的不是田产而是学识和名望,称"乡贤"才更切合他的实际。王十朋有祖传田产,家里雇有佃农帮工。但据其自述,他家田产由上祖时的五百亩减少至二百亩,称"其后为人冒赎者百余亩,先人一不与竞",②说明他家在宋朝土地兼并的浪潮中无力抗争。南宋时,豪强兼并日烈,自耕农以至中产之家因失去土地而破产的不在少数。"势官富姓,占田无限,兼并冒伪,习以成俗,重禁莫能止焉。"③孝宗淳熙五年(1178)任乐清知县的袁采有传世家训《袁氏世范》说:"贫富无定势,田宅无定主,有钱则买,无钱则卖","富儿更替做",并竭力主张必须"存恤佃客"。④ 可见,并非旧族世家,也不是高官名门后裔的"中产"王氏家族,是兼并争斗中的失败者。但无论如何,梅溪书馆初建,就有一堂八斋的规模,说明经历宣和兵火,至绍兴十三年癸亥(1143)秋天建舍辟学馆,他家还是具有相当经济实力的。

下文叙述的王十朋在乡间的有关活动情况,很能说明耕读家庭出身的王十朋的儒者品行和乡贤形象。虽然他也成了太学上舍生,释褐出仕,但他并不以此居高乡里,入仕后居朝廷高位,也未见扩张地产、鱼肉乡民的记录。他持之以恒地攻读儒家经典,修德养性,崇文兴学,垂范乡邻,传播文明,以清白之身赢得乡民的人格尊重。他不为获取政治权力而有意去结交官府,巴结官员。他是社会公认的贤达之士,有意结交乡间贤士。王十朋友人翁万春之父

---

① 《王十朋全集》诗卷八《横山连氏妻方奉姑甚谨》,第121页。参见虞云国《走向庙堂》,《论文集》第190—191页。
② 《王十朋全集》辑佚之《家政集·继志篇》,第1048页。
③ 脱脱等:《宋史》卷一七三《食货上一》,中华书局1985年点校本,第4164页。
④ 袁采:《袁氏世范》卷三《富家置产当存仁心》《兼并用术非悠久计》《存恤佃客》。转引《徐规学案》第273、274页。

尽管自己不仕,却抱着"场屋收功不在身"的信念,致力于"过庭诗礼家风变",其"子万春、婿刘镇皆登科"。① 他的黄岩友人赵十朋,名占龟,自号木公居士,节甚高,贤士也,曾赋诗云:"四枚豚犬教知书,二顷良田尽有余。鲁酒三杯棋一局,客来浑不问亲疏。"(见《赤城志·遗佚》)王十朋有感于自家"亦有东皋二顷,两子皆学读书,客至则奕棋饮酒,遂用赵君诗意成一绝":

薄有田园种斗升,两儿传授读书灯。
客来一局三杯酒,王十朋如赵十朋。②

可见得,王十朋的交游,十分看重的是致力于诗书传家科举出仕与有文人雅趣的士人。在朱熹眼中,王十朋确实是"粹然"的"醇儒"。

(三) 自为表率的行举

家风造就乡贤,乡贤导引民风。其前提是王十朋坚持不懈地践行君子修为,践履君子人格,提倡为己之学,生平立行与评论人物都严守君子小人之辨。在大魁天下前的三十年间,他的儒者品行冠世风范。

1. 规划修为目标

王十朋的人生规划,始终把读书求道放在首位:"读书不知道,言语徒自工","吾儒有仲尼,道德无比崇"。③ 他认为,"科举取士,虽专在文艺间,然由文艺进者,必德行副之,斯可致远大之地";而这种自我完善,无论学识,还是道德,"固非一日可至,苟能自进不已,积一日之力,以至乎千万日,超乎远大之域矣"。④ 在辗转科场、主持书院期间,他注重耕耘人性的良田,把目标落实于践行之中,认为"性情乃良田,学问为耘锄",⑤读书问学的根本目的就是耕耘好人性的这方良田。

---

① 《王十朋全集》诗卷四《翁府君挽词》,第48页。
② 《王十朋全集》诗卷一六,第274页。
③ 《王十朋全集》诗卷一《畎亩十首》,第1页。
④ 《王十朋全集》文卷一二《送表叔贾元范赴省试序》《刘方叔待评集序》,第758、757页。
⑤ 《王十朋全集》诗卷九《和符读书城南示孟甲孟乙》,第129页。

有感于"年虽及冠无交游,孤陋寡闻嗟独学,闭门不出长太息,思得其人共磨琢",青年王十朋在待士期间,形成了一个志同道合的交游圈,其构成包括师友与弟子,"论文初喜逢知己,言志深期共致身",①他们的交往,固然包涵学术诗文的切磋,尤其关涉志向人格的磨砺,他们同气相求,互勉"君能恢大义,吾党悉欢颜","相期以古人,相待以国士也"。②

2. 选定修为途径

王十朋认为,读书求道关键在于践行:

> 为士者未尝不读书,然知真读书者鲜。能读而不能行,是犹凤鸣而鹜翰,虽胸中有万卷,身为行秘书,谓之不能读可也。③

他选定了自我修为的主要途径:攻读孔孟之书,躬行君子之道,"黄卷对圣贤,慷慨深自许",④不仅"学为忠与孝",而且主张唯有孝亲才能忠君:"孰识孝与弟,理与神明通;为臣不知此,事上焉能忠",⑤高咏:"贪荣无百年,贻谤有千古,丈夫宜自贵,清议重刀斧。"⑥为其注入特定的时代内涵:一是对外敌表现为民族大义;二是对君主表现为抗争精神;三是对权势表现为独立不阿。

他曾为北宋寇准、韩琦、范仲淹、富弼、杜衍、欧阳修、文彦博、赵抃、司马光、苏轼、苏辙、陈瓘十二名臣作赞,自觉选定前代圣贤与本朝名臣为榜样:

> 君子读书稽古,岂徒对圣贤而已哉!必曰:古人可作,吾谁与归。心有所慕,则将学其为人,而以其身比之也。⑦

---

① 《王十朋全集》诗卷一《送子尚如浙西》《次韵刘方叔见寄》,第11、9页。
② 《王十朋全集》诗卷六《渊源堂十二诗》,文卷一三《祭毛叔度主簿文》,第85、783页。
③ 《王十朋全集》文卷二二《读礼堂记》,第956—957页。
④ 《王十朋全集》诗卷一《畎亩十首》,第2页。
⑤ 《王十朋全集》诗卷一《畎亩十首》,第1页。
⑥ 《王十朋全集》诗卷一《畎亩十首》,第2页。
⑦ 《王十朋全集》文卷一〇《策问》,第732页。

他还规范文士遵行的生活方式。当宋代士大夫"退而独善其身"时,"孔颜乐处"不仅是一种生活方式,最根本的还是一种价值取向。他让"孔颜乐处"成为人格完善、名节砥砺的力量源泉。

一个土生土长的德行高尚的文士贤者,尽管蛰身乡间,形象未臻完美,但已然被乡邦师友视为高标,遍受尊重敬慕,耳濡目染之久,焉能不感召乡风民俗的衍进成长!

二、设馆结社　传承儒学

徐规先生指出:"乡绅干预地方吏治,过问乡里大事,打破了过去豪门巨室独霸的局面,成为后世乡绅的滥觞。"① 而乡贤王十朋更多从事的是文化教育活动,他是儒家传统文化的虔诚传播者。乡居期间,他创办梅溪书院,聚徒讲学,且三结诗社,开展诗学交流活动。书院与诗社良性互动,同步演进,影响江南乡村的思想文化、社会生活与家庭和睦关系建构等诸多方面。

有学者指出,南宋的书院教育使传统的教育发生了质的深刻变化,推动了教育由上层贵族垄断向下层社会的普及,促进了社会阶层的流动。② 诚如何忠礼指出的,"南宋的学校教育,通过遍布各地的乡塾村校,已由城镇推进到了穷乡僻壤","在科举的刺激下,宋代读书人数急剧增加,书籍广泛流布,促进了文化的普及和发展;为适应举业的需要,从中央官学到乡塾村校也普遍兴起,有力地推动了学校教育的发达"。③ 王十朋早期热心乡间的设馆结社活动,层次当高于一般乡塾村校,不愧为宋明书院讲学精神的前期践履者。他将诗社活动与设馆授徒紧密结合起来,良性互动,堪称南宋初年江南乡村文明的并蒂之花。

(一) 乡村兴教传儒学

宋代是中国古代学校教育空前发达的时期,南宋尤盛于北宋。宋室南

---

① 徐规:《徐规学案》,第277页。
② 参见陈谷嘉《宋代书院与宋代文化教育的下移》,载《中国哲学》第16辑,岳麓书社1992年版。
③ 何忠礼:《南宋科举制度史》,第299页。

迁以后,教育重心随之南移,东南州郡取代了中原地区,成为全国文化教育的中心,因战乱而停办的州县旧学纷纷修复和创建。王十朋于南宋绍兴五年(1135)进入新建的乐清县学读书。乾道四年(1168),赴任泉州知州的王十朋为提刑龚茂良改建的广州之学作记云:"东西十一筵,南北九之,庭之下,什伯其初。增辟两庑,倍其旧,六斋对峙……藻饰焕然,侈于他所。"①可见广州之学规制不小。叶适也以为:"今州县有学,宫室廪饩,无所不备,置官立师,其过于汉、唐甚远。"②然而,宋代地方州县学虽然繁荣,但能进入州县官学的生员毕竟是少数,大多数人仍主要在家馆或塾师设馆等私学中学习。而且,不论中央官学、地方官学,还是各地书院、乡塾村校,其兴起和发达,都与科举制度密切相关。在科举考试的推动下,南宋文化教育发展呈现整体下移的状态,中央官学、地方官学、书院和私塾村校并存,地方私学得到长足发展,由城镇延伸到了乡村,有力地推动了南宋文化的普及。据统计,宋代共有书院397所,其中南宋占310所。③又有近人最新统计,南宋书院共有473所,而整个北宋不过38所,④尚不及南宋的十二分之一,足见南宋确是我国书院繁荣的时期。王十朋作为"贤士大夫留意斯文者",他的梅溪书院应运而生了,似有"过于县学"的势头。

据考,宋初的乐清,由于地僻东南一隅,远离中原文化,有"教化废,风俗弊","百年之间未有登第者"之说。至北宋英宗治平二年(1065),焦千之任乐清县令,才办县学,敦教化;由于县令的重视,两年后的熙宁元年(1068)乐清才有第一所私人创办的书塾——万桥万规创办的万桥书塾,即十朋年幼时就读的书院;此后,乐清境内相继创办多所书院。如王十朋就读的鹿岩书院,由乡绅贾如规创办于北宋大观、政和间(1007—1111);县城金溪招仙馆创办于南宋建炎年间。据《道光乐清县志·书院》载,宋代乐清有书院二所,即梅溪书院、宗晦书院;书塾四所,即图南、白石、万桥、鹿岩。这与明弘治

---

① 《王十朋全集》文卷二二《广州重建学记》,第959页。
② 叶适:《叶适集·水心别集》卷一三《学校》,第800页。
③ 何忠礼:《论南宋在中国历史上的地位和影响》,载《杭州研究》2007年第2期。
④ 参见苗春德等《南宋教育史》,上海古籍出版社2008年版,第172页。

《温州府志》所载相同。《中国书院大辞典》录宋代乐清书院有梅溪、宗晦两所。这两所书院之所以史籍存录,盖为创建者文化地位高,学术影响力强,办学规模较大,存续时间较长,规制比较完善,对后世影响深远。如梅溪书院自创办以来,经元、明、清三代而不衰,到清乾隆、嘉庆时期达到全盛,直到清末西学东渐,光绪帝诏告天下书院改为学校……①略观乐清两宋期间书院发展的历程,应当承认,在南宋广大乡村中,王十朋、万规、贾如规等未仕或落第士绅,这些"贤士大夫留意斯文者",才是儒学教育与文化知识的主要传承者。

王十朋一生营运过两所书院。一在故里梅溪村,一在嵊州剡溪。他是梅溪书院的开创人,又曾应太学同舍之邀赴任剡溪书院师席。前者历时八年之久,后者任期很短。其所秉持的教育观念即是《梅溪题名赋》所标举的"祖伊尹畎亩之乐,振仲尼文教之鸣";②施教方式大致相似,都有育人成效记录于史册。他创设书院,虽出于与学友切磋心得的需求,却做了有利乡邦文教的实事,为社会培育了人才。

1. 创设梅溪书馆

乐清梅溪书院是温州古代著名的书院。创设于宋高宗绍兴十三年癸亥(1143)秋天。其时,三十二岁的王十朋因父丧在家守制,在大井南首建舍辟馆授徒。此即梅溪学馆,也称梅溪书院。"聚徒梅溪,受业者以百数。"③

梅溪书馆一堂八斋,馆内建"小成室""会趣堂"。书院堂斋建筑,一堂即指会趣堂,应是书院的公用场所,也许兼作十朋讲书的讲堂与生徒会书的处所,晚上也灯火通明。八斋即是学生生活兼学习的八所住处。

据王十朋《大井记》所言,"绍兴癸亥,予辟家塾于井之南,朋友岁集焉";④绍兴二十六年庚午(1156)所作《梅溪题名赋》云:"陈元佐、万孝杰、童侃又作《梅溪多士赋》,通前后八年间,凡一百二十人而并列之",又自注

---

① 参见吴济川《乐清古代书院考述》,线装书局2013年版,第3、4、14、16页。
② 《王十朋全集》文卷六,第663页。
③ 《宋史·王十朋传》,见《全集》附录二,第1113页。
④ 《王十朋全集》文卷一二,第764页。

云:"书馆之辟,今八年矣","予癸亥秋辟馆聚徒,游从者十人;至庚午岁,通数之,凡一百二十二人"。① 从癸亥到庚午,前后历时整八年。王十朋亲自主讲,即使后来到太学读书,也还是常回来讲学。

梅溪学馆的生徒来自四面八方,基本都是成年人,有的年龄比王十朋也小不了多少。这些学生都学有根底,能吟诗作赋。他们因仰慕王十朋的道德学问而以师事之。无论从哪个方面看,梅溪学馆的水准都很高,宜其又称书院。

十朋诗云:"罗生黄山来,从我梅溪游。齿发最年少,学问能自修。"②据此大体可知书院学生构成:年龄有高低,但不招蒙童;程度有参差,但大体均衡;生徒以本地为主,但也有从台州、安徽、山东等地慕名而来的。学制年限似乎没有规定,有的"回首五年旧,子独终始周";有的"三年游梅溪,灯火读深夜";有的"尊酒论文两经岁",有的仅"半载从游殊半面"。③《全浙诗话》有载:"王梅溪授徒一堂八斋,前后凡一百二十人,吾乡郑逊志时敏、余如晦明叟、施良臣名卿与焉。当时有郑国七子、凉州三明之目。梅溪《送黄岩三友》诗:'只因三益友,故断九回肠。'再人赠一绝句。又集中有《张施二生自黄岩拏舟送别于台城》,则从学者不止三人。"④可见得其时生源之广且众,具书院规制。

绍兴十四年,书院创办第二年,生徒就从最初的十人猛增到四十人。王十朋每月对学生进行考核,将他们的作文品评为上中下三个等次。这四十名学生中,"颖然以才名称者十余辈",他们"齿颊锵锵,类能道惊人语",能言善辩,见解独特,王十朋对他们评价很高:"予疏缪,反资其发药者居多。"⑤意思是,自己很多时候反而受到他们的启发。这话不能全然视为谦辞,梅溪书院的学生中的确有很杰出的人才,高水准的老师和高水准的学生

---

① 《王十朋全集》文卷六,第 661—662 页。
② 《王十朋全集》诗卷三《送罗生少陆》,第 40 页。
③ 《王十朋全集》诗卷四《周仲翔》《谢鹏》《施良臣》《余如晦》,第 53、54、55 页。
④ 陶元藻:《全浙诗话》(外一种)卷一四,浙江古籍出版社 2017 年点校本,第 312 页。《道光乐清县志》卷一六《杂志·遗事》同此,题作《梅溪教授》。引文中误字已从重刊本改。
⑤ 《王十朋全集》文卷一二《送吴翼万庠赴省试序》,第 759 页。

在一起,自能教学相长。

十朋治学严谨,条规完备严整,讲学灵活生动。应该承认,乐清梅溪书院是一所高层次的书院,兼具学友讲论与师生教学的双重性质。师生融洽,真正形成亲师重教、教学相长、师生互动的学术研究风气。

再看作于绍兴二十年(1150)的《梅溪题名赋》,是一篇赋体的梅溪书院同学录,是有关梅溪书院历史和王十朋教育思想的重要文献。赋以正文加夹注的形式将自己兄弟三人以及梅溪书院八年来学员的名字巧妙地嵌入文中,尽记生徒之名,共一百二十二人,三十八姓,有所侧重地标明部分生徒的原籍及特长等。赋之结尾处道出了为师者的规诫本意:

> 学必剖藩篱而克己,道必舍蹊径而中行。先之以孝忱之意,申之以敦信之诚。礼欲安上兮,必先自治;仁欲及远兮,慎毋自矜。湛万顷以窥宪,妙一唯之悟曾。祖伊尹畎亩之乐,振仲尼文教之鸣。玩蒙亨之爻象,俟泰来而汇征。勿务世华,而起文通之附;勿求必达,而贪季孙之荣。穷则隐居,达斯大亨。凡百君子,毋渝此盟。①

这段文字妙在一连串的规诫训词中隐含着二十二名生徒的名号。中行、克己、孝忱、敦信、守礼、戒矜等等,都是孔子提倡的道德行为准则。以之铺排成文,自然得体而流畅自如。②

妙语连珠,卒章显志。十朋申言,他办学之举的宗旨是:"祖伊尹畎亩之乐,振仲尼文教之鸣。"设馆授徒首在树人,要求学生做君子,走正道,传承并振兴儒学,为国家建功立业。所谓"祖伊尹畎亩之乐",说的是要效法商朝初年著名政治家、思想家伊尹,秉持他"以鼎调羹""调和五味"的理论来治理天下。王十朋强调"伊尹畎亩之乐"与"仲尼文教之鸣",用以警诫学生,要不负士人使命,不为荣华富贵而置人格于不顾。"凡百君子,毋渝此盟!"十

---

① 《王十朋全集》文卷六,第663页。
② 详见许宗斌《梅溪书院的前尘往事》,载《乐清历史学会会刊》创刊号,第4—6页。

朋之师道,殷殷可鉴。

2. 师席剡溪书院

据剡中学者吴宏富考证,王十朋曾于南宋绍兴十八年(1148)和绍兴二十三年(1153),"二度入剡,担任师席,为嵊州的教育事业做出不平凡的奉献,培养了一批人才"。第一次是应太学同舍契友周汝士之邀,到嵊县东曦门讲学,在周氏兴办的渊源堂义塾和周汝士家塾任师席。①民国《嵊县志》载,南宋绍兴十八年"汝士第进士,延十朋为义塾师,远近名士多从之游","绍兴十八年,乐清名士王十朋应县城周氏渊源堂义塾礼聘为师,远近从学者甚众",称其"教授生徒,开一代学风"。②这次入剡讲学,《梅溪集》没有明确记载,仅叙当年四月归至绍兴复还临安追补太学事。

史籍文献关于周汝士的生平仕履记载不多。王十朋在为周汝士祖父周瑜所作的《周府君行状》③中,涉及周汝士的,只提到了其预荐书、中乡荐、登进士以及曾为左从事郎的情况。对周汝士履历记载较详的要算清康熙《嵊县志》,关于聘任嵊县师席事,有谓:"汝士既及第,即招致王十朋为宾师,使其弟子益励学。居数年,汝能中乙科,十朋为伦魁,当事称为盛事。周氏一门登科者七人与乡荐者十数人,文物之盛,为邑首称,由汝士发之。"④有研究者称,"周汝士是周氏家族的第一个进士","有识人的慧眼和不同流俗的教育理念,他不拘成见,把在太学求学时的同舍生、在科名上远低于自己的王十朋请来嵊县教授自己家族的子弟","看中的应该是王氏的才华"。而王十朋也果然没有辜负周氏的期望,培育其子弟纷纷金榜题名,"留下了一段师弟同时获隽的佳话"。其后"登科者七人"等虽属再传、三传弟子,但说王十朋"是嵊县文化教育事业的功臣,并非夸大,而玉成此事的正是周汝士"。⑤

---

① 吴宏富:《南宋大贤王十朋剡中诗文集》,中国文史出版社2018年版,第19—20页。
② 民国《嵊县志》卷一八《寓贤》,《嵊县志》修订本"大事记""人物表",第669页。
③ 《王十朋全集》文卷一五,第815—817页。
④ 《康熙嵊县志》卷一〇《人物志·列传》。《嵊县志》修订本第757页。
⑤ 钱汝平:《南宋嵊县进士周汝士生平考略及周氏家族与王十朋因缘述论》,《浙江海洋大学学报》(人文科学版)第34卷第6期,第63—67页。

第二次入剡是指绍兴二十三年(1153)三月十日,应太学同舍周德远之邀,十朋往任剡溪书院师席,至七月二十三日告别南归,不足四个月。周德远家世宗儒,风仪乡邦,儒业飞声,喜结社交友,属德高望重之辈。他创办的剡溪书院规模不小。据十朋《渊源堂十二诗》《书院杂咏》①等诗所咏,其建筑有堂二(渊源堂、细论堂),轩二(宜桂轩、蕴秀轩),馆一(同襟馆),斋五(富学斋、辉声斋、集彦斋、擢秀斋、恢义斋),室一(兰馨室),另有足鲤池、假山、盆池等园林设施,还养有鹤、鸂鶒等观赏动植物。

　　王十朋赴浙东人才荟萃的嵊州剡溪执教,乃当地教坛盛事。高似孙《剡录》云:"剡周氏作渊源堂……时永嘉王十朋居师席,温、台秀士咸在馆塾。"②王十朋参加了周尧夫(汝能)家塾的开馆挂额仪式,为周氏家塾二堂九斋一池取了名,并写了与周氏家塾有关的一系列诗文,以明其任教之志。《渊源堂记》论云:"其后诸孙日益长,师友日益亲,渊源日益叩,而事业日益修。"③道明他对剡溪书院之于振兴地方教化,促进人才成长和事业发展的价值评判。他在《书院挂额展筵雅会》诗里申明,他热切期盼书院里"人才蕴秀异,学业扣渊源","池中神鲤足,一一上龙门"。④

　　王十朋在渊源堂任师席,兢兢业业,诲人不倦,可谓桃李芬芳,周氏家族子弟纷纷金榜题名。据《道光嵊县志》"周汝士"条记载:"王十朋(绍兴)二十七年举进士第一,汝士弟如能与之同榜。"这一科举佳话在剡溪境域盛传不衰。

　　概言之,王十朋开创的梅溪书院,"为宋代的乐清培养了庞大的士族群体,对推动本土耕读文化具有深远意义,开启了南宋乐清的一代学风"。⑤他"是嵊县文化教育事业的功臣,推动嵊县文教事业进入了一个新高潮"。⑥

---

① 《王十朋全集》诗卷六,第84—90页。
② 高似孙:《剡录》(宋嵊县志),1985年嵊县县志办校点本。
③ 《王十朋全集》文卷一二,第769页。
④ 《王十朋全集》诗卷六,第92页。
⑤ 吴济川:《乐清古代书院考述》,第23页。
⑥ 吴宏富:《南宋大贤王十朋剡中诗文集》,第23页。

(二) 诗盟三结领江南

王十朋一生组结八家诗社。早在求学与设馆授徒时,他就风风火火地开始了诗坛上的社交活动,参与组结了三家诗社,与乡间士人诗友们一起写诗,投身社会,关心时事,热心村务。南宋乐清三诗社起步早,讲规范,见成效,是南宋一朝最早、最规范的群体性诗学社团,是十朋诗学成长的重要平台,深刻影响十朋的日常生活和文学创作,进而助推梅溪村文明教化的演进。诗友们唱和品评,修身励志,重切磋,重规约,倡导学韩,编辑诗社唱和集,奠定了群体诗学意识的基础。作为永嘉地域诗社活动的先行者,王梅溪无疑也是江南文化意识的先醒者,为争取江南文化话语权首先发声发力,对推进瓯越诗风成长有导夫先路之功。①

1. 加盟乐邑鹿岩诗社

王十朋的群体性诗学活动起步于乐清左原梅溪村。"诗坛予与盟,文会公为伯。"②十朋17岁至19岁在祖母的娘家地贾岙鹿岩乡塾从潘翼先生游时,曾加盟以刘谦仲为盟主的文会诗社活动。"登高鹿岩脊,感物题诗","唱和三四老","佳节必盛集"。③

鹿岩诗社不仅存名,且多有相关社事的诗文记载。社友可考者有五十多岁的"诗翁"刘光,还有贾太孺、塾师潘翼和僧人觉无象等。

2. 组结乐邑金溪诗社

《万季梁和诗留别再用前韵》有云:"搜我肺肠茶着令,饮君文字酒淋衣。诗方唱和如仙馆,人遽飘零似省闱。"④《陈商霖挽词》有云:"畴昔游从分不轻,十年乡校读书灯。德星会聚三兄弟,诗社追随八友朋。"⑤前诗有注云:"予归与诸友讲茶令,每会茶,指一物为题,各举故事,不通者罚,命季梁掌之","予昔招仙馆与同舍结诗社,近诸友亦多唱和";后者有注云:"昔在

---

① 详见拙作《南宋乐清三诗社述论》,载浙江省文史研究馆《古今谈》2017年第3期。
② 《王十朋全集》诗卷一《次韵刘谦仲见寄》,第5页。
③ 《王十朋全集》诗卷一六《九日寄表叔贾司理并引》,第269页。
④ 《王十朋全集》诗卷四,第51页。
⑤ 《王十朋全集》诗卷一六,第275页。

招仙馆,有八叟之号。商霖号'可叟'"。

据此可知,王十朋于20岁至23岁期间(1131—1134),在乐清县城金溪招仙馆从林师禹游时,与同舍八人结社"会茶"唱和,并"各出所作诗,编为集"。"金溪八诗友"求索学问,探讨人生,唱和不辍。

3. 梅溪诗社与书院并存

十朋两首同韵七古诗有云:"与兹饮会类平原,逃我诗盟几高厚""漫辟书斋会乡友""耐久遥期十年后",①即记其亲手缔结的梅溪学馆诗社的酬唱活动。赴补太学十年间,未曾停止活动。梅溪诗社与梅溪书院堪称南宋初年江南乡村文明的并蒂之花。

诗社初结呈英姿。王十朋诗文留存了许多有关乡村知识群体诗学活动场景的诗性描绘,散淡而又热烈,自然而又高古,既是他感情至诚无伪的流露,也是他作为乡贤的社交职责使然。诗友们关于这个平常小村庄的寻常记叙,封存着一方热土的历史记忆,也曾扩展到周边的乡村,见证了王十朋关心乡邦吟事的初衷与用心。

索考王十朋乐清三诗社的人员结构、活动方式、观念磨合、组织发展与创作实绩等,我们不难发现他们走出诗社"低级形态"的种种努力,对凝聚乡村诗家创作力量,对形成一定的创作与传播、批评风气具有不容忽视的影响。

其一,结社早,导先路,堪称南宋诗社第一家。

乐清三诗社组结、活动于朝廷颁布"禁温、台二州民结集社会"②期间,有逆朝廷禁令而动之嫌,或是地处边远乡村、皇权未及之故。

承北宋元祐诗社林立之余绪,王十朋在家乡加盟乐清鹿岩诗社,活动于1128年至1130年间,正当高宗即位(1127)之时间节点。据欧阳光《宋元诗社研究丛稿》考,北宋后期瓯越之地的诗社,可考者似乎只有瑞安许景衡(1072—1128)与张几仲结有横塘诗社,1109年前后在许氏家乡瑞安横塘活动。此后则有莆田刘子翚诗社(1130—1132间)等。③ 活跃于高宗即位之初

---

① 《王十朋全集》诗卷五《九日把酒十九人》《陈元佐和诗赠以前韵》,第71、70页。
② 《宋史》卷二七《高宗纪》绍兴二年十月丙辰,第71页。
③ 欧阳光:《宋元诗社研究丛稿》,广东高等教育出版社1998年版,第236—239页。

的乐清鹿岩诗社无疑是南宋诗社第一家。

宋诗中兴期代表诗人参与诗社活动,是这个时期文人结社的鲜明特征。据考,秦桧过世(1155)之前的南宋前期,大约有诗社 32 家——王十朋诗社占其三;秦桧过世至孝宗朝结束(1189),有诗社 39 家——王十朋诗社占其五。王十朋诗社遥居其先,明显早于杨万里、范成大、陆游诸人。杨万里少年时在家乡江西庐陵结成他的第一个诗社——吉州诗社,据推测已是 1150 年的事了,当活跃于杨氏进士及第(1154)之前,其社友与行迹均已无考,不像王十朋诸诗社,不仅存名,且多有相关社事的诗文记载。王十朋是南宋中兴诗人结社第一人。

其二,形式多,灵活性,提升群体创作量与质。

乐清三诗社活动内容丰富,形式灵活多样。乡友、生徒频频雅集,活动前有预想,活动后留有唱和课业;相互叠为主宾,轮流做东,十朋家的书斋会趣堂一度曾是活动中心,有时则依附佛寺。赏月,登高,采菊,宴饮,品茶,诗友们吟诗赋文,迎新送旧,兴致淋漓。而王十朋每每"为唱首,自和凡数篇",①且屡屡追索和诗,蔚为乡间盛事。早期联句唱和如《夜听双瀑同刘方叔毛虞卿联句》《对月同方叔联句》②等,都有较高的艺术性,尽显社友群体创作的活力。

频繁的唱和活动大大促进个人创作数量和质量的提升。重九咏菊的多首诗诞生于赏菊雅集现场。他的几首有韩诗风韵、得杜诗精神的唱酬诗也是在有关规约的促导下结成的。据笔者统计,十朋早期唱酬诗多达 200 首。

王十朋的乐清三诗社,生动地勾勒出宋室南渡初年江南诗坛的原始生态。一个偏安海隅的小村庄,竟然活跃着那么一支诗情洋溢的诗人队伍,他们在平等的气氛中探讨诗艺,以养其志、以练其技、以颐其情,把南宋江南乡村的诗意氛围搞得浓浓的。王十朋对江南乡村文明建设的用心和业绩,令后人肃然起敬。

---

① 《王十朋全集》诗卷五《九日会饮予为唱首》,第 73 页。
② 《王十朋全集》诗卷二,第 18 页。

其三,建规约,高起点,走出初级诗社的松散状态。

宋代诗社多数处于较松散的状态。王十朋组建的乐清三诗社盟主明确,一般来说,活动较固定,在内部管理上则重视"规约"建设。

编辑诗社唱和集一直是诗社开展活动的助推器。王十朋多次将诗社诗作裒辑成集,以展示、推广诗社创作成果。乐清三诗社有诗文记录的诗集有六册,即刘谦仲的《南浦老人诗集》、刘镇的《待评集》、王十朋的《自宽集》、宋孝先的《梓坡集》、季仲默的诗词集与王十朋、季仲默、孙子尚三人诗合集。这些诗集操作颇为认真规范,多有序或跋,王十朋亲为序三篇。

对于这些诗集的交互评判流程,王十朋也通过自己的实践作出明确的"规约"。如社友宋孝先曾为十朋《自宽集》跋后,王十朋读后作五古《宋孝先示读自宽集复用前韵》①以回应。又如,王十朋编辑的《南浦老人诗集》,乃刘光之遗作。十朋辑其诗,又为之序,敬佩刘光"作诗不辍"的才情,惋惜其壮年诗作的"不可复得",既悲其儒冠误身的不幸遭际,更憾其"随作随亡,不复顾惜"的习性。② 其生死之慨分外感人,而评判之直捷精当堪称落实上述评诗"规约"的标本。

其四,重交流,贵切磋,推进文学传播和理论研习。

诗社唱和的背后,还有更为深刻的诗学思想和创作品格的认同。作为诗社盟主,王十朋有时会对诗社成员进行个别指点,有时则着意传播自己的诗学主张,扩大自己文学观念的理论影响。作于诗艺探究活动中的七古《答毛唐卿虞卿借昌黎集》和五古《次韵万先之读庄子》,③对诗友的六经研习和诗学成长不无指导意义。被誉称为"在文学思想史上发生过较大影响"的"文主刚气"说,也是在与社友宋孝先的唱酬中首先揭橥的:"予尝语所学,文当气为先。气至古可到,何止科第间。"④

王十朋组织诗学评论,通过品评、轩轾社友诗作,推广诗歌作品,总结创

---

① 《王十朋全集》诗卷五,第72页。
② 《王十朋全集》文卷一二《南浦老人诗集序》,第755页。
③ 《王十朋全集》诗卷一、卷四,第6、53页。
④ 《王十朋全集》诗卷四《别宋孝先》,第54页。

作经验。他将自己的诗作和编辑的唱和诗集、个人诗集分发诗社同仁和其他诗友,希望他们"操矛入室","针我膏肓"。① 宋孝先、陈元佐等社友都作了积极回应。遍传瓯越的《县学落成百韵》②气势宏伟,才力高远,是青年王十朋诗歌创作的第一个高峰,展示了那个时期瓯越诗歌创作达至的高度。由王十朋首唱的"林知常惠白酒"同韵联唱,一发而不可收,一举斩获20余首七古佳韵,显然是诗社群体创作热情的连锁效应。

作为社会文明发展和士人文化生活的重要表征,王十朋南宋乐清三诗社不仅是乐邑诗人诗歌创作的基地,也是他们探究诗学理论、推进诗学成长的课堂。其留存的关于南宋初期诗社活动的诗文记录,表明王十朋为争取江南文化话语权发声发力,对推进瓯越诗风成长和提升江南乡村文明发展水准,有导夫先路之功。

三、担当公务 导民向善

社会学家费孝通的名作《乡土中国》第一章"乡土本色"的开篇就说:"从基层看去,中国社会是乡土性的。"③在此乡土性社会里,文化人群体对于士风民气的影响作用历来不容忽视,特别是在僻远的山海村落,在皇权和高层官员权势难以覆盖的地域,乡贤就成了维系基层社会运转的主导力量。

在以"士农工商"简单社会分工为基础的农耕社会里,"士为四民之首"的根本原因,就在于"士"是整个封建官僚或国家机器的社会基础。科举制度以其具有外显标志和社会文化内容的"功名"身份,把社会力量的士绅同政治力量的官僚紧密结合在一起。在传统的社会结构中,皇权往往通过乡贤这一中介实现对乡村社会的管理和控制。乡居期间的王十朋担当了一定的乡村公务,在官与民之间发挥"中介"作用,践行他在《饶州到任谢表》中表述的"仰奉德意,力宣教条"④的理念,担当公务,传承儒道,里仁为美,旌

---

① 《王十朋全集》诗卷五《宋孝先示读自宽集复用前韵》,第72页。
② 《王十朋全集》诗卷二,第24—26页。
③ 费孝通:《中国乡土》,《费孝通全集》第六卷,内蒙古人民出版社2009年版。
④ 《王十朋全集》文卷一七《饶州到任谢表》,第848页。

扬名士,讽谏史事,组结诗社,为民祈福,导民向善,提升乡邦士风民气。

(一) 为民事担当公务

作为儒家文化的信徒和捍卫者,王十朋一直自觉不自觉地承担起乡民文化价值的引导作用,促进乡村儒学文化的发展。他并非时时处处都有意识地去发挥这种"中介"作用,但凭借其具有的儒者底色与仁义正道,事实上在尽力承担社会公务,对乡村传统施加积极影响。读他的诗文,我们还能发现王十朋有意将宗族文化带到大文化背景中去的某些迹象,起到"助人伦,成教化"的作用。

1."率会"发挥官民中介作用。

《隆庆乐清县志》载,唐时"正役以百家为里,设里正,五百家为乡,设乡正,掌比户口、课农桑、察非违、催役赋;易居为坊,别置坊正";宋时"里正、坊正皆仍唐旧","熙宁中,王安石变里正之法,以十家立一保长,五十家立大保长"。又按云:"朱子敛散之法,以十家为甲,甲推一人为首,五十家推一人通晓者为社首。"①《梅溪集》无涉这类记载。王十朋除了与两个弟弟共同经营祖传的二顷田外,不可能掌控管理乡村社区的公共财产、经济事业。他可能为之出力的"公务"唯有举办书院、招生教授和承担某些力所能及的公众杂务,为民效力。

据十朋诗《兄弟邻里日讲率会因书一绝且戒其早纳租税也》记录,绍兴二十五年(1155),王十朋曾效法司马光当年倡导的洛阳率会"会数而礼勤,物薄而情厚"的风尚(《传家集·训俭示康》),发起一种也称"率会"的里间聚会。参加者都是宗亲与邻里。这类"率会"即可称为自组织化的"乡贤会",是中国古代基层运转的基本形式。十朋诗曰:

屏迹山林颇自安,里间率会有余欢。
但须及早输租税,不用低颜见长官。②

---

① 《道光乐清县志》卷之五·田赋·徭役,第362—363页;卷之三·规制·仓储,第255页。
② 《王十朋全集》诗卷七《兄弟邻里日讲率会因书一绝》,第109页。

王十朋在会上提醒与会者"及早输租税",有意将朝廷政令、官府法规晓之于民;又出之以避免"低颜见长官"的浅近说理,恰如其分地成为民众的代言人,"仰奉德意,力宣教条"。宋代是典型的租佃制农业社会。从十朋诗蕴含的仁义底色和维护乡约传统的题旨,可见得宋时乡村延续着一种自理自治、德治结合的传统管理体系。

没有发现更多史料能证实王十朋所谓的"率会"还有哪些活动和作用,但可以明白的是,这项事务对社区政治的影响力是一般外来吏员所不可能具备的。他的类似尊长官、谨租税的行举促进国家政权与基层民众双方的良性互动,在历史延续中有着承前启后的作用。早在北宋宁熙年间陕西蓝田人吕大钧制定了中国第一部成文乡约《吕氏乡约》,其核心精神有四项,即"德业相劝,过失相规,礼俗相交,患难相恤",首项讲的就是个人应该修身以提升道德,同时读书、治田、营家,改善家庭经济。但推行受阻。到了南宋,《吕氏乡约》被重新挖掘,受到重视。后来朱熹对《吕氏乡约》作了修订,在"德业相劝"条中,加入了"畏法令,谨租赋"六个字。这恰是王十朋已经付诸实施的"及早输租税"的乡民之约,见得王十朋"在乡美俗"的努力,他要通过"率会"推行社会教化,维护社会秩序,进行民间自治。

乡贤士绅作为享有教育和文化特权的社会群体,有可能承担在乡村落实税赋等朝廷政令的责任。其实,王十朋实施的只是他理想家庭伦理构想中关涉社会关系的那一部分内容而已。其《家政集·自序》体现了《吕氏乡约》的基本精神,有云:

……官租欲其早输,私债欲其不负,府库欲其充实,米盐欲其检察,有无欲其相通,凶荒欲其相济,交易欲其廉平……事上欲其无谄,待下欲其无傲,责罚欲其有礼,鞭笞欲其不苛……①

他以"重人伦""重农桑""端士习""厚风俗"为主旨,向乡民传承家庭

---

① 《王十朋全集》辑佚文《家政集·自序》,第1032页。

伦理,灌输官方思想,浸透着浓郁的东方伦理道德色彩。王十朋所组建的"率会",作为一个"中介"宣讲平台,担当着传承文化知识和伦理观念,促成农耕时代文明得以延续发展、社会秩序得以稳定的社会角色。

2. 家族发挥扶贫济困作用。

"守望相助,患难相恤"是中国传统家族在保障功能上的重要表现。王十朋敬慕的范仲淹在苏州设立家族义庄制度,被认为是家族义庄制度之始。据载,范仲淹六十一岁时,以"俸赐之余"购买良田千亩,创办"范氏义庄",到南宋嘉熙年间(1237—1240)已发展到3168亩田地。其家族式慈善公益事业之规模可谓大矣！作为人所共居的家族组织,范氏义庄发挥"赈赡贫困"的社会保障功能,弥补了传统农业社会政府济贫能力之不足,是传统家族社会保障功能发挥的典范。

在温州传统家族中,王十朋也明确提出在族人穷困之时,家族需发挥扶贫济困的保障功能:"疾病欲其相扶,患难欲其相恤。"①尽管王十朋并未提出设义庄,或根本无财力建义庄以恤族人,在《梅溪集》中也未见救治穷困族人的实事记载,但是他在《家政集》中提出对疾病和穷困族人进行扶持和救治,则从一个侧面反映出当时温州家族必然发挥着扶困济贫的社会保障功能。乡贤王十朋的济困思想直接影响到后世家族济贫思想的传承和功能的发挥。宋元时期,温州宗族相恤之风不改。王十朋为本乡贤士张府君作行状,表彰其赈赡贫困的懿行:"宗族亲旧有以窘告,济之无难色",对受困人家"每岁之春,发廪以赈"。② 又如元代乐清盘古高氏始迁祖新七公在订立高氏家训时,就明确制定了"济患难"和"周贫乏"二条,以保障贫困族人的生活,有曰:"古人高谊,不可不法","朋友有通财之义,宗族可无赈恤之仁？"③这些都表明了对"疾病欲其相扶,患难欲其相恤"传统精神的继承和发扬。

在《东平万府君行状》中,王十朋在颂扬乡先贤万世延行事品行的同时,

---

① 乐清《梅溪王氏宗谱》卷一《王忠文公文集序》,民国丙子年,乐清市淡溪镇梅溪村王十朋纪念馆藏。又见《全集》辑佚文《家政集·自序》,第1032页。
② 《王十朋全集》文卷一五《张府君行状》,第812页。
③ 乐清《盘古新七公家训》,《盘古高氏谱牒文献选》,2008年,第98页。

特写其不遗余力地赈济族人。万世延意识到单依赖个人努力无法实现宗族的长久和睦,因此决定分割一部分田产作为赈济贫困亲戚的储备:

> 君仁而好施,志于济众者未艾也,尝割膏腴三十亩,储其入以济亲戚之贫者。死之岁,语诸子曰:"吾为是恨未广,自是而后,宜资其人,岁一易之,庶几悉周。"且枚举其所当与者。①

万世延"割膏腴三十亩,储其入以济亲戚之贫者",与北宋范仲淹的义庄累有三千余亩田地的浩大规模相比,虽不能同日而语,但毕竟是目前所见宋代温州富户赈济宗族、亲戚的最高级形式。王十朋以行状方式将万世延的"割膏腴三十亩"与贾如讷的"捐百亩饭僧徒之往来者"以及张端弼的"为饭万僧,开义井以侑善"②等义举,一一张扬于社会。应该认为,虽然万氏这种专项长期用于赈济宗族的财产仍然属于小家庭的财产,贾氏、张氏的义举又与社会崇佛的风尚息息相关,但也说明宗族观念在宋代温州乐清社会已有广泛影响,赈济与和睦宗族以及儒家礼法与亲近佛教等理念,已成为一部分业儒富户的自发行为。王十朋等士子敬慕乡先贤们的儒士精神与行善义举,限于经济能力而未能如愿付之实施,以普惠民众。

3. 忧晴忧雨为百姓祈福谋利。

礼俗交往,患难相恤。当年梅溪村诸类婚丧诞育等乡民大事的一应仪式,凡涉及应用文辞的,总是由代表当地最高文化水平的王十朋代为操刀:乡邻亲属添丁,王十朋为作洗儿歌;邻里亲友选定婚姻的聘书与回书,也仰其手笔;为乡邻亲朋代写道士斋醮的青词与酹奠逝者的祭文,也成了他的分内事;关系密切者还会请他代撰先人行状或墓志铭等等。他还为当地寺院高僧严阇梨(即他出家亡故的祖舅)编集作《潜涧严阇梨文集序》,又裒集流寓诗翁刘光的遗稿,编定诗集,并作《南浦老人诗集序》。③

---

① 《王十朋全集》文卷一五,第 810 页。
② 《王十朋全集》文卷一五《贾府君行状》《张府君行状》,第 813、811 页。
③ 《王十朋全集》文卷一二,第 754—757 页。

梅溪村凡与诗文相关的礼仪活动、人伦情理场景,特别是遇到流年不利,天旱不雨,或水涝成灾,王十朋总是乐此不疲地为祭祀活动撰写各类诗赋文告,并引以为荣:麦子不结实,他代撰《为麦祈实》云:"时羞方庙献,麦实为民祈";"崆峒今岁熟,登荐定无违";①旱魃为虐,他起草求雨疏文《双莲潭请水疏》云:"亟下霈然之泽,坐消太甚之灾";②水利、道路等公益设施竣工庆典,也少不了由他撰文纪事,如为撰《惠政桥施水疏》《馆头甃官路疏》。如此等等,忧雨祈晴,忧旱祈雨,是梅溪村民一年四季里最无奈却也最虔诚的事情,王十朋都充当起无人取代的操刀角色。

当然,作为一个"舌耕糊口"的寒士,王十朋还设馆授徒,本地求学者几乎悉数收入门下了,不少外地学子也慕名而来。据其自述,"予昔招仙馆与同舍结诗社,近诸友亦一倡和",故有诗说"文会今年喜重寻"。他经常"与诸友讲茶令,每会茶,指一物为题,各举故事不通者罚"。③ 他曾在家中盛邀同舍八斋文友,"饮茗谈故事",共赏他栽培的岩松盆景,还以此为题,"俄篇章争先而并至,皆佳作也"。④

这一连串镜头,足以叠印出梅溪心怀儒者之诚,忧时济世,走出书斋,担当乡里公益事务,舍我其谁之古道热肠;同时也足以显现宋代江南乡村社会结构与文化制度的基本轮廓以及贤士精英治理乡村社会的基本模式。王十朋以孝顺父母、尊敬长上、和睦乡里、教育子孙为主旨,以不贪财、不迷信、不自是、不自欺欺人为行为规范,自觉担当起"礼俗相交,患难相恤,德业相劝,过失相规"的教化责任,为维护固有的乡规民约、提升乡村社会道德文明水平发挥积极作用。

(二)作行状旌扬名士

王十朋还接受乡里亲友的委托,为本乡本土有德行、有才能、有声望而深受本地民众尊重的贤人名士撰写"行状",旌扬传统文明。所谓"行状",

---

① 《王十朋全集》诗卷四,第 52 页。
② 《王十朋全集》文卷一三,第 777—778 页。
③ 《王十朋全集》诗卷一《寄毛虞卿》、卷四《万季梁和诗留别再用前韵》,第 8、51 页。
④ 《王十朋全集》文卷一二《岩松记》,第 766 页。

从内容体例来说,也就是传记文,叙述人物的生平事迹,原原本本地把一个人的德行面貌写出来,以传扬后世。

王十朋为乡先贤名士作有三篇行状,分别是《东平万府君行状》《张府君行状》《贾府君行状》,①都作于设馆讲学期间。其时,十朋尚未及第登科,但已有很高文誉,这样的文化身份是传主的家人邀请他作行状的主要原因。这三篇行状与相关的墓志铭,作为人物传记资料,着重描写乡先贤的道德品行,勾勒地方社会的群体形象,是研究地方家族史的珍贵史料,从侧面展现南宋时期乐清的社会风貌。三篇行状的传主都生于斯长于斯,未必有彪炳史册的功烈和建树,但与当地民众有密切联系,平生恪尽本分有善举。

贾如讷(1987—1129),"勉其(弟贾如规)游太学,且躬任其家事,厚资给之,务成其志……公善治家,井井有法,不务兼并,而生产日肥"。勤于孝亲,轻财嗜义,为人谦厚,"其敦宗好施盖天性也":

> 每家宴,合疏近长幼,贫富均礼。舅氏家不振,悉力赡之,岁时登其门,省事如父母,去必感泣。……喜宾客,馆无虚日,雅不好饮,遇宾醉则为之极欢。敦尚礼法,遇人无厚薄,必尽恭,泛爱乡党。②

这些都是古代乡绅为人称颂的善举,显示了开明乡贤乐善好施的仁善之心。

张端弼(1088—1154)是乐清的业儒豪富,在放弃科举之后,热衷于资助贫士,为人谦厚,习性豪杰,"雅重义概,耻为俗子富务周旋","好宾客,坐席常满,极饮不倦杯,行健语笑,年虽及而锐气不衰","先业广大,重以兵火,业浸微。君通材,经画有条,未几生事大振,富甲乡邑",亦是本乡本土有德行、有声望的贤明之士。

---

① 《王十朋全集》文卷一五,第809—815页。
② 《王十朋全集》文卷一五,第814页。

宗族亲旧有以窘告,济之无难色。邑学再建,与出财力居多,仍率先割膏腴以养士。每岁之春,发廪以赈。穷民质贷,逾年不取其息。有负债者,多折券不复问。①

东平万世延(1096—1154)是当地富族,"善治生,蓄而能散","性宽博,与物无忤,尤善宗族,每先其急难。遇长幼,慈爱均一,无纤芥嫌隙",被乡亲认同为德行高尚,且于乡里公共事务有所贡献者。

亲故有不振者,每纲纪其家;其弟子有美质,困不能自业,给饮食师资费以教之;处女贫无以归,躬为择配,奁而遣者凡数人;居之左右,细民窭族,资衣食埋葬者数十家;缁素叩门,随所谒而获者巨计。岁凶廪饥,每为富室倡。②

墓志铭也是一种礼仪文书。现存王十朋所作墓志11篇,传主为温州人士的有7篇,其中万氏、贾氏姻亲4人,即万世延、贾处严、贾如讷及妻子贾氏;其他3人为乐清同乡刘铨、何逢原、张端弼。《潜涧严阇梨塔铭》③是为出家为僧的舅公贾处严(严阇梨)所撰的塔铭。刘铨是王十朋在乐清城西招仙馆读书时的同学,是科举成功者,于绍兴十二年(1142)科举中第,得官知县。王十朋所撰《刘知县墓志铭》述与之交谊,谓"刘在邑为著姓,世衍于财。至承事公易以诗书,所交皆一时闻人,笃于教子"。王十朋科举坎坷,刘铨曾予鼓励,二人因此结成厚谊:

某少与公为笔砚交,辱知最厚。公既筮仕,某犹困场屋,公遇人必借誉,然未尝自言。岁戊辰某下第,弃舍选不就,遇公于武林,同渡浙江,语其故,公曰:"子有进身路,何奈自弃邪?"力勉之,自越还学,卒由

---

① 《王十朋全集》文卷一五,第811—812页。
② 《王十朋全集》文卷一五,第809—810页。
③ 《王十朋全集》文卷一五,第817页。

舍法进,公之力也。①

王十朋曾因省试落第有"儒冠误身"之叹。② 如果得不到刘铨的鼓励而坚持举业,他可能不会在乐清业儒者中成为第一批科举成功者。刘铨、王十朋等的科举成功,提升了乐清士人群体的社会地位,表明不少耕读之家正处于士人化进程之中。其社会意义在于坐实新兴的科举士人阶层正在温州乐清地区逐步形成。

王十朋有史德,有史才,本着真实的原则来写平凡人的平凡事,民间士人的民间凡事,以传记作品表现地方贤士在积累一定的财富之后,重视人格修养,重视研经修史,宽厚好施,仗义疏财,赈灾济贫,宣扬儒家教化,展现了乐清乡土社会史的局部图景,也自能展示乡贤王十朋本人对乡先辈高尚德性的敬重和着意旌扬乡土社会文明的自觉担当意识。

(三) 赋诗文放眼朝野

赋诗为文历来是文士的日常生活内容之一。但既已选定了普惠天下的目标与儒家人格修为的范式,那就得践行不辍,把普通士大夫视之为休闲的活计转化为砥砺人心的历练程序。王十朋在与诗友的交往中,放眼朝野,以传承儒道为己任,不论是田园自吟或是诗友唱和,总是满怀家国忧患情怀。

《林下十二子诗》作于甲戌(1154)孟夏"见黜于春宫"乡居左原之时。时年四十三岁的王十朋,尽管"儒冠误身世,偃蹇二十年",依然不忘奋发有为。组诗中的《梅子先》《兰子芳》《菊子秀》与写于同一时期的《小小园》《娟娟林》《早梅》以及《又觅没利花》《觅海棠》《札上人许赠山丹花》诸篇,也委婉传达出家国忧怀。

王十朋饱读经史,其百余首咏史怀古诗,放眼上起上古下迄五代末与本朝的历史人物,画龙点睛地勾画出历代王朝兴衰史,以古鉴今,寄托着深婉的讽喻现实的思想,贯穿着富国强兵、抗金雪耻的主题。有吟咏贤明君主和

---

① 《王十朋全集》文卷二五,第1021页。
② 《王十朋全集》文卷一三《祭潘先生文》,第785页。

中兴帝王的，有讽谏荒唐帝君、当权奸佞的，言君、言臣、言时政、言人伦、言忠、言孝、言节操，充分展示这位蛰伏乡间多年的士人放眼朝野的博大胸襟与引领社会舆情的警世用心。限于篇幅，兹不赘举。以自己的文才诗情践履济世之志，本是乡贤角色的题中之义。

四、乡贤文化　涵育文明

王十朋等一众乡村贤达，本是在"乡—市""朝—野""官—民"多重对立下的产物；而他们的办学馆、结诗社、写诗文又成为着意连接农村与城镇、乡野与庙堂、乡民与官吏的纽带。以王十朋为典型个案，剖析其间的内在张力，对于研究文化传统的承继和农村社会的稳定性，不无现实意义。

北宋初，宋太宗确立了"兴文教，抑武事"的治国方针。有宋一代，科举和教育具有重要的政治和社会意义。同时，世家大族的势力日益衰落，为新兴社会力量的崛起提供了空间。在这种形势下，像王十朋之新兴士人家族的出现，在社会上发挥日益重要的作用。

王十朋精心编撰的《家政集》，涵盖了中国传统村落中的乡约、族规和家训等内容，汇总了包括他的两个弟弟在内众亲族的意愿，可认定为众乡贤共同参与制定的家族契约，有共同遵守的责任。综合考察梅溪诗文记录之乐邑左原诗性影像，追寻王十朋个人叙事与宏大历史之间的内在张力，我们将会认可，以"孝悌忠义、慈顺雍睦"为核心内涵而浸润至今的各项文化礼仪，永远是这个江南村落文化传统的根与魂；包括王十朋在内的乡民们勤勉、温情、和谐的栖居诉求，寄存着乡村文化发展的诗与远方；有称"南宋第一"的左原乡村诗社及其相当普遍的弦歌传唱，显然是提升乐邑文化水准的时代标杆；而由读书人、文化人渐变为乡里文化思想的实际导引者、掌控者，特别是乡贤雅士王十朋与为数不多的有自觉担当的地方贤达，则无可否认地堪称保护、传承并导引乡土性传统文化的铸魂者！

乡贤是中国传统优秀文化的代表人物。王十朋德业、学行著于世，其懿德卓行，泽润兹邦，去世后三十年，即庆元六年（1200），邑人立祠祭祀，与本地乡贤钱尧卿、贾如规同入先贤祠，受后世祭祀，经世流芳。这不仅是对王十朋一生的定论,更象征着王氏家族的民间信誉,关系着子孙后世家业的绵延。梅溪村社会生活诸方面所达至的文明水准,或可为邓广铭的著名论断提供一个典型个案:"两宋期内的物质文明和精神文明所达到的高度,在中国整个封建社会历史时期之内,可以说是空前绝后的。"①

在当今,人们对历史的认识有了更广泛的视野。史学者已不再局限于专职史官的言说和史乘的记载,方志和家谱、族谱逐渐进入史家的法眼,成为解说历史的不可或缺的补充。但仍然有人认为,家族史研究没有必要,研究家族史会引起社会建设的诸多问题,如导致家族管理干预地方行政,妨碍政府政策的贯彻等等。其实,家族文化是古代社会的产物。王沪宁以反映中国乡村传统的组织特征和文化特征的家族文化为视角,探讨乡村发展与中国社会发展问题,将宗族作为"农村政治文化结构"处理,认为研究家族史问题关键在于引导得法,发挥其积极作用,其"变革的中心点是血缘家族权威向行政权威转变"。②

有学者认为,费孝通所说的中国"乡土社会"受到现代化的"蛀蚀和瓦解",已渐趋消亡。费老的博士生赵旭东说,费老的"四美句",即"各美其美,美人之美,美美与共,天下大同",是他"最重要的思想遗产"。③ 现如今,"乡贤文化"已被列入农村思想道德建设之中,弘扬善行义举,以乡情、乡愁为纽带吸引和凝聚各方人士支持家乡建设,发挥乡贤文化的教化功能,引导农村公民见贤思齐、崇德向善,自觉遵守相关礼法,有利于涵养乡村文化,重塑乡村的伦理共识,最终实现培育文明乡风的目标。

---

① 邓广铭:《关于宋史研究的几个问题》,载《社会科学战线》1986 年第 2 期。
② 王沪宁:《当代中国农村家族文化——对中国社会现代化的一项探索》,上海人民出版社 1991 年版,第 199 页。
③ 详见《"现在还是不是乡土社会?"赵旭东谈费孝通的思想遗产》,《南方周末》2020 年 11 月 5 日。

第二章　求学科考　殿试夺魁
——探求并践履经学、教育、科举报国精义的畎亩遗士

"畎亩遗士"王十朋真乃忧患时代的一个忧患产儿。

他的求学科考入仕之路充满艰辛颠踬。尽管青年时诗名文誉甚盛，但他却久久未能获取家族寄望的、自心向往的举业功名。他不满奸相秦桧的专权霸道，又不愿在策试中违心献媚邀宠。在长达十数年的举业途中，王十朋适应并不断探求、践履经学、教育、科举的报国精义。本章充分注意王十朋的科考入仕具有三项突破性意义。其一，王十朋以温州地区第一位状元而闻名，在瓯越地区有提振士风学风的积极效应；其二，王十朋的举业之路，将道德与学业紧密结合，他固守本心，苦苦研习儒学，既是为连战科场做准备，也转化成砥砺人格、为国效劳的精神资源，为日后的仕途生涯做了必要的铺垫；其三，王十朋适应并有意冲决业已成型的经学、教育、科举"三位一体"结构，赋予经学、教育和科举以报效国家的意义，并终身践履不悖，超越了时代局限。这是值得注意的有"超前意识"的价值观，对读书为做官的世俗观念形成有力冲撞。

《廷试策》是王十朋一生思想言行的纲领，是他第一次真正意义的参政行为，自能成为研究王十朋的最重要的文献。本章在阐说宋代科举制度改革为像王十朋这样的平民子弟入仕扫除了障碍的同时，较详尽地解读这一试策，分析其拟题背景和命题主旨，理解其政治思想与社会价值，也指出其法权思想的局限性。并接连阐述王十朋初入仕途，即急忙操作了两件很有意义的大事：一是在诗坛上以新科状元的身姿雄视唐宋诗坛，倡导诗学陵

阳;二是在牛刀初试绍兴府时,代知府王师心为札上书以资政,弥补了未能在《廷试策》中表述的抗金复国主张。

第一节　辗转求学　自铸颜渊

从历史发展角度看,宋文明是中华传统文明的延续、深化,超越了唐文明。近代史家从宋文明中发现若干近代文明的征象,如宋代经学完成了由"汉学"到"宋学"的转变,即由章句之学转变为义理之学;北宋神宗朝王安石实行科举改革,考试科目罢诗赋,而主要以儒家经义取士。等等。

当时,对王安石的科举改革,反对者持两种态度:一是主张完全复旧,其代表人物是苏轼;二是认为王安石此举"乃革历代之积弊,复先王之令典,百世不易之法也。但王安石不当以一家私学,欲盖掩先儒,令天下学官讲解。及科场程试,同己者取,异己者黜",其代表人物是司马光。① 其实,在历史的延续中,王安石以经义取士的科举制度被固定下来了,为后世元、明、清所遵行而不废。王十朋正是受此改革之惠,由乡间士子跃入仕宦之龙门。

一、宋代科举制度改革及其积极意义

南宋科举乃是中国科举制度的一个重要组成部分,也是南宋政治的一个重要组成部分。总体说来,入宋后,太祖兄弟及其继承人,为了收回取士之权,广泛网罗人才,防止世家大族的再起,以巩固中央集权,对唐以来的科举制度作了一系列重大改革。何忠礼教授综合考察宋朝的科举改革,列陈其重大举措如下:②

---

① 《司马文正公传家集》卷五四《起请科场札子》。
② 何忠礼:《王十朋与宋代科举》,《论文集》第15—16页。

禁止新进士称主司为座主，自称门生；①禁止"公荐"和"请托"，以免出现科举朋党和取士不公；②士人应举，无门第、贫富限制，"如工商、杂类人内有奇才异行、然不群者，亦许解送"。③ 至南宋，甚至"狞干黠吏之子"及"以屠杀为业"④之人也可成为举人；省试后增加由皇帝亲自主持的复试，即实行殿试或御试，使帝王收回取士大权；⑤知贡举由皇帝从大臣中临时任命，不一定由礼部侍郎出任。试官一经任命，立即实行"锁宿"，严禁他们与僚友及家人交谈，以防止请托和泄密；⑥有官人和某些官员子弟应试，在别场进行，亦即实行别头试，以加强对他们在考试中的监督；试卷实行"封弥""誊录"，从而杜绝试官根据试卷姓名和笔迹行徇私之弊；严格考试制度，严禁挟书、代笔等舞弊行为，等等。

以上这一系列改革，历经太祖、太宗、真宗三朝，历时半个多世纪，到仁宗朝才基本完成。至此，在科举制度中彻底消灭了以往察举制残余，使科举成为中国历史上最为完善的取士制度。有宋一代，人才之盛，莫过于仁宗一朝，其根本原因就在于此，乃至欧阳修对当时的科举制度赞扬有加，其谓：

窃以国家取士之制，比于前世，最号至公。盖累圣留心，讲求曲尽。以为王者无外，天下一家，故不问东西南北之人，尽聚诸路贡士，混合为一，而惟材是择。又糊名、誊录而考之，使主司莫知为何方之人、谁氏之子，不得有所憎爱薄厚于其间。故议者谓国家科场之制，虽未复古法，而便于今世，其无情如造化，至公如权衡，祖宗以来不可易之制也。⑦

---

① 李焘：《续资治通鉴长编》卷四，乾德元年九月丙子，中华书局 2004 年点校本，第 105 页；《宋会要辑稿》选举三之七。
② 《宋会要辑稿》选举三之一至二。
③ 《宋会要辑稿》选举一四之一五至一六。
④ 幔亭曾孙：《名公书判清明集》卷一三《哗鬼讼师》、卷一四《宰牛者断罪拆屋》，中华书局 1987 年点校本，第 481、535 页。
⑤ 《续资治通鉴长编》卷一四，开宝六年三月辛酉，第 297 页。
⑥ 《续资治通鉴长编》卷八三，大中祥符七年八月丙子，第 1892—1893 页。
⑦ 《欧阳修全集》卷一一三《论逐路取人札子》，中华书局 2001 年点校本，第 1716 页。

从实践看,宋朝的科举制度为当时社会选拔了不少有用人才,对推动当时文化的普及和发展起了很大作用。

但在秦桧专权时期,其各种弊病有所加重。建炎二年(1128)高宗即位后的第一次殿试毕,高宗不愿亲阅御药院按惯例呈上的前十名卷子,说:"取士当务至公,既有初覆考、详定官,岂宜以朕一人之意更自升降?自今勿先进卷子。"①皇帝拒绝亲阅其卷的似是而非的决定,使科举制度"失去了皇权的监督,便后患无穷。'绍兴和议'签订以后,高宗以为偏安局面已经形成,更放松对殿试的干预,从而为秦桧集团的徇私舞弊大开方便之门"。② 最出名的科举作弊案,是秦桧养子秦熺及其子秦埙的中举。史载,"绍兴十二年(1142)科举,谕考试官以其子熺为状元。二十四年(1154)科举,又令考试官以其孙埙为状元"。③ 秦埙参加两浙转运司解试时,陈之茂出任考官,定陆游为第一,秦桧大怒,后在省试中将陆游黜落。殿试的考官全由秦桧提名。宋高宗亲自阅卷,想抑制一下秦桧,就将张孝祥定为第一,秦埙改为第三名。秦桧又因此迁怒张孝祥,很快施以冤狱。其时又将多名秦桧姻亲录取为进士,其中有些是乳臭小儿,甚至是全不识字之人,"天下为之切齿"。④ 在秦桧把持朝政时期,南宋的科考陷入黑暗。

从总体看来,正如何忠礼研究指出的,"宋代是中国封建社会科举制度的成熟时期","也是科举取士的黄金时代",南宋科举制度的改革,"对南宋的政治、思想和文化产生了重大影响",表现在"不断为国家培养和选拔人才","培养了进士出身者勤政爱民的思想品质和报效国家、民族的责任感","笼络了士心,有利于政权的稳固",并且"为后代的培养和选拔人才,提供了有益的借鉴"。⑤ 并指出,"宋代科举为王十朋等穷苦知识分子打开了入仕之门","王十朋所以能成为一个杰出的历史

---

① 《系年要录》卷一七,建炎二年九月庚寅,第411页。
② 何忠礼:《南宋科举制度史》,人民出版社2009年版,第128页。
③ 《中兴纲目》卷一一,乙亥绍兴二十一年,第385页。
④ 《系年要录》卷一六六,绍兴二十四年三月辛酉,第3153页。
⑤ 何忠礼:《南宋科举制度史》,第23、24、316、320、323、324页。

人物,个人的才干和努力固不待言,但在很大程度上还得益于宋代的科举制度"。① 诚然,如果没有这一不论门第高低、不讲财富多少、"一切以程文为去留"②的取士制度,可以肯定地说,王十朋到老很可能仍旧是一领白衣、一个默默无闻的穷书生,最后免不了贫贱潦倒终生。是南宋科举为王十朋跻身仕途创造了条件,入仕后又为他施展才干、实现抱负搭建了一个平台。

二、修学铸颜渊的信念与盐梅情结

科举改革对南宋社会的政治、思想和文化发生巨大影响,还直接关联着教育的目标和发展格局,规范着众多士子的求学仕途。

出身耕读之家的王十朋,受教于家族先辈,承载着科举入仕的重望。在考科举与补太学两条途径上,王十朋以其数十年的生命为代价,为取胜场屋,步履蹒跚,遍尝艰辛。他既要不断调整强化自己的学业进修,以适应南宋科举的每一个变革步骤,又要接受屡战屡败的残酷现实,尝试着改变应试策略。

青衫学子在艰辛求学的齑盐生涯中,秉承自铸颜渊的构想,一再吟咏梅花,产生为国效忠的盐梅情结。王十朋四十三岁时作七绝《林下十二子诗·梅子先》以明志:"好将正味调金鼎,莫似樱桃太不才。"③期冀"自栽"于梅溪之畔的梅树能结出硕果,并以其"正味"调和"金鼎"美羹,凭自己的才力立朝治民,为国建功立业;同时警戒自己,勿学"太不才"的"樱桃",终生无所作为。自此以后,饱读经书的王十朋屡屡化用"和鼎调羹"的典故,让梅之"正味"演绎出的这种儒家道德人格规范,高扬于漫漫仕途中。

(一) 承载先人学儒愿

童蒙养正,辗转求学。王十朋祖辈务农,至父亲王辅尊崇儒学,略通诗律,品行文才俱佳,在当地颇享声望。十朋与其父辈都已经意识到,只有诗

---

① 何忠礼:《王十朋与宋代科举》,《论文集》第14页。
② 陆游:《老学庵笔记》卷五,中华书局1979年点校本,第69页。
③ 《王十朋全集》诗卷七,第98页。

书传家,科举入仕,才能真正光大王氏家族。祖辈的希冀使少年十朋耐得住长年挑灯夜读儒经的寂寞,去换取一次次过独木桥通往金榜题名的机遇。

直接对他学儒产生影响的,有以下几个家族性因素:

1. 慈父熏陶

王十朋的父亲王辅知行并重,耕读传家,稍有家产即置办图书,其为人儒雅正直,是十朋的第一任教师。据《家政集》记载,王辅"天性喜读书,至老不倦","平生乐教子,生三子皆遣从学,不以家务夺其心,满望诸子读书成名,以变白屋……教子益笃,至以身率之,欲亲见诸子有成,以慰其意"①。他言传身教,以身作则,热望子女读书成名,教子情笃,要求严格。王辅生前筑有"四友堂",他教诲十朋说:"丈夫之于世,穷达之道不同,而其所乐一也。"②他称赏的如苏秦、朱买臣等有志者最终能荣华富贵,在宋代只有通过学儒科考才能成功。在乐清左原,这种"将兴家以诗书兮,变习俗而丘轲"③的观念已深入人心,绝非十朋父亲所独有。

这样的家族氛围熏陶了十朋的秉性颖悟,使十朋得培根固本之利,根基笃实,本质清醇,思想成长规范顺畅。

2. 取名寓意

父亲的学儒入仕希冀也深藏于为子辈命名的寓意之中。

《周易·损》卦六五爻辞:或益之十朋之龟,弗克违,永贞吉;王用享于帝,吉。爻辞释义云:"十",数字,或言众多。"朋",象形。本义为古代货币单位。王弼注:"朋,党也。龟者,决疑之物也。"《艺文类聚》卷九六引晋郭璞《尔雅图赞·龟》:"天生神物,十朋之龟,或游于火,或游于蓍。"考十朋父王辅为三个儿子取名"朋",曰十朋、寿朋、百朋。其字曰龟龄、梦龄、昌龄,当本此。谓之结友众多且延年益寿,或有其父寄托的文化学、美学意味。

---

① 《王十朋全集》辑佚文《家政集·继志篇》,第1043页。
② 《王十朋全集》文卷一二《四友堂记》,第762页。
③ 《王十朋全集》文卷一三《代人祭族弟文》,第791页。

王十朋深悟乃父取《易经》义命名之用心。晚年知湖州时做诗《十一月十日会于六客堂者十人》有云:"访古已仙图上鹤,得朋今遇《易》中龟。"①句中"朋""龟"即本于《易经》无疑。十朋牢记祖辈的祈愿。察其思想演进与行事轨迹,冥冥中不无与其父意愿密切关联照应处。

3. 亲族血缘

关于王十朋的出生,坊间盛传其生有异兆之说,称十朋是他舅公贾氏严阇梨的再世。此说始于王十朋的祖父王格——或许就是他臆造而有意张扬的。

严阇梨是十朋舅公,祖母贾氏之兄,俗姓贾,名处严,字伯威。省、府《志》、隆庆《志》载,"道行孤洁,州郡迫以住持,终身不就。工诗文,寺碑多出其手,翰墨亦臻妙品","著有《潜涧集》"。② 少年出家明庆寺,云游四方,精于佛学,乃江浙名僧,是十朋出家的叔父宝印的法师。传天台宗教义,与苏轼有诗文往来。

"前身""转世"之说自然虚妄不可信,但却最真切地传递出王氏家族长辈们对子孙们继承联姻前辈文才诗性的美好愿景。性近佛缘的王十朋,认可了这种亲属血缘关系的遗传影响,曾以《记人说前生事》③记叙其事,五十岁时应宝印叔父之嘱,又写了《潜涧严阇梨塔铭》,④以表敬仰悼念之意。《种蔬》诗也认可"前身老阇梨,蔬气端未除",自注云:"或云予前身严阇梨也,因以戏云。"⑤

直至殿试夺魁赴任绍兴途经天台时,王十朋还接受天台僧写碑之请,作《题石桥二绝》,以舅公"严首坐"题写桥碑为荣,随兴拈来自己的"前生事"为典,戏笔中难掩自得之情。⑥

学儒入仕乃家族使命,给了十朋从困境中崛起的温馨感悟,化为奋争向

---

① 《王十朋全集》诗卷二五,第469页。
② 《道光乐清县志》卷一六《杂志》,第1086页。
③ 《王十朋全集》文卷一四《记人说前生事》,第807—808页。
④ 《王十朋全集》文卷一五《潜涧严阇梨塔铭》,第817—819页。
⑤ 《王十朋全集》诗卷一六《种蔬》,第266页。
⑥ 《王十朋全集》诗卷一一,第175—176页。

上的动力。

(二) 辗转求学铸颜渊

怀着鱼跃龙门的理想,王十朋七岁入塾,从谢师启蒙,习读仲尼经典《论语》。十岁开始接受父亲严格有序的家庭教育,十四岁就读乡塾,十七岁起师从"鹤溪先生"潘翼,潜心经学诗文。

王十朋坚信"诗书不负人",青少年时期辗转求学,读经研史,刻苦勤奋,齑盐冷落,历尽艰辛,以孔颜之乐作为自己的生活方式,并设定以重铸书生心灵为求学的终极目标。有不少儿时的玩伴和同学,日后成了十朋为学求仕途上值得信任和依靠的知己。

1. 鹿岩乡塾

十朋十四岁进贾岙鹿岩乡塾,从潘翼先生游。贾岙鹿岩是十朋祖母的娘家地,风光秀美,附近有佛教古刹明庆院,是当时文士、僧道雅集交游之所。

雅集会讲的老一辈先生还有贾太孺、刘谦仲、觉阇梨等;同窗书友有季仲默、孙子尚、毛虞卿、刘方叔等。三十六年后十朋从京辞官归里家居,作十韵七古《九日寄表叔贾司理》,回忆当年与诸诗友登鹿岩脊赋诗酬唱的情景,有曰:"忆昔从师学弦诵,年与贾生相伯仲。"句下有自注云:"某时与诸贾昆季游,皆年少也。"引言更是神韵回旋:

> 某昔从潘先生学,九日登鹿迹岩,尝赋诗呈诸长者,时年十七,今阅三纪矣。当时和者贾太孺、潘先生、刘谦仲、觉阇梨,皆一时诗人也……佳节必盛集。①

为应举考试以求登科,王十朋加盟老一辈文士组织的文会诗社活动,讲论经史,相长求益。

十朋性本颖悟,博览强记,入学伊始就心怀强烈的以才干世的家族责任

---

① 《王十朋全集》诗卷一六,第 268 页。

感。"喜君直谅更多闻,共惜光阴寸与分","少年勉力亲灯火,要使家声继洛阳"。① 其后做诗常常融经据典,皆基于少时的苦学。

2. 金溪邑馆

王十朋二十岁至二十三岁期间(1131—1134),离家到县城金溪招仙馆从林师禹先生求学。《跋季仲默诗》云:

> 仲默,予姑之子也。与予同年生,少予二十日。自总角同笔砚,相得最甚。弱冠,从林先生师禹于金溪,时大梁孙皓子尚游吾乡,年少有俊才,能歌诗。……旧游从者八人……②

又《万季梁和诗留别再用前韵》诗有自注云:"予昔招仙馆与同舍结诗社,近诸友亦多唱和。"③同舍好友季仲默、刘铨、刘镇、毛宏、孙皓、姜大吕、陈商霖,号为"八叟",志同道合,结社唱和。"畴昔游从分不轻,十年乡校读书灯""一舍萧然学有余,窗间遮眼尽文书"④等诗句,记录了他们昔时互勉勤学的情状。在读书之余,他们登山咏怀,放情山水,并"各出所作诗,编为集",广有影响。他们关心国事,伤时感怀,写诗赋文,抒发爱国激情。

3. 乐清县学

绍兴五年(1135),乐清县学新建落成,这是乐清教育史上的一件大事。南宋初,州县学大多因战乱而停办,绍兴和议后渐次重建。绍兴十四年(1144)高宗诏天下州县皆立学。乐清官学的复建走在前列,除了地方官主持有力外,也离不开本地精英的积极投入。南宋教育之所以能够在兵燹之后复振,私学与书院发挥的功能居功至伟。⑤

---

① 《王十朋全集》诗卷一《次韵虞卿送别》《寄贾一节》,第4、9、11页。
② 《王十朋全集》文卷二三,第965页。
③ 《王十朋全集》诗卷四,第51页。
④ 《王十朋全集》诗卷一《得陈商霖书》《和方叔见赠二绝》、卷一六《陈商霖挽词》,第14、275页。
⑤ 参见范立舟《南宋全史》(七),上海古籍出版社2015年版,第9—11页。

王十朋受邀参加乐清县学庆典,特为写了一首百韵五言排律《县学落成百韵》。诗从乐清地僻教育落后说起,接着说兴学的重要,赞美学舍规模,记叙祭典场面。诗人将兴学与兴国联系起来:"雪耻终兴越,成功必霸燕。"并结合士人科场经历,发出累次应举不第的感叹,最后收结于力学者有志竟成,功名会上"铸颜渊"的壮志豪情:

览镜时犹在,焚舟志益坚。燕归欣遇厦,鱼得敢忘筌。
愿赴功名会,终归造化权。唯凭大炉火,早晚铸颜渊。①

"早晚铸颜渊!"铿锵有力,掷地有声。道出了十朋辗转求学的终极目标是:以孔门十哲之一、孔门七十二贤之首、儒家五大圣人之一的颜回的高格重铸士子心灵!

这首百韵排律成就了梅溪诗歌创作的第一个高峰。长篇放言,直笔翔实,深情激愤,一时无二,谓之乐邑教育"诗史",固其宜也。梅溪由此崭露头角,诗名大振于瓯越诗坛。

五律《至乐斋读书》概述辗转求学期间坚毅苦学的情景:"夜观常及子,昼讽直从寅。莫恨成名晚,诗书不负人。"②十朋以孔颜之乐为标杆,安贫乐道,不慕"权门",相信有朝一日能一举成名。作于同时的《至乐斋赋》直白地道出了十朋的价值观:"吾今游心于一斋之内,适意于黄卷之中,师颜回,友扬雄,游于斯,息于斯,天下之至乐也。"③

4. 温州州学

十朋在此期间结婚生子,成了两个孩子的父亲。有两件事对于他的学业成长具有标志性意义。一是当时端明殿学士李光自台州移知温州,路经乐清,十朋投书请谒。在《上太守李端明书》④中,他列举李氏

---

① 《王十朋全集》诗卷二,第24—26页。
② 《王十朋全集》诗卷二,第30页。
③ 《王十朋全集》文卷六,第660页。
④ 《王十朋全集》文卷一一,第739—741页。

历史上出过"一代之名臣,中兴之贤佐",以资激励仰望李端明为当今国家中兴效力。二是绍兴九年(1139)秋,王十朋到温州州学从名世巨儒吴秉信教授求学,"抠衣坐隅,执弟子礼",①为明年参加秋试备考。史载,其后"吴秉信、王纶为中书舍人"。② 然而吴秉信在温州州学任师席仅一年即辞归明州孝养慈亲。王十朋满怀虔敬作《送吴教授秉信归省序》,高度赞扬先生馨香远播的美好品德,颂其才高行尊,深表敬慕追随之意。

清《江心志》《孤屿志》记载王十朋曾在温州市区江心屿东塔龙翔禅院下读书,今天江心屿立有江心寺住持木鱼题字的"梅溪读书处"石碑。《梅溪集》查无相关记载,存此备考。

王十朋在县学、州学的苦学行事与社会交游、文学活动,表明他此时的文才诗艺已呈现多彩风貌,他求学科考步履坚定,"早晚铸颜渊"的自信强烈,政治识见也日上层楼。

(三) 端友名师励致身

青年王十朋的人格成长与学术文章的师承,得益于一路结交的师长文友。《次韵刘方叔见寄》诗云:"论文初喜逢知己,言志深期共致身。"③基于此,他深情敬慕塾师潘翼,与诗翁刘谦仲交游密切;基于此,他珍惜与北方游子孙皓的交谊。广交文士,问学名师,结识端友,是王十朋继父志、养根基、育心志、"铸颜渊"的重要践履,终身受益匪浅。

1. 博学塾师潘翼

潘翼是十朋的塾师。贯穿经史百家,长于文学,在地方教育史上颇多建树。《道光乐清县志》载:

(潘翼)字雄飞,青田人,建炎末徙乐清。博学工古文,贯穿诸子百

---

① 《王十朋全集》文卷一二,第754页。
② 刘时举撰、王瑞来点校:《续宋中兴编年资治通鉴》(以下称《续宋通鉴》),丙子绍兴二十六年,中华书局2014年版,第135页。
③ 《王十朋全集》诗卷一《次韵刘方叔见寄》,第9页。

家,凡礼乐制度、经传笺疏,靡不淹通……王十朋自少从游,每叹不能竟其学,后在泉南编次其文,将刻之,会召不果。①

《雍正处州志》所载略同:"潘翼,字雄飞,青田人。治经史及天文地理之学,作《星图》,著《九域赋》及《补注韵略》。永嘉王十朋出其门。十朋知泉州,欲为翼刊所著,会召不果。"②

十朋十七岁师从潘先生,自称"忆昔从师学弦诵","感物题诗笔初弄",③其文学根基全是潘先生给奠定的。《祭潘先生文》以韩愈、李白、李义山、庾信诸人之才华称许潘先生,又以孟郊、原宪、郑虔、杜甫之贫寒坎坷状潘先生之凄凉,高度评价赞扬潘翼对乐清文教事业与人材培养所作的贡献:

> 二十余年,淹徊海滨,孰学道而不先生是师,孰择善而不先生是邻?主盟吾乡之绛帐,作成吾党之斯文。纷纷后生,头角璘珣,夫岂自贤,非教曷因?
>
> 先生之文也,浩乎如韩愈之无涯;先生之才也,飘乎如谪仙之不群。弄翰染墨也,李义山之险怪;缔章绘句也,庾开府之清新。

但"先生才高爵未绾",科第梦未圆,十朋为之感叹:"何才之丰而命之啬,何气之壮而志之湮","缅想长安觉夜长,先生投老困文场"。十朋目睹潘先生"才出人头未免贫"的遭遇,"却为先生气不平"。④ 潘翼先生有《暮春感怀》诗寄十朋,十朋酬以《次韵潘先生暮春感怀见寄》诗,曰:

---

① 《道光乐清县志》卷八·人物上,第562页。
② 《雍正处州志》卷一一《人物》。
③ 《王十朋全集》诗卷一六《九日寄表叔贾司理并引》,第269页。
④ 《王十朋全集》诗卷一、文卷一三、诗卷二、诗卷四,第10、785、30、64页。

鼠目獐头多富贵,兔葵燕麦自悲伤。
感春情思如云乱,排闷题诗寄草堂。①

诗通过多层对比,笔锋直指科场黑暗,寄寓着十朋以杜甫比潘翼的敬慕之情,揭橥了"白衣卿相"的破梦现实。

王十朋的诗文为塾师潘先生留下了刻画细微的具体影象,与王十朋的后半生构成互补性的对照,其区别仅仅在于:王十朋最终从江湖走入了庙堂,而潘先生却始终处江湖之远。

2. 忘年至交刘谦仲

十朋的忘年至交刘谦仲,名伟光,横阳(今浙江平阳县)南浦人,久寓乐清。刘氏比十朋年长三十多岁,故敬称"诗翁"。刘氏为人豪宕不羁,学养深厚,诗情洋溢,影响十朋诗风成长。然而儒冠误身,屡败于文场,晚年穷愁潦倒,不得温饱。王作七古长诗《次韵刘谦仲见寄》②放笔纵横,取譬生动,自然雄浑,畅叙王、刘二人的交往情景与深挚情谊,笔绘了一位民间大诗家的艺术形象。

刘谦仲晚年穷愁潦倒,绍兴二年(1132)秋卒于横阳。十朋悲情怀吊,作《湖边怀刘谦仲》诗曰:"炎凉世态从他变,生死交情只自谙。诗客有魂招不得,秋风依旧满江南。"③徘徊于"湖山如画水如蓝"的湖边村,王十朋缅怀犹有父执之情的诗文契友。一句一顿,一顿一牵魂。最后融情入景,以"秋风满江南"的景语作结,映照发端,宕出远神,悱恻动人,令人不忍卒读。

王十朋哀辑《南浦老人诗集》,并为之作序。④ 序文自叙求诗、辑诗的用心过程,既叹刘伟光壮年诗作的"不可复得",更悲其"晚年偃蹇不遇"的不幸遭际,字里行间流转着对南浦老人的敬重惋惜之情以及对时光流逝、人事变迁的悲情感慨,颇得《史记》人物小传叙议结合、绘形写神之精妙。

---

① 《王十朋全集》诗卷二,第30页。
② 《王十朋全集》诗卷一,第5页。
③ 《王十朋全集》诗卷一,第8页。
④ 《王十朋全集》文卷一二,第754—755页。

3. 北来挚友孙子尚

孙子尚是王十朋挚友,比十朋晚生二年,绍兴十五年(1145)卒于会稽,年仅三十三岁。孙氏为汴京名门,因北方沦陷而南渡家于会稽,十八岁时流寓乐清,属于靖康之变移民浪潮中背井离乡的流寓士人,其文化背景对十朋诗风培养产生重要影响。十朋《读孙子尚旧所寄书》云:"之人门地盛衣冠,万里家居帝王宅。干戈缭绕飘吾乡,倾盖论交似畴昔。"①绍兴四年,孙皓迁家钱塘,"萍飘于太湖"。离别时,二人交往已有三年,惜别之情深沉凝重。其七古《送子尚如浙西》,②以"自嗟"开笔,描述自己乍见新友的欣喜之情;继以大篇幅回顾并评说了二人的友情腾欢岁月,描绘了频繁唱和、畅谈理想的动人场景。诗人慨言,"有友如君""一已足"。如此贫贱之交,让人倾心不已。

在王十朋心中,孙子尚是不可多得的挚友,挚友即将远行,惜别怅念之情萦绕心头,挥之不去:"干戈未息","有家归未得","旅雁""丹枫""胡马"等意象,无不透露出苍茫寥落的氛围,承载着诗人的离情别绪。最后嘱托友人:"会须徒步谒天子,慨然一吐胸中略。"点化提升杜甫《述怀一首》诗意:"麻鞋见天子,衣袖露两肘",是王十朋实践政治理想的规范途径,毕生践履不违。

十朋还有多篇诗文记录与孙皓的交游情景。称赏他的诗典雅清新:"君诗句句清且新,高压曹刘倒元白。"③与孙皓的结交,为梅溪诗引进了中原气格。

上述这些名师端友对王十朋的人格和文学成长都深有影响。此外,王十朋亲戚长辈像贾如规、万东平等人,也都贤称一时。尤其是贾如规,以才行著称,"有美才,间关千里入帝京,游太学,乡人皆望其荣归也"。④ 十朋自称"幼习学业,终日惓惓,而受知于叔翁元范先生",又称"十朋垂髫以来,深

---

① 《王十朋全集》诗卷三,第37页。
② 《王十朋全集》诗卷一,第11页。
③ 《王十朋全集》诗卷三《读孙子尚旧所寄书》,第37页。
④ 《王十朋全集》辑佚《家政集》,第1051页。

慕先生之气节,故一行不敢轻,一言不敢苟,欲以忠厚端方,法懿行以持躬,时人号余为小司理"。① 从师承与地域方面去寻找王十朋人格学术成长的渊源,可以拓展到较大的思想史、学术史的宏大背景。

(四)盐梅情结调金鼎

农家士人王十朋在艰辛求学入仕路上郁结了浓浓的盐梅情结,每每寄怀于梅花,以"好将正味调金鼎"高扬为国效忠的政治理念,自期励人。这个专一而崇高的政治向往的完整表述,首见于十朋四十三岁时作的七绝《林下十二子诗·梅子先》有曰:"好将正味调金鼎,莫似樱桃太不才。"②

"和鼎调羹"的典故出于《尚书·说命下》:"尔惟训于朕志,若作酒醴,尔惟曲糵;若作和羹,尔惟盐梅。"鼎,古时食器。盐咸,梅酸,可用来为美羹调味。《尚书》句的意思是,臣子的作用就如做酒时的酒药,做和羹时的盐、梅。诗人声言自己愿做"药引""盐梅",尽朝臣职责,辅佐君王治理国家。

其时,十朋科考失利,以诗明志,自许与劲竹为伴,期冀"自栽"于梅溪之畔的梅树能结出硕果,并以其"正味"调和"金鼎"美羹,凭自己的才力立朝治民,为国建功立业;同时警戒自己,勿学"太不才"的"樱桃",终生无所作为。

自此以后,十朋屡屡化用"和鼎调羹"的典故,让梅之"正味"演绎出的这种儒家道德人格规范,高扬于漫漫仕途中。如《次韵赵观使鸳鸯梅》云:"不知他日调金鼎,胜得樱桃气味不。"《题何子应金华书院图》云:"种梅志欲调商鼎,持斧梦刀聊尔耳。"《查漕元章生日》云:"揽辔威名崖雪凛,和羹消息岭梅香。"③

王十朋自律律人的政治标准与科举入仕的终极目标,由此可鉴察如洞火:他在入仕之前的求学期间即着意建树人格信念,并存意劝勉宰辅重臣和一切士人奋发有为,在国势危难之际共同担当起历史责任和时代使命。

---

① 《王十朋全集》辑佚《贾氏宗谱序》,第 1076 页。
② 《王十朋全集》诗卷七,第 98 页。
③ 《王十朋全集》诗卷一三、卷一七、卷二一,第 211、290、365 页。

第二节　太学科场　精义励人

为践诺先辈遗志，为实现报国志向，王十朋持之以恒地攻读儒家经典，投身科考，屡经挫败而终不气馁，不断探求并终于参悟了经学、教育和科举三者在现实中已然结为一体，但都必须与报国紧密结合起来，才是业儒士子科举精义之所在。"一摅素蕴，直言救世，非为取一第资也"，"诸公报国当如何，莫把刚肠慕粱肉"，"丈夫一第何足道，幸勿以此存怀抱"，①这一超越时代局限的科举精义，在此后漫长的求仕路上与业儒士人们同心共勉。

一般认为，唐宋之际，庶族地主登上了历史舞台。北宋以后的中国社会基本上是以科举制度为基盘而成立和运作的，王十朋们的士子文章也成为科举制度的一种社会存在。特别是南宋时期，全国经济重心完成了由黄河流域向长江流域的历史性转移，庶族地主谋求政治上的发展空间，科举之路成了他们的必然选择。"寒门入仕"的宽宏政策为王十朋等耕读士人打破了入仕参政的身份障碍。

依据父辈的安排，王十朋一路求学科考，历三十余年之颠踬艰辛，为的就是获取功名，为国效忠。他的诗文创作特别是策论散文都接受科举考试的强硬规范。在十年太学期间，王十朋逐渐提升了入仕才能更好报国的意识，逐渐形成了自己独特的治国理念和为政思想，他的儒学思想体系成熟了，养成了报国的坚执心志。

一、科考精义求新解

史载，"绍兴元年（1131）春正月……复制科"。同年，"令分路类省试"；

---

① 《王十朋全集》诗卷二《送表叔贾元范赴省试》引言、诗卷三《前诗送三乡丈行》，第17、35页。

至绍兴二年"诏举制科。待制以上各举一人,不拘已仕未仕",皇上"亲试举人,赐张九成以下二百五十余人及第、出身有差"。① 其时,二十岁的王十朋正在县邑城西金溪招仙馆从林师禹先生求学,闻此"德音",其求学入仕志向当会更为明确而坚定。

青年王十朋承认"吾年三十百无堪,世事如麻总未谙",感叹"家世衣冠误袭儒,年几四十尚嵚崎","年踰四十尚何堪,愈老生涯愈不谙",对"无用乾坤一腐儒,年来踪迹转崎岖"的科场遭遇倍感失落愤懑,甚而怨恨"五年倦来往,争此蜗角名"。② 然而拙于生计的王十朋,根本无力摆脱科考困境,而就他早年之人格自期,本也不想把自己设计成纯粹的学者或放任的诗人。他慢慢懂得,要获取功名,必须尊奉科举考试强调的程序与规范。

宋高宗反对以诗赋取士的主张,回归到王安石以经义取士的路线,说:"文学、政事,自是两科。诗赋止是文词,策、论则须通知古今。所贵于学者,修身、齐家、治国,以治天下,专取文词,亦复何用?"此后科场取士日益经义化,要求"策、论精博"。③ 在乡居岁月中,王十朋一方面不放弃吟诗赋文的爱好,而在办馆授业的同时,他始终坚守王氏家族科举功名的既定路线,积极而自觉地钻研经义,养心修业,励志求道,修习应试策文,恳恳悃悃,拟赴功名之会。

王十朋二十九岁初次应举失利,三十二岁起边授徒边科考。他在解事习学的近十五年间,基本上不事家计生产,即便在其后持续不断赴补太学与应试科场期间,所谓"八岁五行役","十年太学志未遂","身名未就耕桑废","一年强半身为客,席未遑安又趣装",④也无多精力措意农桑。王十朋将自己的全部精力投置于科考入仕,并在屡战屡败的求考中探得科考的精义,乃在于将三位一体的经学、教育、科举与报国紧密地连在一起,以报效国

---

① 《中兴纲目》卷三、卷四,第122、125、149、151页。
② 《王十朋全集》诗卷二《述怀》,卷四《次夜予宿湖南》《贫家连岁蚕荒》《后七夕二夜同梦龄宿湖边庄》《前中秋一日舟过山阴》,第32、57、64、61页。
③ 《系年要录》卷一一三,绍兴七年八月戊申条,第2117页。
④ 《王十朋全集》诗卷五《予自乙丑冬如临安赴补》,卷三《赴省治装有感》,卷八《题郭庄路》,卷四《后七夕二夜同梦龄宿湖边庄》,第77、45、119、56页。

家作为科考入仕的强力支撑。这样的观念,对教育和科举的精义作出新解,冲决经学、教育和科举"三位一体"的固有态势,自律而励人,具有振聋发聩的社会影响力。

(一) 转战科场　屡遭颠踬

绍兴十年(1140),王十朋第一次科考败绩。《怀刘方叔兼简全之用前韵》诗跋云:"庚申(1140)秋,予败举,欲废经而用赋。"①绍兴十六年(1146),他有意改走补太学的路径。绍兴十八年(1148),他再赴省试又败阵。这使他很受挫败。因为那个时代,科举是才能和智慧的试金石,一再铩羽而归,就难免成了别人心目中的庸才。

王十朋屡试不第,未能出仕。其金溪乡校友有早他十余年中进士的,如刘铨,绍兴十二年(1142)及第;毛宏,绍兴十五年(1145)进士;刘镇,绍兴十八年(1148)登第。老困文场的挫折加重了无形的压力,故其有诗曰:"齑盐到处只酸辛。"②

南宋高宗朝在科举考试与太学入试上分科不常的政策,也让十朋在抉择科目上有点举棋不定。绍兴十三年(1143)以前的科考分经义、诗赋两科;此后并为一科,经义也在必考范围;绍兴十五年(1145)起复分两科;绍兴二十七年(1157)令士子习学经义、诗赋、策论,不再分科。如此多变,使王十朋疲于应付。绍兴十年他科考失败时,便"欲废经而用赋",方叔寄诗云:"须知失马事,莫废获麟书。"③还是刘方叔所见到位,经学才是科举根基所在。王十朋在科考中一再"操矛赴文场,战艺辄败北","规模与时背,场屋屡摧挫",④与此等反复不无关系。

(二) 抱屈愤懑　不甘平庸

王十朋一再吞下场屋失利带来的苦涩味与挫折感。其心理轨迹"大体呈现出四部轮回:失望感叹—知天顺命—守志苦学—自信期待"。⑤

---

① 《王十朋全集》诗卷二,第32页。
② 《王十朋全集》诗卷二《寄潘先生》,第30页。
③ 《王十朋全集》诗卷二《怀刘方叔兼简全之用前韵》,第32页。
④ 《王十朋全集》诗卷一《次韵谦仲见寄》、卷一八《予向年少不自量》,第5、306页。
⑤ 虞云国:《走向庙堂》,《论文集》第192页。

第一次落第，王十朋在《怀刘方叔兼简全之用前韵》中与好友共勉："严亲白发皆如许，吾辈青春度莫虚。"①而第二次失利东归，他"凄然感触，不能自已"，对同病相怜的三位友人说："飘零各南北，对酒无复醺。"②欲借科考腾飞的翅膀一再折断，王十朋的第一反应自然是失望感叹，抱屈愤懑。他在《和韩诗·和秋怀十一首》《畎亩十首》《寄万大年》等诗篇中感叹："半生营一名，偃蹇未如愿"，"儒冠误身世，偃蹇二十年"，"儒冠到底输纨袴，关吏还应笑布衣"。③

在作于绍兴十一年（1141）的七律《夜雨述怀》中，王十朋将自己的落第遭际与秦桧当权的不堪国事联系在一起，排遣胸臆，表白心迹。诗云：

> 夜深风雨撼庭芭，唤起新愁似乱麻。
> ……
> 我在故乡非逆旅，不烦杜宇唤归家。④

秋试落第，国事添危。宋对金称臣之后，金又破坏和议，举兵南侵，而高宗、秦桧决意乞和，以"莫须有"罪名杀害了岳飞。已经三十岁的王十朋愁思如麻，有志难酬。在这个风雨交加的夜晚，诗人即景抒情，排遣胸臆，最后收束于富含潜台词的杜宇意象：正值"无路献孤忠"，时局又未给予任何青云得路的希望，何劳杜宇瞎操心，唤我归家呢？其愁绪悲愤由此得以真切地抒发。

王十朋失望感叹，却又不甘平庸。承受最初打击后，听天顺命的传统儒道思想成为抚慰其失落感的最佳镇痛剂。《畎亩十首》申言不求"富贵"，依然"妄怀葵藿心"，"黄卷对圣贤"，不改"平生学忠孝"⑤的处世规则，申言"好将正味调金鼎"，⑥郑重表明自己随时准备辅佐君王治理国家。自信、自

---

① 《王十朋全集》诗卷二，第31页。
② 《王十朋全集》诗卷九《和秋怀十一首》《和醉赠张秘书》，第126、129页。
③ 《王十朋全集》诗卷九、卷一、卷四，第127、2、50页。
④ 《王十朋全集》诗卷二，第33页。
⑤ 《王十朋全集》诗卷一，第1—2页。
⑥ 《王十朋选集》诗卷七《梅子先》，第98页。

尊、自重、自强又自谦,王十朋以咏梅诗诠释了他科考败绩不改为国求仕的初衷。

(三) 守志苦学　自信期待

王十朋平复了失望,义无反顾地继续前行。因而他的诗文里也增多了励志苦学的内容。他以《庄子》中的比喻自勉:"斥鷃适蓬蒿,大鹏抟九万。"再三告诫自己:"性情乃良田,学问为耘锄。"①他坚信只要努力付出,迟早总有收获,便焚膏继晷,刻苦攻读。作于高宗绍兴十九年(1149)的《种兰有感》即着意于自勉励志,坚守高洁人格:"芝友产岩壑,无人花自芳""自全幽静操,不采亦何伤?"②颂扬的是一种"人不知而不愠"的君子风格,一种不希求名誉、自乐其志的坦荡胸次。

十朋志向高远,他为表叔省试送行,激励说:"区区一第溷君耳,要将事业窥伊皋。"③而在宋代,如欲实现伊皋事业,科考是无法逾越的必经程序。他安慰自己,金榜之所以迟迟无名,只是"天欲大其器而晚成之"。④

王十朋重拾自信,充满期待。绍兴二十六年(1156)他九赴临安,准备明年省试。终于在次年收获了大魁天下的硕果。

(四) 科举精义　自律励人

王十朋对读经、教育和科举的理解在不断的实践并经受挫折颠踬后得以加深。绍兴十一年(1141),三十岁的王十朋左原家居,在自己科考受挫之时,又生了一场病,身体虚弱,为国事苦闷忧愁。但闻知表叔贾元范赴省试,十朋即赋诗送行,慨然为其分析本乡和全国的形势,阐明此行赴考的意义所在,小而言之,"吾邑士风萎靡不振,自舍法罢,四阅科举,群试有司无占名者,公此行雪寒乡累年之耻矣","今日之行,焚舟之举也";大而言之,"国步方艰,圣君侧席下诏求士,非止修故事而已","今试艺南宫,发策帝庭,固宜一摅素蕴,直言救世,非为取一第资也"。十朋志向高远,期冀用世,其识见

---

① 《王十朋全集》诗卷九《和韩诗》,第 127、129 页。
② 《王十朋全集》诗卷四,第 51 页。
③ 《王十朋全集》诗卷二《送表叔贾元范赴省试》,第 17 页。
④ 《王十朋全集》文卷一二《送表叔贾元范赴省试序》,第 759 页。

自非凡人可以比肩,他对表叔赴省试时说的话,加之前引"诸公报国当如何,莫把刚肠慕粱肉""丈夫一第何足道,幸勿以此存怀抱"①诸语,实为夫子自道的对科举精义的新见解。

王十朋这番新见解,与南宋永嘉学派集大成者叶适同调。在漫长的科举社会里,总角小童就习举业,多以追求入官为唯一目标,而置品格锻炼、义理性命于不顾,从而怀天下之才至于无用,道德与学业两废。张义德征引叶适的评判语,认为这是由于科举制"以利(爵、禄之利)诱之于前而法限之于后",以至于"假冒干请,无所不为",并由此高度评价叶适批评科举制度"化天下之人为士尽以入官为一害",是对科举制度的"根本性的批评"。② 诚然,在科举制度下,芸芸众生之"士"以爵为贵,以禄为富,爵、禄成了衡量士人价值的标准,为官成为学业的唯一出发点与归宿。这样,学业本身就如鲁迅所说的那样成了"敲门砖",入官之门敲开了,"砖"即弃置门外而无用。历史上的事物往往是得失相伴、利弊相随的。科举制度在历史上的积极作用,往往是以知识分子自身价值的丧失为代价的。好在王十朋对科举意义有精明把控,即使为官也追求名节,正如他在诗中反复强调的,"男儿所尚惟名节,莫堕人间富贵机","孜孜相勉惟名节,官职何须校有无",③与同时代著名学者朱熹、张栻、吕祖谦、陈傅良、叶适、陈亮等在思想境界和治学道路方面趋同步,相呼应。这种价值观具有不可否认的社会意义。

当闻知表叔贾元范、好友刘政孙、刘全之将赴京师参加礼部进士试,王十朋即做长诗以助威壮行。《前诗送三乡丈行……更为古诗一章》下半幅对应考的同村三乡丈阐说科第精义:

国家养士恩至渥,干戈不废菁莪育。

---

① 《王十朋全集》诗卷二《送表叔贾元范赴省试》引言、诗卷三《前诗送三乡丈行》,第17、35页。
② 参见张义德《叶适评传》,南京大学出版社1994年版,第325—328页。有关叶适引语见《叶适集·水心别集》卷一三《科举》、卷一二《法度总论三》,第799、790页。
③ 《王十朋全集》诗卷一五《送曹梦良赴桐庐户掾》、诗卷一九《次韵王景文赠行四绝》,第242、337页。

>   诸公报国当如何,莫把刚肠慕粱肉。
>   丈夫一第何足道,幸勿以此存怀抱。
>   贾生当献太息流涕痛哭书,
>   更施三表五饵,请为属国系单于。
>   大刘小刘展尽畎亩惓惓忠,
>   弘恭石显辈视之当与奴仆同。①

这番"壮行语",先是明以大义,"国家养士恩至渥",因而"诸公报国"当守"刚肠",不慕"粱肉";做"丈夫",不为"一第"。十朋对三乡丈寄以殷切期望:仿效"献太息流涕痛哭书"的"贾生",在帝廷忠言射策,用他提出的怀柔、防御匈奴的"三表五饵"策略"为属国系单于"。诗人在"展尽畎亩惓惓忠"的同时,向卑微奴颜的佞臣"弘恭石显辈"投去了蔑视的一瞥。正气凛然,草野志士的襟抱何其高洁。

一首赴考壮行诗写得如此洋洋洒洒、慷慨激昂,远非那些汲汲于蝇头功利而对国事天下事集体冷漠的"俗儒"们所能及。乐籍学人吴鹭山指出,王十朋"对功名的看法亦与俗儒大有不同"。② 王十朋对忠臣义士的赞赏,对奸臣的诛挞,对求仕道上的志士仁人的激励,千载之下,"读之犹凛凛有生气"。③

何忠礼仔细考察两宋书院"从发展——衰落——再繁荣的历史""发现它与科举制度的密切联系",在科举的刺激下,遍布各地的乡塾村校,"这些最初级的学校,除了进行一般性的文化知识传授以外,也为适应科举考试的需要而进行教学"。④ 一般说来,"正是从北宋开始,完成了经学、教育和科举三位一体的紧密结合,因而将教育的功能简单地、狭隘地与仕途相联系,这就孕育着此后中国教育转向落后的因素"。⑤ 王十朋却以自己数十年的

---

① 《王十朋全集》诗卷三,第35页。
② 吴鹭山:《光明正大之磊落君子》,载《王十朋纪念论文集》,第119页。
③ 刘宰:《漫塘文集》,民国嘉业堂本。
④ 参见何忠礼《南宋科举制度史》,第297、299页。
⑤ 王曾瑜:《并存继逝的王朝》,三联书店2018年版,第35页。

办学馆、结诗社、入太学的不断探索,突破了这个"三位一体"的局限,赋予教育和科举以报效国家的重要意义。其"诸公报国当如何,莫把刚肠慕粱肉"的科举观念,与他秉持的"先器识后文艺"①教育观念,具有高度的一致性,严正表明王十朋将经学、教育、科举与报国紧密结合的胸襟抱负,并存意扭转"中国教育转向落后"的发展势头。他是这样说的,也是这样做的。这对于所有业儒学子都具振聋发聩、惊世骇俗的意义。正是这超越时代局限的教育、科举精义,支撑他在漫长的求学科考路上不惜献身来铸造生命之崇高。

二、十年太学志未遂

王十朋科举求仕为国效忠的思想从未消减。为了入仕以实现报国志向,绍兴十六年(1146)春,王十朋有意改走补太学的入仕路。追补为太学生让王十朋找到了新的希望,但自绍兴二十一年(1151)起,连续四年均遭败绩。直至绍兴二十七年丁丑(1157)春参加由高宗皇帝主持的殿试,夺了魁,历时整整十二年。

(一) 赴补临安太学

南宋时,书院多为私立,唯有临安之太学为官立。临安官立太学是全国最高学府,与武学、宗学合称"三学"。《中兴纲目》载,至王十朋初赴太学的绍兴十六年(1146),"定三岁一补试法……更科举法。以经义为第一场,诗赋为第二场,策、论各一为第三场"。② 太学里实行五年制的三舍法。太学生的伙食费用由政府负担,日供饮膳,为礼甚丰,每人每日约十贯(每贯十钱),每年要花三千贯左右。故投考者踊跃。初仅三百人,后增至一千七百余人。以现代眼光而论,南宋太学仅可称为文科,而含有一部分法科。③ 宋

---

① 《王十朋全集》文卷一二《送表叔贾元范赴省试序》,第758页。
② 《中兴纲目》卷一〇,癸亥绍兴十三年,第339页。
③ 参见林正秋《南宋都城史研究文选》,杭州古都文化研究会编,第27—28页。原刊于中国社科院《历史研究》1979年第12期;刘鄂公《说南宋》,中国大百科全书出版社2014年版,第219—220页。

高宗赵构重视太学,曾将所作《周易》《尚书》《诗经》等儒家经典与《文宣王(孔子)赞》和《七十二贤赞》并《序》刻石,存于太学,作为太学生攻读经典的国家标准教科书。①

绍兴十五年(1145),王十朋通过太学补试,被录取为太学生。次年春,十朋初赴临安太学,正式成为太学外舍生。②

宋代太学取消了前代有关门第和父祖官品等限制,这便为像王十朋这样的平民子弟进入太学读书扫除了障碍。太学生通过公试和私试,积分合格后,依次由外舍升内舍,再由内舍升上舍,时间最少得三年。上舍生积校已优而舍试又入优等者,可不经省、殿试,直接释褐出官,上舍生考入中等以上者,可以直接参加省试或殿试。其余太学生和国子生,皆可参加在国子监举行的发解试。

这对执着于科考入仕的王十朋来说是个大利好。何忠礼研究指出,南宋士人所以争先恐后地希望进入太学读书,除了食宿全由国家承担以外,还有以下几个好处:一是,太学课程与科举考试的要求完全吻合;二是,太学发解试的解额,"率四人而取一",③大大优于州郡;三是,太学地处京畿,既有名师授业,又容易了解时下的政治气候和文风变化,获得考试的最新信息;四是,太学生还常常因帝王登基、立储、寿辰等原因而获得免解恩例。这就是"士人所以要竞相进入太学",可谓趋之若鹜的原因所在。④

对此,有学者也指出两点:一是认为南宋太学"实质上是典型的科举预备机关";二是南宋太学招生实行的"待补"之法,可从发解试终场被黜落者中,百人取六人赴太学参加补试,"说明科举解试已是太学招生的预备考试或前奏"。⑤ 南宋太学实际上是典型的科举预备机关,这对士人很具吸

---

① 参见陈光熙、陈进《南宋石经考述》,《浙江学刊》1998年第1期。
② 《王十朋全集》文卷二九《赠少保王公墓志》载:"绍兴丙寅(绍兴十六年,1146)春,某初肄业太学。"第1012页。
③ 李心传:《建炎以来朝野杂记》(以下简称《朝野杂记》)甲集卷一三"太学养士数",中华书局2000年点校本,第278页。
④ 参见何忠礼《南宋科举制度史》,第63、291页。
⑤ 苗春德等:《南宋教育史》,上海古籍出版社2008年版,第29页。

引力。

不过,王十朋入太学后,命运似乎仍未对他有所眷顾。虽然,绍兴十七年(1147)和二十三年(1153)他在太学两次获得发解试的资格,但在后来的省试中,又皆铩羽而归。如《寄万大年》诗注所云:"戊辰(1148)春,与大年俱下第同归,至会稽,复还太学追补,至秋还家。"①究其因,或言早在他入太学的三四年前,抗金名将岳飞被杀了,秦桧则进位太师、魏国公,继而赐第宅,诏建秦氏家庙,等等。秦桧开始专权,疏请禁野史,严控舆情,钳制尤甚;而当时的太学生,生活虽然比较清苦,但参预政治的热情很高,"国有大事,鲠论间发,言侍从之所不敢言,攻台谏之所不敢攻"。②像王十朋这样的时有抗战言论的爱国士人的政治命运完全掌控在秦桧一伙的手中。

(二) 升为上舍生

宋代虽然扩大了科举取士的范围,增加了科举取士的数量,但是科举的竞争依然是非常激烈的。如绍兴十三年(1143),时国学新成,补试生员,四方来者甚众,揭榜录取仅徐骧等三百人。而据张邦炜推测,当时学生总数应该在十六万人左右。③王十朋在《升补上舍谢宰相》中写道:"业肄贤关,滥预千人之列;名叨舍选,愧居群彦之先。"④当时南宋太学养士的总数,总在千人左右。可以看出科举竞争的剧烈程度。应该承认,有了十年太学经历,王十朋积淀学识,政治视野开阔了,社会见闻丰富了。他的报国忧时之心,与国家政治走向时时关连,共相脉动,发为诗文绝不是一般文士浮泛空洞的无病呻吟。太学期间的读经研史,钻研经义,对十朋的策文写作助力巨大。

南宋太学沿袭北宋熙宁四年(1071)王安石所创"三舍法","以七百人为额,其中上舍生三十名,内舍生一百名,其余为外舍生"。⑤《宋史·选举

---

① 《王十朋全集》诗卷四,第 50 页。
② 罗大经:《鹤林玉露》丙编卷二《无官御史》,第 271 页。
③ 张邦炜:《论宋代国子学向太学的演变》,载《宋代文学论文集》,人民文学出版社,第 186 页。
④ 《王十朋全集》文卷一一,第 745 页。
⑤ 陈振:《宋史》,上海人民出版社 2016 年第二版,第 635 页。

志》载:"凡私试,孟月经义,仲月论,季月策。公试,初场经义,次场论策。试上舍,如省试法。"①即太学的考试分为两种,一为私试,即平时的考试,旨在了解学生的学习情况,督促他们的学习;公试,是为学生的升迁进行的考试,每年一试,内舍生二年一试,参以行艺(操守和学业),可升入上舍。十朋在绍兴十九年(1149)春升太学上舍生。其依据是王之望为王十朋母亲作《故万氏夫人墓志铭》有云:"余为博士太学,有王生十朋者来学焉。余得其程文,在百千人中卓然也,因置之异等。……绍兴十九年秋,遂试上舍为第一,诸儒厌服无异辞。俄而母夫人病,以九月某甲子卒。"十朋悔恨自责:"急一第为亲荣,鼓笥去家,而吾亲下世。病不尝药饵,敛不视衣衾,星奔而归,阖棺在堂,叫号不闻,怀痛穷天。"②可见,王十朋是以上舍生身份,直接参加殿试的。

十朋通过太学考试由内舍生升为上舍生,且居"上舍为第一",本是可喜之事,更接近入仕效忠目标了,但心中却并无喜悦可言。这年中秋前一日,舟过山阴(今绍兴)时,十朋思绪纠结:"五年倦来往,争此蜗角名。"③《予自乙丑冬如临安赴补逮今凡五往矣》又云:"八岁五行役,兹行最感伤。思亲啼血泪,忆子断刚肠。"④回顾几年来为争蜗角之名而奔波,营营碌碌,浓浓的悔意与悲痛流泻而出。

(三) 取禄不曲学

在《升补上舍谢宰相》一文中,王十朋自叹自嘲:"半世仅一名之得,壮心早衰;匹夫获千金之资,大祸俄及";再次表明心迹:"二尺短檠,犹念儒生之日","仰戴陶钧,莫知报德之所"。⑤ 绍兴二十六年(1156)九赴临安之前

---

① 《宋史》卷一五七,"选举志·选举三·学校试",第474页。
② 王之望:《汉滨集》卷一五《故万氏夫人墓志铭》。又见曾枣庄、刘琳主编《全宋文》卷四三七一,第198册,第11—12页,上海辞书出版社2006年出版。按,王之望是王十朋太学业师,二人应有交往,王十朋也曾为王之望父撰《赠少保王公墓志》,谓:"某虽不才,且晚进,亦以举子之业误被赏识,遇稠人必诵而夸之,卒由舍选窃科第,先生奖借成就之力也。"王之望(? —1170)字瞻叔,绍兴进士,后仕途依附汤思退,累官参知政事。乾道五年由福州移知温州,在任"专为身谋,不恤百姓"。二人操行气节悬殊,终至分道扬镳。后文有述及。
③ 《王十朋全集》诗卷四《前中秋一日舟过山阴》,第61页。
④ 《王十朋全集》诗卷五,第77页。
⑤ 《王十朋全集》文卷一一,第746—747页。

作《题郭庄路》则曰:"十年太学志未遂,归来垅亩躬桑麻。"①这是王十朋对十年九赴太学的自我总评价。

绍兴二十二年(1152)秋,十朋曾参观皇帝龙山祭天地大典。其时学官曾以太学职事相留,十朋坚辞不就,到家后撰七古长诗《西征》娓娓道说"辞弟游帝京"的经历,浑厚条畅中揭露秦桧父子权相专政的黑暗现实:"人臣贵盛古今无,秦公父子俱为使。"最后写道:"学官欲以职事留,自愧非才力辞避。"终以"自愧非才"为由,毅然拒绝"学官欲以职事留"的机会,于"岁云莫矣却归来"。② 其不愿曲学取禄的庄严心志昭然于世!

十年太学,艰苦修读。但取禄绝不以曲学为代价。在求仕报国和屈从奸佞的选择中,王十朋毫不犹豫,为了家国而淡泊名利,恪守节操,容不得半点违心之念。

三、修习策文论古今

太学十年间,王十朋身处南宋的政治中心,又因为北宋后期以来太学生有关心政治的传统,王十朋能更多了解当下的政治气候,多了些思考政局和酝酿时政对策的客观条件。他读经研史,攻读《春秋》甚力,精心钻研本朝的元祐学术与文章,特别是在升上舍生之后,注重研究儒家的政治理念、人性思想以及德行兼修的君子人格等,修习试策,议论古今,褒贬名臣,论历代君王治国平天下之道,论人物的生性本性,论君子的德性修养与用舍行藏之理。王十朋为科举报国作出巨大努力。

(一) 修习试策轨度

太学对策论的考查非常重视,"太学旧法,每旬有课,月一周之;每月有试,季一周之。皆以经义为主,而兼习论策"。③《梅溪集》中能确定为在太学期间为应举而作的文章为数不少,如《策问》三卷、《国朝名臣赞》十二篇、《论》一卷与《上舍试策三道》等。不难看出,十朋在太学期间所进行的系列

---

① 《王十朋全集》诗卷八,第119页。
② 《王十朋全集》诗卷五《西征》,第80—81页。
③ 《四库全书总目·提要》卷一八七,总集类二"论学绳尺",第1702页。

训练,主要精力用在策问和论上。

十朋《策问》①三卷取材的来源,大致可以分为经义策问、史书策问、子集策问、时事策问四大类,而以时事策问为主。故策又称"时务策"。根据进奏的形式,策又分两类,针对策题提出的疑问,一一进行作答,叫试策,又叫对策。着策上进,叫进策。对策的形式是问答体,进策则类似于论。南宋高宗时分经义、诗赋两科取士,而十朋参加的是经义科考试。但无论是诗赋科,还是经义科,都要考察策和论。十朋中魁之年的殿试考察的是策。十朋的策问,无论是经义策问、史书策问或时事策问,都能力求发问新颖高妙,于无疑处求疑。如《策问》有云:

> 有创业之君,有守成之君,有中兴之君,三者之时不同,而应之者亦异。昔房玄龄尝以创业为难,魏郑公尝以守成为不易,元次山之颂中兴也,又以宗庙再安为事之至难,然则三者皆未可以难易断也,请借汉以论之。……夫创业、守成、中兴,皆难者也,而兼之者为尤难。②

这则史书策问,首先表明问题的重心所在,即创业之君、守成之君、中兴之君因时之不同而应之有异。然后征引史实,阐说何谓创业之君、守成之君、中兴之君,再进一步阐说三种君主何者更难,最后联系现实引出问题,诸生对此有何看法。全篇充分体现出十朋策问的特点:紧扣题旨,史实丰富,现实针对性强;内在逻辑严密,充满强烈的思辨色彩。

再看《上舍试策三道》,与后来的《廷试策》③在文章的结构上有很大一致性。这一点是和应举的"双关、三扇"程序化"轨度"紧密联系的。《四库提要》"论学绳尺"条说到论体的程序化时写道:"南渡以后,讲求渐密,程序渐严,试官执定格以待人,人亦循其定格以求合,于是双关、三扇之说兴,而

---

① 《王十朋全集》文卷八,《策问》下注"原作问策,据雍正本改",第696页。
② 《王十朋全集》文卷一〇,第729—730页。
③ 《王十朋全集》文卷七、卷一,第686—695、573—590页。

场屋之作遂别有轨度,虽有纵横奇伟之才,亦不得而越。"明黄淮评论十朋"为杂文诗歌,率皆浑厚雅淳,和平坦荡,不离于道德仁义"。① 说明太学文章训练重视议论,以适应科举考试的需要。王十朋在太学里长期重视策论的习作,修习试策轨度,已然养成了好发议论、善发议论、说理深刻透辟、内在逻辑严密、内容温雅醇厚的写作特点。

(二) 褒贬历代名臣

王十朋在太学期间写作的《国朝名臣赞》,选择了寇莱公(准)、韩魏公(琦)、范文正公(仲淹)、富郑公(弼)、杜祁公(衍)、欧阳文忠公(修)、文潞公(彦博)、赵清献公(抃)、司马温公(光)、苏东坡(轼)、苏颖滨(辙)、陈了翁(莹中),几乎全是曾被一度禁抑的庆历人物和元祐党人。其中寇准"相我真宗""天下兴戎",使此后"百年无兵";范仲淹"正色立朝,奸邪不容。材兼文武,躬履仁义",堪称"人中之龙"。他们对王十朋都有很深的影响。十朋赞欧阳修曰:"贤哉文忠,直道大节。知进知退,既明且哲。"又赞苏轼曰:"东坡文章,百世之师……愿为执鞭,恨不同时。"②表明其政治倾向上完全是继承元祐党人的。王十朋是元祐之学的重要传人。

基于这样的思想观念,十朋曾作《和永贞行》为诗名文名鼎盛的刘禹锡、柳宗元两大文学家参加"永贞革新"而感到惋惜。诗有句曰:

  八州司马才可称,节已扫地谁复矜。
  子厚年少躁飞腾,身陷丑党罹熏蒸。
  ……
  诗篇史笔两可征,永贞覆辙宜痛惩。③

王十朋认为祖宗之法犹如大厦,有破损处只需原样修复,不必重建。为此,他反对唐代以王叔文为首的"永贞革新",反对宋神宗熙宁年间王安石的

---

① 黄淮:《宋梅溪先生王忠文公文集·序》,见《全集》附录一,第1092页。
② 《王十朋全集》文卷六,第671—673页。
③ 《王十朋全集》诗卷九,第132—133页。

变法。太学生王十朋开始议政了,其观点的历史局限性是非常明显的,但与此后向皇帝面陈的政见倒是一脉相承的。他把王叔文看成为结党营私和篡政夺权的小人。他赞赏唐宪宗"诛王叔文,并斥八司马之徒终身不用"。① 他非常赞赏司马光"祖宗之法不可变"的论调,歌颂废罢新法的"元祐更化""起大儒而当国",是"激浊扬清"。② 上述之论,适应元祐以来赵宋王朝的政治选择,说明王十朋缺乏与时俱进的改革创新意识。

(三) 热心美政美俗

王十朋秉承儒家士人"在朝则美政,在下位则美俗"(《荀子·儒效》)的社会责任意识,在太学期间关心社会风尚,指斥社会弊端。所谓美政,就是使政治美善;所谓美俗,就是使风俗淳美。太学生王十朋对起自宫廷的"翠羽为饰"的奢侈风气提出明确的批评,曾专门为皇帝服绨(细葛布做的衣服)写过五言排律《天子始绨》,倡言"俭德"感恩,讽谏"中宫同俭德"。③ 从诗的内容看,服绨事当指先朝皇帝,但显然是有感于当下宫室的奢靡和社会风尚的混乱。"诗成即谏书",苏轼《次韵张昌言喜雨爱君谁似元和老贺雨》的话恰好用来揭橥本诗的旨归。

在王十朋看来,宫内严禁销金、铺翠,这不仅是为了杜绝市民乡民的铺张浪费,防止富人骄盛以至"贵贱之分浑然无别",④更重要的是,这是为防患于未然,让皇帝为中心的内廷始终保持敦朴节用之道,爱惜民财常赋,培植国力,以图恢复进取之计。书生议政的这种识见和政治担当,是十朋入太学的最大收获。或可视为此后殿试夺魁的先声,即是《廷试策》的部分宿构。

值得称道的是,严禁销金、铺翠问题是十朋此后重要的社会议题,并得到最高权力者的支持。宋孝宗于乾道三年(1167)下诏"戒士大夫因循苟且,诞谩奔竞之弊"。⑤

---

① 《王十朋全集》文卷四《除知湖州上殿札子三首》之三,第643页。
② 《王十朋全集》文卷一八《谢王安抚》,第869页。
③ 《王十朋全集》诗卷六《天子始绨》,第84页。
④ 《王十朋全集》文卷一〇《策问》,第727页。
⑤ 佚名撰:《皇宋中兴两朝圣政》卷四七,文海出版社1967年影印本,第1743页。

在太学时,王十朋还作咏物诗《玄鸟至》,称赞古代汉族神话传说中的神鸟知义感恩的本性:"嘉尔能知义,无忘旧主人。"①咏物而不设空言,玄鸟的乡愁寄托着十朋对宋王朝内忧外患的国愁。

王十朋幼年好学,志在报国。在宋高宗与秦桧沆瀣一气把控科举的年代里,凭他的气节和操守,应试时决不会往谒公卿、阿谀执政者,也不会改变自己对时局的认识去屈从试题和迎合考官,其屡试不捷自在情理之中。有了十年太学的历练铺垫,十朋的心态与时局基本合拍,试前主客观条件已趋成熟,在殿试这一决定性的最后搏击上,又十分切合高宗在秦桧倒台后急切求贤的心理状态。王十朋的《廷试策》得到高宗的赏识,终于大魁天下。这个事实清楚地说明:在南宋,虽然科场竞争异常激烈,但即使是一个贫苦的农家子弟,只要学问好,在正常政治背景的科举考试中得到正常发挥,还是会有机会脱颖而出的。

第三节 殿试对策 大魁天下

绍兴二十七年(1157),秦桧倒台后的第二年春,宋高宗亲自主持进士策试。王十朋的《廷试策》"首以法天揽权为对",得高宗御笔亲批:"经学淹通,议论醇正,可作第一人。"②这次科举考试共录取进士426人,十朋得中魁首。当年四月七日,"诏以及第进士第一名王十朋为左承事郎,签书建康军节度判官厅公事"。③后高宗诏:"十朋乃朕亲擢。"欲试以民事何得远阙,"授绍兴府签判"。④王十朋终于心满意足地完成了由乡贤至官宦、由民间诗人至许国臣僚的成功跨越,开始践履其向往已久的"金鼎调和""致身许国"的政治理想。他的诗文作品不复此前的愤慨直抒,在初试绍兴府民事之

---

① 《王十朋全集》诗卷八,第114页。
② 《中兴纲目》卷一二,丁丑绍兴二十七年,第403页。
③ 《宋会要辑稿》选举二之一九,第4254页。
④ 《宋史·王十朋传》,见《全集》附录二,第1113页。

际弹奏出"民本"乐章的第一曲乐音。

秦桧专权时期,凶焰熏天,天下举子以攀缘秦氏、吹捧和戎路线为时尚。王十朋的言论和主张不容于时久矣,秦桧死后的第一次廷试时才以"法天揽权"为对得以伸张。王十朋是奸相秦桧倒台后科举法"更化"的受益者。王十朋的《廷试策》一时传诵天下,是王十朋跃上了官宦台阶的关键一步,于王十朋一生至关重要。故有必要研讨其命题主旨及其法权思想、《春秋》学术的社会意义。

一、《廷试策》的拟题背景和命题主旨

殿试,也称御试、廷试、亲试。"殿试是科举考试中的第三级也是最高一级考试,时间只有一天,试策一道,限一千字以上成","殿试策,直接关系到奏名进士甲第的高低","殿试的政治意义远大于实际意义"。① 殿试在集英殿举行。其时,南宋定都临安(今杭州)已经二十五年了,但坐落于凤凰山麓的皇宫,依然总共才数十间宫殿,且大都一殿多用。所谓集英殿,只是殿试考生、进士唱名时的叫法,举行明堂大礼、正朔大朝会时称大庆殿,六参起居、发布任命时易名文德殿,圣节上寿时则改称紫宸殿。② 尽管皇宫简陋如此,其廷试的隆重规格与此后大约十日的唱名仪式,揭榜、引见、唱名,按甲第赐予出身,"给散敕牒并袍笏",③等等,依然令天下举子引颈期盼,激奋人心。

一般来说,廷试策题由两制,即翰林学士、知制诰及馆阁侍从拟定,呈帝王认可后,方能用于廷试。策题内容一般先述帝王之意向所求,然后询问政事得失,治道何如等。故要求命题者准确传达帝王的治国意向,表达纳谏诚意;而应试者则要仰悉帝王所思,审察天下大政,适时奉献遍及治道、教化、边防、治安、救灾诸多方面的意见。通过如此一问一答式的文字互动,士人中的出类拔萃者就脱颖而出,进入帝王的治国队伍中了。④

---

① 何忠礼:《南宋科举制度史》,第199、128页。
② 参见林正秋《杭州南宋皇宫探索》,《中国地方史志》1982年第1期。
③ 《宋会要辑稿》选举八之一七,卷一三二四五,第4382页。
④ 详见何忠礼《王十朋与宋代科举》,《论文集》第14—22页。

(一) 试策拟题的时政背景

廷试策命题主旨决定于时政背景。王十朋参试的绍兴二十七年(1157)春的廷试,正当秦桧专相结束不久而新政局尚未建立的特定时期,宋高宗迫切求治国之道,故试策有朝廷取士的某些应时要求。

1. 秦桧余毒未清

秦桧独相时间长达十九年之久,他和宋高宗坚持对金投降路线。为了排斥异己,秦桧安插党羽为台谏官,鼓励告密,专事迫害政敌和主张抗金的官员;并严禁私史,推行文化专制主义。"桧两据相位凡十九年,劫制君父,包藏祸心……一时忠臣良将,诛锄略尽",史称"郡国事惟申省,无一至上前者"。① 对士人异论的钳制,极大地禁锢了士人的思想。正如王十朋《廷试策》所揭露的:"自权臣以身障天下言路,而庠序之士,养谀成风,科举之文,不敢以一言及时务,欲士气之振可乎?"②

在宋高宗、秦桧统治下,南宋初年朝政腐败。绍兴和议之后,宋高宗疏于政务。秦桧本人则大肆贪污搜刮,广置家产。独相十九年间,财产竟超过国库数倍。虽然也有官员向高宗弹劾秦桧,但高宗对他信任有加,因为他们在对金求和问题上有着共同的立场。这一切,秦桧死后若干年仍未得彻底肃清。

2. 科考弊病丛生

秦桧专权时期的科考腐败迹象前已简述,此不赘言。及至绍兴二十五年(1155)十月,秦桧病死,官员们纷纷起来揭发他生前的罪行。善玩权术的宋高宗一面表彰秦桧"力赞和议"的"功绩",并严禁抗金言论,一面因见秦桧一伙不得人心,便将赞成和议却又一度受秦桧排斥的陈诚之、魏良臣、沈该、汤鹏举等人调来,委以重任,执行没有秦桧的"秦桧路线"。据十朋说,当时"三衙管军辈与北司深文固结","养成跋扈之势,不可制遏",政出多门,"是一桧死,百桧生也"。③

---

① 《宋史》卷四七三《秦桧传》,第1558页。
② 《王十朋全集》文卷一,第584页。
③ 《王十朋全集》文卷二《轮对札子三首》之二,第593页。

至绍兴二十七年(1157),宋高宗感到自己治国一直遵守祖宗成法,却为何仍存在奸弊未革、财用不足、人才缺乏、官风怠惰等状况?问题在哪里?他把这些问题交给参加当年科举殿试的考生,希望他们能给予解释并提供有效的治道。这年的廷试策题就是在这样的时政背景中诞生的。

(二) 廷试策题的命题主旨

宋代廷试策题的拟定,有一个基本原则,就是"关治乱,系安危","其言真可行于世,其论果有补于时"而不及"典籍名数及细碎经义"。① 换言之,只问士子之能,而不求士子之博。宋室南渡以后,高宗深知立国之艰辛,尚有一定的纳谏气度。秦桧病死后,高宗接受过去的教训,重视科举考试,亲自把关。根据规范的原则和要求形成了 245 字的试策题。其主要内容是揭示朝政的四大弊端,即"奸弊未尽革""财用未甚裕""人才有未盛""官师或未励",②分指刑赏、赋敛、取士、黜陟四个方面,犹如现代的法律政治、财政税收、科教人才、组织人事诸项。试策题明言求治国之道的政治意向。其可取之处在于高宗能够自我揭露问题,以诱导廷试士人们表达纠偏除弊的意见。

参加廷试的王十朋按照试策题要求,结合时事,在一天内写成了他的《廷试策》,③以劝皇帝揽权坚守祖宗成法为纲,详细阐述了自己的法权思想,作为宋高宗可参考的治国之道。

对于秦桧倒台后的这第一次廷试,宋高宗还是颇为用心的。廷试前夕,高宗御笔宣示御试官曰:"对策中有指陈时事、鲠亮切直者,并置上列。无失忠谠,无尚诡媚,以称朕取士之意。"在进士唱名前三日,高宗开始阅读进呈的前十名进士策文,对近臣道:"今次举人程文,议论纯正,仍多切直,似此人才,极有可用。"第二天,又说:"昨览进士试卷,其间极有切直者,如论理财,则欲省修造。朕虽无崇台榭之事,然喜其言直。至论销金铺翠,朕累年禁止,尚未尽革,自此当立法必禁之。去年交趾献翠毛五百尾,朕未尝用,当焚于通衢。"④又谓:"朕

---

① 《续资治通鉴长编》卷一六七,皇祐元年八月甲申条,第 4012 页。
② 《王十朋全集》文卷一《廷试策》,第 573 页。
③ 《王十朋全集》文卷一,第 573—590 页。以下所引策文不再出注。
④ 《系年要录》卷一七六,绍兴二十七年三月丙戌,第 3373、3375 页。

谓祖宗设科,非特网罗人才,盖将以求直言之士。朕前日谕考试官,令取直言,置之上列,非为虚文。可将任贤辉字号卷居第一。"①这"任贤辉字号"策文,正是王十朋的试卷。时御试策详定官原定王十朋为第九,编排官孙道夫奏其辞语鲠切,高宗取览之,评语是:"经学淹通,议论醇正,可作第一人。"这样,四十六岁的王十朋,终于在廷试中以进士第一名胜出。

（三） 王十朋《廷试策》的法权思想

王十朋的策文共8491字,对朝廷的赏罚之具、赋敛之制、取士之科、黜陟之典等问题进行了以"揽权"为要的慎密论述。而"揽权"之要正在于张扬有宋一代强化皇权、分割相权、削减兵权的基本国策,尤其切合秦桧倒台后宋高宗意欲更化的政治意图。作为政论文一种的策对,王十朋的《廷试策》更有不枝不蔓、文简理周的特点。王十朋正是以其清晰的思辨、严密的逻辑、透彻的分析、潇洒的议论、井然的条理和优美的文辞,笔压群儒,独占鳌头,成了名副其实的天子门生。

1.《廷试策》法权思想的主要内容

俞兆鹏教授对王十朋《廷试策》的主要内容作了精要诠释。称王十朋策文在提出了由皇帝揽权行祖宗成法的法权思想的总纲之后,针对宋高宗提出的关于朝政存在的刑赏、赋敛、取士、黜陟方面的四大弊端,逐一进行了对答,陈述自己关于纠偏除弊的意见。② 其治国之要,洋洋万言,庶几已遍。王十朋未仕之时抒发的"会须徒步谒天子,慨然一吐胸中略"③的豪情壮志,于此一泻万顷,不可遏止。

王十朋应对策问的"先王成宪""先王之法"时,并不就法论法,而是以权论法,宕开一笔,另辟蹊径,引申到对高宗极具吸引力的"权"字上,明确提出"揽权"主张:

> 臣闻有家法,有天下法。人臣以家法为一家之法,人君以家法为天

---

① 《宋会要辑稿》选举八之九,卷一〇六四八,第4378页。
② 详见俞兆鹏《论王十朋的法权思想》,《论文集》第158—167页。
③ 《王十朋全集》诗卷一,第12页。

下之法。人君之与人臣,虽名分不同,而法有大小之异。至于能世守其法者,则皆曰权而已……今陛下亲屈至尊,廷集多士,访治道于清问之中,首以监于先王成宪、恪守祖宗之法为言,是则陛下欲守家法以为天下法者,固已得之矣。……臣之所欲言者无他焉,亦曰揽权而已。①

策文紧扣策题中"惟祖宗成法是宪是若"之旨,明确表示"臣之所欲言者""揽权而已"。一锤定音,这就提出了由皇帝"揽权"行祖宗成法的全文总纲。

策文由"法"到"权"的引申,合情合理,自然熨帖。"盖法者治家治天下之大具,而权者又持法之要术也。"作者申明法是治国的基本原则,而揽权是行法的重要手段。

为了论证皇帝以家法为天下法以及独执天下之权的合理性和合法性,王十朋提出了他的"法天揽权"说:"君者天也。""天之所以为天者,以其聪明刚健,司庆赏刑威之权而不昧也;君之所以为君者,以其能宪天聪明、体天刚健、司庆赏刑威之权而不下移也。"正因为君是法天揽权的,所以"君之名号必以天配"。作者认为:"臣观自古善言治之人,未尝不以揽权为先,自古善致治之君,亦未尝不以揽权为先。"②这就坐实了"揽权"的宗旨,君权不能下移是治国大本。

策文最后申以正身为揽权之本:

> 臣复有一言以为陛下献者,欲陛下正身以为揽权之本也。……陛下以是为揽权之本,而又任贤以为揽权之助,广览兼听以尽揽权之美。权在陛下之手,则所求无不得,所欲皆如意……③

正身必先正心,因为只有皇帝心正才能使朝廷正,只有朝廷正才能使百

---

① 《王十朋全集》文卷一《廷试策》,第574页。
② 《王十朋全集》文卷一《廷试策》,第574—575页。
③ 《王十朋全集》文卷一《廷试策》,第588—590页。

官正,只有百官正才能使万民正。王十朋希望高宗非正勿听,非正勿言,非正勿动。强调只要皇帝能做到正身,不患天下之不治。策文确有高瞻远瞩、高屋建瓴之势。

2.《廷试策》法权思想的积极意义

王十朋在其《廷试策》中向宋高宗提供了揽权以守祖宗之法的治国之道,使高宗龙心大悦。因为据高宗的理解,集国家的政权、财权、军权于皇帝一身,实行高度集权的君主专制统治,正是宋朝建立以来祖宗所制订的成法,揽权以守祖宗之法,能使他建立起皇帝凌驾于一切之上的绝对权威。其实,只要深入研究王十朋的法权思想,便可发现王十朋建议皇帝揽权治国是有前提条件的,一是必须坚守祖宗成法而不能违背,二是皇帝本人必须正身而不能有任何私心杂念,这等于对皇帝揽权施政加以规范与制约,具有倡导依法治国的意图,而这一点也正是王十朋法权思想最具有积极意义的地方。

在南宋君主专制制度鼎盛时期,王十朋能有这种法权思想,实属难能可贵。可概述为以下三方面:

其一,厘清权法关系:法是基本原则,权是重要手段。

王十朋提出:法是治国的"大具",权是执法的"要术"。这也就是说法是施政的基本原则,是至高无上的;权只是行法的重要手段,必须服从于法。从法与权的关系来看,法处于主导地位,权只处于从属地位,权不能凌驾于法之上。王十朋进而指出,皇帝揽权施政不能无法无天,其权力必须受祖宗之法的制约。

其二,规范皇帝揽权,强调皇帝正身以为揽权之本。

《廷试策》中要求皇帝正身以为揽权之本。也就是说要使朝政清明,天下大治,皇帝本人的一言一行都必须符合正道。只有皇帝一身清正,能勤政廉政,明辨是非,区别邪正,任用贤能,广听纳谏,才能获得庶邦万民的拥护。这无异给皇帝揽权施政在精神上加上了一重道德的规范。

其三,揭露、批评朝政乱象,提出切合实际的正确主张。

王十朋还采用委婉的言辞,对存在于赏罚制度、财政制度、科举制度、用人制度方面的时弊,进行了揭露和批评,指出这些弊端的出现都是由于违背祖宗成法和滥用权力的结果。同时在财政、科举、用人制度等方面提出了以法治国、对权力实行限制和监督、反对违法滥用权力等主张。这是王十朋法权思想的精华所在。①

3.《廷试策》法权思想的消极因素

《廷试策》的法权思想切合宋高宗在后秦桧时期强化中央集权的政治需要。唐乱于地方军事力量过于强大,乱于武人,宋太祖吸取教训,更改制度,以文制武。但正是重文轻武政策的影响,致使宋朝渐趋繁荣的经济实力和文化成果难以向军事方面转化。从赵宋政权建设的安邦大计看,这种"强干弱枝"——即加强中央集权,削弱地方势力,分化权相职权,意在恢复重建宋太祖当年的中央集权专制制度,却未必有利于国祚长运。

王十朋法权思想的消极因素主要表现在两个方面:一是过分美化祖宗之法,缺乏与时俱进的改革创新意识;二是过分强调皇帝揽权治国须靠自身的道德修养,忽视能制约皇权的制度建设。

我国从秦汉以来,政治体制上都是实行中央集权的君主专制主义。到了宋朝,这种体制发展到了极端,成了极端君主专制主义,权力高度集中于君主一人。在高宗一朝,针对秦桧专权造成的弊端,实行加强中央集权的措施,有其历史的必然性,也是顺乎民心的。然而,王十朋加强中央集权的主张,充其量只是权宜之计。矫枉过正,去一弊而又生一弊。南宋思想家叶适就曾尖锐指出,宋代的纪纲法度是以偏纠偏,顾此失彼,说:"本朝之所以立国定制,维持人心,期于永存而不可动者,皆以惩创五季而矫唐末之失策为言,细者愈细,密者愈密,摇手举足,辄有法禁",而"百年之忧,一朝之患,皆上所独当,而其害如之何!"②叶适把有宋二百余年来国势积弱,特别是靖康之祸以及南宋不能报仇雪恨的根本原因,归之于高度集权的君主专制的体制。叶适从权力和责任的关系上来分析君主高度集权的弊端,其对于宋代君臣所美化的"祖宗之法"的匡正,体现了一代思想家的高见卓识与理论勇

---

① 俞兆鹏:《论王十朋的法权思想》,见《论文集》第164页。
② 叶适:《叶适集·水心别集》卷一二、卷一〇《法度总论二》《实谋》,第789、768页。

气,显然是王十朋当时未能企及的。

王十朋之所以美化封建王朝的"祖宗之法"和鼓吹皇帝揽权,这与他的封建正统思想和忠君观念密切相关。但在封建制度尚处于兴盛阶段的南宋时期,把皇帝看作是神圣不可侵犯的"天子",这是当时社会的普遍观念。同样,王十朋也不敢得罪皇帝,即使他对当时的朝政有所批评,还提出了制约皇权的"正身以为揽权之本"的主张,也只能在尊君忠君的基础上,采用委婉曲折的语言并通过正面建议的方式和盘托出。这是时代对王十朋的局限,我们不能超越历史发展的阶段对他有过高的要求。

二、《廷试策》推重《春秋》学术的运用

王十朋是一位有很深造诣的儒学者,尤长于《春秋》学术。钱志熙研究指出:"王十朋《春秋》经世致用的最集中体现,是他的《廷对策》中运用《春秋》阐述人主揽权之说。"①

(一) 强调"《春秋》者人主揽权之书也"

"法天揽权"是十朋此次廷对的主题。在确定君主揽权的基本思想后,王十朋援用经史,畅论"自古善致治之君,未尝不以揽权为先"。至于君主如何能认真懂得"揽权"之义的,十朋提出要深研儒家《五经》的治道,尤其是要精研《春秋》。由此提出一个在经学上比较独特的看法:"《五经》泛言治道,而《春秋》者人主揽权之书也。"作者对《春秋》揽权之法作如下抽绎概括:

> 《春秋》书王曰天王者,所为人君法天揽权之法;有书王不书天者,所以为人君不能法天揽权之戒;书朝书会者,欲朝会之权必出于天子也;书侵书伐者,欲征伐之权必出于天子也;书僭礼乱乐者,欲其收礼乐之权也……凡一字之褒贬重于华衮者,皆所以劝人君揽权以作福;凡一字之贬重于斧钺者,皆所以劝人君揽权以作威。②

---

① 详见钱志熙《论南宋名臣王十朋的学术思想与生平业绩》,《论文集》第5—12页。
② 《王十朋全集》文卷一《廷试策》,第577页。

在王十朋看来，《春秋》这部书的一个重要主旨，就是体现了君主法天揽权的思想。他一再强调"《春秋》者人主揽权之书也"，说：

> 臣窃谓陛下欲守祖宗之法，莫若躬揽福威之权。欲揽福威之权，又莫若行陛下平日之所学。五经泛言治道，而《春秋》者人主揽权之书也。陛下圣学高明，缉熙不倦，万几之暇，笃好此书，固尝亲洒宸翰以书经传，刊之琬琰，以诏学者矣。①

王十朋的对策还援引《春秋》复古之义，反对王安石等人的变先王成宪、祖宗成法，认为宋朝之致治，太祖、太宗与大臣范质、赵普等造"我宋之家法"，后之贤君良相"相与守我宋成法"，据此对高宗提出要求：

> 臣愿陛下尊圣人之经，行圣人之言，以是正天下之名分，以是定天下之邪正，以是成天下之事业，则何患乎不能监先王之宪，遵祖宗之法，革今日之弊耶！②

由此看来，王十朋的历史观是依据《春秋》复古尊王之义的，他的评价历史与本朝人物，也是依据这一宗旨的。

（二）突出"不可不法《春秋》以揽权"

纲旨大明，思理演绎便一泻千丈而无挂碍。特别是对于策问所提出的刑赏、赋敛、取士、黜陟的四个问目，王十朋根据《春秋》经义一一加以解释，都归本于君主揽权之说，强调的就是"不可不法《春秋》以揽权"。

对第一问目，王十朋答道，皇帝欲尽革奸弊，应学习《春秋》之法以揽权，严守祖宗之法，防止滥赏滥刑。他说，本朝祖宗制赏刑之法，未尝有滥赏，赏必与功相当，未尝有滥刑，刑必与罪相当，历世行之，弊无不革。他认为，进

---

① 《王十朋全集》文卷一《廷试策》，第577页。
② 《王十朋全集》文卷一《廷试策》，第577—578页。

退天下人才是君主实行赏刑的最大方面。他建议高宗:每进一人,必须皇帝亲识其贤;每退一人,必须皇帝灼知其罪。如能做到这一切,何患奸弊之不革。

对第二问目,王十朋答道,皇帝欲财用有裕,应学习《春秋》之法以揽权,接受其中人君节用裕财之训。王十朋认为,当今赋入不及祖宗全盛之日,而用度却不减祖宗全盛之时。他建议高宗:赏赐臣下之冗费可省,冗官可省……他希望高宗揽权于上而革众弊,并以汉文帝、宋太祖、宋仁宗之恭俭为法,以《春秋》所书为戒,则何患财用之不裕。

对第三问目,王十朋答道,皇帝欲人才之盛,宜学习《春秋》之法,揽育才取士之权。他说,宋朝自祖宗以来,取士于科举源于古代诸侯贡士之法,养士于太学源于古代校庠序之法,开制科以待非常之士取汉唐盛世之法,故科举、太学未尝不得人才,宋朝立国二百年以来名臣大儒皆出此途。他希望高宗能"命庠序去谤讪之规,科举革忌讳之禁,有司取忠谠之论",使"贤良方正茂才异等直言极谏之士济济而出"。

对第四问目,十朋答道,皇帝欲激励官风而得人,应学习《春秋》之法,宜揽黜陟贤否之权。因为《春秋》实为孔子黜陟之公法,训迪人臣之良方。为臣者知《春秋》必为忠臣,为子者知《春秋》者必为孝子。王十朋希望高宗以前日权臣窃政之事为戒,"执福威之大柄以为黜陟之法,明忠孝之大节以为训迪之方",如能做到这一切,又何患官员们不励职尽责。

可以看出,整篇策文的主体是以《春秋》理义为本围绕策题作出回答,时时处处离不开"揽权"二字。或援引历代帝王揽权致治之例,或证诸《春秋》经书揽权为笔削不易之至理,把君上独掌权柄说成是天经地义之事,不给任何反诘与非难以可乘之机。王十朋的答卷非常得体,通篇首尾相贯,一气呵成,充分表现王十朋"经学淹通",蓄积已久,功力深厚。

三、《廷试策》的政治思想与社会价值

王十朋的《廷试策》全面表述王十朋的政治识见与治国主张,体现其思想智慧与苦心孤诣,乃梅溪一生最重要的一篇文章,是他一生的行动纲领,

因而也是一篇研究王十朋思想的重要文献,从中可窥见他的哲学观点、政治主张、学术思想、经济策略、教育理念等。宋人刘宰《漫塘集》推崇有加,说:"近世抡魁之选,孰有愈于张于湖、王梅溪者欤?梅溪一策,忠愤激切,今读之犹凛凛有生气。"①《宋史》本传中则说:"学者争传其策,以拟古晁、董。"② 可见,王十朋的廷试一策具有学术探讨价值和理论研究意义。

吴亚卿指出,《廷试策》的政治思想"有两点值得注意:一、全文极力主张'守法'而反对'变法',盛赞太祖、太宗、仁宗,对王安石则明确否定;二、全文不言收复失地与抗金大事。简言之,前者乃十朋的一贯思想,后者乃十朋的权宜之计。而其总旨,又均与高宗的方针相合拍。"③此评甚为精准,王十朋的《廷试策》回避了那些有可能"逆龙鳞"的内容,否则就会与参加殿试的目的背道而驰。要指出的是,其时规避复国事的缺憾,王十朋不久赴职绍兴时在为知府王师心的代札中都一一予以弥补了。留待下文另立专题详言之。

具体说来,《廷试策》的意义价值可分述如下:

1. 对于王十朋本人的政治生涯而言,《廷试策》是他第一次真正意义的参政行为。

何忠礼说:"如果仅从策题和对策两方面的内容看,真是帝王殷殷求治道,士子竭力抒胸臆,这种一问一答式的文字,宛如帝王与士子间的政治互动。"④故南宋时候,廷试策被看得很重,大儒真德秀就说:"以布衣造天子之廷,亲承大问,此君臣交际之始也。一时议论所发,可以占其平生。"⑤据考,南宋进士,分五甲三等赐第。第一、二等进士,释褐即授官,立即踏上仕途;第三等进士则要守选,赴吏部铨试后,才能出官。⑥ 王十朋有了这一次殿试夺魁,他此后的仕途就比较顺畅了。王十朋的《廷试策》称得上是他的从政

---

① 刘宰:《漫塘集》卷一九《送张壻宽夫赴省序》。
② 《宋史·王十朋传》,见《全集》附录二,第 1113 页。
③ 吴亚卿:《洋洋洒洒万言书》,《王十朋纪念论文集》第 33 页。
④ 何忠礼:《南宋科举制度史》,第 132 页。
⑤ 真德秀:《西山文集》卷三六《跋黄君汝宜廷对策后》,《四部丛刊》本。
⑥ 参见何忠礼《宋代进士甲第考》,载《文史》第 58 辑,中华书局 2002 年版。

纲领。

正是据此,钱志熙认为,"从王十朋的角度来说,他的对策并非一般的应试文字,而是真正的参政行为,因为他在对策中提出的建议,直接被皇帝采纳"。王十朋的一篇《廷试策》将他青年时"徒步谒天子""一吐胸中略"①的政治梦想演化为活生生的现实场景。从另一角度看,"王十朋的策文直指朝政,十分尖锐","由此可见,在高宗一生中,除了顽固坚持对金人的屈膝投降,不允许对'绍兴和议'稍有指责外,其他方面的纳谏气度,尚有值得肯定之处"。②

2. 对于赵宋一代的科举制而言,王十朋《廷试策》的夺魁正是拜科举制度所赐。

南宋科举考试,三年举行一次,分三级进行。当时士人参加科举的人数很多,而解额却很少,以温州论,绍兴中后期的解额只有八名,大约一二百人中才能解送一名,科场竞争之激烈不难想见。但这次王十朋一举夺魁了,其重要原因在于廷试策题是问治道,王十朋答策的重点是要求帝王"揽权",这正符合高宗在秦桧死后急需收回大权的心理。经学、教育、科举"三位一体"与报国紧密结合的宏愿,顽强地呈现在"畎亩遗士"王十朋一鸣惊人的《廷试策》中。他的夺魁,正如何忠礼揭示的,"王十朋作为一名农家子弟,能得到如此荣幸,在一定程度上确实也要归功于宋代的科举制度"。取消门第限制,寒门之士可以通过科举进入仕途,体现的是政治权利向平民开放。

南宋的"崇文优士"国策与科举考试制度打开了"寒门入仕"的通道,使一大批出身中小地主、耕读家庭而才识卓著、体察民情、精于治道、富于政治远见的社会精英人士登上了政治舞台。自两宋始,科举入仕一直是家族或宗族赖以发展的重要凭借,如王十朋、陆九渊、陈亮等以农耕为业的平民家族倡导读书、科举,达到了"以士易农"的目的,从而改变以往耕作务农的单一生计方式,并借以提高自身及其家族的社会地位。

---

① 《王十朋全集》诗卷一《送子尚如浙西》,第12页。
② 何忠礼:《南宋科举制度史》,第134页。

3. 从《春秋》学经世致用出发,王十朋的《廷试策》真正恢复了汉代对策的意义。

钱志熙对王十朋殿试夺魁的意义作了申发,指出,"从当时人拿他跟汉代晁错、董仲舒的对策相提并论可以知道,他的成功,不仅仅是考中一个状元这样简单,而是认为他真正恢复了汉代对策的意义","这是汉代经学的一种意义,而为后世经学所缺乏的"。

王十朋引据《春秋》来阐发君主"揽权"之说,是直接用经典来建构当时的政治学,并且是针对当时君主统治上存在的问题而发的。这是真正的通经致用,这才得到了高宗"经学渊通"的评价,而其时"学者"出于同样的理解,将其与汉代通经致用的代表人物晁错、董仲舒相提并论。十朋在当时学术上的地位,就是这样建立的。

此后,王十朋从事的虽然更多的是实际的行政,但朝廷与士林一直将其视为一位经术与文史都很精通的学者,也就是认为他是以儒学者的身份参政、议政并行政的。

4. 对于主持廷试的高宗而言,擢拔了人才,"涵养培植,为乾道、淳熙不尽之用"。

科举从来是政治的一个重要组成部分。"艺祖皇帝(宋太祖)有言曰:'设科取士,本欲得贤,以共治天下。'"[①]足见历代统治者对科举求贤都是非常重视的。对宋高宗而言,通过擢拔王十朋这样一个人物,真正达到了通过科举选择人才的目的。南宋吕中评价道:宋高宗"以召正人为急,涵养培植,为乾道、淳熙不尽之用,此亦人才之春也"。[②] 高宗自觉满意,谓大臣曰,"今次魁选,文武皆得人","朕乐于得士,虽终日临轩,不觉倦也"。[③]

十朋的对策符合高宗、孝宗朝的政治形势。《宋史》本传载,十朋对策后,朝廷采纳了他的节财主张,"严销金铺翠之令,取交趾所贡翠物焚之"。[④]

---

① 朱熹《宋名臣言行录外集》卷一六,文渊阁《四库全书》本。
② 吕中:《中兴大事记讲义》卷一三《科举直言》,上海人民出版社2014年版。
③ 《中兴纲目》卷一二,丁丑绍兴二十七年,第404页。
④ 《宋史·王十朋传》,见《全集》附录二,第1113页。

三月丁亥（五月二日），即赐进士第的次日，诏令公开焚烧交趾国（今越南）所贡的翠羽，禁止宫人穿戴销金翠羽，下诏曰："自今宫人以销金铺翠为服饰者，令会通门讥察犯人，追赏钱千缗，经手转入皇院子等，并从徒二年科罪。用王十朋之言也。"①但总体看来，十朋虽说是钦点状元，高宗在位期间却并未得重用。这是文士的不幸，历史的不幸。

5. 作为南宋瓯越地域文科状元第一人，其对于发展瓯越文化教育的影响也是不言而喻的。

王十朋是整个温州地区通过科举考试成为文科状元的第一人。长期以来，温州民间社会对具有高才大略的优秀人才都十分崇敬，这是世俗文化的重要部分。王十朋考中状元，这对后来温州文化教育的发展影响很大。有所谓"温多士，为东南最"。② 南宋时期温州地域考中进士的人数特别多，王十朋具有开先之功。据雍正《浙江通志》统计：南宋浙江各州进士人数，全省合计5726人，其中杭州526人、嘉兴373人、湖州347人、宁波773人、绍兴427人、台州569人、金华486人、衢州304人、严州208人、温州1107人、处州593人，州府归属不明13人。南宋温州进士占全省19.3%。③ 据考，科举取士以来，有名字可考的状元630位。温州地区继王十朋之后，考中进士第一的还有木待问、赵建夫、周坦、徐俨夫等七位。当然，这几位声名不显，后人知之不多。可见得中状元，不一定就有大建树。

而在宋代温州四县中，乐清县的科举登科人数是最少的。据统计，永嘉、平阳与瑞安三县在北宋一朝的进士分别为54人、16人、27人，乐清仅为1人。整个宋代乐清县的科举登科人数也仅占温州的12%左右。④ 这说明王十朋所处的小环境并没有科举业儒的优势，王十朋突破了地域文化的限制，他的科举成功付出了比他人更多的艰辛，也产生了更大的社会影响力。

概而言之，王十朋中魁宣告秦桧黑暗统治的结束。据考，宋高宗在位37

---

① 《系年要录》卷一七六，绍兴二十七年三月丁亥，第3376页。
② 真德秀：《西山文集》卷四六《秘书少监直学士院徐公墓志铭》。
③ 《浙江省教育志》，浙江大学出版社2004年版。
④ 吴铮强：《文本与书写——宋代的社会史》，社会科学文献出版社2019年版，第97页。

年,共行贡举 11 次,录取进士人数,以建炎二年(1128)"龙飞榜"所取最多,达 554 人。其次即为绍兴二十七年(1157),取进士 426 人。其间,绍兴八年(1138)至绍兴二十五年(1155)19 年间乃秦桧专权时期,为南宋史上第一个权臣专权时代。即是说,绍兴二十七年贡举,乃秦桧于绍兴二十五年死后的第一次。其后,绍兴三十年(1160)再行贡举后,高宗即于绍兴三十二年禅位孝宗了。

秦桧死后,宋高宗出于妆点"更化"的考虑,开始了适度打压权相势力的行动,贬黜了一批谄附秦桧的大臣,为一批遭秦桧迫害者复官申冤。王十朋正是在这样的背景下钦点状元的,适应高宗求直言,拔直士,企图收用人材,振兴朝政的政治需求。科举考试,是重要的政治风向标。王十朋的中状元,其《廷试策》的传诵,恰是高宗清算秦桧流毒的第一个宣言。

吕中评价此事道:"此惩秦桧子孙、馆客并取魏科之弊也。法之至公者,莫如选士,名器之至重者,莫如科举。曩时有司以国家名器为媚权臣之具,其欲得人,得乎?高宗所以求直亮鲠切之言也,绍兴作新之始,则得一张九成。绍兴更化之始,则得王十朋为第一,阎安中为第二。揽权之道,廷臣所未敢言,而王十朋发之。孰谓科举之文无益哉!"①

第四节 致身许国 倾心民事

王十朋《廷试策》笔压群儒,被高宗亲擢为进士第一,先授承事郎,赴任绍兴府,试以民事。一个向以家国忧患为怀而毫无从政经验的瓯越乡间士子,从此进入国家的官僚系统,成为以国事为职责、为天下敢担当的从政官宦,而且干得风起云蒸。作为天子门生,王十朋春风得意,兴致满满地步入南宋政坛,立志"金鼎调和",报效朝廷,践履其"致身许国"的政治理想,展示其整治河山的抱负。他以雄视唐宋诗坛的姿态倡导诗学陵阳,有意导引

---

① 吕中:《中兴大事记讲义》卷一三"科举直言"。

诗坛风尚;在绍兴府签事任上,他尽心民事,兴修水利,整顿吏事,理案疏狱,为百姓办实事,还代知府王师心上札以资政,发表国事见解,申言关涉边防、人事、内务、财政诸多方面的政治主张,即时弥补了《廷试策》"全文不言收复失地与抗金大事"的缺憾。

一、春风得意致身愿

新科状元郎在高咏"圣恩宽大容愚直"的同时,表达"共报君恩有朴忠"的心愿;他与同科进士相勉"致身许国",警戒"莫学平津但取容",倡言"句法且学今陵阳"。其忠愤与谦和相谐的情怀,在新科进士中具有很大的亲和力、凝聚力,为政坛、诗坛带来一股新风。

(一) 感恩集英殿

孜孜以求得一第而治国安民的夙愿今日得偿,十朋惊喜万分,作《丁丑二月二十一日集英殿赐第》曰:

> 太平天子崇儒术,寒贱书生荷作成。
> 槐市育才叨舍选,枫宸唱第冠时英。
> 圣恩宽大容愚直,御墨褒嘉佩宠荣。
> 却笑刘蕡不遭际,徒令纸上有虚名。①

首联总叙,歌颂"太平天子"崇尚儒术,使得像自己这样的"寒贱书生"有了登第取仕的幸运。中间二联写其在太学获"舍选"解送,殿试又"冠时英";自己的《廷试策》对策直切,赖圣恩宽大,得到皇帝亲赐御书褒奖,倍感荣耀。末联与唐代的刘蕡作比:同样对策直切的刘蕡在唐代落第,而自己居然夺魁,这是时代昌明之幸。

诗句多歌颂恭维,但均属发自内心,与唐时刘蕡作比也恰当不过。刘蕡,唐昌平人,文宗时应贤良对策,极言宦寺祸国。当时考官畏怕宦官,不敢

---

① 《王十朋全集》诗卷一一,第166页。

录取他,结果落第,徒留纸上空名。十朋诗引用此典,隐含着他对以往参试因直言而屡遭排斥的感叹。此时秦桧已死,赵构重整旗鼓的思想有所抬头,亲政策士,又亲擢自己为第一,感激"圣恩宽大"正是十朋心情的真实流露。

(二) 同年勉许国

按宋制,进士及第,赐穿绿袍,由皇帝赐琼林宴,游春三日,互道祝贺,相为勉励。状元郎王十朋与诸新科进士同游杭州灵隐西湖,自是英姿勃发。《游天竺赠同年》一诗把自己初受恩宠、喜不自禁的心情和无所顾忌、犯颜极谏的决心表达得淋漓尽致:"致身许国宜相勉,莫学平津但取容。"①皇恩浩荡,春风得意,诗人眼前一片灿烂。犹如杜甫的"致君尧舜上,再使风俗淳"(《奉赠韦左丞丈二十二韵》),王十朋表白以身许国,与一众才俊相勉,辅佐皇帝臻于郅治;以不肯犯颜强谏的西汉平津侯公孙弘为戒,不做平庸之官。

状元在同年中声誉最高。十朋的同年喻良能作《留别王状元二十四韵》,前四韵曰:

才大文章伯,忠纯社稷臣。七州钟秀异,孤屿赋精神。
德蕴圭璋润,胸涵海岳春。麟经频得隽,槐市早称珍。

喻良能诗极力称誉十朋钟山川之灵秀,德才兼备,堪称"忠纯社稷臣"。而状元郎"致身许国"的庄严志向,涌动于殿试夺魁的踌躇意绪中,铺展在与同年进士的唱酬中:

《赠阎同年》曰:"休嗟世路多巇崄,共报君恩有朴忠。"
《阎和诗叙别再用前韵》曰:"幕府可能淹俊杰,宸襟应亦记精忠。"
《赠梁同年》曰:"赠君无别言,相期尽孤忠。"
《陈大监饯别》曰:"捐躯誓报明主恩,青史庶逃千古责。"
诗中"朴忠""精忠""孤忠""捐躯"云云,诠释了新科状元郎"致身许

---

① 《王十朋全集》诗卷一一,第166页。

国"的宏大心志。《谢李侍郎琳赠御书》更明确表示,这次殿试射策言犹未尽,俟待它日再摅肝沥胆:"它日倘陪鸳鹭行,愿效魏公摅底蕴。"①如此忠愤与谦和相谐的情怀感人心魄,预示着他的周边将集聚起一支阳刚力量。

(三) 赴任抒襟抱

赴任在即,王十朋壮志满怀,所历一山一水,所见一堂一室,都被作为政治抒情的载体,用以表达自己迈入政治舞台之际意欲一展身手、整饬河山的激切情怀。

殿试当年的九月,王十朋奉命携家眷离乡赴任。他重游雁荡,心气无比舒旷,作《宿罗汉三绝》云:"雁荡屡经眼,个中方再游","故乡从此去,借问几时还"。② 见得其于仕途前程不无憧憬自得之意。

他想起十年前的《再过雁山三绝·大龙湫》所咏:"好乘风雨昂头角,直到天池最上头。"欣然赋《游大龙湫和前韵》曰:"会见四方霖雨足,老龙还向此藏头。"③诗虚处着笔,气象阔大,既描形貌,更写神韵。这种张扬之后的收敛,正是十朋走马上任之际内蕴刚强而外显柔弱谦和的儒者形象的生动写照。

承考,秦桧第一次罢相后以观文殿学士知温州一年,曾游雁荡山来到了观音洞,在洞中筑"了堂",立"了堂碑",自命诺矩罗后身以神化自己,欺骗公论。王十朋这次重游雁荡山,慨然赋诗《游灵岩辉老索诗至灵峰寄数语》,歌颂"雁荡冠天下,灵岩尤绝奇"的山水壮观,后幅借题鞭笞大奸大恶卖国贼秦桧。诗有云:

何人梦石室,妄诞夸一时。那能了世缘,未兑贪嗔痴。
名山误见污,公议安可欺。愿借灵湫水,一洗了堂碑。④

---

① 《王十朋全集》诗卷一一,第 166—167、169、171 页。
② 《王十朋全集》诗卷一一,第 174 页。
③ 《王十朋全集》诗卷三,第 46 页;诗卷一一,第 174 页。
④ 《王十朋全集》诗卷一一,第 174 页。

十朋将"了堂石室"的臭事引入诗篇,大加鞭笞,泼辣深刻,痛快淋漓,与金殿对策一样,犹如从政宣言,大有正本清源、整饬河山之豪情。

其时秦桧死去不久,朝中秦氏余党尚多,主和派势力仍很强大,而高宗为了稳住和议局面,依然褒奖秦桧,赠"申王",谥"忠献"——"危身奉上曰忠,知质有圣曰献"。秦桧可谓生受崇敬,死备哀荣。王十朋在秦桧死后不久,即大胆讥讽其"妄诞""贪嗔痴","愿借灵湫水,一洗了堂碑",如此严正决绝,确是需要一点勇气的。

(四) 倡言学陵阳

从政不废风雅吟事。在入仕之初,王十朋以雄视唐宋诗坛的姿态,倡导诗学陵阳。《陈郎中赠韩子苍集》一诗,表明新科状元郎要以崭新的身份,在更大的范围,以更清明的视野对唐宋诗坛发声了!

> 唐宋诗人六七作,李杜韩柳欧苏黄。
> 近来江西立宗派,妙句更推韩子苍。
> 非坡非谷自一家,鼎中一脔曾已尝。
> ……
> 古诗三百未能学,句法且学今陵阳。①

本诗传达了王十朋诗歌艺术追求的诸多信息,较全面地总结提升了他的诗歌创作理念,显示他整饬一代诗风的豪迈气势。其荦荦大者,有如下数端:首先是总体评价"唐宋诗人",隆重推出"李杜韩柳欧苏黄"七大家;其次是在"江西诗派"笼罩诗坛的时候,情有独钟地推崇"非坡非谷自一家"的韩子苍,明确申言自己对韩驹诗的向慕之情;再次是鲜明表白自己"幸脱场屋累"之后"老境欲入诗门墙"的艺术追求,其途径则是"句法且学今陵阳",荡出蹊径,效法"烂然光焰长""天然圆熟"的韩驹"妙句",以求达到"诗三百"的至高境界。

---

① 《王十朋全集》诗卷一一,第170页。

早在 1950 年代,钱锺书就曾给予王十朋这一明智的诗论以特殊的关注和推重,在《宋诗选注》中征引了王氏这首七古中"非坡非谷自一家"这句话。韩驹虽然被认为是当时江西诗派中成就比较高的人物,王十朋却并非因为他是江西诗派中的翘楚而是因为他对江西诗派有所突破才表示向他学习。他还在《送黄机宜游四明》与《送翁东叟教授》两首诗中一再直白宣示:"诗不江西语自清!"①王十朋抓准了韩驹诗的特点和佳处,称赏韩驹诗"烂然光焰长"之"妙句",并申言效法韩驹诗句法,作为学诗三百篇的过渡跳板。此番言论高屋建瓴,深含智慧,展诗坛巨擘风范,收振聋发聩之效。与八百年后的钱锺书不谋而合当属情理中事。

二、佐郡治政行民事

王十朋集英殿及第受赐冠群士,高宗诏曰:"十朋乃朕亲擢。"欲试以民事何得远阙,"授绍兴府签判"。② 签判,即签书判官厅公事,系官署中佐助的官员幕僚,协助知州处理府事,审判民事案件等等。察此安排用心,一是绍兴府作为南宋临安的陪都,位置重要,朝廷十分重视;③二是将新科状元派到绍兴任职,是想让其在基层历练,高宗初得英才存有殷切期待。《中兴纲目》曾记载高宗对宰执的言论:"仁宗朝每除执政大臣,须先问曾历亲民否。盖亲民则能通世务,置之廊庙,天下利病知过半矣。"又曰:"轻徭薄赋,所以息盗。……故治天下当以爱民为本。"④高宗或是有意让新科状元试一试这个"良法"吧。

绍兴之任是王十朋仕宦生涯的起点。成名已晚的王十朋在绍兴签判任上完成了由乡贤至官宦、由民间诗人至许国臣僚的成功转换,开始践履其向往已久的"金鼎调和""致身许国"的政治理想。他殷勤施政,倾心民事,大展手脚,辅佐府帅为绍兴百姓办了许多利好实事。《宋史》本传云:"既至,

---

① 《王十朋全集》诗卷一二、卷一七,第 199、294 页。
② 《宋史·王十朋传》,见《全集》附录二,第 1113 页。
③ 施宿等:《嘉泰会稽志》卷三《进士》,中华书局 1990 年《宋元方志丛刊》本,第 6771 页。
④ 《中兴纲目》卷一二,丁丑绍兴二十七年、己卯绍兴二十九年,第 402、410 页。

或以为书生易之，十朋裁决如神，吏奸不行。"汪应辰《龙图阁学士王公墓志铭》亦云："初，公以文学先天下，人谓其于吏事未必数数然也，而自为郡佐，遇事不苟，民有讼久不决，多走诸司乞委公，虽文书填委，公一一翻阅，不以付吏，审核情伪，参用经律，所与夺，人皆厌伏。"①王十朋在绍兴任上深得众望，声誉卓著。

（一）倾情民事堂

王十朋心目中的"民事"涵义广远，囊括重民、贵民、惠民、安民、恤民、爱民、用民诸项。忧国爱民，仁民爱物；惜财为民，兴修水利；关心民生，救灾恤民；公正办案，纾解民怨；整饬官风，惩戒害民……凡此等等，种桃种李种春风，一概纳入了王十朋的绍兴民事账本。

王十朋说："民为邦本，本固邦宁。自古人君，未尝不以得民心、固邦本为急，而尤欲抚绥固结之于动摇疑贰之时。"②他认为，国家多难之时，民心不稳，尤需关切民事，安抚体恤。所以绍兴到任，就将自己的官廨命名为"民事堂"，还以民事堂为题旨做诗赋文，勤事慰民，竭尽全力践履民事。

《民事堂》诗序云："某误蒙亲擢，赞幕会稽，天语丁宁，俾知民事。闻命惊惧，愧不克堪。因榜所寓廨舍曰'民事堂'，庶几朝夕不忘圣训，仍书五十六字以自警。"诗写得恳恳悃悃，表明要立下志愿，铭记圣主赵构"训词"，自此将为"苍生事"而"不惮勤劳驰禹会"，"愿竭孤忠""奉尧言"。③

王十朋到任的这年，绍兴正罹凶荒，孟秋台风大作，造成水灾。这首诗其实是自警诗，悬挂在公堂之上，时刻警醒自己把爱民作为自己的首要任务。十朋还撰写《与都提举论灾伤赈济》，④回报东越灾情，揭示灾荒原因，提出救灾措施请求朝廷"详酌施行"。

激情洋溢的《民事堂赋》是王十朋"一生吏治的思想总纲"，⑤所述民事

---

① 《王十朋全集》附录二，第 1113、1111 页。
② 《王十朋全集》文卷二《轮对札子三首》之三，第 595 页。
③ 《王十朋全集》诗卷一一，第 176—177 页。
④ 《王十朋全集》文卷二一，第 928 页。
⑤ 钱志熙：《王十朋和他的"会稽三赋"》，载《温州文史论丛》，第 270、271 页。

范围甚广,是一篇有韵的政论,淋漓尽致地反映皇城不远处的民生疾苦。十朋感叹:"事业浩无穷,筋力愧不任",其心情何等急切;"丈夫固有志,宁在官与金",①其胸怀何等坦荡。

(二) 高风整吏治

王十朋十分重视吏治规范,注重官员的道德修养。他初历仕途即追慕褒奖圣贤道德,惩治官场腐败现象,深入调研考察,注重社风教化,提出了有价值的官德思想和吏治主张。他自己则脚踏实地,身体力行,以高躅亮节感召周遭同僚,为整饬官场风气建树风范。

其一是深入调研考察以资政。王十朋认为,地方官应该在"入境之初,延见吏民,访问疾苦,视事之日首遣僚属分诣诸邑,与县令躬行阡陌,同共检视,咸得其实",②然后根据当地的实际情况,拿出解决问题的办法来。

他深入民间,访问疾苦,考察吏治,了解民情,并及时上报,希望上级选派循吏治理地方,"如守令善抚字者,虽拙于催科必举,不能抚字者,虽健于催科而必劾。如是则郡县皆循良之吏,天下无冻馁之民矣"。借浙东提点刑狱公事邵大受视察各地的机会,十朋在《与邵提刑》手札中列出"州县八弊",最后要求:"所陈八弊,亦皆利害之大者,傥有可采,愿赐施行。"③王十朋初上仕途即将政务诸事办理得如此周全详密,故深得上司青睐,一再提请朝廷褒彰重用。

其二是严词贬斥贪官劣吏。王十朋大胆揭露贪官污吏不顾民众死活,坑害百姓的种种劣迹。《民事堂赋》说:"唊民脂以饱妻子兮,犹雀鼠之偷太仓。苟不民事之是思兮,又将奚逭乎天殃。"④痛斥一些官员搜刮民脂民膏,中饱私囊,豢养妻妾,与偷盗国家仓库粮食的麻雀、硕鼠有什么两样?

绍兴二十七年秋,绍兴遭遇特大灾害,王十朋为民请命,代王安抚向高宗皇帝连上二札,报告灾情。于是朝廷下旨抚恤赈济,打开粮仓救济灾民。

---

① 《王十朋全集》诗卷一二《夜读书于民事堂》,第 196 页。
② 《王十朋全集》文卷五《又代上札子》,第 650 页。
③ 《王十朋全集》文卷二一《与邵提刑》,第 924—926 页。
④ 《王十朋全集》文卷一六,第 843 页。

但有不法官吏在卖米救济灾民过程中乘机谋私，坑害百姓，以糠杂米、"横索民钱"，王十朋义愤填膺，写下了《粜米行》，①将饥民"怨语嗷嗷盈道旁"的现实场景与胥吏"用心不臧"的劣迹两相对照，引出"见之不言咎谁当""我惭寸禄偷太仓"的沉痛自责，并告知同僚，希望能追究"小人"责任，切实赈济饥民。

（三）抚字赈灾民

初入仕途的王十朋，虽非地方主政者，但对关系当地民生的诸多大事小情，一概自当其任，想方设法加以解决。他善于与上司、同僚和下属保持良好的关系，处处以百姓的利益为重，以行动诠释了"以民为本"的执政理念。

绍兴八县自然灾害频仍，旱灾和水灾经常发生。王十朋上任时，遭遇水灾，台风淫雨，江涛沸溢，漂庐舍，坏堤防，伤亡惨重，民众生活困苦。"射的黑而米斛千夸，撷蓼花而为粮（自注：是岁饥民撷蓼花掘草根而食）"，气候异常，物价飞涨，饥民撷蓼花掘草根而食；"痛濒海之茧茧兮，葬江鱼之腹肠"，仅上虞县就淹死了好几百人。王十朋"区区忧国之心，不能自已"。②《与宰相论灾异》《与安抚监司论灾伤》③等文集中体现了他的应对思路，留存了不少行之有效的救灾举措。如"先抚字而后催科"，免除部分官府赋税，开仓放粮免致失所，"以工代赈"修复海塘，等等。都收到较好的效果。

（四）革除苛捐税

南宋时期，苛捐杂税甚多，王十朋发现其中的和买与榷酤，病民犹甚，故多次上奏朝廷，又下督县吏，三令五申，力求改革。

1. 革除和买弊端。

王十朋在《民事堂赋》中揭露，绍兴地区"岁和买无虑十万缣兮，曾无一钱之偿"，④民间叫苦连天。所谓和买，又称预买。本来是官府与民间的一种"公平交易"，公私两便。后来却逐渐演变成为赊买，或以虚券充数，不酬

---

① 《王十朋全集》诗卷一二，第188页。
② 《王十朋全集》文卷一六《民事堂赋》、文卷二一《与宰相论灾异》，第843、938页。
③ 《王十朋全集》文卷二一，第937、927页。
④ 《王十朋全集》文卷一六，第844页。

其值,成为州县正赋之外有预定数额的杂税。十朋经过调查研究后,得知民间每年"和买"损失大约"十万缣","曾无一钱之偿"。经多方努力,排除干扰,地方政府按户等物力的实际情况界定和买,达致公平合理,以避免纷争。

2. 革除榷酤弊端。

《民事堂赋》说:"榷酤之利半夺于有力兮,财赋浸以荒凉。"所谓榷酤之利,本于汉以后历代政府所实行的酒专卖制度;也泛指一切管制酒业取得酒利的措施。亦称"榷酒酤""榷酒""酒榷"。至宋代,茶盐榷酒皆属专利,由政府经营管理。诸州城内皆置务酿酒,县镇乡间或许民酿,课额少者募豪民主之,结果造成"豪举之家坐专其利"。特别是到了南宋初期,诸路将帅擅榷酤之利,以供军需,私扑酒坊甚多,政府的榷酤初衷"本欲惠民,乃成侵扰",①造成了国家财政的困难。为了使浙东西百姓免受非法酤榷之苦,十朋作《应诏陈弊事》说:"近有以酤榷之利而持使命于浙东西者,谏官论列不听",没有得到认真处理;"陛下又亲批圣语以谕之,有识咸以为疑",依旧没有得到纠劾。究其因,盖为台谏失职,致使皇上"蔽其四达之明"。②

(五) 兴利治鉴湖

绍兴的鉴湖,是历史上造福民众的著名水利工程。方圆三百五十八里,灌溉农田九千余顷。因此,会稽、山阴二县无荒废之田,无水旱之患,且山清水秀,风景如画,环境幽雅。可是自北宋大中祥符年间(1008—1016),有权贵豪绅开始在湖中建筑堤堰,盗湖为田,牟取私利。至南宋绍兴年间,围湖造田面积竟达二千三百余顷,生态环境受到极大破坏,水旱之患时常发生,万亩农田失去灌溉水源。

王十朋考察鉴湖,所到之处,百姓要求治理鉴湖的呼声十分高涨。经过大量的调查研究,十朋撰写《鉴湖说》,分上下两篇,四千余字,引经据典,详细分析鉴湖治理的利害关系,提出治湖之策。他认为,"自废湖而为田,每岁雨稍多,则田已淹没,晴未久,而湖已枯竭矣",且围湖造田有愈演愈烈之势,民众生

---

① 《宋史》卷一八五《食货下七》,第4518页。
② 《王十朋全集》文卷二,第604页。

存受到极大威胁。废湖为田不仅破坏了百姓的生产生活环境,而且是社会不稳定的根源,"狱讼之所以兴,人民之所以流,盗贼之所以生,皆此之由"。①

然而,由于治理鉴湖触及权贵豪强的既得利益,朝廷内外不时有反对之声。复田为湖与废湖为田之争甚为激烈。王十朋在文中总结说,废湖为田有三大害,复田为湖有三大利,但是复田为湖又有三大难。三大利与三大害针锋相对,利害关系一目了然,充分说明复田为湖的重要性。《鉴湖说》下篇以湖不可不复为大前提,又围绕着复湖的三大难提建议,条分缕析,分别针对三个大困难提出了自己的解决方案,为复田为湖提出了切实可行的措施。比较利害得失之后,利多失少。于是决定"今于农事之隙,募民浚治,官出财,民出力,两有所利,民虽劳而不惮,财虽废而不虚矣"。② 意见正确,方案可行,因此得到民众的拥护和支持。

王十朋全力参与鉴湖的治理。他敢于查处那些破坏鉴湖环境的权贵和地方豪强势力,为恢复鉴湖的生态作出了贡献。

(六)疏狱保民安

除以上举措之外,王十朋一本保民安宁的宗旨,全力理案疏狱。他了解民意,尊重民心,既关心百姓的物质生活,也帮助他们避免冤狱的迫害。在绍兴两年任职期间,他刚正不阿,敢于碰硬,公正办案,诠释了"以民为本"的执法理念。《民事堂赋》云:"先抚字而后催科兮,正今日之所当……省讼牒之烦苛兮,抑蠹政之豪强。节无用之浮费兮,俾斯民之小康。"③为求得"斯民之小康",王十朋"治己以先人",恪尽职守,慎刑恤狱,甄别民间讼案,规避冤狱,并深入民间调查案情,平反了一些冤假错案,使地方"狱讼由之稍稀"。④ 这里略举数端:

1. 为民请命:"按劾奸赃疏滞狱"

时值春夏之交,绍兴全局淫雨弥旬,农桑受害。十朋伤民心焦,上书

---

① 《王十朋全集》文卷二三《鉴湖说上》,第 971—972 页。
② 《王十朋全集》文卷二三《鉴湖说下》,第 974 页。
③ 《王十朋全集》文卷一六,第 843 页。
④ 《王十朋全集》文卷一七《湖州到任谢表》,第 849 页。

朝廷报告灾情,又作《与赵安抚乞疏狱》诗呈赵安抚子潇,说正当农桑生产关键时节,淫雨连绵不止,百姓有无衣无食之忧,在赞扬赵安抚是"今日贤方伯"的同时,提醒安抚使大人:"伤和无乃有冤民,蠹政尚疑多大族。使君有术开青天,按劾奸赃疏滞狱。"①说当今之所以灾害愈演愈烈,恐有大族作梗导致冤狱,故请求"遣郎官以决滞狱",按劾奸赃,梳理长久积压的讼案刑狱,平冤救弊。身为签判的王十朋巧妙地为上司指明了解救困局的施政方略。

2. 诗性判狱:"更须移孝为忠臣。"

王十朋慎刑恤狱,发现冤假错案,即予以大胆平反。我们可从他对郡内"王孝子"一案的处理了解其儒者仁心与践行民本理念的胆识能力。

《赠王吉老县尉》记叙并评析的是辖区内"渺然一书生""王孝子"为母复仇的典型案例,传达了王十朋对于事理的诗性评判,既不回避事件中情与法的考虑申辩,又尊重"识与不识,莫不壮之"的社会舆论,显示了作者本人坚守鉴判职分,并有效驾驭儒者的忠孝大节,而这一切全都基于移孝为忠、以民为本的信念。诗最后说:

> 君不见齐襄内行世所羞,春秋贤之缘复雠。
> 又不见子胥鞭尸报父怨,太史为之作佳传。
> 君今枕戈志已伸,更须移孝为忠臣。
> 他年当作傅介子,誓斩楼兰雪国耻。②

诗人以民心民理肯定王吉老刚烈行事的动机是"孝子衔命","以报母雠",认同盗墓者罪不当死,称"有司""贷其命"乃属"守法",显然不赞同王吉老的违法杀人之举。如此拿捏很见分寸。其诗性叙述,厚道公允,富有人情味,消减了盗墓杀凶之事先天具有的血腥气,平添了思考其"移孝为忠臣"

---

① 《王十朋全集》诗卷一二,第186—187页。
② 《王十朋全集》诗卷一二,第194页。

的内在义理意趣。通情达理而合乎法度,尽显作者的高识淳情。《道光乐清县志》按云:"诗用齐襄、子胥,盖借吉老之孝,以讽高宗复仇也。"①

试比较手札《代越帅王尚书待罪状》所说之案,实同指郡内盗发王佐母冢一事,二者所说侧重点有所不同,但称赏王佐"孝节实为可嘉,盖欲朝廷敦奖其孝,而特贷其罪"②的诚意却完全一致。王十朋怀儒者仁心,倡忠孝,讲仁义,重情理,体察民情,以德处事,见得他把控儒家民本理念的胆识和实践能力。

3. 规避冤狱:"于经于律,皆无违碍"

王十朋来自民间,了解社会民情,每当诉讼发生,一旦告至官府,常常是"富民纳赂以买直,贫者不能自伸;强者劫持以求胜,弱者不能自兑"。富者"强词夺理",贫者"有理说不清"。在这种强弱悬殊的形势下,"所望以直其冤者监司也",只有依靠公正的"监司"来判断曲直了。可是"监司"这些人办案作风又很有问题,"今监司按部,动以胥吏数十自随,所至州县,唯务诛求,苟满其欲,则狱事一切不问",③根本不能给老百姓平反冤屈。对此,王十朋在《民事堂赋》中十分感慨地写道:"兼并之弊炽于大族兮,编氓馁于糟糠""省讼牒之烦苛兮,抑蠹政之豪强"。④

王十朋办事公正,经他审理的若干案件"判决书"值得一读,如:

《定夺余姚县和买》:⑤前面说过他通过调查研究,弄清户等物力的实际情况后才决定和买的对象,这是比较合理的。

《定夺梁谦理分》:梁谦兄弟八人,自己过继其叔,养父去世,家贫无依,意欲归宗。其兄弟七人皆富,判决"兄弟义当怜恤,将原分到产业每人若干,比并谦见管如七人元分之数,令济同气之亲",⑥也令人心服。

《与安抚论张侍郎论鲁六伤犬》:十朋认为鲁六打伤了张侍郎的家犬,被

---

① 《道光乐清县志》卷一三《艺文下》,第 899 页。
② 《王十朋全集》文卷五,第 648 页。
③ 《王十朋全集》文卷二《轮对札子三首》其三,第 595 页。
④ 《王十朋全集》文卷一六,第 844、843 页。
⑤ 《王十朋全集》文卷二一,第 929—930 页。
⑥ 《王十朋全集》文卷二一,第 931 页。

判"勘杖八十"一事，不太合理。因为"事涉不明"，在事实尚未查明的情况下，若将鲁六断罪，就是"事属无辜"，社会舆论会说这是"轻人重犬"，①不仅官府要担负"误断"的罪名，对张侍郎的名德也有所亏损。因此，应该改判。

《定夺阿何讼陈友直》：这是一起家庭遗产纠纷案。阿何为陈友直的后母，婚后生有两个儿子，尚未成年。丈夫死后，她想改嫁，并且欲独占家产，不让陈友直参与家产的继承与分配。陈友直作为陈家长子，自然不同意后母的做法，阿何便到州府状告陈友直不孝。王十朋了解了事情始末后，给双方做了思想工作，晓之以法，动之以情，依照法律，合情合理做出判决：阿何改嫁自由，任何人都不能阻拦，但是家产不能独占，应让陈友直参与掌管；陈友直按照传统礼节，当以妾母敬待阿何，不得有怠慢凌辱之意。对于判决结果双方都十分满意，陈友直与后母和好如初。如此"依公"分析处理，"于经于律，皆无违碍"，②得到了当事人的理解。

在民间纠纷的调解处理途径上，王十朋采用官府调解和民间调解两种模式。其依法而断，以理服人，以情感人，注重教化等，颇有借鉴价值。史称，王十朋"自为郡佐，遇事不苟，民有讼久不决，多走诸司乞委公，虽文书填委，公一一翻阅，不以付吏，审核情伪，参用经律，所与夺人皆厌伏。……为文劝导百姓，以迁善远罪之意；有争讼则晓以义理，多退听者，故鞭扑罕用，事至立断。"③事实证明，王十朋不畏强权，出以公心，不谋私利，达到"狱讼由之稍稀"④的良好社会效果。

三、代札言事资国政

任绍兴签事一职是王十朋践履盐梅心志的初试牛刀第一站。他郡佐治事，践履民本，尤其是他代札以资政的政治识见，深得两浙东路安抚使王师心的青睐器重。王师心至少有十四件札子都是由这位状元郎代写的。例如

---

① 《王十朋全集》文卷二一，第927页。
② 《王十朋全集》文卷二一，第930页。
③ 《宋龙图阁学士王公墓志铭》，见《全集》附录二，第1111页。
④ 《王十朋全集》文卷一七《湖州到任谢表》，第849页。

收录于《王十朋全集》文卷五的《又代上郊祀天晴札子》报告郊祀，歌功颂德的同时"伏望陛下兢兢业业，益家励精，新而又新"。又如两篇《又代上札子》，奉报郡内赈济灾民、蠲免租税、平易物价诸事宜；为永祐陵、昭慈宫崇奉事件，十朋代写《札子》；为太行皇太后灵驾准备事及谏莫因梓宫过高水行废桥，十朋又代撰《又代上札子》等等。① 其中或有应景公文者，但王十朋却借机上传自己的政见和建议，实乃自陈谏言以资政。特别是当金军南侵之际，以代札的形式适时向高宗谏言备战将帅，以图御敌复兴，事关国政大局。

自绍兴九年（1139）"绍兴和议"达成后，宋金历时十余年的和平共处形势开始有了新的变化。其时，金扩军欲南侵，"南牧无疑"，有"立马吴山第一峰"之野心，"闻者痛愤之"，而高宗与宰执不信，疏于战备。就在绍兴二十八年（1158）二月，"礼部侍郎孙道夫奉使北境回，言金国主亮诘以关、陕买马非约，恐将来寻衅于我，当以为备"。礼部侍郎叶义问也有"防海道、守淮甸、遣戍卒"②之请。当此边防形势趋紧之际，朝廷却无所举措。身在绍兴的王十朋心焦如焚，在安抚使王师心的首肯下，向皇上呈送《又代上五札》，③发表国事见解，提出了朝廷亟需改革加强的五个重大问题，关涉边防、人事、内务、财政诸多方面，奏劝宋高宗做好战备。整饬河山的情怀如此急切，简直可以看作是对《廷试策》因特殊原因而不便说出的内容作了必要的补充和完善：

其一，御强敌，任贤才。王十朋认为，对付外敌的上策"莫如自治"，"夫内修政事，盖自治之策也，任贤使能，又自治之要者"。他提出了"今我与虏，强弱不敌，惟当以人才胜之"的主张，强调当下时局，"边境未宁，正是侧席求贤之日"，乞请"陛下以仁宗之心为心，大臣以吕夷简之事为法，相与任用天下之贤才，以为排难解纷之计"。

其二，通下情，开言路。王十朋分析敌我双方形势，明确指出，"虏情多诈，殊不可测，愈和愈骄，情态已露"，而我方尚处于极不妥当的状态："未至

---

① 《王十朋全集》文卷五，第648—652页。
② 《续宋通鉴》卷六，绍兴二十九年、三十年，第141、143、145页。
③ 《王十朋全集》文卷五，第652—656页。

而言常以为虚,及其已至则又不及"。面对敌方骄态毕露的情势,十朋认为"备敌之术,莫若通下情,开言路",请求"陛下广视听,通群情",明示"沿边帅守,中外臣子,凡有所闻,并以实奏,勿以张皇为罪"。

其三,节财用,省浮费。关于国家财用不足的问题,王十朋的《廷试策》已有深透的论说。此刻再以代为上札子的形式上奏,乃因"臣闻财用不足,最为今日之患",他主张:"生财不如节财,省用斯能足用。"他至诚希望"陛下以文帝、仁宗之俭德为法,以德宗之私心为戒",以致"上下皆足,公私并济"的局面。

其四,天下危,择将帅。王十朋关注"四夷不恭,拔卒为将"的边防危机,提醒皇上,"今夷狄外侮,正是注意将帅,拔擢行伍之时",请皇上要适时采取对应措施:"贤而有重望者,可用为大帅,以总揽天下之兵权";"骁勇善战者,可使当一面","亦可责其捍御之功,不可置之闲处";采用艺祖皇帝之规,不要一开始就给予爵位,而要待他建立功业后再论功奖赏。

其五,选江淮之守,增蜀帅之权。王十朋指出,逆亮败盟之时,"今朝廷以江、淮为蔽障,以守帅为长城",所以,江淮之守臣比之其他地方尤其显得重要,皇上应在文臣武将中选拔任用"才勇智略"兼具者,并"亲加敦遣,勉以忠义,资之以粮,假之以兵",给予特别充足的支撑。而"川蜀之地,去朝廷最远,尤为虏所窥伺",故提请朝廷应当增重四川帅臣的权力,使他们有见机行事之权。

身在绍兴,心怀天下。忠规谠论,挺挺大节。王十朋代帅作札子,建言资政,有哪一项不关乎抗金大局、民生大事?这本非属于绍兴签事这类微官的本职权限范围,但向怀报国大志的王十朋却以安抚使王师心的口吻一一诉之笔墨,向朝廷传送己见,除了证明他与自己的上司有相同的政见以外,还可见得这位状元郎不同寻常的政治识见和军事谋略。由此可以进而理解,王十朋的《廷试策》规避收复失地和抗战复国之事,只是一种权宜之计、一种入仕策略。

第三章　刚直立朝　激进言事
——"五贤臣""真御史"振衰拨乱整朝纲的高风劲节

王十朋中魁后颇受高宗重视，略经绍兴府吏事考察，即受郡帅王师心举荐，应召任秘书省校书郎。绍兴三十年（1160）"孝宗为建王时"，高宗擢"王十朋兼小学教授"。① 王十朋与他的同僚上疏进谏，清醒激进言事，力图拨乱反正，清除秦桧流毒，振衰弃弊整顿朝纲。高宗有限度从谏，下诏加强边备，免杨存中兵权，相继起用十朋等举荐的爱国旧臣张浚、胡铨等，朝政为之一新。史载，"十朋与冯方、胡宪、查籥、李浩相继论事，太学生为《五贤诗》述其事"。② 而王十朋则被历官至参知政事的学人高斯得称为"五贤之冠"："其论谏大指谓御戎之策莫先于用人，用人之要莫先于人望，其专属魏公，盖不待隆兴之初矣。又悼三衙北司交坚党合，不畏蹈祸，危言刺讥，卒使老将距脱，众奄胁息。太学诸生赋五贤之诗歌咏其事，公为冠首焉。"③

然而，在后秦桧时期，秦桧专权所形成的政治格局、军事格局和舆论环境没有大改，战、和之争依然激烈，秦桧遗党在朝中气焰尚盛，忠义正直者的拨乱反正之举备受打压。以王十朋为"冠首"的五贤们势不能安，相继被论列出朝。

孝宗赵眘素有恢复中原之志，即位第十天，召十朋赴京对策，商议国家大计。隆兴元年（1163）四月，王十朋除起居舍人，升侍讲；五月，又由右正言

---

① 《宋会要辑稿》崇儒一之一一，第2167页。
② 《宋史·王十朋传》，见《全集》附录二，第1114页。
③ 高斯得：《耻堂存稿》卷四《梅溪先生忠文王公祠记》。

升任监察御史,成为孝宗用以压制宰执权的一个"天子耳目之臣"。① 王十朋显然得到了宋孝宗的信任和器重。"隆兴天下同贞观,愿为贤相为良臣",②王十朋毫不掩饰"赞中兴"以为"良臣贤相"之豪迈心志,其政治生涯由此进入了辉煌时期。

起居舍人、侍御史王十朋秉持复国中兴理想,犯颜极谏,精干务实,排群议,绘宏图,凡奏事、施政,无一不讲求实效。他力主抗金,支持隆兴北伐,敢于旗帜鲜明地与皇权、相权做某种程度的抗争,陈述辩议时政得失,謇謇谔谔,声震朝野,人称"真御史"。其爱国忧民、忠于职守、直言敢谏的高风劲节彪炳史册,也由此引发有宋以降的千年聚讼,有待学界审议辨析,还历史以本来面目。

高斯得以"前张后王"之论,称羡王十朋入仕为政得其时势,说:

> 阜陵即阼,登公横榻。赤帜复仇之义,底柱建督之谋,公于魏公未尝识面也,徒以国事捐身徇之,嵚崎流落,之死靡变。此其本心果何为乎? 愚尝论高宗中兴,策诏诸儒,得天下之士二焉,前有张,后有王,言论风指,仿佛相似。无垢出于权凶未枋之前,梅溪兴于魁孽既殒之后,故其施设规置,略有不同。张公阨于秦相,不究其用,识者唶唶;公遇两朝,谏行言听,故高风劲节,磊落震荡,当时之士无与为比。士大夫立身行道若此,可无憾矣! 虽然,愚犹有遗恨焉。……③

高斯得此文气体雄迈,犹有退之、介甫之风。文中"阜陵",称宋孝宗;"魏公"指张浚;"前有张"的张,指张九成(1092—1159),字子韶,号无垢居士,杭州人。绍兴二年(1229)廷对第一,以反对秦桧和议,被谪14年。桧死,起知温州。《宋史》卷三七四有传。高斯得生当南渡后期,绍定二年(1229)举进士,国事益不可为,而权奸后先接踵,故言王十朋之事不胜其悲

---

① 《宋朝诸臣奏议》卷五一刘随《上仁宗论当今所切在于纳谏》。
② 《王十朋全集》诗卷一七《次韵何子应题不欺室》,第289页。
③ 高斯得:《耻堂存稿》卷四《梅溪先生忠文王公祠记》。

愤叹慕之思。盖高宗虽崎岖外患,而犹能识拔贤豪,容纳忠说,"得天下之士二焉",其时大臣犹有知大体能直言如张九成、王十朋者以左右之,则其延宋祚于百数十年之久者,岂独天命为之哉!他高度评价王十朋"兴于魁孽既殒之后",遇到了高宗、孝宗两朝,能"谏行言听",行"复仇之义",以其"立身行道"彰扬"高风劲节,磊落震荡",毕竟是"当时之士无与为比",因此不抑"叹慕"之情,认为十朋可以"无憾"。整体看来,摘引的这段高氏评论虽回护掩盖了其间应有的"嵚崎流落"和必然的压抑抗争,言犹未尽,不免偏颇,但也算得上切合高宗末、孝宗初的政局时势。较之于张九成的"陃于秦相,不究其用",王十朋没有愧对这风云激荡的时代,算是有所作为之臣。

第一节 整朝纲轮对言事

宋高宗赞赏王十朋"经学淹通,议论醇正",试以绍兴府民事后即除任秘书省校书郎,寻兼建王府小学教授。尽管一切犹在秦桧路线笼罩之下,"微官"王十朋立朝之初,还是坚执施展政治抱负,轮对时上防御用人之策,请求革除奢侈之风,"崇阳抑阴"以弭灾变,清醒而激进,勇于诤谏,拨乱反正,整顿朝纲,肃清秦桧余毒,颇见忠勇无忌的风采。五贤们的论议、奏疏,无蹈虚之语、盘空之论,或痛斥投降、力主抗金,或规划战备、力图恢复,以剀切详尽、条畅明白为特色,浩然襟抱,英伟磊落。故《建炎以来系年要录》有载:"自秦桧扼塞言路,士风浸衰。及上总揽万几,激厉忠说,而余习犹未殄,朝士多务缄默。至是十朋与校书郎冯方,正字胡宪、查籥,太常寺主簿李浩,始因转对有所开陈。闻者兴起,太学之士为《五贤诗》,以述其事焉。"[①]

一、秦桧路线阴霾笼罩朝野

王十朋立朝参政伊始,正当宋高宗执政的最后两年。鉴于秦桧已死,高

---

① 《系年要录》卷一八六,绍兴三十年九月庚子,第3608页。

宗采取了某些措施改革朝政,也部分采纳王十朋的进谏,但屈金投降路线依然如故,秦桧专权所形成的政治路线、军事格局和舆论环境也未见改观。笼罩于秦桧路线阴霾之下,王十朋的政治主张和一系列诤谏,注定不可能全部付诸实施。

(一) 朝廷屈辱求和

赵构乃和戎国是的制定者。所建国号"建炎",意为建隆再造,以火克金(指金国),尽快与代表耻辱的"靖康"告别。面对中原沦丧,入侵帝国的女真士兵正在屠戮自己的臣民,新皇所作的第一项举措是"巡幸东南"——狼狈南逃。建炎元年(1127)九月,为防止陈东伏阙请愿事件重演,赵构下诏威胁道:凡反对"巡幸淮甸","敢妄议,欲摇动朝廷者,许人告","不告之人,并行处斩"。①

绍兴五年(1135年)定都临安,以为永久性的"行在所","自此不复迁都矣"。② 绍兴十一年(1141),宋高宗听从秦桧主张,解除了岳飞、韩世忠等抗金大将的兵权,迫令岳飞班师并杀害之,向金表示议和的决心。十一月下旬,赵构"命宰执及议誓撰文官"秦桧等讨论完成了向金国乞降的文件——《誓书》,略谓:

> 窃以休兵息民,帝王之大德;体方述职,邦国之永图。……契勘:今来画疆,合以淮水中流为界,西有唐、邓二州割属上国。自邓州西四十里、西南四十里为界,属邓州。……生辰并正旦遣使,称贺不绝。所有岁贡银绢二十五万匹两,自壬戌年为首,每春季差人般送至泗州交纳。……既盟之后,必务遵承,有渝此盟,神明是殛,坠命亡氏,踣其国家……③

《誓书》以"臣构言"开头,列举和议的条款:南宋向金称臣,南宋皇帝由

---

① 《系年要录》卷九,建炎元年九月癸丑,第254页。
② 《朝野杂记》,甲集卷五《中兴定都本末》,第119页。
③ 《系年要录》卷一四二,绍兴十一年冬,第2685—2686页。

金国册封,每年金国皇帝生辰并新年,派遣使节祝贺;以淮水中流为界,连同唐(今河南唐县)、邓(今河南邓县)二州归金国;岁贡银绢25万匹两,自绍兴壬戌年(1142)开始,每春季差人送至泗州(今安徽泗县)交纳;北方流移在南之人,愿意北归者,不予阻止,而金国追捕之人,不敢收留;南宋叛亡之人,不得进兵袭逐,只能移文通缉,等等。《誓书》最后起誓云:如违此约,神明惩罚,氏族毁灭,国家覆亡!赵构称金国是"上国",而宋朝连自称"敝国""敝邦"的勇气都没有,更不敢称"本朝",只称"敝邑"——"邑"者,小镇、小县城而已。他根本无意迎回"二圣",表达的是做奴隶而不可得的迫切心情,求的只是苟且偷安,并叮嘱世代子孙谨守"臣节"。

满朝主战派以此等屈膝求和为奇耻大辱,愤激作气。然而有《誓书》在前,宋、金和议即成。"绍兴和议"绝对是一个屈辱投降的条约。《宋史》把赵构和刘秀相提并论,定为中兴守成之明君,说,"高宗恭俭仁厚,以之继体守文则有余,以之拨乱反正则非其才也。……君子于此,盖亦有悯高宗之心,而重伤其所遭之不幸也"。①当代学者何忠礼、徐吉军分析宋金对立时局实际,认为:"对于南宋来说,'绍兴和议'无疑是一个丧权辱国的和议,它使国家蒙受了耻辱,人民增加了负担,给整个国家和民族带来了严重后果",主观上是一个投降和议,但是客观上有积极意义,有利于稳定南宋政局,求得喘息时间,恢复经济;并指出:"从中外历史上看,绝大多数和议的签订,都是双方军事力量和经济力量达到某种平衡的产物,'绍兴和议'实际上也不例外。那种认为绍兴前期南宋有力量收复北方失地的看法,是对当时宋、金两国国情缺乏正确了解的缘故。"②

秦桧死后,宋高宗鉴于秦桧集团已失去利用价值,有意更换宰执朝臣,铲除秦桧的政治亲党,但为维护既成偏安局面,他不准台谏官追究其贪污、受贿等罪行,还竭力表彰秦桧"力赞和议""诚有功于国",为秦桧墓题写神道碑额"决策元功,精忠全德",③把秦桧目为大功大忠之臣。又诏曰:"讲和

---

① 《宋史》卷三二《高宗九》"赞",第612页。
② 何忠礼:《南宋全史》(一),上海古籍出版社,第214、216页。
③ 《系年要录》卷一七〇,绍兴二十五年十一月己酉,第3223页。

之策,断自朕志,秦桧但能赞朕而已,岂以其存亡而渝定议耶?"高宗虽然将秦桧的一些主要党羽免职或贬降,但他仍委任主和派万俟卨、汤思退等秦桧党羽奸佞小人掌政,坚守对金和议条款,加大向金统治者献媚。诚如虞云国先生在为拙著《梅溪诗传》所撰序言中指出的,"出于妆点'更化'的考虑,王十朋钦点为状元。但宋高宗只打算适度打压权相势力,对秦桧参与打造的绍兴和议体制却公然声称'断自朕志'而'不容妄议',故而尽管声称'十朋乃朕亲擢',对他抨击'一桧死百桧生'的奏对却置若罔闻。"①又概言之,秦桧专国年代充满"前所未有的窒息和黑暗"。②

吕中《大事记》曰:"秦桧以十八(十九)年之久,呼俦引类,盘踞中外。一桧虽死,百桧尚存。……自桧死后,虏颇疑前盟不坚,为之禁妄议和好以信虏,为之重窜张浚以悦虏,何异于桧之为也。"③《建炎以来系年要录》载高宗诏云:"近者无知之辈,遂以为尽出于桧,不知悉由朕衷,乃鼓倡浮言,以惑众听。至有伪撰诏命,召用旧臣,抗章公车,妄议边事,朕实骇之。……如敢妄议,当重置典刑。"④以此可见,秦桧死后,赵构执行的是没有秦桧的秦桧路线。一直延续到孝宗朝才有所改观,但孝宗即位之初也未对秦桧做出颠覆性的评论。

(二)绍兴更化举措

大体以绍兴二年(1132)高宗驻跸杭州为标志,南宋小朝廷总算在江南站稳了脚跟。"绍兴和议"达成之后,宋金两国开始了一段较长时间的和平共处。宋高宗转向注重内治,曾在政治、军事、经济等方面实施某些改良,使国家呈现某些"中兴"气象。

在政治制度上,实行中央权力军政、民政、财政"三权分立",以加强中央集权;重新确立"兴文教,抑武事"⑤的"崇文抑武"的大政方针。在财权上,

---

① 虞云国:《梅溪诗传·序》,五洲传播出版社 2021 年版,第 1 页。
② 虞云国:《细说宋朝》五三"绍兴和议与岳飞之死",第 371 页。
③ 佚名撰、汪圣铎点校:《宋史全文》卷二二下"宋高宗十七",中华书局 2016 年版,第 1806 页。
④ 《系年要录》卷一七二,绍兴二十六年三月丙寅,第 3284 页。
⑤ 《续资治通鉴长编》卷一八,太平兴国二年正月丙寅,第 392 页。

设置转运使掌管各路财赋,采取措施,发展农业和商贸。对于臣僚谏言,只要不触犯到和戎国是,即使比较尖锐,还是能够容忍的,部分也予"嘉纳"。

曾轰动朝野的陈东、欧阳澈案,在一年半之后得以平反。《中兴两朝编年纲目》载,"(建炎)三年,上过镇江,以金赐(陈)东家,且官其子",至绍兴四年,又为二人"赠官赐田"。他认为"陈东忠谏而死","死者不可复生,追痛无已"。①

"高宗采取一系列措施,以恢复被保守派所推崇的所谓'元祐更化'时期的政治和制度",②宣扬"朕最爱元祐",全面批判"王安石父子平昔之言不合于道者",③除了绝不允许反对和戎路线之外,对士大夫采取比较宽松的政策。

高宗也说过一些体恤百姓、惩治腐败的话:"朕今日所以休兵讲好者,正以为民耳","惟于赃罪则不贷,盖以赃罪害及众,不可不治"。④ 为表示关注农业生产的恢复和发展,绍兴十六年(1146)正月,"首推农事之本",在临安府举行了北宋以来废止多年的帝王亲耕籍田仪式。今日杭州玉皇山麓"八卦田"即是绍兴籍田遗址。⑤ 高宗还实施一系列体恤民生、完善社会保障的举措,以缓解民困,均平赋税,减州郡税赋,却地方献助。史载其时"下罪己诏",言辞"切且至也"。绍兴元年"冬十月,诏戒朋党","行营屯田民兵法";绍兴二年"夏四月,诏戒朋党","申禁销金",并"戒饬治狱之官恤刑","命诸州立石";绍兴三年"冬十月,诏戒奔竞";绍兴六年"命赈济""诏宽恤";绍兴十四年,"减四川杂征","三月,减坑冶虚额";绍兴十七年"禁献羡余","诏以宽剩钱充月桩";绍兴二十一年"秋七月,除柴米税";绍兴二十九年,"二

---

① 《中兴纲目》卷一,丁未建炎元年,第23页;卷二,己酉建炎三年,第65页;卷五,甲寅绍兴四年,第199页。
② 何忠礼:《南宋全史》(一),第144页。
③ 《系年要录》卷七九,绍兴四年八月戊寅朔,第1487页;卷八七,绍兴五年三月庚子,第1672页。
④ 《系年要录》卷一六一,绍兴二十年九月甲戌朔,第3057页;卷一七四,绍兴二十六年八月戊寅,第3326页。
⑤ 《咸淳临安志》卷四〇《亲耕籍田》,第3722—3723页。

月,罢榷场","八月,减进奉银";绍兴三十年,"宽商征","十一月,停羡余赏。诏不得以羡余推赏",高宗"仰畏天变,俯恤民隐,放房钱以宽细民,遣郎官以决滞狱"。① 如此等等,与其他帝王相比,其改弊更化举措不可谓不周全。

绍兴二年(1132)六月,赵构"颁《戒石铭》",把宋太宗赵炅所修改确定的官员训诫重新刊刻在石上,并拓为墨本赐各州县官员,让他们当作座右铭:"尔俸尔禄,民膏民脂;下民易虐,上天难欺!"②意在整治吏治,此后,立戒石成为王十朋州郡任职的一个基本动作。

随之而来的,是南宋的手工业、文化产业、外贸、金融也都有进一步的发展。故有学者说:"正如国际学术界公认,从宋代开始,中国人首次大规模从事海外贸易","尤其是南宋,正在朝海上强国的方向发展"。③

(三) 高宗"功过参半"

绍兴三十二年(1162)六月,宋高宗在当了三十六年皇帝以后,以"倦勤"为由,传位给养子赵昚,是为宋孝宗。赵构退位后,自称太上皇帝,不再问朝政,其实从未放弃干预政事。《宋史》称他是一位中兴之主:"宋传九世而徽、钦陷于金,高宗缵图于南京。六君者,史皆称为中兴,而有异同焉。……至于克复旧物,则晋元与宋高宗视四君者有余责焉。高宗恭俭仁厚,以之继体守文则有余,以之拨乱反正则非其才也。"④

而对于赵构的偷安忍耻,后人多予非议和讥诮。明清之际的思想家王夫之就指责道:"高宗之畏女直也,窜身而不耻,屈膝而无惭,直不可谓有生人之气矣。"骂他害怕金人的模样简直没有一丁点儿活人的气息,但

---

① 《中兴纲目》卷二,己酉建炎三年,第56、68、64页;卷三,辛亥绍兴元年,第132—133页;卷四,壬子绍兴二年,第153、171、173页;卷五,癸丑绍兴三年,第180、187页;卷七,丙辰绍兴六年,第241页;卷一〇,绍兴十四年,第345、347、361、362页;卷一一,辛未绍兴二十一年,第377—378页;卷一二,己卯绍兴二十九年、庚辰绍兴三十年,第409、412、414、416、420页;卷一三,辛巳绍兴三十一年,第427页。
② 《中兴纲目》卷四,壬子绍兴二年,第158页。
③ 易中天:《风流南宋》,第83页。
④ 《宋史》卷三二《高宗九》,第611—612页。

同时又说:"以时势度之,于斯时也,诚有旦夕不保之势,迟回葸畏,固有不足深责者焉。"①王夫子以为,高宗为保住社稷不亡,屈辱求和乃为不得已而为之之举,故对他"不足深责"。清代学者赵翼对"绍兴和议"更是持肯定态度,以为宋、金和议是在敌强我弱形势下一个不得已而为之的"图全之善策",说:"耳食者徒以和议为辱,妄肆诋諆,真所谓知义理而不知时势,听其言则是,而究其实则不可行者也。"②

何忠礼认可王夫之的观点,对宋高宗作出评判,说:"王夫之是一位颇具民族主义思想的学者……对高宗求和活动所作出的评判,应该说比较公允和客观","在历史上,高宗既非'中兴'之主,但也不是一个'荒淫无道'的昏君","'绍兴和议'的签订,无论在政治上、经济上和领土主权上,对南宋来说都是一个丧权辱国的协定,这是毋庸置疑的事实,但和议的签订又是一件不能避免的事,在客观上也起到了一定的积极作用",肯定"宋、金两国通过和议,使大规模的战争得以平息,使人世间最可宝贵的财富——人的生命免遭牺牲,使两国的经济、文化在和平的环境中得到恢复和发展,也使南宋政权站稳了脚跟"。③

朱瑞熙也认为,长期以来,中国史学界习惯了一种"成王败寇""非此即彼"的历史一分法即一元历史观。其实,历史是丰富多彩的,宋高宗是一位比较复杂的历史人物,难一言以蔽之。在对金关系上,他坚持与金议和,不惜纳贡称臣、杀害岳飞父子,因此是十足的投降派首领。但他也曾指挥、组织过宋军抗击入侵的金军,加之他一直沿用宋朝的国号和正朔,所以他还没有达到完全"卖国"的程度,不能称之为"卖国贼"。同时,他在内政建设上,经过不断努力,解决了农民暴动、兵变、游寇等棘手的问题,稳定了政局,从而保证宋朝的统治得以延续,因此他还是南宋的"中兴之主"。总之,他所处的特定环境,决定他是一位功、过参半的皇帝,不能把他完全否定。④

---

① 王夫之:《宋论》卷一〇《高宗》,第169页。
② 赵翼:《廿二史札记》卷二六《和议》,凤凰出版社2008年点校本,第368页。
③ 何忠礼:《南宋全史》(一),第148、198、238、219页。
④ 朱瑞熙:《重新认识南宋的历史地位》,《社会科学报》2009年4月7日。

本着实事求是的原则,考之宋高宗对王十朋《廷试策》的态度与王十朋立朝期间的政治经历、诤谏遭遇等,以"功过参半"评价赵构,基本上也还是恰当公允的。

二、奉诏任职秘书省建王府

绍兴二十九年(1159)冬,王十朋绍兴府签判秩满解官归里。次年(1160)正月初二,他接到了朝廷除任秘书省校书郎之命。其奉召供职秘书省前后的纪游诗与书简,颇能见得他在秦桧路线笼罩之下,坚执施展政治抱负的精神风貌。

(一)"居安能使庶民安"

离别绍兴路经雁荡,王十朋"为留一宿话资深",作《题双峰资深堂》五首深切怀念"勤为民事"、多有"惠政""遗爱"于家乡的前贤"邑令"周邠,以寄托自己的政治抱负。其五曰:

> 堂名石刻两俱存,令我深怀旧长官。
> 学道资深更深处,居安能使庶民安。①

作者自注云:"周开祖昔令乐清,有遗爱堂,名乃开祖所命。"按,周邠字开祖,杭州人,熙宁八年(1075)任乐清县令。是东坡通判杭州时的旧交,善诗画。"资深堂"取意《孟子·离娄下》:"君子深造之以道,欲其自得之也。自得之则居之安,居之安则资之深,资之深则取之左右逢其原(源),故君子欲其自得之也。"《广雁荡山志》说周邠"为邑令,有惠政,人称为周长官。每游雁荡,觞咏累日不去。然仍勤为民事,民乐其游,王梅溪称为乐之遗爱"。

王十朋徘徊于前贤"邑令"曾寓居的"资深堂",心慕多有"惠政""遗爱"的堂主人,慨言"令我深怀旧长官",满脑子翻腾的是"居安能使庶民安"

---

① 《王十朋全集》诗卷一三,第223页。按,《全集》有误:怀原作"为",现据四库本改。

的民事之思——他要"学道资深更深处"!《孟子》所言的"资深"民事奥义在这里借雁荡山水人文得以深发。资深堂里道资深。王十朋怀想"旧长官",践履孟子之道:"君子深造之以道,欲其自得也。"(《孟子·离娄》)

(二)"馆中皆一时英隽"

绍兴三十年(1160)正月,王十朋进入文臣向往的馆阁。到任半月后,他在《与王运使之望》小简中透露自己的心境:

> 某晚学不才,试吏越幕……误蒙郡帅王书见知,尝荐僚属四人于朝,以某为首。……汪圣锡为少蓬,尤厌士论,馆中皆一时英隽,某厕迹其间,葭倚群玉,愧不自胜。①

秘书省是古代专门管理国家藏书的中央机构,监掌经籍图书之事。秘书省校书郎,乃校勘典籍的官员,正九品上。"微官"王十朋看中的是"馆中皆一时英隽",自己能"厕迹其间,葭倚群玉",自能增长见识。与陆游《诉衷情》词所称"青衫初入九重城,结友尽豪英"同调。而作为朝廷言官,他有了接近皇上的机会,就有可能兑现青年时梦寐以求的"慨然一吐胸中略"的理想。从后来的实际看,当时在秘省任职的有汪应辰、周必大、冯方、李浩等,皆知名之士,一时"英隽""豪英",十朋视为知己,一一结为挚友,终身契合。如汪应辰与十朋志同道合,后升端明殿学士、左朝议大夫,为撰《墓志铭》的就是他。汪应辰与王十朋、黄洽、陈良翰等在《宋史》中同传。该传《论》曰:"黄洽浑厚有守,应辰学术精醇,尤称骨鲠。"②

(三)"吾皇知子能择贤"

绍兴三十年庚辰(1160),王十朋四十九岁,"正月(初)二日,被命秘书省校书郎,寻兼建王府小学教授"。③ 其时,建王赵昚已有子多人,后来的宋光宗就是他的第三个儿子,绍兴三十年时只有十三岁。培养皇子皇孙是继

---

① 《王十朋全集》文卷二〇,第910—911页。
② 《宋史》卷三八七"论",第11895页。
③ 徐炯文:《梅溪王忠文公年谱》,见《全集》附录三,第1126页。

承皇统的大事,王十朋受任小学教授,成了赵昚(孝宗)之子即皇孙赵惇(光宗)的老师,显然是出于宋高宗对状元郎的信任器重。其时,史浩守尚书司封员外郎兼建王府直讲。王、史之交集始于此时。

王府教育除对皇子皇孙讲授小学,即文字、训诂、音韵外,还讲授经史与治国之道。王十朋博通文史,自能讲授君臣上下之位,父母长幼之道,历代治乱兴衰、成败得失之理,国君御天下、治国用兵之术等等,还讲自己擅长的《春秋》《论语》等。王十朋为人正直,学问渊博,通经史,博古今,故深受皇子皇孙们的敬重。作于此时的《次韵皇子建王题明远楼》,既有对建王之赞美,更有引导建王同情天下寒士之教诲:"应怜天下士,蜗舍不容身。"①

十月二十二日是建王三十五岁生日,十朋作《皇子建王生日》诗祝贺。全诗三十句,有曰:"淑质岐嶷貌端然,少亲师傅学问专。"同时称赏高宗"吾皇知子能择贤"。② 十朋向建王提出将来继君治国的具体要求:自重自爱,诚存善心,亲端士,远小人,不求仙,不信佛,精心求治,接受历史经验教训,致力国家中兴。这首生日贺诗不空泛而重写实,其耿耿忠心,尤显一位政治家的识见与担当。

三、上策言事清除秦桧流弊

言事实践是王十朋仕宦生涯的重要组成部分。按宋制,在京侍从以下职事官员五日轮一员上殿面奏时政,并提出建议。王十朋上札的主旨是拨乱反正,力主复国中兴,进谏的锋芒对准秦桧遗留的朝政弊端。史载,秦桧擅权以来,"扼塞言路,士风寖衰";秦桧死后,宋高宗"激厉忠谠,而余习犹未殄,朝士多务缄默"。③ 绍兴末年,王十朋与校书郎冯方,正字胡宪、查龠,太常寺主簿李浩等一起轮对论事,高宗多有采纳。十朋此时地位虽不高,但这些轮对札子显示出"五贤冠首"老成谋国的风范,忠直之气溢于言表。

---

① 《王十朋全集》诗卷一四,第 225 页。
② 《王十朋全集》诗卷一四,第 227 页。
③ 《中兴纲目》卷一二,庚辰绍兴三十年,第 419 页。

(一) 上防御策赢得采石大捷

宋高宗在位时,宋金曾有多次交战,互有胜败。如建炎四年(1130),韩世忠以八千人拒金兀术十万之众,黄天荡之战大挫金军士气,使其不敢贸然南渡长江。此后的富平之战,是宋金战争中一次大规模会战。南宋轻率集结重兵,仓促进行反攻,在战役指挥上恃众轻敌,互不协同,以致大败。和尚原之战由著名抗金将领吴玠、吴璘兄弟指挥,有效阻止了金军的西线攻势,保住了川陕门户。绍兴三年(1133)有川陕之战,金军败绩,引兵北撤,吴玠、王彦乘势收复金州。岳飞有收复襄汉六郡的胜利,韩世忠有大仪镇之战的胜利。绍兴十年(1140),刘锜还取得顺昌保卫战的胜利。等等。但总体看来,终因本朝大忌和平经,并举"兴文教、抑武事"与"守内虚外"双策,长期畏敌如虎,忍辱负重,怠懈武备,消极防御,扶不起的帝国正规军往往在双方实力相当的情况下自动休战,屡屡与敌方订立城下之盟,龟缩在敌人刀枪之下。在如此严峻的边防形势下,南宋文臣被迫运筹帷幄,甚至出塞将兵,干起了本非书生所长的兵家权谋行当。发生在绍兴三十一年(1161)的采石之战是著名的大捷。算是文臣主持武事的成功战例。可人们只知道虞允文的指挥之功,却常常遗忘了同为"破敌书生"的王十朋与他的抗战派挚友运筹帷幄、经略武备所起的历史性巨大作用。

1. 采石之胜 影响甚巨

绍兴三十一年即金正隆六年(1161)八月,金主完颜亮指挥60万大军,兵分五路南侵,水陆并进,直指江南,意图攻占临安,灭亡南宋。《宋史纪事本末》以大篇幅记录采石之战的始末。"九月,金主大举入寇","冬十月,金主亮渡淮",亲率40万主力大军长驱直入,"分军数万围海州",①直抵长江北岸。

消息传到临安,宋高宗惊恐失措,欲渡海避敌。在宰相陈康伯等的劝阻下,高宗决定暂留临安观望形势。南宋淮西主将王权不战而逃,退驻长江南岸采石(今安徽马鞍山市西南)一带。十一月初,完颜亮进占和州(今安徽和县)城,欲由此南渡长江,直取临安,一战灭宋。在此紧急关头,"中书舍人

---

① 《宋史纪事本末》卷七四"金亮南侵",第768、769页。

虞允文参赞军事",于十一月六日奉命到芜湖督军反击。次日晨,虞允文来到距采石十余里的地方,当机立断,"遂立召诸将,勉以忠义",①与统制张振等共同研究沿江军事部署。十一月七日、八日,宋军两次猛击敌军。"敌半死半战",战斗十分激烈。"允文知(金主)亮败,明当复来",乃"夜半布阵"。第二天金军果然卷土重来,虞允文即令部将盛新带领一批弓手射杀金军。同时,派人到渡口上游火袭敌人,"焚其舟三百",金军大败。完颜亮带领残部退到瓜州,被厌战的金军乱箭射死,"裹其尸而焚之"。十二月,宋军"收复两淮州郡"。② 此即被定为南宋"中兴"以来"十三处战功"之一的宋金采石之战。③《宋史全文》载,"戊戌,金国都督府遣人持檄来镇江军中议和"。④

世人依据宋朝官史记载,对采石大捷评介甚高。元末史臣以为"允文儒臣,奋勇督战,一举而挫之,(完颜)亮乃自毙。昔赤壁一胜而三国势成,淮淝一胜而南北势定",而"允文采石之功,宋事转危如安,实系乎此"。⑤ 近来有学者亦称,"此即南宋高宗立国以来,历史上最有名之采石之战,也即是书生报国,虞允文永垂史册之公案"。特别指出王十朋于此战经略武备,预策御戎人事,功不可没,"洵为奇迹"。⑥

顾宏义《宋事论考》认为采石之战虽被人为地夸大了战绩,但还是认定其"影响甚巨":"一是,遏制了完颜亮自采石渡江的企图,且使女真士卒对长江天堑更为惧怕,成为日后兵变的一大因素。二是,扭转了金军渡淮以来,宋军连战连败的势头。三是,自古北方军队攻取江南,多自采石一带渡江,而此次虞允文率'疲弱之军'在采石击败金兵,大大提振了宋军士气。"⑦

---

① 《宋史纪事本末》卷七四"金亮南侵",第771、773页。
② 《宋史纪事本末》卷七四"金亮南侵",第773、774、776页。
③ 《朝野杂记》甲集卷一九《十三处战功》,第449页。
④ 《宋史全文》卷二十三上"宋高宗十八",第1912页。
⑤ 《宋史》卷三八三《虞允文传》"论",第11805页。
⑥ 南怀瑾:《王十朋全集·前言》,第6—7页。
⑦ 顾宏义:《宋事论考》之《"层累地造成"的宋金采石之战史发覆》,华中科技大学出版社2017年版,第322页。

无可否认,采石战之胜,使南宋的历史又延续了一百多年,意义重大。

2. 御戎之策　用人为要

采石之胜离不开王十朋等文臣运筹帷幄、经略武备之功。早此一年前,绍兴三十年(1160)九月,任职秘书省的"一介小臣"王十朋,凭借其"出于天性"的"爱君忧国"之情与敏感的政治嗅觉,高瞻远瞩,察情观势,觉察到了战争的气息,即时连上三札,向高宗发出了金人即将南侵的预警,抨击当时朝中苟安轻敌之倾向,极言备战之紧急,用人之重要,提出了御戎之策。

《轮对札子三首》第一首写得慷慨激昂,坚定地表明了自己主战斥和的立场。他认为,拯救人民,洗刷国耻,收复失地,是当时最紧要的国是;面对文恬武嬉的局面,他痛心疾首,愤然疾呼,发出警示:"夫不恃我之有备,而幸敌之有难,其谋国之术,亦疏且殆矣。"针对金将渝盟南侵而朝廷尚无战备良策的危局,王十朋不顾自己的身份低微,分析敌我双方形势,强调"自备""先备"之要,试图唤起君臣的警觉与斗志,说:

自建炎至今,虏未尝不内相残贼也,然一酋毙,一酋出,其势愈炽,曷尝为中国利哉!要在所以自备者如何尔。我有先备,敌虽强而不足忧;我苟无备,敌虽有难,幸之何益!彼或不以有难为畏,乘我稍息,长驱而来,其将何以御之耶?

紧接着,针对南宋初期荫补制泛滥成灾、冗官现象严重的社会痼疾,提出对敌政策,指出"用人"乃"图恢复之大计":

臣谓今日御戎之策,莫急于用人。用人之要,莫先乎人望……材兼文武,可为将相者……愿陛下断然为社稷计,起而用之,以从人望,可以作士气,可以慰人心,可以寝敌人之谋,可以图恢复之大计。

十朋提议高宗"断然为社稷计",起用那些被秦桧排挤废黜的"天资忠义、材兼文武、可为将相者"和"长于用兵,士卒乐为之用,可为大帅者"。①

其时,朝中主战同僚相互应和,慷慨进谏。吏部员外郎虞允文面奏曰:"虏决败盟,异时为南牧之计……他日正兵必出淮西,奇兵必出海道,宜为之备。"②冯方奏曰:"臣愚以为虏人之必来,如盛夏之必热。"③还提出了种种防御举措。谏言终于奏效了。宋高宗一反往常刚愎自用作风,嘉纳虞允文、王十朋、冯方等意见并次第施行,加强边防兵力部署,解除了杨存中执掌三衙的兵权,相继起用爱国旧臣张浚、胡铨等,也才有"中书舍人虞允文参赞军事"的临危之任,"虞允文败虏于东采石杨林渡"。④

王十朋、冯方、查龠等五贤"不避斧钺之诛",愤激直谏,为采石之战运筹帷幄。

3. 采石大捷　功在书生

采石之战之所以取胜,有赖于在朝书生臣僚的边备预策。绍兴三十年(1160)的群僚轮对上书"论事",是以王十朋为首的一场颇有声势的政治行动。他们相继"面对",主张抗战,忠勇直声,在朝野广有影响,故被激进的太学生们称之为"五贤"。王十朋还将这番心迹录入《送查元章二首》之中。其一曰:

圣主德宽大,小臣言激昂。虏情殊未测,淮甸可无防。
直气思开日,寒威误陨霜。芳姿等兰蕙,摧折更芬香。⑤

诗作于绍兴庚申年(1160),既是对同僚查元章危言犯颜忠勇的赞扬,亦是自我抗战心态的表白与犯颜谏言边备的实录。

---

① 《王十朋全集》文卷二《轮对札子三首》,第591—593页。
② 《宋史全文》卷二三上"宋高宗十八",庚辰绍兴三十年春,第1862页。
③ 《中兴纲目》卷一二,己卯绍兴三十年,第418—419页。
④ 《中兴纲目》卷一三,辛巳绍兴三十一年十一月,第440页。
⑤ 《王十朋全集》诗卷一四,第227页。

查元章是王十朋的生死至交。由于共同的政治理想，王十朋与他结下了一生的友谊。乾道二年(1166)，王十朋《送元章改漕成都》诗曾回忆同僚生涯，称元章"雅抱畎亩志，共怀天下忧"，"慷慨论世事，不见范、尹、欧"。①

本诗所云"小臣言激昂"，即指王十朋与冯方、查龠等秘阁挚友上书论事，力陈抗战，荐用爱国老将张浚、刘锜，弹劾投降派杨存中。查龠"面对"高宗时言辞尖锐，情绪激昂。"虏情殊未测，淮甸可无防。"说的正是此后虞允文防御长江之战备要略。正是因为王十朋、查元章等有预策在先，后金兵大败于采石，完颜亮东趋扬州，终至丧命。

"五贤"中的胡宪、李浩二人事迹已详《宋史》本传。冯方、查元章却无传。孔凡礼通过考察《建炎以来系年要录》等史籍，认定："王十朋的这两首诗(即《送查元章二首》)，是真正的诗史。"并推定，"查龠罢去的真正原因，是由于论事与宋高宗不合"。孔氏分析说，诗中"寒威误陨霜"句的一个"误"字，直截了当地指出对查龠的罢斥，实是一项错误。这年十月，查元章参与"论事"，"面对"宋高宗，可惜的是，"面对""论事"的内容没有传下来。但从王十朋这两首诗里，可以隐约地知道一些情况。诗云"虏情殊未测"，查元章在"面对"时一定讲到金人将大举南侵的严重形势。诗云"淮甸可无防"，查元章一定讲到淮甸要做好严密防御金人入侵的一切准备。诗云"肝脑""危言"，可以想象到查元章"面对"时激昂慷慨，使宋高宗下不了台，表现了把生死置之度外的"精忠"。②

以纪实诗补史籍之不足，本是中国古典诗歌叙事性传统的表现，这在诗史上原不乏其例。南怀瑾追寻历史，在《王十朋全集·前言》中还原王十朋历史功绩，指出："我人今读历史传记，仔细用心，即可知采石之捷，虞允文一书生而立功于千古，而忽略了南宋钦定第一状元王十朋，事先力劝高宗备战之预策，殊不知运筹帷幄与决胜千里之功，始终出于两书生之手，洵为奇迹。"③采石之捷是主战派的共同胜利，王十朋的经略武备、御戎人事预策甚

---

① 《王十朋全集》诗卷二一，第378页。
② 孔凡礼：《王十朋的挚友冯方与查龠》，《王十朋纪念论文集》第277—288页。
③ 南怀瑾：《王十朋全集·前言》，第6—7页。

显及时有效。

(二) 上用人策扭转秦桧弊政

南宋初期,奸佞权相秦桧把持朝政达十九年之久。秦桧两居相位,力主和议,实施向金投降的路线。他"狭虏势以要君",混乱朝政,祸国殃民,制造党祸、文祸,控制台谏、科举、学校,网罗党羽,钳制舆论,打击迫害持不同政见者,把国家引向黑暗的深渊。《宋史纪事本末》专评秦桧人事路线云:"桧两居相位,倡和误国,忘仇斁伦,包藏祸心,劫制君父……一时忠臣良将,诛锄略尽。其顽钝无耻者,率为桧用事,以诬陷善类为功。凡无罪可状者,则曰立党沽名,曰讪谤,曰指斥,曰怨望,甚者曰有无君心",以致"桧既死,帝谓杨存中曰:'朕今日始免靴中置刀矣!'其畏之如此。"①故知王十朋此时包括用人之策在内的一系列轮对进谏,为的就是拨乱反正,扭转秦桧专政遗留的弊政,具有很强的针对性。

1. 一秦桧死　百秦桧生

秦桧专国期间所形成的政治格局、军事格局和舆论环境,在较长的历史时期之内严重影响后世。鉴于当时三衙、北司、枢密院中存在的弊政乱象,王十朋《轮对札子三首》其二严正揭露朝政"一秦桧死,百秦桧生"的严酷现实:

> 迩者众口籍籍,谓权虽归于陛下,政复出于多门,是一秦桧死,百秦桧生也。其间最甚者,如三衙管军辈与北司深文固结,盗陛下之大权,养成跋扈之势,不可制遏……又其子弟亲戚咸盗清要之职,台谏有论列之者,朝廷必委曲庇护,俾其言卒不得行……陛下自总揽以来,圣政不可胜纪,如前日窜逐猾阉,天下尤服陛下之英断。惟此数事,臣所谓得于此而失于彼者,可不深惩而痛革之耶!②

---

① 《宋史纪事本末》卷七二"秦桧主和",第751页。
② 《王十朋全集》文卷二《轮对札子三首》,第593—594页。

被奸佞淆乱的朝政,乱象丛生。十朋指出:今天权力虽归于陛下,政令却出自许多部门,其症结在于一个秦桧死了,但一百个秦桧由此而生了。

2. 三衙分掌　诸臣支持

王十朋疏章指陈,"其间最甚者",即掌握三衙的杨存中与北司互相勾结,以盗取大权。这就击中了秦桧弊政的要害处。十朋说,"三衙""盗大权",违背了宋太祖亲设的禁军"三衙"分掌之规。汉代的祸起于恭、显,王氏为相是终结;唐代的祸起于北方的军队,藩镇与之相为表里。今天,"枢密者"杨存中以管军之职位列三公,利源都入其门,暗中勾结诸将,互援私党。枢密本来是掌兵之职,上朝站立时竟排居其后。杨存中的子弟亲戚布满清要的职位。台谏官上书时,对他委曲庇护,法令独不行于管军之门,如何能立国?至于清资加到平庸之辈头上;高爵滥封于医门;诸军承受,作威作福、自以为是,比唐代的监军还要厉害;皇城里的巡逻兵,频繁巡视,比周代的监谤还要厉害;将帅剥削下属贿赂上级,与三军士卒结下怨仇,又于道路上随意抓人为兵,与百姓结下怨仇;这都不是治理好国家的事情……

王十朋"不避斧钺之诛,为陛下痛哭流涕言之",直涉宋太祖亲设的禁军"三衙"分掌之规,请高宗"慨然发愤,断自宸衷,杜邪枉之门,塞侥幸之路,鉴汉、唐之祸而斥近习,惩齐、鲁之患而抑强臣。不惟尊严朝廷,亦所以保全此类"。①

十朋此论得到诸臣支持,"起居舍人兼中舍虞允文亦论此曹交通贿赂,浸如石显之比"。② 枢臣叶义问也认为三衙行事"冠履倒置,非朝廷福"。③《宋史全文》载,"(杨)存中领殿严几三十年,至是,王十朋、陈俊卿、李浩相继诵言存中之过","存中闻其议,乃累章丐免"。④

---

① 《王十朋全集》文卷二,第 594 页。
② 朱熹:《宋名臣言行录前集·别集下》卷六。
③ 熊克:《中兴小记》卷三九。
④ 《宋史全文》卷二三上"宋高宗一八",辛巳绍兴三十一年二月丙午,第 1879—1880 页。

鉴于王十朋揭露的朝政乱象，宋高宗"嘉纳"十朋建议，终于"戢逻卒，罢诸军承受，更定枢密、管军班次，解杨存中兵权，其言大略施行"。①《中兴纲目》载："先是，殿帅杨存中以少师赵密以使相，并班立枢密上，校书郎王十朋转对，论其不可，因及诸军承受威福自恣等事。"于是皇上"复召试馆职法"，采纳了王十朋所论，除去了巡逻士兵，罢除了诸军承受，更换了枢密、管军的位次，并于绍兴三十一年（1161）"解杨存中兵权。进太傅、同安郡王，奉祠"，"乃以赵密代之"。② 王十朋等五贤的部分建言被采纳付诸施行了。

3. 修明朝政　改革吏治

王十朋深入研究国内政治形势，总结历史经验教训，认为挽救国家危亡之策既要防止夷狄入侵，更应力争把国家内政办好，修明朝政，改革吏治，从而宽裕民力，增强国力，变弱为强，转败为胜，然后才能达到报仇雪恨、收复失地的目的，而这一切，都要归结为切切实实地改革内政。

宋室南渡之后朝政基本上沿袭北宋，前期积弊有增无减。王十朋看到绍兴和议后太平景象下潜伏着巨大的危机，地方官对朝廷有关蠲免赋税、实行恩赦、兴修水利、植树垦荒等命令，往往阳奉阴违，应付了事；对地方上的灾害、民变也多隐匿不报。这些不法之官吏利用弊政来残害百姓，草芥其民，正是国家存亡的内因。为缓和国内矛盾，王十朋上《轮对札子三首》，论议地方行政方面的失误，指出了地方监司守令——宋代诸路的转运使司、提点刑狱司、提举常平司等，虐政害民，为国敛怨的弊端。这些积弊，有的是宋南渡以来几十年中形成的，有的甚至可追溯到北宋建国之初，因此为害尤为深重。王十朋的轮对观点鲜明，说理透彻，言辞恳切，剖析利弊，不为空言。

十朋提出"民为邦本，本固邦宁"（《尚书·五子之歌》）的鲜明观点后，分析现状，指出南宋之初国家多难，民心容易动摇，尤其需要体恤安抚，但地方行政失误多多，监司守令"为国敛怨"弊端有三："一曰不宣诏条，二曰不恤刑狱，三曰不先抚字。"然后分条缕析地对此三项作出解剖。如"不先抚

---

① 《宋史·王十朋传》，见《全集》附录二，第1114页。
② 《中兴纲目》卷一二，庚辰绍兴三十年，第420页；卷一三，辛巳绍兴三十一年，第427—428页。

字"一项,作者写道:

> 何谓不先抚字？国家张官置吏,本以为民,要当以抚字为先,催科次之。昔之循吏,劳心抚字而民皆乐输,不待催科而常赋自登。夫催科自有常法,岂在先期而取办？官以未及期为办事,民当未及期而被虐,故常赋未入于官府,而横费已归于蠹吏矣……吏缘为奸,民情大扰。苟不有以安恤之,窃恐民逃其上,散为盗贼矣。况今夷狄外侮,国威不振,人心摇动,正宜抚绥固结时也。①

王十朋秉承儒家"民为邦本"的思想,声言"抚字为先,催科次之"的主张,谓对百姓应安抚体恤。指陈当前催科不按"常法"而"先期取办"的严重弊端,导致民不能"安其业""鸡犬不宁","至有鬻田宅以充粮草之赋,杀耕牛以供筋角之输"。作者为"夷狄外侮""边奏稍警"而忧心,警示"恐民逃其上,散为盗贼"。

王十朋认为,只有敢于面对现实,下决心革除积弊,才能大有作为。他郑重告诫宋高宗:"推溥博之仁,下恻怛之诏,勤恤民隐,动之以诚,官吏有害民者必罚无赦。仍命宰相慎择诸道监司,以寄休戚,以宣明诏条,慎恤刑狱,抚字黎元为先务。"

这篇入选《历代名臣奏议》的奏章,具有强烈的针对性,气象宏阔,融进了浓郁的爱国忧民之情,体现出鲜明的政治态度。

第二节　五贤臣相继开陈

王十朋对高宗一朝政治、经济、军事的现实有很强烈的不满,对现实矛盾和现存制度的弊端有比较深刻的批判,并提出一系列改革的意见和策划。

---

① 《王十朋全集》文卷二,第 595—596 页。

当然，他所要求的改革没有也不可能要求改变封建社会的根本制度，而是在封建制度范围内进行改良。他设想有一种君臣相得、上下协调的均衡和谐状态，并作为追求的政治目标，体现了"致中和"的思想境界。

五贤之首王十朋首先发声，其《轮对札子三首》主旨以社稷为重，句句出于肺腑，爱国爱君之诚使君心大有感悟，太学生因敬慕而为之歌咏，一时间"闻者兴起"，"五贤"之一的"微臣"冯方等同僚"相继有所开陈"，①震动朝野。"五贤臣"对国家的政治、经济、军事等方面的实际情况都有比较深入的了解，他们的奏折论事皆能切中时弊，所提建议也较切合实际。"五贤"相继开陈朝政修明方略与御敌抗战之策，是宋高宗在位晚期影响广远的政治事件。

一、微臣同谏虏有叛盟意

王十朋不是孤军奋战。《宋史》无传的秘书省正字、校书郎兼国史院编修官冯方，与王十朋相知甚厚，均属坚定的主战者，他们上疏言虏有叛盟意，拉响了御敌警报，着意推进朝政改革。十朋尊之为"一代奇男子"。冯方的奏章收录在宋李心传《建炎以来系年要录》（卷一八六）和《中兴两朝编年纲目》中，其言事作为由此得以传承。

（一）"日夜讲求所以立国之道"

绍兴末年，金完颜亮将挥师南下。冯方继十朋之后上呈《论措置之策札子》，疏言曰：

> 臣闻道路之言，以为虏人将有叛盟之意。臣谓议论定，然后可以言措置；措置定，然后可以言成败。

冯方分析说，"今欲和者在我，制和者在彼"，所谓"添岁币""遣泛使"以及"奉事惟谨"等妥协方法，都不能改变"虏人之必来"的大势，形成的后果

---

① 《中兴纲目》卷一二，庚辰绍兴三十年春九月，第419页。

必然是"今日之报急而焦劳,明日之报缓而闲暇",使我方陷入被动应付局面,因此他建议高宗"与心腹大臣日夜讲求所以立国之道";进而力陈战备之略,认为所谓"结民社","保聚可也,应援可也,辎重可也,独不可迎敌耳",提议行"营田"之举,"如此则形势强,藩篱固。欲守则守,欲战则战"。① 言之灼灼,与王十朋同气相求,互为呼应。

其时,金军大兵压境,知枢密院事叶义问出任督视江淮军马,冯方任督府主管机宜文字。北伐开始后,张浚出任都督江淮军马,"校书冯方并参议军事",②在虞允文都督府任参议官。"冯方遍行两淮,筑治城垒,最为劳勤。"据王十朋记述,"符离(在今安徽宿州境内)师溃,员仲(冯方)与张魏公父子在盱眙(今属江苏),不肯去,相约以死"。③ 隆兴二年"张浚罢"后,汤思退"令尹穑论罢督府官属冯方"。④ 主战的"五贤"之一冯方,就此遭受迫害。

(二)"春光无限好,共愧缚微官"

王十朋一向支持冯方。认为要修明朝政,关键处在于启用优秀人才。十朋以爱国人臣冯方才华受困遭压制为例,揭露朝廷用人之弊,其诗《次韵冯员仲正字湖上有作》曰:

瓯蜀异乡客,西湖同日看。浪花随去棹,风絮逐归鞍。
水浸吴天阔,山涵佛界宽。春光无限好,共愧缚微官。⑤

十朋先后盘桓杭州十八年,或治学,或应试,或参政,断断续续,所咏西湖诗并不多,且多以借景抒怀为旨。供职秘书省期间,次韵同僚冯方的这篇游湖之作,既赞美湖光山色,亦感叹才华难展。或者说,是借赞西湖"春光无

---

① 《中兴纲目》卷一二,庚辰绍兴三十年春九月,第418—419页。
② 《中兴纲目》卷一三,辛巳绍兴三十一年冬十月,第437页。
③ 《王十朋全集》诗卷二八《冯员仲复元官与致仕恩泽》,第536页。
④ 《中兴纲目》卷一四,甲申隆兴二年夏四月,第481页。
⑤ 《王十朋全集》诗卷一四,第224页。

限好"感叹"共愧缚微官";甚或说,赞美湖山的壮阔,正是为了反衬爱国人臣才华受困的局促。

所谓"微官"是指官位之低。据考,秘书省职事官员分秘书监、秘书少监、秘书丞、秘书郎、校书郎、正字等。职事官职钱又分为"行、守、试"三等。冯方所任"正字"属最低一级。秘书省官员除按寄禄官阶领取本俸外,还领取按其实际担任的实职定的职钱。校书郎职钱是 18 千钱,正字则是 16 千钱。①

"春光无限好,共愧缚微官。"全诗以大衬小,以"阔"衬"微",突出了宽阔背景下的内心压抑感。时值宋廷和战两派明争暗斗异常激烈,十朋与冯方这对主战的"异乡客",由共同的政治主张和理想抱负紧密联系在一起,肝胆输诚,同怀忧国之志,并以其政治敏感共叹受困之郁。复国中兴壮志难酬,正是满朝爱国人臣心境的真实写照。

二、两次被誉称"五贤臣"

以王十朋为首的五贤臣敢于言事,敢于拨乱反正,着意打破秦桧"久塞言路"的僵局,因而备受称道,曾两次被列入"五贤"之列,太学生则为赋"五贤诗",赞王十朋领其首,也称颂高宗其时能虚怀从谏。

至明年,形势逆转,投降派阴霾重卷,主战派败下阵来,"胡宪以年老求去。诏改京秩,三馆之士分韵作诗以饯其行"。② 胡宪是朱熹的恩师,德高望重,在战和之争中败阵之时,三馆僚友们为之作诗饯行,证明同道者虽败犹荣的浩然正气。今查《宋史》的《王十朋传》《胡宪传》与《宋史全文》等都记载此事,只是《五贤诗》却失传了。

《宋史》载:"适秦桧讳言之后,宪与王十朋、冯方、查龠、李浩相继论事,太学生为《五贤诗》以歌之。"③此处言王十朋在仕宦之初即与胡宪、冯方、查龠、李浩合称"五贤"。

---

① 参见成骥《浅述宋朝秘书省的职官地位和俸禄》,《开封大学学报》2000 年第 2 期。
② 《中兴纲目》卷一二,庚辰绍兴三十年,第 419 页。
③ 《宋史》卷四五九《隐逸下·胡宪传》,第 13465 页。

《宋史·胡铨传》又另有五人之说："陛下自即位以来,号召逐客,与臣同召者张焘、辛次膺、王大宝、王十朋。"①在秦桧死后,与王十朋同时召用的虽然仍是四人,但与"五贤"中人全不相同,变成了胡铨、张焘、辛次膺、王大宝。此四人的地位与名气,均远高于前四人。张其凡称:"这也反映出王十朋上可与公卿为伍,下可与隐逸同列,但称为'贤臣',则是同一的。"②

王十朋与黄洽、汪应辰、吴芾、陈良翰、杜莘老在《宋史》中同传。该传《论》曰:"黄洽浑厚有守,应辰学术精醇,尤称骨鲠。十朋、吴芾、良翰、莘老相继在台府,历诋奸幸,直言无隐,皆事上忠而自信笃,足以当大任者,惜不尽其用焉。"③可知元代史臣对六人评价均甚高,皆嘉许为名臣。

太学生为赋《五贤诗》,说明王十朋等五贤臣相继论事的政治事件在当时有巨大的社会影响,也证实太学生们对秦桧专国形成的朝政昏暗有足够的了解,他们的抗争在高宗朝末年又到了一个活跃期。太学生们自甘清苦如老头陀,乃能撼鲠亮如真御史。他们齑盐清贫,却关心时政,每遇国家有大事,即鲠论间发,言侍从之所不敢言,攻台谏之所不敢攻。著名的陈东、欧阳澈事件曾经震动僻居海隅的青年王十朋,王十朋毅勇无畏地在自己的诗里为之叫屈鸣冤,伸张正义,诗曰:"忠良自此多结舌,道路相看徒以目。谁能言事如靖康,陈东已死欧阳戮。"④如今自己列朝行政,轮对进谏,矛头直指三衙大政,受到了这些有"无官御史台"之称的太学生们的关注和声援,自会受到鼓舞,且不免感慨良多。

当权者一方面需要以学校装饰偃武修文的门面,另一方面又害怕学生闹事,禁止太学生"上书言事"。而太学生之为《五贤诗》正是南北宋交替时期太学生们爱国精神的一个生动体现。秦桧死后,太学生黄作、詹渊等人企图突破禁令,上书议政,宋高宗当即"诏作、渊皆送五百里外州编管",⑤以为

---

① 《宋史》卷三七四《胡铨传》,第11584页。
② 张其凡:《南宋状元王十朋简论》,《论文集》第312页。
③ 《宋史》卷三八七"论",第11895页。
④ 《王十朋全集》诗卷三《前诗送三乡丈行》,第35页。
⑤ 《系年要录》卷一七二,绍兴二十六年三月己未,第3282页;《宋史》卷三八五《周葵传》,第1337页。

镇压。此项禁令沿袭到宋孝宗时。

　　王十朋在高宗执政末期的言事行举，有利于革除当时的奢侈之风，打破秦桧久塞言路的弊政，同时，对其后来的仕途发展也起到了一定作用，在名声大振之时，他被皇上任命为著作郎。

三、毅然乞祠去国忧天下

　　南宋初期的政治面临着两种抉择，一是动员全体军民与金人抗争，一是向金人屈膝投降。宋高宗无力抗金，有心偏安。秦桧在宋高宗的支持下把南宋拉向后者，使南宋一百余年始终笼罩在亡国之患的阴影之中。以王十朋为首的秘馆"五贤"连续不断地轮对上札进谏，引起了朝中秦桧遗党的强烈反弹。气焰尚盛的秦桧遗党，在朝中展开对王十朋等人的打击排挤，相见侧目，弹劾论列。"五贤臣"与其他爱国正直之士纷纷被排挤外迁。

　　（一）五贤去国悲壮无奈

　　王十朋曾以诗——记录立朝秘馆"贤臣"与其他爱国正直之士们直道抗争的无畏事迹及其命运遭遇，还原了奏章未能表达的斗争场景，表达了他们在与秦桧阴霾抗争中结成的生死情谊。这些送行诗内容丰富多彩，为后秦桧时期朝廷正直志士的抗争岁月留下了令人敬仰的斑斓光彩。

　　如王十朋的《送查元章二首》，既是对同僚五贤臣之一查龠忠勇犯颜的赞扬，亦是自我心迹的表白。诗之一上文已作简述，表彰查龠劝帝以虏情未测、淮甸应防，因言语激昂而去国。十朋愤愤不平，认为查龠的被罢斥是一项奇冤，写诗送行，表达关怀与鼓励。最后一联曰："芳姿等兰蕙，摧折更芬香。"诗人以清雅高洁的兰蕙比喻对方，希望其不至于为一时的"寒威"挫折所击倒，要以更加坚强的身姿坦然应对打击，决不退缩。字里行间有两人难以言喻的生死情谊。

　　《送查元章二首》其二承前极言爱国志士抗争之困局与品格之高尚，诗曰：

　　　　肝脑不自爱，精忠为上殚。危言犯颜易，直道立身难。

> 去国名逾重，还家迹始安。相将吾亦去，林下挂衣冠。①

诗由阐发查龠遭际的政治背景转向赞扬查龠不计个人安危的政治品格。诗人钦佩战友敢于"危言犯颜"的"直气""直道"及"精忠"精神。进而肯定"五贤"论事的意义和影响："去国名逾重"，被迫离开国都而名声将远播四方为朝野称颂。其实，这也是王十朋自我人格的写照。

"危言犯颜易，直道立身难"一联，以严正的对仗揭示了查龠的悲剧人生及其悲剧原因所在，仕途体悟很有概括力，也正是他本人乞祠的原因所在。非身历颠沛不知其言之工也。王十朋平生交友，始终将政治取向和道德人格作为首要标准。他总是满腔真情地对待自己的朋友，赞扬他们的才干成就，同情他们的坎坷不幸，一旦朋友有所需要，他会毫不犹豫付出一切。

贤臣王柜，字嘉叟，号复斋。徽宗时名臣，历官权刑部侍郎兼权详定司敕令，终知饶州，续除敷文阁待制。两人结交于秘书省，友情甚笃。嘉叟发为论谏则忠忱恻怛，十朋引为知己。《梅溪集》中多有二人互操性情的诗作。时任枢密院编修，因上疏论时事，荐用爱国名将张浚，遭遇打击排挤，外迁洪州倅。十朋愤愤不平，作《送王嘉叟编修》赠别：

> 上书请剑人未复，开口荐贤君又行。
> 堂上伊优笑绝倒，纷纷去国皆狂生。
> 搢绅敢言似庆历，风俗渐美如东京。
> ……
> 吴江漫漫楚天阔，羡君一叶春舟轻。②

原题下有注云："上书荐张和公（张浚），请外，得洪倅。"此即本诗写作背景。上半首言事。秦桧遗党久塞言路，"伊优笑绝倒"，逢迎谄媚之人气焰

---

① 《王十朋全集》诗卷一四，第227页。
② 《王十朋全集》诗卷一四，第231页。

尚盛;"上书请剑""荐贤"的"敢言"者纷纷受压遭排挤,相继"去国"外迁。原注云:"胡邦衡昔亦以密院编修上书。""搢绅敢言似庆历"的先朝风俗一去不复返了,"如东京"的"渐美风俗"却如潮涌来,忠义正直者顿时忧心忡忡。"纷纷去国皆狂生"一语尤显伤痛沉重,揭露了忠忧恻怛之臣在奸佞当道之时的必然命运。

汉语中"狂"字多有贬义,但从孔子开始,"狂"便获得了积极的高级精神形态的含义。子曰:"不得中行而与之,必也狂狷乎,狂者进取,狷者有所不为也。"(《论语·子路》)朱熹《集注》云:"狂者志极高而行不掩。"大儒所说的"狂",蕴涵着一种极其珍贵的淑世良知和进取热忱。这是一种以天下为己任,渴望经邦济世、益国益民的高尚精神。王十朋将自己与政治挚友王桓同归于"狂生"一列,引以为荣,并预知"一叶春舟轻"必将是自己的归宿。十朋明察时势,爱憎分明,及其对于受挫挚友的安抚深情,尽显他之所以能成为这场朝廷政争"五贤"之首的识见高瞩和担当精神。

贤臣陈之茂,字阜卿,毗陵(今江苏常州,《梅溪集》云锡山)人。绍兴二年(1132)同进士出身。绍兴三十年(1160)除著作佐郎,与十朋同事,二人交谊深厚。治经学,才名腾播四十年。原在台阁,自察院迁郎官,因上奏论事被迁。十朋作《送陈阜卿出守吴兴》诗有句曰:

台阁辍名士,符竹分帝忧。搢绅有清议,欲为朝端留。
才名四十年,肮脏成白头。方开公道口,遽中谗人钩。
……
去矣霅水清,孰障天下流。愿言如季路,乘桴共公浮。①

原题有注云:"自察院迁郎,未几得外。"又注曰:"阜卿尝作《命义天下之大戒论》,学者至今传诵。"诗以最大的篇幅称扬察官陈阜卿的功德才名:"台阁名士"多有"清议",分担"帝忧",敢于直谏"开公道口";尤其可贵的

---

① 《王十朋全集》诗卷一四,第231页。

是他忠义正直,"肮脏"刚果。如此忠勇人臣"方开公道口"却"遽中谗人钩"而去国,可见得奸邪误国之烈。末了四句,以雪水起兴,用乘桴典故表达对挚友的勉励,对奸佞的愤恨。忠言见逐,忠臣零落,如《系年要录》所云:"先是胡宪乞归,查龠被论,(李)浩亦不安于朝,与王十朋相继求去。"①

贤臣胡宪,与十朋共职秘馆,上书言事时,推荐重用张浚,最终也受排挤请祠还乡。王十朋与同僚七人以"先生早赋归去来"为韵撰诗送别。契合《中兴两朝编年纲目》所记"三馆之士分韵作诗以饯其行"。② 十朋作《送胡正字宪分韵得来字》,计三十句,有句云:

> 胸中万卷可医国,首荐廊庙真人才。
> 人言朝奏暮必逐,天颜独为忠言开。
> ……
> 何如皇朝有欧范,开口不惮干霆雷。
> ……
> 吾庐三径亦荒草,松菊怪我何迟徊。③

忠言终还见逐,岂不令人喟叹!十朋思慕本朝先辈欧阳修、范仲淹二公皆以馆职言事而有幸不怕震怒雷霆。在送别之际,不禁生发归隐三径之想。

爱国老臣相继零落,国土恢复无望,十朋在《张阁学宗元挽词》中深深感叹:"南渡已三纪,衣冠今几存。伤心失遗老,回首慨中原。"④离朝之际,十朋感慨中原国土沦丧至今未复。

王十朋的廷对策论,包括送别同僚的诗篇,高扬爱国精神,冒死抨击朝政,弹劾奸臣,是继陈东、欧阳澈、胡铨之后,讨伐权臣、反对和戎、彻底揭露朝廷黑暗面的檄文。在内敛而深沉地表露强烈的孤忠忧愤的同时,也隐约

---

① 《系年要录》卷一八八,绍兴三十一年二月己酉条,第3652页。
② 《中兴纲目》卷一二,庚辰绍兴三十年,第419页。
③ 《王十朋全集》诗卷一四,第232页。
④ 《王十朋全集》诗卷一四,第234页。

可闻深藏不露的挽救国家危机的呼唤。"手揩老眼看除目,一迁一去知谁荣。"(《送王嘉叟编修》)老泪纵横的控诉无情揭露了"危言犯颜易,直道立身难"(《送查元章二首》之二)的严酷现实,一一还原了秘馆贤臣及正直臣僚掀起的诤议风云,旗帜鲜明地评价了轮对论事的意义和影响,显示着抗争潜流滋养着群臣的浩然正气。

刚刚卷入朝廷政治斗争的王十朋,迅速尝到了失意无奈的滋味。王十朋致君尧舜的政治理想受到了冲击,有志不能展,有才不能施,对朝廷、对高宗失去了信心,于是就有了乞外丐祠甚力的后事。

(二) 忧心国事　狂者进取

王十朋势单力薄,愤然去国。这是王十朋入仕后第一次遭受的沉重打击。离京返家,调节心态。作为南宋优秀士大夫的杰出代表,王十朋寄兴田园乃出于无奈,他丝毫不想隐居遁世,所以在他的笔下,无时无刻不在关注现实,流露出对家国苦难的忧怨,梦牵魂绕的始终还是国计民生大事。

绍兴三十一年(1161)王十朋作《五月十八日去国明日宿富阳庙山怀馆中同舍》有句曰:"离群念旧游","终夜绕瀛洲"。① 王十朋不舍为国之诚,不弃作为之念。归途中,他听到了有关金使者侮辱宋廷的事件,表示了极大的愤慨。《答王舍人佐》记云:

> 某以五月十八日离行朝,至途中,闻次日有虏使失礼事,中外咸怀主辱以死之耻。……某方屏迹田野,虽黜陟不知,理论不闻,不复开口及时事,然畎亩惓惓之诚,犹前日耳。②

所谓"虏使失礼事",指的是绍兴三十一年(1161)五月十九日,金国使者高景山、王全至临安,在宫殿上对高宗傲慢无理,声称要以长江为界分治中国,并说赵桓(即被掳的钦宗)已死。宋高宗当场受辱,悲恸欲绝。"主辱

---

① 《王十朋全集》诗卷一四,第235页。
② 《王十朋全集》文卷二〇,第916页。

以死之耻",正在归途中的王十朋愤慨不已。

《十月朔日偶书》一诗委婉深曲地表达了王十朋赋闲乡居的"不遇"与"疏外"忧愤交织的复杂心境:

> 去年此日对清光,圣德能容一介狂。
> 言略施行非不遇,身虽疏外亦何妨。①

王十朋对于赵构皇帝尽丧抗敌复国之志而甘心称臣求和,并疏远外迁正直大臣,使自己壮怀受挫也被"疏外"的遭际是深感伤痛的。诗人卑称自己犯颜极谏乃"一介狂生"所为,并庆幸自己阐说的治国谋略和实施意见等尚能被高宗采纳。深究之,其之所以忍认自己"一介狂生",并貌似淡然地说一声"非不遇""亦何妨",甚至不得不违心称颂"清光""圣德",盖因未曾忘怀"太平天子崇儒术","亲擢深蒙圣主恩",②依然心存报效国家以期致中兴的愿望。诗以四句之精将赋闲乡居的"不遇"与"疏外"的复杂心境表达得如此委婉深曲,非孤忠慷慨且涵养深邃者莫办!

赵宋一朝标榜"与士大夫共天下",且"不杀士大夫",但士大夫们的忧患意识依然笼罩着文化专制和党争的阴霾,其爱国热情始终与宦海的忧惧、无奈和郁闷杂糅一起。尽管王十朋有着高宗皇帝亲擢的背景,其政治境况也竟然如苏东坡《予以事系御史台狱》诗所言,"魂惊汤火命如鸡"。

第三节 竭孤忠直言敢谏

绍兴三十一年(1161)八月,金兵大举南侵。在朝野上下全国各地不断高涨的抗战声中,宋高宗不能继续维持对金屈辱求和的政策,在次年夏六月

---

① 《王十朋全集》诗卷一五,第 242 页。
② 《王十朋全集》诗卷一一《丁丑二月二十一日集英殿赐第》《民事堂》,第 166、176 页。

宣布传位于太子赵昚,自己退居德寿宫,声言不再过问军国大事,一心"释去重负,以介寿臧"。① 孝宗赵昚素有恢复中原之志。即位后,以强硬姿态展示锐意抗战恢复志向,赶走了秦桧党人,以宋高宗圣意的名义,下诏追复岳飞和岳云官爵,以礼改葬。又恢复了绍兴八年(1138)因上书反对议和而被贬谪的胡铨的官职,任命张浚为江淮宣抚使。即位第十天,即召十朋赴京对策,商议国家大计。同时下令由四川宣抚使吴玠兼任陕西、河东路宣抚招讨使,显示了恢复中原的意向,气象一新,朝野上下为之一振。

王十朋信心满满,高咏"愿竭孤忠赞中兴"。② 隆兴元年(1163)四月,王十朋除起居舍人,升侍讲;五月,又由右史升任侍御史,成为宋孝宗用以压制宰执权的一个"天子耳目之臣",所谓"君为元首也,大臣股肱也,谏臣耳目也"。③ 王十朋显然得到了宋孝宗的信任和器重。王十朋秉持恢复理想,坚执直言诤谏,支持隆兴北伐,敢于旗帜鲜明地和皇权、相权做某种程度的对抗,以忠于职守的直言敢谏而彪炳于史册。他精干务实,凡奏事、施政,无一不讲求实效。针对朝廷弊政,他犯颜进谏,上奏了一系列札子、策论。他与政坛挚友胡铨同为左右史,每见皇上"必陈恢复之计",排群议,绘宏图,举荐爱国老将张浚,弹劾当朝宰相史浩,并使之罢职。王十朋陈述辩议时政得失,謇謇谔谔,声震朝野,人称"真御史"。

然而,言官的书生意气毕竟无济于实地战事。宋军克复宿州之后,终以李显忠、邵宏渊两将的不协而败绩。隆兴北伐速战速败,后世聚讼纷纭。张浚请致仕,十朋上表自劾去国,坚辞侍御史,不拜吏部侍郎。秉承君臣之礼的王十朋,依然不忘忧国,眷念江淮疆场。

一、政局由乱趋稳

《宋史纪事本末》归聚"孝宗之立"有关史事云:"高宗绍兴二年(1132)夏五月辛未,育太祖后子称之子伯琮于宫中","赐名瑗";"十二年(1142)春

---

① 《系年要录》卷二〇〇,绍兴三十二年六月御札,第3943页。
② 《王十朋全集》诗卷一六《赴召》,第259页。
③ 《宋朝诸臣奏议》卷五一刘随《上仁宗论当今所切在于纳谏》。

正月,进封建国公瑗为普安郡王","三十年(1160)二月甲戌,以普安郡王瑗为皇子,更名玮","进封建王",继而"立建王瑗为皇太子";同年"更名昚","帝降手札:'皇太子可即皇帝位,朕称太上皇帝,后称太上皇后,退居德寿宫。'"①于是,宋太祖赵匡胤的直系七世孙赵昚即皇帝位,他是赵匡胤小儿子赵德芳的遗脉。自此,赵宋皇位重新回到宋太祖这一脉。

赵构内禅后,在德寿宫居住了二十五年,寿终正寝,享年八十一岁。《宋史全文》引《大事记》赞曰:"太祖、太宗兄弟相传以开创业之基,高宗、孝宗父子相禅以植中兴之业。创之于先,固所以为二百年太平之治,兴之于后,又所以遗万世无疆之休也。"②考高宗在位三十六年之作为,臣服外族,冤杀岳飞,不思恢复,如史臣所评,"偷安忍耻,匿怨忘亲,卒不免于来世之诮,悲夫",③内政上也少有建树,确也枉负了"中兴之主"这四个字。

何忠礼从社会发展的高度对高宗和高宗一朝作出客观评价,称高宗主动禅位"可以说是前无古人之举","南宋的建立,虽然谈不上中兴,却使它成为对后世影响至为重要的一个朝代。可以设想,如果没有南宋,让女真贵族一统天下以后,汉、唐至北宋的文明,在较长时期内,就不可能获得很好的传承和发展"。④

(一) 孝宗乃有为之君

孝宗是南宋唯一志在恢复的有为君主。即位不久便表示收复北方失地的志向,对近臣言:"我家有不共戴天之仇,朕不及身图之,将谁任其责?"⑤并正式为岳飞冤案彻底平反,追复岳飞原官,以礼改葬,访求其后,特与录用。隆兴元年(1163),应岳飞家眷要求,赵昚给还了岳飞原有的田宅。淳熙五年(1178),应岳飞之子岳霖的要求,发还了被秦桧一伙抄走的高宗写给岳飞的全部"御笔""手诏"等。

---

① 《宋史纪事本末》卷七六"孝宗之立",第795—798页。
② 《宋史全文》二三下"宋高宗十九",第1940页。
③ 《宋史》卷三二《高宗九》"赞",第612页。
④ 何忠礼:《南宋全史》(一),第313页。
⑤ 叶绍翁撰:《四朝闻见录》丙集《张史和战异议》,中华书局1997年版,第102页。

对秦桧构陷的其他冤案也进一步做出处理,李光、赵鼎等已故的受害者,子孙得到抚恤;张浚、胡铨、辛次膺等健在者都受到了重用。他继续任用高宗末年那些坚持抗金、政绩卓著的大臣。又诏曰:"观察使以上各举所知之士三人,三省、枢密院详议。"①并规范举荐的推赏、责罚制度等。"令内侍不得兼兵职","枢密院遵守,永为定制",称"其言有理,且不沽激,又可防微杜渐"。②

内政上,他吸取权相秦桧长期位居宰相、形成盘根错节势力的教训,大大缩短了宰执的任期。赵昚时刻提防宰执发展个人势力,结成朋党,十分严格地遵守外戚不预政的"家法",成功地防止了外戚擅权揽政的局面。在宰执集团内部的宰相与执政的关系上,赵昚也力图使参知政事成为牵制宰相的力量。赵昚还加强台谏官的监察职能,将台谏官的除授权控制在自己手中,以切断宰相与台谏官之间互相援引、倚为鹰犬的关系。赵昚勤于理政,禅位的前一天还在亲自除吏。人们不难发现,在他日理万机、事必躬亲的背后,隐藏着他对百官的不信任。

在军事上,赵昚整军兴武,五年间,举行了三次大规模的阅兵,还积极选拔将领,使南宋的军队战力有很大的提高。鉴于当时养兵费用浩繁,赵昚大胆改革军事制度,在全国范围内推行义兵制。史载,"己丑乾道五年春正月,措置两淮屯田","于扬州、和州各屯三万人,预为家计",③其实质在于寓兵于农。义兵既不脱离生产,又不荒废教阅,既壮大了军事力量,又减轻了国家的财政负担。像选拔文官一样,赵昚非常重视军事人才的选拔,发布"荐举武臣格",④要求各地荐举将领,不受等级和数量的限制。

在发展经济方面,孝宗注重轻徭薄赋,"诏行宽恤","申禁销金铺翠",下诏"禁献羡余","蠲减征敛","减饶州岁贡金额","蠲淮浙丁钱、盐捐",经常督促地方官兴修水利,而且注意实效。即位之初的隆兴元年(1163),即

---

① 《宋史全文》卷二四上,癸未隆兴元年春正月,第1967页。
② 《中兴纲目》卷一七,辛丑淳熙八年春正月,第584页。
③ 《中兴纲目》卷一五,己丑乾道五年春正月,第518页。
④ 《中兴纲目》卷一四,癸未隆兴元年春正月,第462页。

下诏将会子,即原由四川地方发行的纸币,加盖"隆兴尚书户部官印会子之印",以表明是由朝廷户部发行的纸币,增加其权威性,以促进其流通。乾道三年(1167),"令两淮通行铜钱、会子"。① 由于政策恰当,保持了纸币币值的稳定与流通,促进了商品经济的发展,表明赵昚在位时社会经济繁荣兴盛。

孝宗赵昚一改北宋后期与南宋初期树一派打一派的学术政策,对主流学派王安石新学及新兴起来的程朱理学,采取兼容并蓄、共同发展的政策。赵昚虽也对新学有一些微辞,但对理学派攻击新学推崇理学却并不支持。而沉寂了三十多年的苏氏蜀学,在赵昚即位后重新兴起。赵昚亲自为《苏轼文集》作序赞扬,并追谥苏轼"文忠"、苏辙"文定",再赠苏轼为太师。这些举措对苏氏蜀学的发展起到推动作用。这样的社会环境造就了一大批卓有成就的文人学者,不仅有著名的思想家朱熹、陆九渊、陈亮、叶适;还有著名的文学家王十朋、陆游、范成大、杨万里、尤袤,著名词人辛弃疾、张孝祥等,他们都活跃在赵昚在位时期。

总体说来,赵昚乃有为之君,在位期间,政治清明,社会稳定,经济繁荣,文化昌盛,史称为"乾淳之治",其良好的政治风气是南宋政治最清明的时期。

(二) 从战乱走向承平

孝宗朝从战乱走向承平,由消沉走向振兴,是南宋国力最强的时候形成了在屈辱和议下相对稳定的政治局面,孝宗本人被普遍认为是南宋在偏安屈辱中得以缔造辉煌经济奇迹的主要奠基人。但他碰上了金世宗这样的明君,金国对宋采取守势,却没有内乱。宋和金此时属于绝对的均势,都无法消灭对方。

无可否认的是,期望大有作为的宋孝宗上位之初,在对金态度上既受制于太上皇,又得不到大臣们的支持。赵昚当了二十七年皇帝,前二十五年高

---

① 《中兴纲目》卷一四,癸未隆兴元年四月、五月、十二月、甲申隆兴二年春正月、丁亥乾道三年、辛卯乾道七年,第464、492、500、505、538页。

宗赵构一直健在,对他持续施加影响。故每次都以太上皇有旨而姑听仍旧,很快坠落到彷徨退让的老路。这对于以抗战复国为最终政治目标的王十朋与他的政治盟友来说,无疑是厄运天降。

宋孝宗在位二十七年,想做个"中兴之主",却一寸土地也没有收回来,终于心灰意冷,一事无成,淳熙十六年(1189)在他六十三岁时,即高宗去世两年后,有耻于向年仅二十一岁的金主完颜璟喊"叔叔",终将皇位传给儿子赵惇,自己住进了重华宫,即当年太上皇的德寿宫。

对南宋初期这"五六十年间"的国运时势,思想家叶适曾作过沉痛的述论,其《实谋》篇有谓:"今壤地半天下,兼三国之吴、蜀,比南北之宋、齐、梁,又财力之渊也。北方地虽适半,计其赋入,十分之二三耳。地大财富,足以自为也,然而五六十年,不足以自为而听所为于房者,则有故焉。"叶适以"三国之吴、蜀"和"南北之宋、齐、梁"为比,从财政、军事、法度、纪纲四个方面,列陈导致如此"听所为于房者"的败象之内因,一曰"财以多为累而至于竭",二曰"兵以多为累而至于弱",三曰"法度以密为累而治道不举",四曰"纪纲以专为患而至于国威不立",云云。凡此"言四事之最急者",①满怀着爱国志士的切肤之痛与时代思想家的深沉思考,值得后人慎重反思之。

今之史家看好孝宗时期的历史转机。虞云国指出:"隆兴和议到开禧北伐的四十年间,对宋金双方来说,都是社会经济发展的最好时机。"②葛金芳也指出,以高宗禅位孝宗和隆兴北伐失败这两件大事揭开帷幕的12世纪60年代,从总体上看,这是一个从战乱走向承平的年代;从政治上看,这是一个主和转向主战的年代;从经济上看,这是一个从残破凋敝转向恢复发展的年代;从社会氛围上看,这是一个从妥协退让转向奋发有为的年代。孝宗赵昚统治的二十八年(1162—1189)中,应该是南宋首尾一百五十余年中十分难得的最好时期。隆兴北伐虽遭败绩,但整顿吏治、收拾人心、发展经济等方面均有成绩。③

---

① 叶适:《实谋》,《叶适集·水心别集》卷一〇,第767—768页。
② 虞云国:《细说宋朝》五八"隆兴北伐",第410页。
③ 参见葛金芳《从王十朋的知郡实践看其施政理念》,《论文集》第34页。

何忠礼概评曰:"在南宋历史上,孝宗可以称得上是一个有为之君。他在即位之初,锐意恢复,力图一雪靖康之耻",北伐失败后"被迫与金人签订了又一个屈辱性的和议——隆兴和议",此后依靠外交斗争欲使金人让步的努力又完全落空。从此"锐气尽失,因而转向安乐,与前期竟判若两人"。①

史家评说,视角不同,却前呼后应,犹如空谷足音,传播历史音信,戥然引人警觉。其公允之论,启发人们多维度、多层次的历史反省。

二、矫拂更张国策

在难得的战争间歇期的开始阶段,孝宗励精图治,奋发有为,急欲恢复中原失地,重建南北统一的大宋王朝。隆兴元年(1163),孝宗颁布"荐举武臣格",诏取"谋略沉雄可任大计,宽猛适宜可使御众","通习典章可掌朝仪,练达民事可任郡寄",又以"参知政事史浩为右仆射、同平章事兼枢密使、判建康府张浚为枢密使,仍都督江、淮军",对"怀瑾握瑜、埋光铲采"者表示"厚礼特招,虚怀延纳"之诚,又"以王十朋为侍御史"。孝宗由此开始运行他一文一武、一主和一主战的朝臣调遣之策,"独断"中不无多元用人以"异论相搅"之用心。

孝宗对王十朋的爱国态度与主战立场早有了解,继位后的第十天,即六月二十一日,下旨除任王十朋知严州。尚未赴任,又召王十朋赴京对策,商议国家大计。十朋期以中兴,上疏力陈时政缺失,言百官"居其官不履其职"等。孝宗嘉许,除司封员外郎兼国史院编修,迁国子司业。

赴召为中兴。史载,隆兴元年(1163)五月,"以王十朋为侍御史。十朋奏疏略曰:'恭惟陛下天资英武,慨然以兴复为念',又曰:'臣愿陛下推诚尽孝,终始如一,言动之间,不忘社稷……中原何患乎不复,中兴何待乎以日月冀耶。'"时为起居郎的胡铨应诏入对,上曰:"近日除台官,外议如何?"铨曰:"外人鼓舞,谓陛下得人。"上曰:"卿与十朋者,朕亲擢也。"可见得,孝宗"嗣位之初",有"厚礼特招,虚怀延纳"②之胸襟,君臣相得的愿景似能成为现实。

---

① 何忠礼:《南宋全史》(一),第331页。
② 《中兴纲目》卷一四,癸未隆兴元年,第463—465页。

(一)隆兴天下　愿竭孤忠

隆兴元年(1163)五月,五十二岁的王十朋受宋孝宗信任器重,授任侍御史,为御史台副长官,官秩三品,职实位高权重,负有重要言责,可参与廷议,有权对上至宰相下至文武百官进行监察纠劾。

在此隆兴天下,王十朋应召履职,自认为找到了最能施展自己政治抱负以兑现中兴理想的职责岗位。他的政治生涯翻开了新的篇章,其仕宦心境也达到最佳状态,"去和附之私心,赞国家之大计",①以成就声震朝野的政治业绩。

宋孝宗即位初年,诏百官五日一轮对,朝廷上下称善,史籍多以中兴赞之。如"胡铨入对言:'陛下除台官得人矣。'"②誉称"百官陛对之制""天日照临,贤否毕见"。《宋史全文》载,绍兴三十二年"甲寅,诏胡铨、王十朋并召赴行在。周操除右正言。"留正等言:"寿皇嗣登大宝,妙拣人材,如铨、如十朋、如操者,固未可亟以皋陶、伊尹之事业期之,然其砥节励行,实当时海内之所倾心者也。"赞曰:"隆兴之初,起胡铨于左史,擢王十朋于台端,中外竦动,咸服圣明之鉴,正人登用,朝廷益尊,具得祖宗用人之意矣。"引《龟鉴》赞之:"收召善类,如起胡铨,叙王十朋,擢周操,即十六子,尧不能举而舜举之也","以即位之一年考之,则二十八年之圣政皆可自是而推矣"。③

王十朋没有辜负孝宗厚望,敬业勤政,忠心耿耿。《赴召》一诗表达他对于孝宗帝新任命的态度。诗曰:

圣主龙飞才十日,微臣得郡古严陵。
诏书又趣归天阙,愿竭孤忠赞中兴。④

"愿竭孤忠"的表达,基于君臣的相互信任和政治主张的高度契合。十朋企盼君臣和谐一体的构想在此庄严时刻似乎已经变得近在眼前了。

---

① 《中兴纲目》卷一四,癸未隆兴元年八月,第465页。
② 《续宋通鉴》卷八"宋孝宗一",第171页。
③ 《宋史全文》卷二三下"宋高宗一九",第1943、1948、1949页;卷二四上"宋孝宗一",第1973页。
④ 《王十朋全集》诗卷一六,第259页。

有了经常与皇帝单独见面的机会,王十朋"每见必陈恢复之计",一再嘉许孝宗中兴之略,召对时以"明作、有为、任贤、讨军"为言,表达"愿竭孤忠"之诚,说:"靖康之祸,亘古未有,陛下英武,慨然志在恢复……愿戒在位者,去附和之私心,赞国家之大计,则中兴日月可冀矣。"①

(二) 因时救弊　矫拂更张

孝宗即位伊始,国事紧迫艰难。王十朋上书进献治国之道,著名的《上殿札子三首》广言历史经验教训与当下中兴复国之道,论对孝宗继位之初亟待确定与解决的主要问题,即:如何处理好继承皇统与矫拂更张的关系,面临宋金紧张局势如何作出和、战决策,如何选任宰相、侍从台谏等。条条切中赵宋政权体系的弊端,都是孝宗即位之初的当务之急。

绍兴三十二年(1162)六月,王十朋召对言事,请求皇帝"因时救弊",改革旧政,"有所矫拂,有所更张"。

王十朋在《上殿札子三首》之一②中以历史上人称贤君的舜和周武王为例,指出他们得天下而被史书称为"重华协于帝",常被归因为"善继人之志,善述人之事",即善于"继述",继承皇统。王十朋"考其行事,乃不然",认为并不尽然。他以历史事实申说继承皇统与矫拂更张的辩证关系,告诫孝宗:舜的成功之处在于他能举尧所不能用的十六相人才而用之,惩处尧不能去的四凶,从而取信于天下。其意是启示孝宗皇帝要大胆起用被高宗废弃、罢黜的抗战爱国将领,惩处那些主和卖国的奸佞之臣,从而为国家中兴做好人才准备。意在开导孝宗要立志讨伐金虏,恢复国土,以成大业。

王十朋深知宋朝南渡之后朝政基本上沿袭北宋,北宋时期的积弊在南宋有增无减,高宗朝秦桧掌相时期朝政积习尤深,弊端甚多,不加彻底变革就不能致强。他向孝宗提出:

今社稷之大安危,生民之大休戚,人才之大进退,朝廷之大刑赏,非

---

① 《宋史·王十朋传》,见《全集》附录二,第1115页。
② 《王十朋全集》文卷二《上殿札子三首》,第596—597页。

有所矫拂更张,则无以慰天下之望。

所谓"矫拂更张",就是变革创新。王十朋认为影响国家安危之大事至民生休戚、人才进退、朝廷刑赏诸多方面都应当有所变革更张,只有这样,才可以"慰天下之望"。为此,王十朋指出,"必矫拂而更张之,则必有以不改父之臣与父之政之说而惑圣听者",他主张当前要批判那些"以不改父之臣与父之政"的邪说论调,改革一切照旧、对外苟且偷安、对内依靠主和派的旧政。他规导孝宗"因时救弊","以彰太上皇知子之明,以尽陛下继述之道"。本节着重申论以下几方面:

1. 养气备战以抵制议和

宋朝文臣赶上了历朝历代未曾遇见过的频繁边患,被迫操练起他们极不熟悉的边防武备,有的还演练得风生水起,有声有色。宋金对峙以来,南宋朝廷内部战、守、和之争长期延续不休。直至孝宗即位,争斗仍然十分激烈。王十朋在召对言事中坚决反对议和,主张养气备战:"今日之计,战固未可轻,和决不可议,守以养气,俟时而伸,乘机而投而已。"他激励说:"陛下宜亲御鞍马如汉文帝,慨然发愤如唐宪宗,抚巡六师,以作将士之气,以图进取之计。"①王十朋申之以"气"之说,提请国君必须要有图强之气。

在《上殿札子三首》之二中,王十朋先以医者治病比喻人主治国,再将江淮等要害之地比为人身体上可以御风寒的部位,来说明这些地方在战略上的重要性,进一步建议皇帝布重兵守要塞坚决抗战。"天下如一身"的比喻浅显生动而理至。十朋说:

　　自古帝王图治天下,虽谋之以智,辨之以才,必以气为之主,然后大业乃济。刘、项之争雄也,项自谓力拔山气盖世,非也。要之,项之失天下也盖以力,而刘之得天下也盖以气……吴、蜀之势,非魏敌也,然而能霸有一方,鼎足而立者,气使之然也。

---

① 《王十朋全集》文卷二《上殿札子三首》,第598—599页。

十朋规劝孝宗要养抗敌复国之气。结合南宋当前形势,他明确指出:

> 养今日之气莫如守,伸今日之气莫如战,挫今日之气莫如和。今我兵寡力弱,国威未振,固未能与之决雌雄于一战,以伸天下之气也,正须养之使壮,俟时而动。

2. 部署战略重固守要害

除了高声呼吁朝廷内外树立坚决抗战的思想,在《上殿札子三首》之二中,为了适应养气以壮、俟时而动的方略,王十朋又积极地提出抵抗侵略的具体战略部署:

> 今我兵寡力弱,国威未振……宜于荆襄、江淮要害之地,如人身之可以御风寒者数处,命大将屯重兵以固守之,纵未能得志于中原,亦足以据长江之险,都帝王之宅,保吴、蜀万里之故疆,何故屈己买和,蹈前日之覆辙耶!

王十朋认准荆襄、江淮乃南宋"要害之地",应"命大将屯重兵以固守之",不可"屈己买和"。事实证明,这对于保障南宋疆土的安全是具有战略眼光的举措。王十朋擅长正反说理,他还具体分析了主和之弊,一再激励孝宗帝养好抗敌复国之气,做好抗敌复国准备,时机一到,即可完成抗敌复国大业。

3. 亲擢贤宰而抵退奸佞

王十朋深明皇上治国安邦必须得宰执和台谏贤侍从的相助。在《上殿札子三首》之三①中,王十朋请求孝宗亲擢贤相、侍从及台谏官,为孝宗构想了一个从宰执到众贤侍从的群僚图景:

> 宰相得人,则内可以尊安宗社,外可以镇服四夷……如是,则内之

---

① 《王十朋全集》文卷二《上殿札子三首》,第599—601页。

百执事,外之监司郡县,皆可以得人,陛下端拱一堂之上,群天下人才如意而任使之,内修外攘,中兴之功不日可冀矣。

高宗禅位时已有左相陈康伯,虚右相之位由孝宗择任。十朋劝孝宗重视宰相的选用,说:"人主之职莫大于论相,尤宜遴选于嗣位之初。论相得人,则可以相与大有为,遴选于嗣位之初,斯可以慰天下惟新之望。"他还提出了选相的具体标准和方法。

宰相之外,十朋还提请孝宗重视侍从台谏的选用,说:"至若侍从台谏,亦不可不亲自识擢","得贤侍从以论思献纳,真谏官以拾遗补过,才御史以纠肃官邪"。

王十朋位虽卑却未敢忘国忧,举贤良而劾奸佞,如以"学问该通,议论近正,屡更任吏,俱有可观"举荐林仁厚等的《应诏举官状》和以"学术精深,气禀刚正,久居经幄,宜赞青宫"荐以自代的《举张栻自代状》①等,都是王十朋积极为国家推荐人才的表现。同时王十朋极力排斥主和派的奸佞小人,指责他们贪生怕死,不顾国家利益。宋天子亲擢言官是"圣意相传,家法不改",②虞云国教授认为,君主亲擢制作为成法为宋代历代君臣所公认,"是宋代台谏选任制度中最后的也是最关键的环节"。③

王十朋是南宋主战派的坚定代表人物,程千帆先生称他"好论恢复大计"。④ 所上《上殿札子三首》矫拂更张论治国,所献治国之策周全而缜密,关切孝宗即位之初的整治全局,契合复国中兴方略,故孝宗甚为称善并陆续采纳施行。这表明王十朋具有明察朝政的政治识见与把握全局的理政才干。

三、条陈时政弊端

王十朋在孝宗朝的言事进谏实践,内容丰富,范围甚广。绍兴三十二年

---

① 《王十朋全集》文卷四,第646—647页。
② 《咸淳临安志》卷五《行在所录·御史台》。
③ 虞云国:《宋代台谏制度研究》,上海社会科学院出版社2001年版,第18页。
④ 程千帆、吴新雷:《两宋文学史》,上海古籍出版社1991年版,第278页。

(1162),锐意恢复求治的孝宗给札侍从台谏,要百官条陈时务,当时应诏者数十人。时任国史院编修官的王十朋,应孝宗之诏上《应诏陈弊事》①札子,陈述时政之弊。又与胡铨合作上书《论左右史四事》。② 二人声气同应,肝胆相照,建言进谏,其共同的主题是揭露时政弊端,请求革除宰相、侍从、台谏等官员失职之弊,考古验今,循名责实,规范左右史的职务行为。

王十朋的奏章谏言每每涉及国家社稷大事,直击朝廷缺失乃至皇上言行、内廷、后妃费用等等,可谓知无不言,无所顾忌。札子《应诏陈弊事》犯颜进谏,直指宫廷,不但揭露官员失职的时政弊端,还有意追究人君职事,条分缕析,旁征博引,以古证今,让君主看到目前存在的政事弊端,进而整顿朝纲,以求"治道之兴",可谓文无雕饰而情理自得。

可以认为,这一系列谏言都是在为孝宗隆兴北伐战略的实施做舆论与行政部署上的准备。

(一) 指斥官员失职

王十朋的《应诏陈弊事》札子开宗明义,指出:"厥今天下之敝安在哉?在乎中外小大之臣,各居其官而不知其职也。居其官,食其禄,因循苟且,旷职不修,欲望敝事之革,治道之兴可乎?"十朋认为,欲求"治道之兴",必须让百官明确各自的职责所在:"夫进退百官者,大臣之职也;献纳论思者,侍从之职也;为天子之耳目,正朝廷之纪纲者,台谏之职也。内之卿监百执事,外之监司守令,莫不各有其职焉。"

但现实非常严酷,"因循苟且,旷职不修"者屡见不鲜。其一,宰臣只进百官,而不能退百官。他指责道:

> 比年以来为大臣者,果能尽进退百官之职乎? 臣见其进百官,不见其退百官也……而所进者未必皆贤,其不肖者又不能自退之,臣知其故矣,是已欲收恩而不敢任怨也……此大臣失职也。

其次是侍从失职。王十朋以司马光言事,指出:

---

① 《王十朋全集》文卷二,第601—605页。
② 《王十朋全集》文卷二,第606—609页。

为侍从者又果能尽献纳论思之职乎？臣见其各司其局，而未闻献纳论思也……掌内外制者，不止于代言；为给事中者，不止于封驳；为尚书侍郎者，又不止于各董六官之属也。今之居是官者，以各司其局为了官事，以献纳论思为越职，宁不愧司马光之言乎？此侍从之失职也。

其三是台谏官失职。王十朋说：

为台谏者，又果能尽其所以为耳目、正纪纲之职乎？……臣往岁备员馆职，窃闻台谏有论事不行者，而同列不为之助，乃曰"我自有体"；又有缄默不言者，闻侍从百官言时事，则怒而逐之。台谏之职果如是乎？……今之论事者，或一再不从，遂不敢复言……此台谏之失职也。

十朋继而指出，这种居其官位而不履其职的现象，造成纲纪损坏，吏治腐败。他提出整顿的关键，是"修进贤、退不肖之职"，择其优与不肖者之典型，分别给以选拔与惩处，"如是，则进一二人，而中外莫不劝；退一二人，而中外莫不惧，是则大臣之职举矣"。

（二）循名责实史职

王十朋为起居舍人时，检讨故事，考古验今，联合起居郎胡铨，共同上奏《论左右史四事》札子，揭露左右史职能废坏甚多：

自供职以来，检讨记注故事，窃见今之史职，废坏者非一，其尤甚者有四焉，一曰进史不当，二曰立非其地，三曰前殿不立，四曰奏不直前。①

---

① 《王十朋全集》文卷二，第606页。按，《中兴纲目》卷一四"隆兴元年五月"录此奏疏，仅署胡铨名，见第465—468页。《宋史》本传则言"时左右史失职久，十朋除起居郎，胡铨奏四事，语在《胡铨传》"云云，见《全集》附录二，第1115页；《宋史》卷三七四《胡铨传》，第11583页。所述有异，录之备考。

"进史不当",指向皇帝进史官修的起居注不恰当。请求:"自今起居注皆不进呈,庶使人主不观史之美,不专在李唐二君也。"

又如"奏不直前",指史官奏事不能直接到皇帝面前。请求:"自今左右史奏事,令直前,不必预牒合门,及以有无班次为拘。"①

奏议最后要求皇上"考古验今,循名责实,断而行之"。孝宗阅览札子后,认为有理可行,就下诏准其所奏部分施行,曰:"前殿依后殿轮左、右史侍立,余并依旧制。"至"冬十月,诏辅臣夕对"。"庚午,诏曰:朕每听朝议政,顷刻之际,意有未尽。自今执政大臣或有奏陈,宜于申未间入对便殿,庶可坐论,得尽所闻,期跻于治。"②当与十朋、胡铨《论左右史四事》"不必预牒合门,及以有无班次为拘"的奏议有关。

(三) 谏行君主职事

爱国爱君之心愈诚,其进谏之言也随之愈显激切。《应诏陈弊事》犯颜进谏,直指宫廷,不仅指出人臣居其官不履其职的弊病,而且提醒人主也要履行职事,说:"人主有大职事:曰任贤,曰纳谏,曰赏罚。"王十朋有意追究时政之弊的根源在于权相奸臣的干预,针对性非常明确。

关于"任贤",十朋提出人主不仅要选贤任能,而且用之要不疑不惑:"陛下既以疆场之事,委之重臣良将",就应该"断然勿疑,无惑乎纷纭之议"。他特举张浚守淮一事为例,说:

> 臣窃闻张浚欲守淮,而议者欲其守江;吴璘屯兵德顺,而议者欲其退保。夫守淮乃所以守江也,舍淮而守江,则长江之险与敌共之矣,江其可守乎?……三路之地陷没久矣,今幸力战而复之,乃欲无故而弃之,可乎?③

所举张浚事,针对的是当时主和派代表宰相史浩主张退守采石、瓜洲,

---

① 《王十朋全集》文卷二,第606—608页。
② 《中兴纲目》卷一四,癸未隆兴元年,第468、487页。
③ 《王十朋全集》文卷二《应诏陈弊事》,第603—604页。

以沮张浚守淮计划。史浩还说官军西讨不可过宝鸡,北上不可过顺德,朝廷准备放弃三路,所以王十朋要求皇上下诏以挫败史浩之阴谋:"陛下宜诏之曰'阃外之事,将军制之,可进则进,可退则退',如是则事不中制,而机会不失矣。"

关于"纳谏",十朋申言炯炯然:"听谏乃人主之职,而尤急于兴衰拨乱之时。"然而对孝宗即位以来反其道而行之的表现,十朋极为失望,故不留情面地指陈乱象,严正劝谏孝宗"不可昵于偏听,而蔽其四达之聪明",而应"亲君子,远小人,推诚听纳,养成圣德"。

关于"赏罚",作为国史院编修官,王十朋明察秦桧执政流弊深重,故请求皇帝明赏罚,正秦桧之罪。他指出:

> 明赏罚者,乃人主之职,尤急于兴衰拨乱之时。臣窃见迩年以来,有姑息之政,无惩戒之罚……是皆为新政之累,不可不革也。至若有罪者不诛,而恶无以惩,又今日之大弊。①

肝胆之言,力透纸背。十朋的陈述无疑是十分沉重的,甚至是愤恨的。鉴于"今日之大弊",他强烈要求孝宗正秦桧之罪,"行追贬之诛",进一步肃清其流毒:

> 秦桧专权误国二十年,而乃生极宠荣,死封王爵,天下莫不切齿扼腕,纵不剖棺戮尸,其可不行追贬之诛乎?②

王十朋还进一步揭露"阉寺有弄权纳贿,紊乱朝纲者;大将有聚敛交结,败坏军政者;大臣有进不由正,迷误国家者;台谏有朋奸罔上,恶直丑正者;或依城社以自安,或盘根错节以自固,或以去位而幸免"等等,认为如此典刑

---

① 《王十朋全集》文卷二《应诏陈弊事》,第604—605页。
② 《王十朋全集》文卷二《应诏陈弊事》,第605页。

不正,非革不可。十朋希望孝宗"先举其职以率百僚"。

《应诏陈弊事》善于援引史实进行周密论证,对每一个当朝弊端的论述,都是先引用了前贤或先哲的论点作为自己的理论支撑,通过今古对比来说明目前百官及人主的失职之处,意在让人主认识到吏治弊端的严重性,从而达到整顿朝纲的作用。

(四) 劝谏移跸建康

隆兴元年(1163)四月,王十朋由国子司业除起居舍人兼侍讲,与此同时,胡铨由国史编修官、秘书少监迁起居郎。其时,孝宗"诏百官日轮对。俟既周,依旧五日一次轮对"。① 任职左右史官的王、胡二人,力主抗战复国、反对议和投降的政治主张完全一致,肝胆相照,情深谊重。现在同被召赴行在,成为秘书省同僚,相见如故,自然非常庆幸。为敦促皇上振作抗敌决心,他们随侍孝宗的车驾,骑马诣太上皇于德寿宫,劝谏高宗赞成移跸建康(今江苏南京)。作诗《四月从驾诣德寿宫与诸公会食于和乐楼》记录其事,充分表现出他们遵行史职的自得与自律。诗有曰:"圣主英姿同艺祖,诸君何苦恋湖山。"②鼓动"圣主"效法"艺祖",以功光祖宗,孝安社稷;同时规劝群臣"何苦恋湖山",当为皇上的雪耻复国而尽忠,积极进取,支持移跸建康。其表达周全委婉。

其时国家形势危急。就在三月间,金向宋索取海、泗、唐、邓、商五州,孝宗坚持不与。时张浚谏孝宗皇帝迁都建康,以借助地利优势壮我国威,稳固政权,再跟金国较量。孝宗是动了心的。

在《论用兵事宜札子》中,王十朋指出天下形势取决于"气"的观点后顺势论述"进跸",举真宗御驾亲临澶渊鼓勇和"太上皇下亲征之诏"的"得策"之举作为典例,劝谏孝宗进跸建康,靠近抗战前线,以便控制四方,振奋士气。说:

---

① 《中兴纲目》卷一三,壬午绍兴三十二年,第452页。
② 《王十朋全集》诗卷一六,第263页。

陛下前日下诏视师,中外鼓舞,秋凉进发,或者犹以为迟。今王师退保濠、泗,督府远在盱眙,陛下宜速进跸以幸建康,居六朝帝王之宅,据东南形势之胜,可以援吴、蜀,可以控四方,可以远海道之虞,可以壮淮甸之势,四方闻之,孰不增气。①

"六朝帝王之宅",虎踞龙盘"控四方"的"东南形势之胜",进跸建康代表当时多数官员的共识。早在建炎六年(1136)七月,张浚即有奏请,云:"东南形胜莫重于建康,实为中兴根本,且使人主居此,北望中原,常怀愤惕,不敢暇逸。"②故十朋一承张浚主张,坚持进谏驻跸建康,以振作朝野士气。

在《应诏陈弊事》《论左右史四事》等札子中,王十朋和胡铨忠言直谏,不怀顾忌,不留情面,下至百僚,上至皇帝,凡其弊病所在,均加以揭露抨击。其时孝宗即位不久,志在恢复,十分赞赏王十朋及其同僚的深刻揭露与大胆指斥,他虚心纳谏,作出了积极反应,于第二天召十朋与张阐二人至内殿论事,并对朝政弊端采取相应革新举措。汪应辰《宋龙图阁学士王公墓志铭》叙及王十朋上陈弊端的事,云:"会诏百官言事,公上疏……其言反复详尽,切于时务。上览而嘉之。即召公与工部侍郎张阐对便殿,从容论天下事甚众。请退,复留者再,赐坐,赐酒,又赐御书。"③可见孝宗对十朋所上之书的褒奖与信赖,也见得王十朋奏议影响之大与他在朝野声望之高。

王十朋在朝期间未结诗社,但他终究不废吟事,以诗会友,以诗交心,张扬"兴衰拨乱"的奋发意气与抗敌复国的肝胆诗怀。在秘书省任职期间,与同僚胡铨、程泰之往返酬唱,高咏"欲把江梅比孤洁,江梅无此岁寒枝",④以"和鼎调羹"为政治理念相互激励,以"刚者"名节相勉,肝胆相照,快慰平

---

① 《王十朋全集》文卷四,第630页。
② 《宋史纪事本末》卷六三"南迁定都",第639页。
③ 《王十朋全集》附录二,第1109页。
④ 《王十朋全集》诗卷一六,第261页。

生,成就了咏梅诗坛的一段佳话。迁国子司业执掌国子监后,赋五律《宿学呈同官》有曰:"诸生不待劝,忠孝素惓惓。"①对诸生勉以"忠孝"与"勤学"的教诲。

王十朋以其奋不顾身、慷慨进言的勇气,感召了一批诗情相应的朝臣士人,在自己周边形成了一个以清醒而激进的名臣士人为主体的诗人群体,慷慨刚肠,忧时爱国,唱响恢复中原、统一祖国的时代主旋律。

四、弹劾史浩党羽

隆兴元年(1163)是南宋孝宗朝政治风云激荡的一年。

这年正月,新皇赵昚的恩师史浩出任宰相,同时出任枢密使的是抗战名将张浚,都督江淮东西路军马。四月,面对南下金兵索要海、泗、唐、邓、商等州及岁币的严重威胁,宋廷以张浚和史浩各为一方的战、和争辩胶着僵持,难分胜负。其时除起居舍人兼侍读,又于五月除侍御史的王十朋,全力支持以张浚为代表的抗战派,顿时改变了双方力量的平衡,助推隆兴北伐即时付诸实施;特别是弹劾史浩及其党羽并使之一一罢免的有力一举,成就了王十朋"真御史"的威名,也同时引发此后的聚讼纷争。

非常时期任用非常之人。王十朋当此孝宗新政之际除任御史台副长官的重要官职,是孝宗汲取高宗朝权相独大的历史教训,重拾"异论相搅"的祖宗家法,实施平衡相权、台谏职能合一、控制台谏群体以强化皇权的举措之一,也说明王十朋的"严威刚直""敏明不挠"是深受孝宗信任器重的。

须知,孝宗朝是南宋台谏系统发展的重要时期。

中国古代政治,特别从秦汉以来,总的说来,是向着加强君主专制的方向和轨道演变的。但无论是古人政治经验的积累,还是儒家思想,都相当强调今人所谓的监察权,其中心设计,一是对皇帝谏诤,二是对百官纠劾。"谏官掌献替,以正人主;御史掌纠察,以绳百僚。"②宋时谏官和台官已合二为

---

① 《王十朋全集》诗卷一六,第259页。
② 章如愚:《山堂群书考索》续集卷三六《台谏·谏官御史其职各略》,广陵书社2008年版。

一,御史可以诤谏,谏官也可以纠劾。但在古代人治的条件下,台谏官势不可免地卷入党争漩涡,成为权臣的附庸。秦桧专相时期,绝大多数台谏官成了秦桧党同伐异的专用工具,参与迫害正直的文官武将。此后韩侂胄、史弥远、贾似道三个权臣控制台谏的局面,大致是其余绪。宋孝宗在北伐开展之前,提举王十朋任侍御史,分明是出于政治需要,借其势打压反对北伐的"恩师"宰相史浩。

台谏作为宋代监察体系很重要的一部分,其群体势力对皇帝及宰执决策影响巨大。在隆兴北伐中,台谏、皇权、相权交相影响,台谏群体成为皇权之下最强大的势力。但台谏所被赋予的权力只是皇权的衍生物,最终决定权还是皇权。在隆兴北伐不断推进的各个阶段中,我们可以很清楚地认识到台谏群体所展示出的政治力量和孝宗本人的政治作风,也能最终了解台谏群体在孝宗皇权独断下所扮演的角色及其重要性。

(一) 隆兴北伐战事始末及其影响

隆兴北伐是南宋朝廷渡江之后对金发动的第一次主动进攻。孝宗一朝的复国中兴大政是由孝宗亲自决策发动的隆兴北伐拉开序幕的。

1. 宋孝宗欲重振采石大捷的余威

临危受命自有其特殊的政治背景,即孝宗决意北伐,重振复国理想。

靖康之耻,是宋人心里挥之不去的隐痛。朝野上下弥漫着悲观情绪,精神上解除了武装。自投降派秦桧散布的"南自南,北自北""南北之俗有异,因其君长而臣属之则可"谬论以来,主和派皆附和其说,至绍兴末隆兴初,汤思退、王之望等人坚持此说。如王之望说:"窃观天意,南北之形已成,未易相兼。我之不可绝淮而北,犹敌之不可越江而南也。"①直至绍兴三十一年(1161)采石大捷,历史阴霾才得以清扫出一角晴朗。宋孝宗决策北伐,正是要重燃采石抗金之火。前文已有叙述,采石之战作为南宋"中兴十三处战功"之一载誉史册。当时中原和山东抗金形势一片大好,收复中原失地有望成功。但由于高宗顽固坚持和戎政策,一再贻误战机,致使金兵从容撤退,

---

① 《宋史》卷三七二《王之望传》,第 11538 页。

形势急转直下。后来,金世宗派人到南宋议和,宋金战争暂时偃旗息鼓。

宋孝宗上位后即要重振采石大捷之余威,出兵北伐,报仇雪恨,收复北方沦陷国土。他本和虞允文很合拍,但急于求成,在隆兴元年(1163年)大胆起用了老臣张浚。孝宗信任敬重张浚,曾对臣属曰:"朕倚魏公如长城,不容浮言摇夺。"平时"上对近臣未尝名浚,独曰'魏公'"。① 在当时,这一决策也合于众望。张浚从绍兴十六年(1146)起因上疏论时事,加强边防,惹怒了秦桧,责徙湖南的连州、永州居住。在他离开朝廷的十多年里,朝野的爱国志士都把恢复中原的希望寄托在他的身上,朱熹说他"忠义之心,虽妇人孺子亦皆知之,故当时天下之人惟恐其不得用"。② 但孝宗对张浚的过高期望却埋下了北伐失败的一大内因。

2. 宋金局部战争由初捷转至速败

隆兴北伐是宋金间一次较大规模的局部战争。自李显忠、邵宏渊提军渡淮开始,双方动用了十余万兵力。

隆兴元年(1163年)四月,赵眘授意枢密使张浚筹划北伐。五月,任命张浚为北伐主帅。张浚接到北伐诏令后,星夜赶回建康,调兵八万,号称二十万,一路由李显忠率领取灵璧,一路由邵宏渊指挥攻虹县(今安徽泗县)。初始,宋军在淮河前线节节胜利,于一月之内收复灵璧、虹县,继而又攻陷了宿州(今安徽宿州)等地,威慑中原。后赵眘任命李显忠为淮南京东河北招讨使,邵宏渊副之。金军左副元帅纥石烈志宁亲自率兵来攻,先被李显忠击退,后又调兵前来。但此时的邵宏渊却按兵不动,有些参战的将领还带兵临阵脱逃。宋军主将不和,军心涣散。李显忠孤军难支,只好趁着夜色撤离宿州,至符离地区,被金军乘势掩杀,宋军大败,死伤不可计数。据载,李、邵二将不能阻止部军逃遁,溃不成军,"器甲资粮委弃殆尽。士卒皆奋空拳,掉臂南奔,蹂践饥困而死者,不可胜计",次日,金军追至,杀宋军四千余人。③ 隆

---

① 《中兴纲目》卷一四,癸未隆兴元年春正月、六月,第462、470页。
② 《朱子语类》卷一三一《中兴至今日人物》上,第3151页。
③ 周密:《齐东野语》卷二《张魏公三战本末略·符离之战》,中华书局1983年点校本,第31页。

兴北伐就此速败。这一次筹划已久的北伐实际上只进行了二十天就以失败收场了。

宋军符离之战的溃败,有多方面的原因。辛更儒教授认为,"符离之战实际上是南宋当局战略的失败。孝宗和张浚讳言失败,自是理所当然的","策划和指挥战争的张浚、李显忠、邵宏渊的无能、轻率、准备不足,得到了充分的证明",在此后相当长的时期内,"南宋当局的对金政策陷于一片混乱之中"。① 首先是主战诸臣在朝中的优势让位于主和诸臣。枢密使、都督江淮诸路军马的张浚降特进、江淮东西路宣抚使,官属各夺二官。李显忠责授清远军节度副使,再责授果州团练使,潭州安置。邵宏渊降武义大夫江西总管,再责授靖州团练使,南安军安置。

3. 隆兴北伐失败带来的政局影响

隆兴二年(1164),金世宗为了达到"以战促和"的目的,发兵南下,先后攻占楚州、濠州、滁州等地,并准备渡江南下。在这种情况下,又受到太上皇一味求和的掣肘,孝宗不顾胡铨、刘珙等大臣反对,重新起用秦桧余党汤思退"为右仆射,同平章事兼枢密使",②主办议和之事。这年十月双方签订协议。这就是历史上的"隆兴和议",又名"乾道之盟"。其主要内容有:宋朝皇帝对金朝皇帝改称臣为称侄;改"岁贡"称"岁币",并将"绍兴和议"商议的银、绢各减五万,为二十万两、匹;南宋割唐(今河南唐河)、邓(今河南邓州东)、海(今江苏连云港)、泗(今江苏盱眙北)四州外,再割商(今陕西商县)、秦(今甘肃天水)二州予金国。

在孝宗同意议和的情势下,王十朋自劾出京。"国之元老如张浚、王大宝、王十朋、金安节、黄中、陈良翰相继黜逐。"③而汤思退等有了赵构做后台,放手卖国,下令放弃唐、邓守卫,又下令海、泗撤戍,主动迎合金人要求,在未得赵昚同意的情况下,派使臣到金营中去谈议和条件,通知金人,说是宋军主力已经撤回江南,要金人派兵南下,武力逼和。金兵得此消息,迅速

---

① 参见辛更儒《辛弃疾研究》,人民出版社2008年版,第39—40页。
② 《中兴纲目》卷一四,癸未隆兴元年秋七月"兵部侍郎胡铨言",第471页。
③ 《中兴纲目》卷一四,甲申隆兴二年秋七月,第483页。

攻下楚州、濠州（今凤阳）、滁州。这一丑闻外传,在全国舆论压力下,孝宗法办汤思退,押赴永州管制。汤思退在去永州的路上,忧惧发病而死。

隆兴和议之后,宋、金两国维持了四十多年的和平。赵昚的内外政策转向平稳,南宋朝廷又陶醉在"中外无事"、偏安一隅的升平景象之中,一度呈现繁荣局面,史称"乾淳之治"。

（二）侍御史上任的背景及其作为

大致了解了隆兴北伐的始末,再来看侍御史王十朋在北伐进行时的积极作为与后世评判的变化,我们就会有一个可作为依据的评价标杆。

后秦桧时期的战守和问题仍然是南宋政治生活的主要问题,攸关南宋政权生死存亡的政治选择。争论的双方代表人物分别是张浚和史浩。其争论激辩凸显于隆兴北伐酝酿筹划全过程。面对金兵大举南下索地而宋廷内部君臣举措未定的严峻形势,孝宗于隆兴元年五月诏命王十朋由起居舍人兼侍读除任侍御史,乃属强化台谏势力的重要举措之一,实为隆兴北伐开局铺路。

对此职实位高权重的"乌台"之任,王十朋没有掉以轻心。凭借他的影响力与公信度,其作为对朝政产生了重大影响。人们称其为"真御史"。北伐期间作奏章十六札,平均两天一札,始终围绕一个主题:抗战复兴。他旗帜鲜明地主张抗战复国,竭力建议起用张浚等抗战将帅,心无顾忌地弹劾主和官僚,提出进取方略、用兵法度,以及与战时相适应的朝政休假制度和内庭减员节省、扩军理财增赋等政治、军事、经济建议,极大地影响着孝宗在隆兴北伐各个阶段的决策思维和决策进程,有四两拨千斤之效。

1. 张浚史浩　激辩朝廷

王十朋受命出任侍御史,正当南宋面临"绍兴和议"破产、朝廷内战和两派论辩难分胜负之时。

其时,迫于舆论与形势,宋高宗不得不重新起用废黜近二十年的主战派代表张浚,让他出判建康府,但绝不让他干扰自己的乞和路线。孝宗即位后,召张浚入京,共商恢复大计,任命他为江淮宣抚使。高宗却对孝宗此一任命大泼冷水。但孝宗抗金决心已定,隆兴元年(1163)正月,他任命张浚为枢密使,都督江淮军马,史浩为右相,陈康伯为左相;又起用了曾被秦桧诬陷而流落二十年的辛次膺为同知枢密院事。从此,抗战派在朝中占了优势,右相史浩成了议和妥协派的代表。史浩是孝宗潜邸老师,行事稳健,号称智囊,颇受尊重。但在对金问题上,他却是个安于现状的主和派,对孝宗锐意北伐、张浚的抗金主张始终持反对态度。史载,"浩既为参知政事,浚所规画,浩必沮挠,如不赏海州之功,沮死骁将张子盖,散遣东海舟师,皆浩之为也"。①

自金主完颜亮败亡到隆兴元年(1163),南宋最高统治者口称恢复,而实际上并无破敌制胜、鼓舞士气的备战韬略。王十朋对此深感痛惜。他对宋金形势早已作过恰当分析与预测,说:"自建炎至今,金未尝不内相残贼,然一主毙,一主生,曷尝为中国利?"他强调恢复"要在自备如何""御敌莫急于用人",必须起用"天资忠义、材兼文武"者,才能"以寝敌谋,以图恢复",②但朝廷一直未予重视采纳,缺乏战备良策。而南宋文武臣僚虽也有相当一部分人主张乘时对金用兵,但在攻击方向问题上却始终未能统一意见。当时的意见主要有三种。一种是以川陕宣抚使虞允文和大将吴玠等提出的经略中原之策,主张攻取关陕重镇,"因长安之粮而取河南,因河南之粮而会诸军以取汴"。③ 吴玠军曾收复秦州,攻取德顺军,后金人来攻,两军相持数月,互有胜负。另一种则是大将李显忠、邵宏渊提出"出师自宿、亳趋汴,由汴京以通关陕"的主张,认为"关陕既通,则鄜延一路熟知显忠威名,必皆响应"。④ 而江淮宣抚使张浚吸纳时任江阴军签判辛弃疾的部分意见,向孝宗提出了出奇兵攻山东的建议,上奏书请孝宗"临幸建康,以动中原之心,用师淮壖,进舟山东,以为吴玠之援",⑤即以两淮之师攻取黄河以南地区。然而不论谁的主张,在其传播期间,都遭到参知政事史浩

---

① 《中兴纲目》卷一三,壬午绍兴三十二年春正月,第452页。
② 《宋史·王十朋列传》,见《全集》附录二,第1114页。又见《全集》文卷二《轮对札子三首》之一,第591页。
③ 虞允文:《兴复关中书》,见《文章辨体汇选》卷一○六,四库全书本。
④ 《宋史》卷三六七《李显忠传》,第11431页。
⑤ 《朱熹集》卷九五下《张浚行状》,四川教育出版社1996年点校本,第4879页。

等朝臣的反对,谁也占不了上风。史浩还让陆游代笔作《论未可用兵山东札子》,上封奏反对张浚的"进舟山东"说和李显忠的出师宿、亳攻取汴京说,并且恐吓孝宗:"万一敌人有一骑冲突,则都城骚动,何以处之?"①这一吓非同小可,有前车之鉴,想必孝宗会受震动的。张、史意见既不能统一,张浚无计可施,从此不再提用兵山东,只支持李显忠的攻宿州取汴州的计划。

当此之时,前线战事已趋紧张。西线吴璘在金主亮南侵时不仅成功抵挡了金军的攻势,还攻占了原所属北宋的十六个州军,一举收复秦凤、熙河、永兴三路地区,收复失地之广前所未有。但史浩却以孤军深入为理由阻止吴璘兄弟的军事行动,让孝宗"诏吴璘班师","璘于是弃德顺,仓卒引退,虏乘其后,正兵三万,得还者仅七千人,偏裨将佐所存无几。上寻悔之",再授权吴璘自行决定进退,但为时已晚,"无复再举之期矣"。②

在东线,金人声言要夺取两淮,张浚以兵屯盱眙及泗、濠、庐州备之。但以史浩为代表的议和妥协派却一直主张退缩,以放弃两淮来求取和平。只因张浚抵制,才未实行。

大约到了大定二年(1162)岁末,金世宗加紧了南攻的准备,南宋朝廷和战两派到了不得不摊牌的时刻。张浚等人为恢复大计欲兴战,而史浩一再沮议。《中兴纲目》载:孝宗诏议应敌定论,洪遵、金安节、唐文若等相继论列,宰执独无奏。孝宗曾问史浩为什么没有就应敌定论之事上奏,史浩认为绝不能"听浅谋之士,时兴不教之师,寇去则论赏以邀功,寇至则敛兵而遁迹"。③后来李显忠、邵宏渊奏乞引兵进取,张浚也乞孝宗诏幸建康。孝宗征问史浩时,史浩再三声言不可,并且诘责张浚等人,认为"帝王之兵,当出万全,岂可尝试以图侥幸"。④张浚认为中原久陷,如果不收取,豪

---

① 楼钥:《攻愧集》卷九三《纯诚厚德元老之碑》,《丛书集成》初编本。陆游代札事参见辛更儒《辛弃疾研究》,第37—38页。
② 《中兴纲目》卷一三,辛巳绍兴三十一年十二月,第456—457页。
③ 《中兴纲目》卷一三,辛巳绍兴三十一年六月,第453页。
④ 《宋史》卷三九六《史浩传》,第12066—12067页。

杰必起而收之。史浩则认为中原并无豪杰,如果有,为何不起而亡金。张浚说,民间无寸铁,必待我兵至为内应。史浩就说,若中原真有豪杰却不能亡金,正证明金人统治的稳固,故决不可轻举妄动,贸然出兵。张浚说,即使签订了和约,金人还是会随时南下侵扰,甚至发动大规模进攻,因此,和议是不足恃的。胡铨也说:"自靖康迄今,凡四十年,三遭大变,皆在和议,则金之不可与和彰彰然矣!"又说,中原百姓,日夜盼望朝廷出兵收复失地;一旦与金人议和,则中原绝望,后悔何及!但史浩就是死抱主和路线不放。

从辩论中可以看到,彼此都无足够说服对方的理由,而史浩的辩议一意沮议出兵,也差不多是意气之争。以所谓"无万全之策"沮议恢复大计,其态度至少是消极的。

2. 支持张浚 力排议和

史浩、张浚两人的廷议争执是公开化的。其时,抗战派情绪高涨。王十朋与张浚、胡铨等坚定主张孝宗北上建康督战,下诏出师北伐。史浩则出来反对,针锋相对地反驳。和、守、战的廷争辩论不休,胶着多时。

隆兴元年(1163)五月,王十朋由起居舍人除任侍御史,为御史台的副长,成了中央高级监察官之一。虞云国研究指出,"在中国古代监察系统中,御史台和谏院的地位和作用无疑是最重要的","宋代往往将御史台与谏院并称为台谏,把台官与谏臣通呼为台谏官、言事官或言官"。据载,孝宗朝为便于集中皇权,控制朝政,培养自己的台谏势力,御史与谏官合起来,最多时不超过八人。还明令"台谏必须由进士出身者选任,被理所当然地视为祖宗故事"。① 可见得王十朋是深得孝宗信任的。

面对朝内议和妥协的压力,台谏势力支持张浚,力排议和,全力促成隆兴北伐。王十朋与枢密使张浚、监察御史陈良翰、右谏议大夫王大宝、殿中侍御史陈俊卿、御史中丞辛次膺、监察御史阎安中等以台谏官员为主体的抗战派上疏孝宗,揭露史浩、汤思退、王之望等主和、主守的反战主张不会改

---

① 虞云国:《宋代台谏制度研究》,第1、2、6、11页。

变,而金人必谋南侵,如不先发制人,必将贻误战机。侍御史王十朋向孝宗皇帝上《除侍御史上殿札子》,①自剖抗战复国心迹,分析战和时局。他说:"圣人之德,无以加孝。而天子之孝,莫大乎光祖宗而安社稷。"他列举历史上因前王创业有成而后王继守称孝之君,都能做到"功光祖宗、孝安社稷",激励孝宗奋发有为,立志恢复,又指斥主张议和妥协的大臣,"不知忠孝大节,不能仰副圣心之万一",使朝中一片乌烟瘴气,怎不令人忧愤!

值得称赏的是,奋志于进取恢复的王十朋在金人必谋南侵的紧急时刻,以"国仇"立论,突破了儒家夷夏之别的传统思想,认为不能把"北虏"女真入侵者简单地看成是夷狄问题,而以一般的夷狄来对待它。女真统治者侵占宋朝的北方国土,掳去徽、钦二帝,残害宋土人民,与宋朝有不共戴天之仇。汴京失守,中原沦陷,实为"国仇世耻"。② 以"国仇世耻"来论证南宋抗金的正义性,同时以此来抨击妥协投降的思想和行为,是非常有力的,把当时的抗战思想提到了一个新的水平。

王十朋希望孝宗为报靖康君父不共戴天之仇以尽孝,要求群臣为皇上雪耻复国而尽忠,恳求孝宗下诏,"愿戒在位者,去附和之私心,赞国家之大计"。③ 孝宗阅后颇受鼓舞,深为赞许。

孝宗在主战派张浚、王十朋等人的鼓励支持下,坚定信心,毅然决策北伐。为了防止主和派的反对,孝宗有意绕过三省与枢密院,直接向张浚和诸将下达北伐的诏令。高宗闻讯,急召孝宗,企图迫使他收回成命,孝宗沉默不语表示拒绝。隆兴元年(1163)四月,张浚单独面见宋孝宗,下令李显忠、邵宏渊二将出师北伐,收复虹县、灵璧二城。

隆兴抗金北伐战争由此开始了。而史浩得知邵宏渊等出兵消息,大为不满,说自己身为宰相而不得与闻出兵大事,立即上书攻击张浚等。十朋上札主战,但北伐的最后决策者理所当然是孝宗皇帝。

---

① 《王十朋全集》文卷三,第610—611页。
② 《王十朋全集》文卷三《除侍御史上殿札子》,第611页。
③ 《宋史·王十朋传》,见《全集》附录二,第1115页。又见《中兴纲目》第465页。

（三）弹劾主和派史浩及其党羽

侍御史王十朋嫉恶如仇，刚直不阿，锋芒毕露，认为要使酝酿已久的北伐战争顺利进行，必须罢黜宰相史浩，排除来自议和投降派的一切干扰阻拦。他上疏弹劾史浩及其党羽史正志、林安宅等人，终使他们一一被罢免；王大宝则弹劾投降派王之望、汪澈。这就一举扭转了朝廷战和论争僵持的形势，使北伐得以有序推进。

1. 弹劾史浩

王十朋弹劾宰相史浩是宋孝宗初年战守之争中的一段公案。在仕宦早期，王十朋屡有进言政事、弹奏大臣之举，逐渐赢得了崇高的公议地位。随着宋金形势发生变化，宋孝宗顺应公议要求，便擢升敢言的王十朋为台官。这成为他弹奏史浩的有利条件。

王十朋在力赞张浚北伐的同时，不畏权相，上任没几天，即呈上《论史浩札子》，①弹劾当朝右相即尚书右仆射史浩"昔为士人，以权酤犯罪，身几不免，及试吏州县，奸赃狼藉，恶声播闻"，且"得罪公议"的"罪恶之著者有八焉"：

"专主和议，以沮大计"，"此怀奸之大罪一也"；"欲售一己之私，而不顾国家之大计，此误国之大罪二也"；"植党之大罪三也"；"盗权之大罪四也"；"忌言之大罪五也"；"蔽贤之大罪六也"；"欺君之大罪七也"；"讪上之大罪八也"。

据上述诸罪，王十朋向孝宗提出：

> 浩无宰相才而居具瞻之位，遇尧、舜主而怀共、鲧之凶，陛下方当任贤使能，图治大业，如使浩辈久在庙堂，其可以望中兴之治耶？臣愿陛下正其罪恶，窜之远方，以快天下之心，以为群臣之戒。

孝宗采纳了王十朋的意见，札上第二天即罢免了史浩相职，但还是以观文殿大学士知绍兴府。十朋感到甚为不妥，又立即上《再论史浩札子》，②说

---

① 《王十朋全集》文卷三《论史浩札子》，第612—614页。
② 《王十朋全集》文卷三，第615—616页。

这是虽为去邪却未能正其罪。十朋认为绝不能让他到绍兴这样靠近皇都的大郡当政,故再次申言:

> (史)浩不忠之罪,不可以一二数,臣姑论其大而著者有八……八罪有一,且不容诛,浩备有之,其何可赦!纵不投之四裔以御魑魅,其可以巨藩大郡而赏奸耶?臣恐天下未必咸服如虞舜时也。况绍兴密迩王都,最为大府,浩昔尝为属吏,奸赃著闻,亦何面目见其吏民耶?

王十朋以非常决绝的态度强烈要求:"臣愿陛下出臣前章,正其罪恶,褫爵名,罢差遣,窜之三危之地,与天下共弃之!"十朋札上,孝宗遂改令史浩奉祠归里。《宋史纪事本末》概述其事曰:"侍御史王十朋论浩八罪……帝为出浩知绍兴府。十朋再疏论之,予祠。"①《中兴纲目》载,"史浩罢。出知绍兴府,寻奉祠。浩以不与出师之议,力丐免。御史王十朋亦有言也。"②史官言之凿凿,王十朋的弹劾奏章乃是压垮史浩这匹骆驼的最后一根稻草。

尽管有学者认为,王十朋将史浩"窜之三危之地"的请求有些过分,但王十朋嫉恶如仇、刚直不阿的御史素质是应该肯定的。③

2. 弹劾史正志

史浩既被劾罢相,其同党史正志、林安宅惧而求致仕。侍御史王十朋继续弹劾,论列其罪,以为不当在朝。

史正志是扬州人,绍兴二十一年(1151)进士,绍兴末曾进《恢复要览》五篇,乾道三年(1167)任中书门下检证诸房公事,除知建康府。④ 建康府的战略位置十分重要。史正志也曾高唱抗金,在建康府任上写过两首《新亭》诗,有句云:"坐中不作南冠叹,江左夷吾是素期。"⑤以九会诸侯、一匡天下

---

① 《宋史纪事本末》卷七七"隆兴和议",第801页。
② 《中兴纲目》卷一四,癸未隆兴元年,第468页。
③ 参见贾玉英《王十朋言事与弹劾实践初探》,《论文集》第67页。
④ 《景定建康志》卷一《行宫留守题名》,"史正志,乾道三年九月以集英殿修撰安抚使兼行宫留守司公事",第1338页。
⑤ 《景定建康志》卷二二,第1667页。

的管仲自期;还屡兴工役,如修贡院,重建新亭,修筑建康城池等等。这番表白和表现欺上瞒下,骗取孝宗信任,也曾经得到时任建康府通判的属下辛弃疾的赞赏,作《千秋岁》词为他祝寿。这时的辛弃疾对其时一些高位人物的真面目尚未有更多的了解,他只是希望史正志"从容帷幄",能为"整顿乾坤"多干实事。

十朋两次上疏弹劾吏部郎官史正志。在《论史正志札子》中,他揭露史正志的伪善面目,只是个"观时求进"的奸官。又揭露他所奏的《恢复要览》乃"闻枢密叶义问欲议进取"而"窃《吴若江淮表里论》而增损之",由此"遂由筦库而得密院编修,为士论所嗤";而听闻"史浩执政欲主和议,正志复变前说以投浩,浩喜其佞己,遂遣之建康以为说客,欲以口舌沮进取大计,尝谈兵于张浚之前,为浚所不礼,正志乃妄撰语录,设为己与浚答问辨难之语,归以佞浩,浩大喜之,除为户部郎官"。史正志得史浩重用的原因在于史浩与史"姓同,而族异,乃拜浩而父事之,在浩之门最为用事,故士论有亲侄之嘲"。

史正志"操心倾险,赋性奸邪"如此,十朋请求"陛下特发英断,明正志谗慝朋比之罪以正典刑"。① 初,孝宗没有表态,十朋于是再次弹劾,举其罪恶。复请求孝宗"出臣两章,断然逐之,以示去邪勿疑,亦足以惩一而劝百也"。② 孝宗于是采纳十朋所奏,"诏罢之","浩遂丐去,而正志亦罢斥云"。③

3. 弹劾林安宅

紧接着,王十朋又不放过史浩、史正志死党、前临安知府林安宅,连上两札弹劾之。

《论林安宅札子》《再论林安宅札子》④称林安宅是"盗儒之雄",又揭其

---

① 《王十朋全集》文卷三《论史正志札子》,第618—619页。按,据《中兴纲目》卷一四隆兴元年五月"史正志罢"条所录,"比浚为许靖、房琯"以下有"谓其以虚名误事"一句,第468页。宋本《梅溪集》已不存,今传《梅溪集》与《王十朋全集》均以明正统刻本为底本影印或整理,似应据此校勘补正。
② 《王十朋全集》文卷三《再论史正志札子》,第619—620页。
③ 《中兴纲目》卷一四,癸未隆兴元年,第468、469页。
④ 《王十朋全集》文卷三,第625—627页。

与史浩结为死党之罪。奏疏揭了林安宅的底子,又揭露林安宅乃史浩、龙大渊党羽。经王十朋弹劾,林安宅"诈病求致仕,十朋并疏其罪。皆罢之"。①乾道二年"秋八月,窜林安宅"。②

置身朝廷战和两派尖锐对立的严峻阵势,王十朋出于爱国忠愤,在数天内连上七札,弹劾史浩为首的主和派,并使之一一罢职,隆兴北伐得以有序推进。以王十朋为代表的台谏官员对促成隆兴北伐起到了至关重要的作用。

五、聚讼隆兴弹劾

王十朋以上弹劾数事,可谓百发百中无虚弦。其之所以称得上是孝宗主政初期的重要政治事件,乃因案讼双方分别为朝廷重臣侍御史与新皇心腹宰相,其案讼内容和本质不止于战和之争及其是非之辩,还兼及台谏、相权、皇权的冲突争斗,以及双方处事原则、学术观念的分庭抗礼,故而其所涉乃是南宋一朝治国方略的抉择。表明其时台谏对上自人君下至百官的阙失,都享有堂堂正正的谏诤论列的言事权。孝宗朝整顿后的监察制度对皇权和相权来说,在言事权力上具有相对的独立性。

虞云国的专著《宋代台谏制度研究》、论文《试论宋代对台谏制度的监控》与王兆广的《南宋孝宗时期的台谏群体与兴隆北伐》等,对这段史事的社会背景、政治学理念以及台官谏臣互劾互监诸问题,提供过缜密考据和系统阐述。可知孝宗朝乃南宋台谏系统发展的重要时期,研究其势力影响是厘清孝宗朝政治不容忽视的问题。在隆兴北伐的各个阶段,台谏、皇权、相权交相影响,分析其起伏演进始末,既可看到孝宗的政治行事特点,也可了解台谏群体在皇权独断下所扮演的角色及其政治命运。

(一) 公议称赏史不绝书

《论史浩札子》等奏状充分体现出侍御史王十朋刚直不阿、正气凛然的

---

① 《宋史·王十朋传》,见《全集》附录二,第1116页。
② 《续宋通鉴》卷八,丙戌乾道二年,第187页。

作风特征。王十朋像他崇拜的范仲淹一样,在抗争中成全了政治清誉,赢得了"真御史"的美称,成为不计个人升沉祸福、推重义理是非的台谏官楷模。

从南宋一朝的政局演进和得以调整强化的台谏制度来看隆兴北伐弹劾事件,肯定其最高决策者宋孝宗的历史作用和称赏王十朋刚直不阿、铁面无私的行举,都是史有实据的。

王夫之《宋论·孝宗》评论孝宗对张浚的倚重,印证孝宗在当时战和两派争斗中的鲜明立场,说:

> 孝宗初立,锐志以图兴复,怨不可旦夕忘,时不可迁延失,诚哉其不容缓已。顾当其时,宋所凭借为折冲者奚恃哉?摧折之余,凋零已尽,唯张德远(即张浚)之孤存也。孝宗专寄心腹于德远,固舍此而无适与谋也。

应该说,"锐志以图兴复"的宋孝宗乃有为之君,他既然"寄心腹"于以张浚为代表的主战派,就必然会毫无顾忌地罢黜北伐反对者史浩的相职,尽管他曾是自己的老师。赞同侍御史对史浩的弹劾,当是宋孝宗此时"不容缓已"的不二选择。

作为侍御史的王十朋在此期间的言事活动,真实地取得了成效,推动政局改变走向。有关史籍多记载十朋直言不讳、无所回隐的史事和功绩。

《宋史·张阐传》载:"给札侍从、台谏条具时务……当时应诏数十人,唯(张)阐与国子司业王十朋指陈时事,斥权幸,无所回隐。"[1]

《宋史》本传载,隆兴元年,张浚主持北伐,宰相史浩攻击张浚,"御史王十朋论之",指陈史浩八罪,结果史浩被罢相奉祠。史正志父事史浩,林安宅出入史浩、龙大渊之门,"十朋并疏其罪,皆罢去"。[2]

---

[1] 《宋史》卷三八一《张阐传》,第11747页。
[2] 《宋史·王十朋传》,见《全集》附录二,第1116页。

《宋史》论曰:"十朋、吴芾、良翰、莘老相继在台府,历诋奸幸,直言无隐,皆事上忠而自信笃,足以当大任者,惜不尽其用焉。"①

汪应辰称:"公素以刚毅正直称天下,至是,人皆曰真御史矣。"②

《宋史全文》引《龟鉴》直评隆兴北伐:"建炎以来,十四处战功,皆未有今日符离之一举者。……孝宗谓数十年无此克捷。"其意义在于"虏人缘此震慑,知吾君有大有为之志,知庙谟有出不意之奇,知边鄙有折冲敌忾之将。"《龟鉴》还特引十朋之言:"陛下用兵,为祖宗陵寝暴露而举,为徽宗、钦宗复仇而举,为二百年境土而举,为中原吊伐而举。"以称誉符离之胜"此岂尝试侥幸者之为哉!"③高扬的是爱国的大旗。

侍御史王十朋的抗战主张,包括他北伐战前的言事之举,是受史家一致称道的。《鹤林玉露》载张南轩(张栻)肯定王十朋的刚直,对孝宗曰:"十朋,天下公论归之,更望陛下照察主张,臣父以为陛下左右岂可无刚明腹心之臣?"④

隆兴北伐虽然失败了,但其积极意义是不可否认的。起居郎胡铨应召时说,北伐"功虽不成,自京都播迁之后垂四十年,未有如符离之举也。虏人缘此震慑,知陛下有大有为之志……以为中国有人,遂有乞和之意"。他认为,如果没有"符离之举"张扬宋廷复国之正气,此后的隆兴和议必将欲求不成,又何来专心经营长江流域和华南核心地带的幸运局面?

张浚自己也为之"累疏争之",洞察乞和者"终必至于降"的误国实质,截然预判曰:"自昔议和之臣,始以怯懦误国,全身保家。其终必至于降。"⑤在战事受挫之时,主战派伸张"中国有人"之义理浩气令人感奋!

王十朋"同年同舍"政坛挚友喻良能,读王十朋《去国》诸诗,佩服"先生

---

① 《宋史》卷三八七《论》,第11895页。
② 《宋龙图阁学士王公墓志铭》,见《全集》附录二,第1109页。
③ 《宋史全文》卷二四上"宋孝宗一",第1975页。
④ 罗大经:《鹤林玉露》丙编卷六,第345页。
⑤ 《中兴纲目》卷一四,癸未隆兴元年十一月,第475—476页。

一饭不忘主,诗句端如杜少陵",照应王十朋在《赴召》诗中"愿竭孤忠赞中兴"的忠君爱国情怀,赞赏其在隆兴北伐中的言事行举:"凛然风采照隆兴。"①

再看毕生反对与金和议的爱国词人辛弃疾(1140—1207),在符离败后,痛定思痛,总结完颜亮南侵和孝宗北伐这两次大战役的经验教训,认为隆兴北伐"未大捷,亦未至大败",符离之战的积极意义在于可以振作南宋当局的失败颓废情绪。他的呕心沥血之作《美芹十论》,于隆兴和议签订的第二年上呈孝宗皇帝,是对宋、金双方国情民意以及和战问题的最全面、最精辟、最系统的分析总结。辛弃疾面对投降派虎视眈眈的险恶局势,挺身而出,仗义执言,坚定地认为,向金人求和,不仅不能与敌人长期并存,且还将使敌人更加猖獗,外患也终难平息。其《美芹十论·自治》篇更将批判的锋芒直指主和派首领史浩,称其为义理失据"助秦自攻"的懦夫。此篇引用了《史记·平原君虞卿列传》中虞卿向赵王所讲的反对赵国割地与秦国求和的话:"秦之攻王也,倦而归乎?其力尚能进,爱王而弗攻乎?……王又以其力之所不能取以送之,是助秦自攻也。"辛更儒教授解释其意说:"这段话显然是指隆兴元年宰相史浩,不但将陕西新复州军拱手让与金人,而且自草诏书,其中竟有'弃鸡肋而无多,免狼心之未已'②等语句。这可见实施'助秦自攻',是古往今来懦夫们的共同行为准则。"③

其《美芹十论·久任》论及宰相久任时举了张浚被罢的例子,深情地说:"顷者张浚虽未有大捷,亦未至大败,符离一挫,召还揆路,遂以罪去,恐非越勾践、汉高帝、唐宪宗所以任宰相之道。"辛弃疾借古讽今,赞扬越王勾践、汉高帝刘邦、唐宪宗李纯专心一意信任宰相,希望他们有所建树,"骤而胜,遽而败,皆不足以动其心"。④ 这位南宋史上杰出的爱国志士对张浚充满敬重和理解,对最高当局的任人路线和世俗观念很为不屑。

---

① 喻良能:《读侍御去国集次韵卷首赴召》,见《全宋诗》卷二三五七,第 43 册,第 27055 页。
② 《宋史》卷三八三,列传一四二《虞允文传》,第 11795 页。
③ 参见辛更儒《辛弃疾研究》,第 42—45 页。
④ 辛弃疾:《美芹十论》,徐汉明校《辛弃疾全集》,四川文艺出版社 1994 年版。

辛弃疾的史事识见冷静且沉着,与上述起居郎胡铨应召时有关"中国有人"之浩然义理何其合拍,与王十朋的政治主张有着默契的应和。王十朋宣言的恢复愿景连同其披肝沥胆而成的十六首札子,虽然未能如愿落实于历史现实,然而他表白的忠诚和胆识在抗金派人士中引起了强烈而久远的历史反响。正所谓:千古大贤高议在,不应成败论英雄。

(二) 今人评说聚讼纷纭

王十朋弹劾史浩案,关涉南宋初期的战、和、守论辩与隆兴北伐史事,其利弊是非纷争不断,数百年来聚讼衍化,毁誉互见。有是王非史,高度称赏王十朋的,这是舆论主流;有是史非王,为史辩护,甚至大唱其赞歌的,虽然为数甚少,却引人注目;当然也有不偏不倚,并誉王、史或并斥王、史的。今之学界隔三岔五就会议论一番,评骘意见纷纭。

"不管你承认与否,中国传统史学确存在着以司马迁《史记》为代表的叙事史学、以宋明义理史学为代表的义理史学和以乾嘉朴学为代表的考据史学三大史学模式,可以称为三大范型。"①此三大史学模式同时活跃于当今之学界。笔者以为,尽管义理史学偏重史学的价值判断,而叙事史学偏重事实判断,其间且有升降消长的变化甚至转型,但叙事史学与义理史学双轨并存,相向而行,是有其现实观念基础的,是可觅得平衡融合的空间的。何忠礼对隆兴北伐史事就做出过精辟的分析:孝宗诏命张浚领导北伐,"但由于国力不济,军队腐朽,加上太上皇帝高宗的阻挠,金朝的统治相对稳定,南宋无衅可乘,最后以失败告终";同时认为,符离之溃的直接原因是李显忠、邵宏渊两将的腐败无能,但主要原因还在于高宗、秦桧当政以来长期执行屈辱政策,造成宋军士气低落,战斗力被严重削弱,敌我力量对比,尚不足以压倒对方的缘故。作为前方指挥的张浚,缺乏知己知彼之明,志大才疏,专横任性,也有不可推卸的责任。②——如此剖析分解历史责任,既重史实,又申义理,无疑是全面而

---

① 钱茂伟:《用史学范型观照传统史学》,《中国传统史学范型的嬗变·代序》,黑龙江人民出版社2010年版。
② 何忠礼:《南宋全史》(一),第331、337页。

确当的。朱熹也认为张浚徒有虚名,辜负众望,是一个"才极短""全不晓事"的人物。① 而溯其源,确应归因于赵宋统治者为了巩固中央集权而采取的"兴文教,抑武事"②的政策,徐规先生早年有言,"宋代实行重文抑武的政策,即以文臣驾驭武将",导致武备松弛,苟且偷安。③ 赵宋开国君主赵匡胤精心设计的种种防止大臣篡权的办法,最后却成了国家军力发展的绊脚石。虞云国亦说,面临金人南侵之大势,史浩主张"放弃陕西与两淮确是馊主意,但反对草率北伐仍有可取之处",④此乃进退不失义理之论。

第四节 真御史献策北伐

王十朋在隆兴北伐的全过程中,支持孝宗,支持张浚,密切关注着战局的发展,在战事发展的每一阶段都履行职责,发表意见,担当责任。在隆兴北伐的筹划准备阶段,他热情激进,伸张正义,出谋划策,申论战略方案,言事甚多;在符离之战的进行过程中,他根据变化莫测的宋金战局特点,不失御史台官的职责担当,分析战局,论思献纳,适时劝谏观时应变,激励斗志;在败局已成之时,则勇于为张浚和北伐诸将辩解,自己勇于担当荐人之责,却丝毫不改恢复初衷,毅然以自劾明志。其在孝宗一朝的所有谏言全都发生在隆兴北伐的前前后后,而以北伐进行时的十六件札子最具影响力,彰显了"侍御史"之设应有的岗位责任担当和职守品格规范。

对王十朋弹劾史浩事件的某些误解,甚或贬斥,如指斥贬损王十朋乃"忘恩负义"之辈,引发一场"恶人先告状的闹剧","引起辩论之外的恶意中伤",云云,多半系未深解王十朋,抑或理解不周全之故。一位学人不经意间揭开其秘密:"对事实最大的误解,是根本未曾了解。"张京华教授有言:"史

---

① 《朱子语类》卷一三一《中兴至今日人物》上,第3140页。
② 《续资治通鉴长编》卷一八,太平兴国二年正月戊辰条,第394页。
③ 徐规:《宋太祖誓约辨析》,《历史研究》1986年第4期。
④ 虞云国:《细说宋朝》五八"隆兴北伐",第405页。

学言真,真谓事实、真相、有据、可信,不真实即无史学可言。史学亦言褒贬,而褒贬亦不得违背真实,故真实大于善恶,亦大于一切人世观念。"①

诚然,历史是一个发展过程,人们对它的种种内涵及其运转规律的认识有一个逐步深化的过程,何况史料文献本身所具的综合性、可塑性特点,又必然给后人的历史评价带来开放性、多元化的结论。我们不妨对王十朋在隆兴北伐进行时的言行活动作个全面考察,以了解他在隆兴北伐演进过程中的作为和心路历程。

北伐伊始,捷报传来,朝野欢腾。孝宗手书致张浚,祝贺道:"近日边报,中外鼓舞,十年来无此克捷!"②这也是王十朋自总角以来日夜盼望的日子。他为此深感振奋,更珍惜侍御史角色所具的政治担当,接连上奏,全面论述抗战方略,进谏治国良策,推进对高宗以来种种弊政的革新。

王十朋审时度势,本本奏章见丹心。基于对宋金实力对比和战事形势发展的审度,他频频上奏,范围广泛,内容丰富,广涉社稷之安危,战局之利害,用兵之成败,策略之变通,臣僚之贤佞,人物之褒贬,用人之当否,财政之利困,可谓面面俱到,论事深刻,切合实际,且论理独到,词意恳切,尽见侍御史的战略识见与治国平天下的才华韬略。如汪应辰所论:"其论事章疏,意之所至,展发倾尽,无所回隐,尤条畅明白……屹然立朝,作世邪郭。正色凛凛,危言谔谔。"③其忠规谠论,挺挺大节,群臣无出其右者。

一、申论进取方略

《论用兵事宜札子》④较为完整地提出了抗金复国的进取方略,部署用兵法度。从一胜一负兵家常势入手,谈"用人";从鼓舞士气入手,谈"进跸";又从荆襄的战略地位入手,谈防守。而"兵赋"一项,则强调后备力量的重要性。所论关涉高层战略决策,说明庙堂之上的宏观运筹和战争准备、

---

① 张京华:《重提"文史哲不分家"》,《南方周末》2019年12月26日。
② 《宋史纪事本末》卷七七"隆兴和议",第802页。
③ 《宋龙图阁学士王公墓志铭》,见《全集》附录二,第1112页。
④ 《王十朋全集》文卷四,第628—631页。

战争意识、战争精神和后勤保障的高效运转是决定战争胜负的关键。较之当时群臣所奏,谋深虑远,有过人之处,足见其治理军政民政都有卓越识见。其一系列主张,有很强的时效性和针对性。

王十朋是坚定的主战派,他的一系列申论力排众议,倡言抗金中兴,洗雪国耻,阐发积极御外、收复失地的战略与策略,论证了收复中原的可行性和具体策略,提出了经营荆襄、注重江淮一带的战备、着力人才培养等。

(一)用人不可轻改

《论用兵事宜札子》开头直奔主题,连用四个双重否定句,目光敏锐地提出当时南宋政局急需解决的四项议题:

> 臣窃以为今日之事,有不可轻改者曰用人,有不可不决策者曰进跸,有不可不深虑者曰荆、襄,有不可不急治者曰兵赋。

其排比句式,先从气势上强调了主见的无可置疑。然后依经说理,据典论证,逻辑严密,而又气势贯通,首尾一体。其用人不可轻改、久任才见功效的观点,对于宋孝宗不能始终信任主战派的用人策略有非常明显的警示用心。

他说:"自古人君相与图进取之计,必有一定不易之规模,知一胜一负为兵家常势,故小胜不为之喜,小败不为之沮。"铺陈出秦穆用孟明、汉高争天下以及诸葛亮、范仲淹、韩琦等用兵得失事例,说明胜负乃兵家常事,劝勉孝宗不要因宿州之败而灰心丧气。可如今,"异议者遂从而摇撼将帅之臣,且谓大将不还,以贻圣虑",对于小人的幸灾乐祸,扇为浮言、务在中伤的情况,王十朋反复剖析,进而指出天下形势不在国家强弱,而取决于"气":

> 臣闻天下之势,不在国之强弱,而在气之如何。气振,则转弱而为强;气沮,则变强为弱。

王十朋劝孝宗"圣心素定,不可变易于仓卒之间",坚定目标,养气以御敌。这就抓住了政局发展的根本。

（二）重视荆襄军事

王十朋还从地理形势方面分析荆、襄在国防军事上的重要性,说:

> 臣闻荆、襄居天下形势之中,乃古今必争之地。万一虏人乘虚而入,使川、陕隔绝,则东南之势孤矣。近闻朝廷既罢汪澈,命张浚兼都督之,使令出于一,固已得策,又用王彦知襄阳,议者以为得人。……

《宋史》载:隆兴元年五月"乙卯,下诏亲征。丙辰,召汪澈。以张浚兼都督荆、襄军马。李显忠、邵宏渊至濠州。张浚以刘宝为镇江诸军都统制"。① 这是十朋拥护的,但听说朝廷将以王彦节制赵撙,他以为不妥,恐王彦资历威望不足,酿成矛盾。他建议从侍从中择一威名稍著者任宣抚,使王彦、赵撙各挡一面,以保荆襄安全。王十朋对荆襄之于国防的重要性认识,与时任湖北、京西制置使的虞允文不谋而合:"宜益兵以重荆襄,为恢复之基。"②

（三）解决兵赋问题

《论用兵事宜札子》还指出:"今国家大则为进取之图,次则为守御之计,然议论及兵则其言必怯者,以其所乏者兵与财也。"他认为当此恢复用兵之时,兵不可不招,财不可不理。又说,生财不如节财,要下决心裁减内廷人员及开支,"内侍所具之数",有的"全支而或可减半",有的"已减半而更可以分数减",③并选调优于理财之臣加以治理。

王十朋不是一介空谈的儒生,他凭借自己的政治识见与政界地位,大胆全面地申论自己的政治、军事和财政、人事主张。最后要求:"臣所陈四事,愿陛下付大臣议之,如有可采,乞赐施行。"

---

① 《宋史》卷三三《孝宗一》,第 623 页。
② 《续宋通鉴》卷八"宋孝宗一",癸未隆兴元年条,第 172 页。
③ 《王十朋全集》文卷三《论内庭节省札子》,第 623 页。

二、适时进谏良策

隆兴元年(1163)五月九日北伐正式开始。从李显忠渡淮攻灵璧告捷,到战局转向失利而节节败退,其间从满朝欢腾至于灰心动摇,王十朋始终关注,倾注全力,把握时机,接连奏章,为孝宗和前方将士出谋划策,希望"陛下与一二大臣速议,如臣言可采,乞赐施行",尽见辅臣之诚。

(一) 祝贺符离初捷

在《论进取利害札子》①中,王十朋对孝宗皇帝的北伐决策深表颂扬,列陈北伐初捷战绩后,又向前方将士深表祝贺,说道:

> 臣恭惟陛下以英武之资,奋刚明之断,不惑群议,任用忠谋,遣二将臣出征淮甸,首平灵璧,败边将萧琦而降之……可谓日百里以辟国,月三捷以奏功矣……

在《论广海二寇札子》②中,他赞扬"陛下刚断不惑,神武维扬……有光武大敌之勇。"诚表此时此际"正勇者效力,智者献谋时也",作为皇上"亲擢为耳目之官",自己当为北伐奉献"愚者一得之虑,以裨庙谟雄断"。

(二) 进言招抚在先

王十朋高扬北伐战争的正义性,他对战事的发展提出预警性的意见,实乃难能可贵。《宋史》本传载:

> 张浚出师复灵璧、虹县,归附者万计,又复宿州。十朋奏:"王师以吊民为主,先之以招纳,不获已而战伐随之,乞以此指戒浚。金将既降,宜速加爵赏,以劝来者。"上皆嘉纳。③

十朋申言,这次举仁义之师北伐,为的是恢复大宋中原领土。"中原本

---

① 《王十朋全集》文卷三,第616—617页。
② 《王十朋全集》文卷三,第620—621页。
③ 《宋史·王十朋传》,见《全集》附录二,第1116页。

吾土地,人民本吾赤子,正宜谕之以恩信,先之以招纳,不得已而战伐随之",他担心将士"临阵之际,未必无过有杀伤,捷获之后,又未必无秋毫之犯,恐伤陛下好生之德,失中原来苏之望",故强调招抚在先,要求"陛下密诏张浚,深戒敕之"。鉴于金三将已经投降,十朋又建议"宜速加封爵,以劝来者",他认为如能取此策略,必能"以不战而屈人兵也"。

(三) 举荐张浚兼制

王十朋在两劾史浩的同时,三荐张浚。在北伐开张之际,他以全局观念分析全国战局和张浚素怀恩德威名的实际,又一次举荐张浚兼节制荆襄,说:

> 臣谓宜令张浚并节制荆、襄,庶得令出于一,轻重不偏,将士协心,远近同体,缓急可以相闻,胜负可以相援,况荆、襄将士素怀浚恩德,皇甫倜之徒,尤服浚威名。

他认为,"若使浚兼制之,则人必乐于用命矣",有利于全国统一号令,将士同心同调。《续宋通鉴》有云:"浚出入将相三十年,素为士卒所畏爱,至是复总军政,皆乐为用。"对于他的"用人才,修政事,治甲兵"之道,"上嘉纳之";"卫士见浚复用,至以手加额"。① 可见得王十朋三荐张浚深得人心。

(四) 请诏吴璘进取

对于由史浩及其党羽造成的退师恶果,王十朋谏言孝宗帝采取补救措施,应向将士们说明当初失误缘由,即"明谕以前日退保,由建议者之失,不惜为悔过语,以慰将士及三路人心",同时下诏吴璘进取,"令璘观时度势以图进取,如秦、陇可复得,宜即进兵,以相犄角,以牵制虏人南牧之患"。十朋相信,"如是,则虏数处受敌,救覆亡之不暇,纵未得其头颅,必将远窜沙漠矣。"

十朋的谏言无疑是正确的。《中兴纲目》载,对于吴璘由于听命史浩而

---

① 《续宋通鉴》卷七宋高宗七,壬午绍兴三十二年,第162、164页。

"弃德顺,仓卒引退"的后果,"上寻悔之。明年正月,诏璘可进可退,当从便宜。而已不及,上颇悔之"。① 王十朋的全局观念令人钦佩。

此外,他还在《论广海二寇札子》《论内庭节省札子》②等札子中提出"治外必先安内"与节省开支、改进常假制度等主张,可谓事无巨细,每每攸关北伐前方战事,见得为臣的拳拳之诚。

三、应对不利战局

十朋连上数札,全然出于忠心,不见"恶意",孝宗帝嘉纳施行,期望北伐节节胜利。不料形势逆转,张浚督府迁址盱眙(今属江苏)。金左副元帅赫舍哩志宁率金兵万人自睢阳来取宿州,由于李显忠、邵宏渊两将不和,各自奔逃,宋兵大溃败。金兵追至符离,李显忠到盱眙见张浚,纳印请罪,张浚上表自劾。此时,原来的议和妥协派官员乘机围攻张浚,内部形势变得十分复杂。在此关键时刻,十朋不顾个人安危,向孝宗上札子,力图挽回局势。

(一) 劝谏观时应变

在符离一战溃败之后,十朋针对内外情势,及时进谏治理主张。所上《论宿州退帅札子》,③分析符离败绩后的形势,劝谏孝宗帝"毋以小衄自沮"。他说:"臣闻宿州之师全军退守,观时识变,深得进退之机。然而异议小人,与圣意素不合者,往往幸灾乐祸,倡为浮议,以动摇大计,以离间陛下素所委任之臣",他们的目的就在于动摇皇上抗敌复国大计。十朋说:"一胜一负,兵家常势。"希望孝宗"以刚大为心,毋以小衄自沮,察小人之意,勿为浮议所摇,敦遣中使慰劳将士,且令解甲休息,养锐俟时"。

王十朋的态度无疑是正确的。北伐本是孝宗发动的,有了王十朋、胡铨等人的支持,孝宗此时尚能坚持不为小人所动,写信安慰张浚说:"今日边

---

① 《中兴纲目》卷一三,壬午绍兴三十二年,第457页。
② 《王十朋全集》文卷三,第620—623页。
③ 《王十朋全集》文卷三,第624页。

事,倚卿为重,卿不可畏人言而怀犹豫。前日举事之初,朕与卿任之,今日亦须与卿终之。"①张浚接到御札后,在海、泗、濠、滁等州部署防务,加强了对两淮的守备。

(二) 慎重赏罚任免

符离败绩后,十朋上《乞审核李显忠等功罪札子》,②就上将李显忠功罪问题申发见解,建议朝廷不要急忙处置。他说:"臣闻宿州之师不利而反,议者皆归咎李显忠。"而李显忠本人则"劾奏统制官周宏等数人,无故领兵自回,遂致失利"。十朋认为,"今正虚实未辨之时,臣以为不可不审,朝廷不如姑两存之,以安反侧",建议"审而后行"。这是实事求是的态度。

在《论龙大渊抚谕两淮札子》③中,王十朋认为,以龙大渊为抚谕两淮之使,人选不妥,要求取消或改变。十朋称,"命令初下,议者嚣然","议者谓非出于朝廷遴选之公,衔命抚师,有轻国体"。他提议:"王师之还,陛下已降诏慰抚之矣,今只委张浚劳来安集之,不必更遣抚谕之使。"检测其本意,当是在张浚遭受小人围攻之时,阻挡有人借朝廷之名乘机行干扰北伐之大事。

总之,在隆兴北伐前后一个多月时间里,王十朋以国事为己任,日夜操劳,所上札子多达十六篇,论及战时之军事、政治、财政、用人诸多方面,明是非,议得失,辨忠奸,分贤愚,借用历史事实,警策现实政治,体现了一个传统士大夫的入世情怀与战时侍御史的责任担当。王十朋精通经史,锐思驰骤,风采斐然,这十数篇奏章足以展示其才华韬略之一斑。

有说宋代政论文突出的一种情况就是儒者论武,武者作文,儒侠相衬,文武合一。把儒和侠的气质融于一身的王十朋,运筹帷幄,经略武备,在奏章中表现出刚烈激昂、意气风发的浩然之气,把文学与政治军事完美地结合在了一起,其展现的纵横博辩气势,不仅关乎战局的起落形势,也洋溢着经久不衰的艺术魅力。

---

① 《宋史纪事本末》卷七七"隆兴和议",第803页。
② 《王十朋全集》文卷四,第632页。
③ 《王十朋全集》文卷四,第632—633页。

四、符离溃败自劾

符离之战失利之后,弃地求和声浪嚣然尘上,朝野上下被失败的情绪所笼罩,又一轮战则败、败则乞和的悲剧随即上演了。孝宗帝在主和派的非难声中对抗战北伐产生犹豫动摇,恢复之志逐渐转向消沉,对外采取守势。只是因为北伐是他自己决策的,又因此时王十朋、胡铨等连连上札,极力劝谏"不为小衄而沮",继续反对和议,孝宗一时难以更弦改辙,但同样不能摆脱失败悲观情绪的影响,和议之心已趋定,最终后退到屈己求和的立场上。叶适曾分析南宋朝廷上下最终不得不"甘为伏弱"的症结所在,谓,"士大夫过于誉虏而甘为伏弱",称敌酋"阿骨打、黏罕、兀术三人者,夷狄之雄杰,皆古所未有,故本朝之被祸最深",指出,"此大妄也",申言:"三酋者之奋而我之所以布阵立敌而复不胜者,何故也?盖吾上下之人莫有用命,拱手誉虏甘为伏弱而至此耳。"①时势正是如此,"上有意恢复,是役不利,乃议讲和"。②局势逆转,王十朋等主战派对孝宗帝的动摇深感失望,这就有了张浚引咎致仕、王十朋自劾回乡、左相汤思退代张浚为相的悲剧性结局。

(一)符离溃败之时非难嚣然

胜败本兵家常事。符离兵溃,也并非什么大不了的事,当时战场还远在淮河以北百余里的地方,只要调整策略,加强内部协作,坚持打下去,扭转形势并不是绝对不可能的。但是主和派官员却一哄而起。他们不好批评皇帝,便纷纷指责张浚,要求张浚下台,与金人重开和议。起初,赵眘还勇敢地负起责任,鼓励张浚不要动摇,一度升张浚为右相,表示信任。最后却在以太上皇为首的求和派的压力下步步退让,以宋金双方议和收场。

符离之溃是导致隆兴北伐失败的转捩点,使宋金交涉发生了不利于南宋一方的倾斜,也使南宋主和派有了发难的把柄。好在孝宗对于恢复大业还不肯轻言放弃。张浚终被降为江淮宣抚使,部署两淮防线,以抵挡金军继

---

① 叶适:《终论三》,《叶适集·水心别集》卷一五,第822页。
② 《续宋通鉴》卷八"宋孝宗一",隆兴元年,第170页。

续南下。

符离之溃沉重打击了孝宗的北伐雄心,他意识到恢复大业不可能在短期内实现。六月,孝宗让主和派代表汤思退复出,不到一月,就让他担任右相。与此同时,主战的王十朋与张焘、辛次膺等相继出朝,主战大员虞允文、李显忠则被贬官。

隆兴元年八月,金国都元帅以书来求地及岁币,向南宋提出割海州、泗州、唐州、邓州之地,纳币称臣,并扬言,如南宋不答应,即挥师南下。孝宗最终屈从了主和派的压力,张浚被夺职罢官,不久在离京途中病故——张浚病故前,王十朋在知饶州任上得面见张魏公,求得《不欺室铭》——此为后事,待后再述。至此,朝中主战力量暂时消歇,主和派得势,终成"隆兴和议"。此后,孝宗为了雪耻,一度重用老臣虞允文,但孝宗的抗战意志屡遭重创,不再轻言北伐了。这一切都已是十朋自劾回乡继而起知饶州以后的事情了。

张浚是南宋前期主战派重要代表。高宗对张浚缺乏信任,孝宗即位后,"浚见上天锡英武,力陈和议之非,劝上坚意以图事功。于是加浚少傅,进封魏国公,除江、淮宣抚使",①寄予重任。符离失利后,张浚受到攻击,孝宗"待魏公有加,不为浮议所惑",又从参赞军事陈俊卿之奏,"八月,张浚复都督",②敬重之诚可见一斑。

张浚无愧两朝抗战元老之称。但他志大才疏,"奢谈兵事"而急于求成的个人因素,是无可讳言的。明清之际的王夫之批评他"志大而量不弘,气盛而用不密",可谓知人之论。尽管如此,张浚一生力主抗金,绝口不言和议,日夜以恢复中原为志,虽受秦桧迫害而不改初衷,终究是值得肯定的历史人物。③

(二) 满怀一腔忠愤上表自劾

宋孝宗首次出师未捷,很是震怒,下罪己诏。朝中主和之声鼓噪一时,但王十朋并没有因此退缩沉寂,而是坚持劝说孝宗不要动摇恢复中原的决

---

① 《中兴纲目》卷一三,辛巳绍兴三十一年,壬午绍兴三十二年,第439、443、446、452页。
② 《中兴纲目》卷一四,癸未隆兴元年,第470、472页。
③ 虞云国:《细说宋朝》五八"隆兴北伐",第409页。

心,据理力争,为张浚、李显忠等主战将帅作了实事求是的辩护,使孝宗在对他们处理上"不致滥罚"。

符离之战的溃败,说明南宋部分将士的怯金心理并未消除,尤其是惧怕进行恶战,南宋的军力还不足以打败金军。孝宗终于在太上皇的压力下,在主和派的非难声中改变用相方略,弃张浚,用汤思退,亟欲求和。其时,王十朋、王大宝、陈良翰等主战台谏官员受到压制,而以谏议大夫王之望、右正言尹穑为主的主和官员在宰相汤思退的指使下,被当作攻击主战派的子弹,要挟孝宗议和。正如《龟鉴》所揭露的,宣和、靖康以来,朝廷"为虏所欺,为和所误,为奸臣所罔,曾不一悔",而"王师偶失小利,而幸灾乐祸者纵横纷起矣","一欲用兵,少有丧败,上下禽禽以为危亡之立至,不独为之罢臣、大咎论者,而朝廷之议又为之一变矣",因为之叹曰:"甚矣,人臣任责之难也。"①

1. 自述报国心志

前方战败消息传来之初,抗战热情高涨的王十朋,未必能准确把握其真实状况并对其发展前景作出全面客观的预测和评判。他满怀忠愤之情,给"罪己"退让的孝宗上了著名的《自劾札子》,为的是"以塞群议",免"使朝廷失刑"。② 又以辞去吏部侍郎之职表明自己仍坚持主战派立场,且为孝宗分担政治压力。

史载,隆兴元年六月,朝廷"以王十朋为吏部侍郎"。③ 十朋坚辞不就,毅然还乡。兵部侍郎胡铨奏曰:"当今急务,莫大于备边。"指出"今与虏和议,有可痛哭者十",其一即是"国之元老如张浚、王大宝、王十朋、金安节、黄中、陈良翰相继黜逐",将使"上下解体,士气惰怯",④可谓见血之论。

王十朋的《自劾札子》是他精忠报国心志的自述,是对国事危难壮志难伸的血泪倾诉。开头激情陈述:

---

① 《宋史全文》卷二四上"宋孝宗一",第 1992 页。
② 《王十朋全集》文卷四,第 633—634 页。
③ 《中兴纲目》卷一四,癸未兴隆元年六月,第 469 页。
④ 《宋史全文》卷二四上"宋孝宗一",第 1994—1996 页。

> 臣天资愚戆，不达时宜，独抱孤忠，每怀忧愤。自从总角，身在草茅，闻丑虏乱华，中原陷没，未尝不痛心疾首，与虏有不共戴天之仇。及闻秦桧用事，辱国议和，臣常思食其肉，以快天地神人之愤。

"与虏有不共戴天之仇"以及对"秦桧用事""常思食其肉，以快天地神人之愤"的心志表白，言出肺腑，充满效国驱虏的敌忾激情和无路请缨的悲愤。忠愤撼世，极具概括力，故常为论家征引。

王十朋全心为坚决抗金而失利的张浚辩护，热情赞扬其忠贞行为与北伐功绩，又无情揭露"异议小人""幸灾乐祸"的面目及其动摇复国大计的罪恶目的。对于孝宗皇帝，王十朋则依然进谏，"劝陛下以刚大为心，毋以惊忧自沮"。又例举诸葛亮、范仲淹等名家范例，恳求孝宗不要听信小人之言，而"宜从浚之请，薄示惩戒，使浚得以号令将士，以为后图"。

自劾表最后严正申言：

> 如臣狂愚，不合妄赞恢复，又不合乞委任张浚，今王师不利，浚与其属待罪，臣其可尚居风宪之职，使朝廷失刑？欲乞陛下正臣妄言之罪，罢御史职事，仍赐窜殛，以塞群议。

忠君责己，爱憎分明，诚笃恳挚，一位政治家的高远识见与磊落赤诚耀然于字里行间。

2. 自劾缘由考析

王十朋因"赞恢复""乞委任张浚"而自请"罢御史职事，仍赐窜殛"，并坚决回绝了朝廷吏部侍郎的任命，于六月辞京还乡。其态度之决绝如此，当可从以下几方面加以考察：

其一，自认应受台谏言事规则的制约。"宋代对台谏言事也建立了相对完善的程序和制度"。孝宗朝整顿台谏制度，台谏言官独立言事原则得以全面确立，在"对权相的独立言事原则"和"对君权的独立言事原则"方面有长足进步，"与这一原则相关的，就是台谏言事不为君主纳用，即应主动请求解职,已被宋代正直的台谏官奉为'言事之份,职业之守'"。这是因为台谏以言为责,言而人君不用,便应视为失职。王十朋举荐张浚不属"人君不用"之列,十朋超越常人的担当大义令人肃然起敬。

其二,《中兴纲目》录存了王十朋请辞离京时与宋孝宗的一段对话,有利于我们理解王十朋终于自劾且不受吏部侍郎的政治背景。

> 十朋言:"闻近日陛下欲遣龙大渊抚谕淮南,信否?"上曰:"无之。"十朋奏:"唐以中官监军,卒为乱阶。陛下若欲抚谕诸军,当于郎曹选人为之。"上曰:"未尝有此。"十朋又奏:"近又闻欲以杨存中充御营使。"上默然。……下罪己诏。张浚贬秩,改宣抚使。以宿州之师失利也。①

君臣双方的政见底牌都亮出来了。宋孝宗终于未能如王十朋所请,对符离之战中失利的张浚"薄示惩戒"而已,反而默认要重新起用受弹劾而罢职的杨存中,且支持王十朋曾当面斥为唐之"中官监军,卒为乱阶"的议和派代表龙大渊辈,"以大渊为枢密副都承旨",任凭其"摇唇鼓舌,更变是非"。王十朋明白,南宋一朝的用人举措已滑入了让主战派彻底绝望的境地,无法挽回了。

其三,王十朋自劾辞职,有其为君主分担责任的良苦用心。张国谦给出了可谓贴心的通透解析。王十朋此刻想的是:"在其位谋其政,政不能谋,留位何用?"他"请求解除自己职务,以使那些对抗战对张浚非议的人无话可说","王十朋是以辞职表明自己决不悔改的主战立场,从另一面促使孝宗能坚定恢复决心,并主动承担责任,减轻对张浚等主战将士的失责追究,用心可谓良苦"!②

其四,以王十朋秉性而言,其受孝宗冷落也在情理之中。十朋气节刚直,特立不回。乾道七年(1171)拟任王十朋为太子詹事时,孝宗皇帝曾面对

---

① 《中兴纲目》卷一四,癸未隆兴元年,第470页。
② 张国谦:《一月御史 十六奏章》,《温州日报》2012年5月31日。

宰相虞允文评论过王十朋，称十朋在复国中兴问题上确为"忠謇"，但"性急""性极疏快""临事坚执"。①——"坚执"者，坚韧执着、独立特行、强固不屈之谓也，志向言行毕生一贯，立身应世老而弥坚。孝宗所评数语，褒贬均在其中，其实正是十朋秉持的君子人格使然。宋高宗、宋孝宗对王十朋敬而远之，没有将他久留身边，其原因大约就是王十朋"临事坚执"、刚直不阿的为人品格为当权者所难以"嘉纳"。宋太宗认定"临事明敏"、功重如山的寇准尚且蒙冤遭贬，不得善终；宋孝宗认定"临事坚执"、不转弯子的王十朋终被外放也必在情理之中。

其五，宋罗大经《鹤林玉露》所载关于王十朋的一则轶事逸闻也颇有文学史料价值，颇见得王梅溪为人为官为臣之道，兹迻录如下：

> 南轩（张栻）以内机入奏，引至东华门。孝宗因论人才，问王十朋如何。对曰："天下莫不以为正人。"上曰："当时出去，有少说话待与卿说。十朋向来与史浩书，称古则伊、周，今则阁下，是何说话？"对曰："十朋岂非谓浩当伊、周之任而责之乎？"上曰："更有一二事，见其有未纯处。"对曰："十朋天下公论归之，更望陛下照察主张。臣父以为陛下左右岂可无刚明腹心之臣，庶几不至孤立。"上曰："刚患不中，奈何？"对曰："人贵夫刚，刚贵夫中。刚或不中，犹胜于柔懦。"上默然。盖史直翁（史浩）与张魏公（张浚）议论不同，梅溪则是张而非史者也。故上因直翁之说而有是言。上又尝曰："难得仗节死义之臣。"南轩对曰："陛下欲得仗节死义之臣，当于犯颜敢谏中求之。"亦指梅溪而言也。②

其时，宣抚司参谋官张栻（南轩）可内赞机密，外参庶务。这则轶事传递了有关君臣间的颇多信息。第一，伊尹、周公皆权臣，伊尹曾擅行废立，周公曾摄政，当孝宗为王十朋曾称史浩"古则伊、周，今则阁下"不悦

---

① 《中兴纲目》卷一四癸未隆兴元年、卷一六辛卯乾道七年，第470、535页。
② 罗大经：《鹤林玉露》丙篇·卷六《南轩辨梅溪语》。

时,张栻释其疑虑,说:王十朋是以伊、周之重任指责宰相史浩没有尽责担当起来。第二,孝宗对王十朋的立朝行举存有芥蒂,曾从"一二事"中认定十朋"有未纯处",可能包括弹劾史浩八罪的某些失实处,非忠诚笃实之臣。张栻则希望孝宗"照察主张",明察做主,消解疑虑,不偏听偏信。第三,对于"刚直""中庸"的儒家之道,君臣分歧明显。孝宗认为"刚患不中",即太刚直不合中庸之道。也即前引君主不容属下"临事坚执"的秉性。道学家张栻坚持自己的观点:"人贵夫刚,刚贵夫中。刚或不中,犹胜于柔懦。"孝宗无以反驳,以"默然"应之。第四,涉及当朝重大政事,即张浚、王十朋与史浩的战和立场问题,张栻明显站在父亲与王十朋一边,属于"是张而非史者",坚称王十朋是值得信赖和依靠的"仗节死义之臣",是"正人",皇上应该而且可以"于犯颜敢谏中求之"。史浩为相时,主张养精蓄锐,与金保持现状,徐谋恢复。被王十朋弹劾怀奸、误国等八大罪状,因而罢相。"因直翁之说而有是言",说的是,王十朋弹劾史浩,史浩为孝宗的老师,当有辩驳或攻击王十朋之言,故孝宗对王十朋难免有意见。

至于从孝宗角度而言,在君臣之间尊重嘉纳与规范程序两维度的把控上也尚属持之有度。孝宗改任自劾的直臣王十朋为"吏部侍郎"之举,即表明他对十朋心存挽留之意,他行使为君者的常规程序,只是在王十朋"坚执"求去的情况下才不再执意挽留的:"朝廷降旨不允,或宣召入台,至于再三确辞,然后听去。所以重风宪之任,宠耳目之官,体貌直臣,以励其节。"①此后还多予敬重,提任为太子詹事等。

3. 御史纯臣高格

忠君爱国而不弃诗人气质的王十朋,秉持"言事之份,职业之守",毅然将恳乞外放甚或请祠归里作为自己的不二选择。和戎决策已定,朝堂政治一时难有清明之望。他本可以先接下孝宗的任命,留京做"吏部侍郎"。然

---

① 黄以周等辑注:《续资治通鉴长编拾补》卷一,治平四年四月己巳,中华书局2004年版,第7页。

而他不屈,他不屑,他不就! 他以辞官表明自己仍坚持主战派立场,且为孝宗分担政治压力。呈上一本《辞免权吏部侍郎状》,①全文130字,可谓字字精诚。"求罪而得迁,何以塞群议""速正典刑,以为臣子之戒"数语,正气凛然,既示磊落光明、外柔内刚的个性品格,尤显审时度势、进退裕如的政治担当。

综览《王十朋全集》所存辞免状九件、乞祠手札十三件,篇篇见丹心。王十朋履行职守不回避,不推诿,不苟且;权势面前不畏惧,不屈服,不颓废。政治上坚持原则,坚守义理,因公事而伤人,不怕受罪,而个人操守,则务求清白,绝不贪赃枉法。处庙堂之高危,王十朋不愧为有担当的血性男儿!

无可否认,两宋以降,受理学影响,史学呈现出注重"义理"的特征。这是包括王十朋在内的南宋士大夫的普遍史观,亦是宋代史学的一种流行趋向。儒家义理讲"天下大同"与"和而不同",这种思想是当前儒学备受世界重视的原因之一。王十朋坚守儒家义理史观,终身不悔,正是他忠义虔诚的重要表征。

王十朋对张浚的支持与对史浩的弹劾一样,用的是同一个标准,即是否坚持抗敌复国大计,考量的是朝臣循吏的义理人格。王十朋弹劾史浩、褒彰张浚,不能简单斥之为攻击异己、维护同类的政治偏见。昭示"台谏有明目张胆之人","朝廷有面折廷争之士",②折射出的是南宋士大夫力主抗战的爱国情怀及刚直不阿的抗争精神。

(三) 化解不开的隆兴情节

王十朋青年时就深怀"会须徒步谒天子,慨然一吐胸中略"③的崇高志向;此后回顾饶州仕程,也声言在"同贞观"的"隆兴天下","愿为贤相为良臣",④不曾掩饰"贤相"心志。然而终因忠义謇谔而不容于朝,第二次败下阵来,再度被赶出京城。"三年两度归"是王十朋京官生涯的结局。隆兴情

---

① 《王十朋全集》文卷一八,第854页。
② 《中兴纲目》卷一四,癸未隆兴元年十一月"胡铨奏言",第476页。
③ 《王十朋全集》诗卷一《送子尚如浙西》,第11页。
④ 《王十朋全集》诗卷一七《次韵何子应题不欺室》,第289页。

节化解不开。此刻去国还乡,依然心系抗金疆场,实在放不下的是治国平天下的天职。

1."公应不创昔时艰"

《用登和乐楼韵酬胡邦衡送别兼简刘韶美秘监》的写作,与《四月从驾诣德寿宫》相隔四个月。这段时间十朋一直无暇作诗。这首留别诗作为进谏驻跸建康促成北伐后的第一首诗,或称关涉北伐符离之战的唯一诗作,可视为孝宗一朝最后一场大规模战和争斗的政治小结,也可看作他去国之际的政治交代——他真诚希望留任者能充分发挥台谏职能,抗衡宰执投降势力。诗有云:

我愧未行平日志,公应不创昔时艰。
笔端能制人生死,兼有刘郎在道山。①

诗题所称刘韶美秘监即刘仪凤,与王十朋同为编修官,在朝同事多年。如果说移跸建康还不是和战之争的要害所在,那么,始自隆兴元年(1163)五月,十朋上奏的诸札子所涉,则事事关切战和两派的生死争斗。

十朋寄语僚友:"不创昔时艰"——但愿胡铨左史与韶美秘监在此儒士荟萃的京城继续共赴时艰;"笔端能制人生死"——阐说必须努力掌控中央决策的话语权,谏诤皇帝,监察百官,纠举百司,上书言事,参议朝政,整肃朝仪。"兼有刘郎在道山。"——诗至此处戛然而止,无声胜有声。临别嘱托,卒章显志。王十朋把自己的志向和信念托付给值得信赖的政治挚友胡铨、刘韶美,道出了这篇留别诗的写作本意。这是政治同盟者坦荡襟怀最挚情的表白。

史载,符离败后,金发书索要土地,孝宗举棋不定,召侍从、台谏集议,以确定对金的方针。参加的官员有十四人,其中主和者七人,依违于和战之间者六人,反对与金议和者只有留任起居郎的胡铨一人。胡铨没有辜负十朋

---

① 《王十朋全集》诗卷一六,第263页。

期望,慷慨激昂,谴责议和派"与金虏讲和,竭民膏血而不恤,忘国大仇而不报",痛陈与虏和议,致使"上下解体,士气惰怯"。① 此后随着时势的发展,据《宋史·佞幸传》记载,这些受托者又一再承担起与曾觌、龙大渊、张说等近习势力的斗争,不断冲击孝宗朝吏治的黑暗。

2. "去国常忧国"

王十朋立朝,以隆兴元年(1163)任侍御史的前后一段时期最著风节。他短暂的仕途辉煌终结于《去国》一绝。诗曰:

> 去国常忧国,还家未有家。
> 君恩报无所,含愧出京华。②

这首五绝强烈地宣泄这次去国的纠结情怀,以四句二十字浓缩了诗主人的去国之恨与忧国之诚。

诗以"常忧国"应对"去国",字面的游移对应突出了仕途的悲情;以"未有家"对应"还家",无奈的现实耸动读者的心理;"君恩报无所",诉说的是诗主人"去国"的严重后果;"含愧出京华",壮志未伸而去国,忧国之情无法片刻释怀:"愧"对"君恩","愧"对"京华","愧"对入仕报国的初衷,"愧"对重召入朝之初的踌躇满志,也"愧"对与自己患难与共的同僚挚友,"愧"意中裹挟着无力回天的遗恨和壮志难酬的义愤。

诗语意凝练而反复深进,写尽诗人仕途辗转的艰辛苦恨,其沉郁顿挫之杜诗风味蔚成十朋后期诗作的风格特色。

赵宋一朝历来被认为为中国历史上的辉煌时代。宋孝宗在位的乾淳年间(1165—1189),更一向被史家视为南宋史上最好的时期。然而,像胡铨、张浚、王十朋、张孝祥、陆游、辛弃疾等忠心耿耿的爱国志士,却个个遭遇冷落排挤和打击迫害。

---

① 《中兴纲目》卷一四,癸未隆兴元年,第475、476、483页。
② 《王十朋全集》诗卷一六,第264页。

从此,王十朋无可奈何地离开了本以为最适合自己的、最有望施展抗敌复国抱负的权力中心;从此,王十朋无权参与中央层面的决策,转而无奈地在州郡延续他的仕宦生涯。

十朋此举,不但让他自己终生无法释怀,也令后世良知为之扼腕叹惜不已。

3."一月霜台屡犯颜"

王十朋在侍御史任上留下的诗作极少。七古《术者谓予命犯元辰故每仕輙已予笑曰有是哉戏作问答语》,回放了他中兴献策、霜台犯颜的仕途场景,可谓之立朝阶段的宦事小结,有云"死生穷达端有命,予知之矣当安之"。① 举史之"宣尼""退之"迍蹇穷厄的宿命事例权作答问,聊以自宽自慰,自我调适,表达出一种接受命运的坦然、顿悟与旷达。王十朋淫浸于传统的儒家文化中而不能自脱,早已将听天顺命作为调适心理的最佳镇痛剂。

见证侍御史职任的另一首诗,题为《得张大猷尚书书云比每进对屡以侍御为言而邦衡舍人言尤数切云云某为群邪所疾独见知二公因读邦衡和和乐楼诗复用前韵》,②抒写正在家乡疗伤时得到来自京城挚友的慰藉。王十朋去国后,张阐、胡铨等爱国志士十分惋惜。大臣进对时,常以"真御史"的去国为念,胡铨"言尤数切",惋惜之情溢于言表。王十朋回顾自己"一月霜台屡犯颜",多次上谏"妄议"朝政,虽时有被采纳的,但终究"未回天听",竟至赋闲乡间。继而诉说闲居时依然"爱君忧国""感物伤时",感叹"意徒广""语尤艰",申说无力回天的憾恨。"爱君忧国寸心赤",既忧国爱民,又乐道顺命,畎亩之臣的内心世界在这里表达得深沉婉曲。

4."岂容南北分三光"

从政治辉煌顶端坠落的王十朋,恪守儒家固穷的坚毅精神和守望济世的救民之心,种兰种竹,坚守孤忠,感恩乡情,不发怨愤,其吟咏如歌如诉,其心魄似竹似兰。《家食遇歉有饭不足之忧妻孥相勉以固穷因录其语》③一诗

---

① 《王十朋全集》诗卷一六,第268页。
② 《王十朋全集》诗卷一六,第270页。
③ 《王十朋全集》诗卷一六,第281页。

记述十朋自己拙于谋生以致家贫几乎无饭可吃的情况下,妻子出言宽解安慰之事。于峭劲质朴中道出"饭不足"的清贫困境和"妻孥相勉以固穷"的志向。陈讦《宋十五家诗选》选录了此诗。

王十朋是始终一节、寤寐不忘恢复中原的爱国志士。回乡赋闲了,浓重的隆兴情结化解不开,依然时时发为激烈的"妄议"。作于癸未(1163)冬的《未腊而雪丰年兆也》诗曰:

> 明年禾黍定千钟,瑞雪挽先舞晓风。
> 更愿平淮捷书至,西平擒贼献司空。①

诗写雪夜思念古代名将李愬,表达自己受排挤赋闲之时一如既往的抗敌复国心愿。对于"未腊而雪"的天象,王十朋有两个兴奋点。一则为喜,瑞雪兆丰年,受天灾之苦的百姓有望解脱了;二则为忧,不知处于冰天雪地里的平淮前线何时能传来"擒贼""捷书"。自己敬仰并曾极力举荐的抗战主将张浚,先前少挫于符离,现降授为江淮宣抚使,有无作为?何时会带来好消息?诗人以"更愿"二字,突出了自己抗敌复国的急切心愿。

闻知孝宗有抗虏"睿断",胡昉出使不屈英勇的消息,王十朋又作诗寄寓光复中原的强烈愿望。诗曰:

> 用儒端可复侵疆,活国何劳别取方。
> ……
> 行见车书混天下,岂容南北分三光。②

首联言救国不必别求方略,只要重用主战儒者就可收复失地。尾联谓天下行将统一。"岂容南北分三光",壮语掷地铿锵有声!

---

① 《王十朋全集》诗卷一六,第276页。
② 《王十朋全集》诗卷一六《闻小使胡昉抗虏不屈上甚嘉之》,第282页。

王十朋直面现实,一方面赞扬现实社会在消沉中难得奋起的不屈精神,同时不忘促发孝宗皇帝一丝尚存的"和不可成"的抗争意气,将义愤、悲慨、沉痛、惋惜等种种复杂的心绪与讽谏、警示、劝勉、期待等丰厚深广的政治意图凝聚笔端。

尽管太上皇早有"禁妄议和好"[①]之令,并声言"讲和之策,断自朕志",[②]但身处江湖之远的王十朋依然"妄议"无忌。王十朋以其跨越四十年的坚执意志自塑了一尊精忠刚正的爱国志士形象。

[①] 《中兴纲目》卷一一,丙子绍兴二十六年,第390页。
[②] 熊克:《中兴小记》卷三七,《四库全书》本。

第四章　知饶帅夔　中和为治
——在"无隐无喧"中完成民本纯臣高标范式的形塑

亲历朝廷君臣、宦僚关于战守和争斗的轮番颠踬，王十朋心知肚明，时至今日，孝宗已决意起用主和投降派主事，对金和议的决策已无望挽回。在云谲波诡的时局动荡中，他回天无力，终于被迫离开中央政治中心。

王十朋的官宦生涯自此进入第二阶段，即由中央政府转往地方政府任职。在此后的首尾七年中，他怀揣初心，忧国忧民，忠纯履职，践行民事，以其卓著的治郡业绩与丰沛的诗文创作高奏民本乐章，完成了纯臣良吏形象的完美形塑。本章概述王十朋知饶帅夔的治郡业绩及其理念。隆兴二年（1164）六月，王十朋接受朝廷派遣主政饶州（今江西上饶）；乾道元年（1165）七月十八日奉命移帅夔州（今重庆奉节）——这一年，宋廷正式实施屈辱于金的宋金"隆兴和议"。

饶州虽属大郡，但本非富裕之地。宋孝宗有言："鄱阳近地大郡""鄱阳所出瘠薄"。① 十朋知饶时，由于旱涝反复成灾，地方财政面临危机。至其离饶知夔的次年"冬十月，减饶州岁贡金额"。② 夔州更是地处边远，财力贫乏，民生粗粝。《宋史全文》载："夔路之民为最穷，而诸州科买上供金、银、绢三色，民力重困。"③据宋人罗大经《鹤林玉露》载：王龟龄"自吏部侍郎出帅夔门也，有临安录事参军祝怀，抗疏银台，谓：'十朋忠义蹇谔，借令不容于

---

① 《宋史全文》卷二五上"宋孝宗三"，第2091页。
② 《中兴纲目》卷一五，丙戌乾道二年，第500页。
③ 《宋史全文》卷二六下"宋孝宗六"，第2225页。

朝,亦合置诸之近藩,缓急呼来,无仓卒乏使之忧。今遣往万里之外,非计之得也。'虽不报,时论韪之"。① 说明对王十朋被远调边郡任职一事,当时就有人提出异议。但看来王十朋并不太在意这次远迁,反而因职守的重要和夔州的史迹遗存而心存某些向往之情。

王十朋中和为治,政绩斐然,亮色多多。他从整顿地方的吏治入手,来谋求州郡行政之"善治",显然是抓住了施政之要害。他从减轻百姓的赋役负担入手,以达"田里不扰""诉讼日稀"之良序,显然抓住了地方行政的核心。他廉洁奉公、一身正气、不畏权贵,为其僚属做出了榜样,既是其为人准则和价值追求的体现,更是其施政实践的成功基础。② 不难发现,躬行"不欺"良知而"无隐""无喧"施仁政,是王十朋善治州郡的法宝。

第一节 爱民抚字施仁政

喻良能《留别王状元二十四韵》称王十朋"才大文章伯,忠纯社稷臣"。在知饶帅夔任上,王十朋护民安,解民忧,暖民心,才识兼茂,堪称践履儒家民本思想的典范。

正如钱志熙指出的,"如果说在朝政方面,十朋还不能完全超脱于当时不同派系的政争分歧之上,那么他在地方行政方面,则完全是出于公心,一以国计民生为重……对于造成王十朋历史影响的作用恐怕比前者还要重要"。③

王十朋的民本思想、仁政主张落实在访问疾苦、了解民情的实事中。他一直认为地方官应该"入境之初,延见吏民,访问疾苦,视事之日首遣僚属分诣诸邑,与县令躬行阡陌,同共检视,咸得其实",④然后根据当地的实际情

---

① 罗大经:《鹤林玉露》甲编卷六《王梅溪》,中华书局 1983 年点校本,第 104 页。
② 参见葛金芳《从王十朋的知郡实践看其施政理念》,《论文集》第 38 页。
③ 钱志熙:《论南宋名臣王十朋的学术思想与生平业绩》,《论文集》第 9 页。
④ 《王十朋全集》文卷五《又代上札子》,第 650 页。

况,拿出解决问题的办法来,千万不能下车伊始,偏听偏信,发号施令。凭此观念,他知饶帅夔时处理事务切合实际,爱民勤政,兴利除弊,抚字为先,救灾恤民;他关注农事,下乡劝农,忧雨祈晴,忧旱祈雨;他审理滞案,抑强扶弱,平反冤狱,解民倒悬。他与同僚属官齐心协力,合作共事。一年中饶州"州院狱空",夔州民生之困也得以纾解。王十朋毕躬殚力为民事,政绩斐然,深得民心,堪称以民为本、果决任事的纯臣良吏。

一、以民为本 关心农务

南宋的地方财政并非如某些史论所夸耀的那么富庶,十朋所到之州,时时面临财政危机。史载,饶州本是经济发达、人文昌盛之地。北宋仁宗嘉祐年间有记云:"古者江南不能与中土等,宋受天命,然后七闽(今福建)、二浙(浙东、浙西,今浙江)与江之西东(今长江下游南、北两岸地区),冠带《诗》《书》,翕然大肆,人才之盛,遂甲于天下。江南既为天下甲,而饶人喜事,又甲于江南。"然而以洪迈观之,南宋时的饶州"了非昔时","不尽如吴记所言"。① 真德秀描述孝宗年间饶州岁计军粮的窘境说:"岁入田租十二万,皆输大农,谓之上供。而官兵米月为七千石,皆取给其入之赢。"②王十朋知饶时,天灾频发,地方财政陷入困局。王十朋秉承爱国老将张浚的正心诚意之学,坚守"不欺民意"的民本忠怀,在知饶任上,从赈灾入手,宣教爱民,勤政务实,发展农业生产,取得了良好的效果。

(一) 宣教爱民赈灾始

面对灾害频仍,财政困局,王十朋深感有心无力:"心惭陶靖节,政愧范饶州。"③他与同僚赤诚协作,对朝廷负责,让百姓受惠,显示出吏治中才识兼茂的鲜明特点。

王十朋在《饶州到任谢表》中说:"知臣本出乎白屋,谓臣可牧夫细

---

① 洪迈:《容斋随笔》册四卷五《饶州风俗》,吴孝宗《余干县学记》,万卷出版公司2009年版,第518页。
② 真德秀:《西山先生真文忠公文集》卷四五《少保成国赵正惠公墓志铭》,第806页。
③ 《王十朋全集》诗卷一九《寓栖真四宿》,第321页。

民……臣敢不仰奉德意,力宣教条,虽才非太公,不能五月报政;然忠犹杜甫,未尝一饭忘君。"①在为乡人何逢原所作的《何提刑墓志铭》中,王十朋称赞其为官,"专以爱民为心,治尚不扰,故所至可纪,有古循吏风"。② 这种"力宣教条""治尚不扰"的循吏之风,是王十朋一直遵从的治民理念。

王十朋的吏治从赈灾开始。隆兴二年(1164)七月三日抵达饶州府署所在地鄱阳。其时,饶州干旱、雨雹与洪涝灾害轮番发生。史载,"二月赈两浙饥。出内库银绢代输身丁。……雨水。诏避殿减膳,遣使察狱","五月,蠲减征敛","雨雹","雨水","冬十月,减饶州岁贡金额"。③ 十朋诗笔多有反映:"忍饥面目类颜回,仅得青天半日开。""呕下霈然泽,救我心如焚。""新诗首及民疾苦,更闵鄱阳境无雨。"④尽见一位地方官员忧心民事的精诚。

知饶伊始,当地"亢阳为灾",赤地千里,"饥馑连年",祈天求雨均无应验,百姓焦急万分。说来实在凑巧,在十朋入境之时,饶州普降甘霖,于是百姓欢腾,称颂新任太守精诚爱民感动上苍。即如何宪诗所云,"人间正作云霓望,天半忽惊霖雨来"。十朋作《次韵何宪子应喜雨》一诗以应和何宪。这首入饶开篇诗记下车伊始开局之事,表明十朋民生民事的责任意识。诗曰:

> 亢阳谁谓不为灾,饥馑连年甑有埃。
> 旱魃忽随冤狱散,雨师遥逐使车来。
> 平反尽欲归中典,调燮端宜位上台。
> 更喜诗如杜陵老,江流坐稳兴悠哉。⑤

首联扣何宪诗意,记灾情饥馑之酷。中间两联写下车即雨,抒发了难得

---

① 《王十朋全集》文卷一七,第847—848页。
② 《王十朋全集》文卷二五,第1011页。
③ 《中兴纲目》卷一四,乙酉乾道元年,第491、492页。《宋史全文》卷二四(下)、《续宋通鉴》卷八"乙酉乾道元年""丙戌乾道二年"所记略同。
④ 《王十朋全集》诗卷一八《数日天气朝阴暮晴复用前韵》《五月二十日闵雨》《又次韵闵雨》,第309、311、314页。
⑤ 《王十朋全集》诗卷一七,第284页。

的职守开局欢情。所谓"冤狱散""归中典",简说审理重案、平反冤狱皆从中典。末联回扣题旨,称何宪《喜雨》"诗如杜陵老",尽显才情,令人"兴悠哉",道出了结识新知的喜悦,也标明治饶良局由赈灾开始。

(二) 访问民情忧农事

宋朝以农业立国,地方官最重要的任务是办好农事。王十朋知饶时留下了许多关心农事、下乡劝农、体恤民间疾苦的诗篇。如前引《次韵何宪子应喜雨》云:"亢阳谁谓不为灾,饥馑连年甑有埃。"又《人日雨次何宪韵》云:"元正作佳天,涉七弄春气……七升年定丰,一石公当醉。"《芝山劝农》云:"出门非为采灵芝,端为农时不可违。"①

他认为循良之吏,"所至郡县,访问士民,如守令善抚字者,虽拙于催科必举,不能抚字者,虽健于催科而必劾。如是则郡县皆循良之吏,天下无冻馁之民矣",②只有根据士民的意愿行事,才能把农事办好。

作为地方父母官,他与百姓愿望保持一致,忧旱祈雨,忧雨祈晴。他说:"臣喜雨之心,独倍常情者,盖缘臣所领州,连年水旱,民不聊生,傥更数日不雨,则事有大忧者。今一雨三日,有年可期,臣与阖境吏民,不胜欢欣鼓舞。"③不少祈晴祈雨诗篇表达王十朋的忧农真诚。如《二月十五日祈晴十七日雷雨再作》曰:"清香一瓣乞晴回,准拟阳光万里开。""谁坐黄堂称太守,深惭无术救天灾。"《喜晴再用前韵》曰:"秧针刺水麦摇浪,定有丰年无后灾。"《五月二十日闵雨》曰:"愿于呼吸间,山川走风云。亟下需然泽,救我心如焚。"《次韵通判喜雨》曰:"一声霹雳中宵雨,洗出江湖万里秋。"《张安国舍人以南陵鄱阳雨旸不同》曰:"暂勤千骑作南伯,要使炎峤无余殃。"《又次韵闵雨》曰:"新诗首及民疾苦,更闵鄱阳境无雨。""行归廊庙赞化育,善人宜赏淫人殃。"如此等等,不胜枚举。郡守深切同情民间疾苦,忧旱时虔诚为民祈雨,忧涝时祈祷"阳光万里开"。十朋自责黄堂太守"政拙","无术救天灾"。④

---

① 《王十朋全集》诗卷一七、卷一八,第284、298、308页。
② 《王十朋全集》文卷二一《与邵提刑》,第925页。
③ 《王十朋全集》文卷五《又代上札子》,第651页。
④ 《王十朋全集》诗卷一八,第308—309、311、313—314页。

一个出身寒门而居高位的士大夫,生当国事蜩螗之际,毅然以拯救天下苍生自任,而当无力解民倒悬之时则反躬自省,其担当意识令人感佩!

二、惠民实事　泽被后世

王十朋《别夔州三绝》诗说:"使君无事只吟诗。"当指在其任期内,夔州既无反抗事件发生,又遭灾无大害。乾道二年(1166),夔州大旱,"七月之间旱如毁","八月又旱农无秋"。王十朋为此忧心如焚:"夔州忧民困汤火","眼前焦熬十万户"。① 然而大旱灾并未造成大饥荒,有关记载将其归功于王十朋的神奇,《四川通志》载:王十朋"为文祷于诸庙,雨大降"。② 其实,并非一祷就灵,而是如十朋本人所说:"祷而得之偶然耳。"③

王十朋知夔州,"遇事不苟",④尽职尽责:"莫将逆旅视居官,宜作吾家活计看。"⑤在夔州短短两年里,他做了不少实事,大体可分为两大类,一类直接关乎民生,另一类属于文化建设。

初到夔州时,王十朋看到府署前的一方"戒石",初立于百年前的北宋嘉祐年间,宋太宗钦书的圣训"尔俸尔禄,民脂民膏,下民易虐,上天难欺"字迹模糊,难以辨认。王十朋让工匠重新整修,四周加上护栏,还在新立的戒石后面刻自撰诗"自警",紧扣圣训,阐明整修戒石的重大意义:"下民易虐天难欺""天威咫尺颜不违",⑥自警并警示众官师不做"虐民"之事,勤政爱民,不负圣命。

为了开通便民言路,王十朋每月初一、十五两天必到州学,"诲生儒,甚勤切,大要以忠孝与思无邪为主",⑦为士子们讲课答疑,并且询问郡政

---

① 《王十朋全集》诗卷二二《八月十二日雨》,卷二一《仪凤得珠字》,第394、380页。
② 黄廷桂等:《雍正四川通志》卷七上《名宦·夔州府》,文渊阁《四库全书》本。
③ 《王十朋全集》诗卷二二《八月十二日雨》,第394页。
④ 《宋龙图阁学士王公墓志铭》,见《全集》附录二,第1111页。
⑤ 《王十朋全集》诗卷二一《修垒》,第371页。
⑥ 《王十朋全集》诗卷二一《州县有戒石饬官吏》,第368—369页。
⑦ 《雍正四川通志》卷七上《名宦·夔州府》。

得失。《题卧龙山观音泉呈行可元章》一诗记载的就是百姓反映的缺水情景：

> 夔州苦无井，夔俗殊可怜。竹筒喉不干，可浣不可煎。
> 日汲卧龙水，屡赖担夫肩。所取都几斛，深惭未投钱。①

通过考察，王十朋看清了夔州百姓的艰难。夔州虽滨大江，但江岸陡峭，居民无法取用江水，而夔俗不打井。当地人把竹子一剖为二，制成竹笕，一根根地连接起来，将泉水自山上引下来。王十朋体察民艰，用自己的薪俸补公帑，免费为民供义泉，"免城中水钱""不输一钱分水符"。看到夔山皆秃的情景，他就买山植木绿化，让官府出资"植木以庇之"；为效法周代召公甘棠树下决狱政事之举，他还在"瀼水东西十里余，新栽杨柳二千株"；他修葺城池，说："夔城颇恶，予修之，虽雉堞一新，然土城易坏，兵有守城者勿它役，随坏而补则城常固矣"；他还新修了社稷坛与武侯祠。②

王十朋以改善民生为己任，这是他奉行以人为本的传统政治理念和"通经致用，义利并行"治体主张的生动体现。

宋朝制度规定不让官员长期任职一方，地方长官任期较短。故地方官在政务上一般注重短期行为。但王十朋恰恰相反。他关心民瘼，热心政事，善谋长远之计，为官一地，即要造福后世百代，"端为夔民解百忧"。他的夔州工程，如买山造林、筑堤植树等，都是惠及后世的大手笔。

王十朋担忧上述惠民举措"后人废之"，于是"作诗以告后人"，以通俗易懂的诗与民分享改善民生愉悦之情。《义泉》诗云："丁宁后来者，莫负义名泉。"《给水》诗曰："长使义泉名不断，莫教人费一钱求。"《买山》诗云："但遣牛羊勿践履，它年定出栋梁材。"《植柳》诗曰："会看耸干参天去，能似

---

① 《王十朋全集》诗卷二一，第376页。
② 《王十朋全集》诗卷二一《仪凤得珠字》，卷二二《十八坊诗·义泉》，卷二一《给水》《买山》《植柳》《修垒》，第380、391、370—371页。

甘棠勿翦无。"《修垒》诗云:"墙壁时时为修葺,安知劳苦是平安。"王十朋还自掏腰包,"以己奉,补公帑"。① 如此等等,反映他寓风化诗教于实事的理政观念。其掌握民情可谓精准,措施力度也切合实际,温暖人心。

三、马纲再奏　夔民欢庆

所谓"马纲",指的是朝廷编纲运输马匹的制度。绍兴年间,朝廷在四川置茶马官,将原来由陆路运送的战马改为水路运送,各州县每岁将成批的马,每百匹编为一纲,运往屯驻军所在地供其使用。马纲所经之地,每多干扰。路过三峡天下险,不仅风险大增,而且骚扰夔州及沿江一线的民众。王十朋经过缜密的调研,发现川蜀马纲走水路实是劳民伤财,夔民深受其害,便与周行可等同僚协力上奏,极言此举弊民害马,强烈要求恢复行旧陆路。

（一）再奏得准

王十朋连续向朝廷递呈两篇奏章,对马纲走水路表示强烈反对。与王十朋写作的许多政论文一样,他论马纲时,胸中也充溢着凛然正气、轩昂情感,故而状文中有一种斩截痛快、雄放恣肆的气象。在《夔州论马纲状》中他大胆直言:

　　……财与力,二者皆出于民。臣自入(夔州)境以来,窃见夔、峡之间,土狭民贫,面皆菜色,衣不蔽体,非江浙、荆湖诸路之比。为监司、守令者,倘能皆劳心抚字,无一毫之扰,犹恐不能活之。况今马纲之害极重,财力必当大困。臣滥居牧民之任,不敢不以实闻。

看到百姓遭殃,他不顾衰老之身,冒着失去官职的风险,毅然挺身而出,直言不讳,为民请命。状文还以亲身经历的事实描述水运之险:

　　况水路正行瞿塘滟滪之险,又有恶滩二十余节,水势湍急,溃㵎颇

---

① 《王十朋全集》诗卷二一《仪凤得珠字》诗注,第380页。

多,马性善惊,闻滩声汹涌,必致跳跃,不可控驭,撼动舟船,必有覆溺之患。臣昨在饶州,亲见马纲经过,涉咫尺之渡,中流遇风,十死八九,况千里之至险耶!①

对水运马纲的凶险,虽是白描,但摹景状物生动逼真,读者宛如亲身经历三峡之险,亲眼可见马惊船毁之惨状,带给人震撼的视觉效果。可谓句句忧民,字字真情!

他又仔细地计算夔州全年的财政收入共不到二十万贯,而用于水路运马纲的费用包括造船、梢工和水手、马匹的草料等将达十五六万贯。加之,本路的梢工和水手不够,势必征调农民服役,而"夔之民力既困如此,若又从而役之,必有流离转徙之患"。他还提到长江水险,"舟船必有覆溺之险",这些情况"皆是目见"。在《再论马纲状》中,他提出即使马纲的舟船让本路的厢、禁军牵挽,但也存在困难:

夔、峡为四川门户、长江上游……以无几之卒伍,应无穷之马纲,非惟耗费钱粮,妨废教阅,正恐州郡空虚,因致意外之患,非细事也。

他请求:"伏望圣慈出臣此奏,令两府大臣议之,参酌施行,不胜大幸。"②在两篇奏章中,王十朋反复、详细地解释"马纲行水,利少害多,他日或致生事"的理由。这些事实说明王十朋在担任地方官时照样刚正不阿,始终反对某些官员为迎合上级官员而采取的劳民伤财的措施,坚决支持下级官员实行的利国利民的举措。

慎思明辨的父母官果断上报了切合实际的举措。但此项惠民之举竟然遭朝廷否决。王十朋得僚属支持,坚持再奏。后在朝廷中一些有声望的大臣支持下,水路马纲终于被改,恢复原有旱路。马纲恢复走旱路一举轰动朝

---

① 《王十朋全集》文卷四,第635—636页。
② 《王十朋全集》文卷四,第637—638页。

野,王十朋的民本乐章在夔州任上奏出了强音。

王十朋后在《除知湖州上殿札子三首(之二)》中,请求宋孝宗"速降圣旨,令复行旧路"。① 孝宗终于改派兵卒来负责押运马纲的任务。在王十朋任内,这道难题终归解决。

(二) 书为爱民

乾道二年(1166),周行可与查元章同任夔州路转运使(通称漕官)。按宋制,转运使是朝廷派往州郡的监司,行使日常监督郡守职权的。但周、查二漕官却与后到任的知州王十朋联名上奏马纲事,其协作理政之状态可见一斑。十朋作《行可再和用其韵以酬》记"溥台再奏马纲事",曰:

孤陋书生宽见闻,西来端欲扫儒门。
怀人久作周公梦,访道欣闻孔子孙。
书为爱民成再奏,泪因忧国有双痕。
休论身世无穷事,但愿常陪北海游。②

以诗歌传达马纲奏折事中的民事思想和执政理念,王十朋的酬友情感已由个人"身世无穷事"之慨提升为"扫儒门"的圣贤"周公"忧国之思。胸襟博大,爱民情切,其政治眼光和办事格局都异乎寻常。

(三) 官民同庆

马纲复行旧路的消息传来,十朋兴奋中流泪赋诗《闻马纲复行旧路》,放歌道:

利博仁言亟奏闻,恩光万里烛夔门。
……
坐看巴蜀回生意,放我欢呼到酒尊。③

---

① 《王十朋全集》文卷四,第641页。
② 《王十朋全集》诗卷二一,第366页。
③ 《王十朋全集》诗卷二一,第368页。

马纲不行水路,百姓痛苦立纾,政府损失立减,夔州上下一片欢腾。富有生命力的夔民敲锣打鼓,披红挂彩,舞龙灯,耍狮子,跳竹枝舞,欢庆了三天三夜。夔州人的这种欢乐热情传递给垂暮的夔守,王十朋欣然题诗《上元山中百姓出游作三章谕之》。① 其目的在于传达地方长官的民事情怀:劝谕子民"勉力耕桑事父兄";规劝摆正"租税"与"讼庭"的现实矛盾关系;祝福百姓"家家饱暖身康健"。诗性想象中呈现的是一种政治家的理性之美。陶文鹏研究员感怀:"诗人关怀民生,如此体贴入微,千载之下读之,仍能感受到那种烘暖人心的热力"。②

看来,仅以"爱民"来形容王十朋是不足的了。十朋与一般官员不同,他为官的出发点不是政绩和仕途,而是出于内心深处对农民百姓的同情。他几乎把自己当成他们中的一员,与他们一起沐浴天地的恩泽,他与百姓同忧同喜、甘苦同当。究其原因,也许就在于使君也曾栖息于山村,躬耕于陇亩:"我昔躬耕陇亩间,也知农事最艰难。"③

四、公正办案 避免冤狱

王十朋来自民间,对基层社会实况非常了解,每当诉讼发生,告到官府,常常是"富民纳赂以买直,贫者不能自伸;强者劫持以求胜,弱者不能自免"。富者"强词夺理",贫者"有理说不清"。在这种强弱悬殊的形势下,"所望以直其冤者,监司也",只有依靠公正的"监司"来判断曲直了。可是这些人办案作风又很有问题,"今监司按部,动以胥吏数十自随,所至州县,唯务诛求,苟满其欲,则狱事一切不问,而望其有所平反可乎?"④根本不能给老百姓平反冤屈。

十朋关心民瘼,公正处事,抑强扶弱,审理积案,平反冤狱,解民倒悬,他严于责己、下礼僚属的吏治风范促成一地好士风、好民风。

---

① 《王十朋全集》诗卷二一,第 372 页。
② 陶文鹏:《论王十朋的山水诗与宦游诗》,《西南民族大学学报》2013 年第 3 期。
③ 《王十朋全集》诗卷二八《出郊劝农饭蔬于法石僧舍》,第 544 页。
④ 《王十朋全集》文卷二《轮对札子三首》其三,第 595 页。

（一）州院狱空疏

对历年诉讼滞案的处理，王十朋坚持事实清楚、公正合理的原则，对于弱势群体更多特殊的关注。十朋知饶一年后，冤狱平反，"州院狱空"，狱中再无关押犯人，冤民自然感激涕零。然而，十朋却以冤狱"期年始报空"而"自惭"主郡"德政"不够，要将"狱空"政绩归功于属官。《州院狱空赠知录孙昕》诗曰：

把麾承乏楚邦东，狱及期年始报空。
顾我自惭无德政，同僚深喜有于公。①

他赠诗属官，称赏纠查府事、掌管文书的"知录孙昕"，治狱公平，办事贤明，有如汉代狱吏于公。《汉书·于定国传》载，西汉于定国之父于公为县狱吏，治狱公平，自谓有阴德，子孙必有兴者。后世称为官贤明而子孙显贵的人为"于公高门"。十朋用此典称赏掌管文书的"知录事参军"孙昕。"深喜有于公"之情不局限于己，而推及全体"同僚"，用词之精微皆因用心极为周全。

（二）秉公不徇私

王十朋从政后"抑强扶弱"，在自己官宦生涯中奉行不替。隆兴北伐时，在侍御史任上不畏强权，弹劾奸佞；在知饶州任上也秉公办事，不屈威势。当朝宰相洪适（饶州人）曾写信给王十朋，"请故学基益其圃"，即要占用饶州学府的故基来扩大自己的后花园。王十朋严词拒绝，说："先圣（孔子）所居，十朋何敢予人！"②他毫不留情地顶了回去，根本不考虑将会给自己带来什么样的后果。王十朋廉洁自律、一身正气，绝不做损害地方利益、巴结当朝宰相的奉迎谄媚之事。

他移知夔州时回顾饶州任上的职事，曾向皇帝表白心情，说："臣顷由御

---

① 《王十朋全集》诗卷一八，第311页。
② 《宋史·王十朋传》，见《全集》附录二，第1116页。

史出守鄱阳,任甫及于期年,报蕆闻于五月。慕言言之烈于颜鲁国,学优之治于范仲淹。扰切戒于庸人,第务近民之易。罪或得于巨室,方知为政之难。"①可知"得罪巨室"的"为政之难",他是事先就有预料的。他将个人安危置之度外,所秉持的就是廉洁奉公的一身正气。又作《怀鄱阳士民》曰:"来去鄱阳各有因,却疑行止亦由人。此心可鉴惟天日,公论难欺有士民。"②他一再表白,治人必须先治己,为官者心中要有百姓,不可做"夺民"之事,才能取得好的效果。他心怀"士民",此情日月可鉴。

五、守夔掌帅　保民平安

王十朋于乾道元年至乾道三年间(1165—1167)知夔州,担任了夔州路安抚使。据考,王十朋知夔州时已升为敷文阁待制,跻身侍从行列,任夔州路安抚使,除负责监察州县官员外,也"总一路兵政"。安抚使又称"帅""分阃""阃寄"。《宋史》载:"旧制,安抚总一路兵政,以知州兼充,太中大夫以上,或曾历侍从乃得之,品卑者止称主管某路安抚司公事。"③董钺《制胜楼记》称:"夔为一路都会,而领州牧者,乃总一十三郡甲兵盗贼之政,盖当左右全蜀之口。"④由此可见,安抚使是南宋路一级监司中重要的职位,其职责范围是主管地方军事和治安事务,同时也负责监察州县官员。南宋在路一级设置了若干监司,如安抚使司、转运使司、提刑司、提举常平茶盐公事司,但其中只对安抚使有较高的资格要求,即,担任安抚使的官员需为侍从(贴职为待制以上),如贴职在待制以下的非侍从官员,则称"主管安抚使司公事",王十朋得命知夔州时已经是敷文阁待制,因此应称安抚使。⑤ 王十朋"总一路兵政",辖"四郡一路"之政,拓展了政治军事视野,也考验了他的行政能力。

---

① 《王十朋全集》文卷一七《夔州到任谢表》,第848页。
② 《王十朋全集》诗卷一九,第321页。
③ 《宋史》卷一六七《职官七·经略安抚司》,第3961页。
④ 《全蜀艺文志》卷三四《记乙·制胜楼记(董钺)》,第959页。
⑤ 参见王宇《王十朋帅夔小考》,《论文集》第119—120页。

知夔州并非只管奉节、巫山两县的民政,还管军政。夔州作为要郡,知州有若干兼职。按照安抚使由知州充任,知州带兵马钤辖的惯例,王十朋兼任夔州路安抚使及夔、利两路兵马钤辖两大要职。① 夔州虽然远离京都,但当时是西南地区的重镇,而且,三国时这里是刘备托孤处,有诸葛亮八阵图遗址,也是诗圣杜甫写下无数诗篇的地方。王十朋对朝廷远调似乎并不介意,反而对万里之遥的"乌蛮白帝"心怀神往,大概就因为入蜀一途有"圣主"的神明"天威",有诸葛亮、杜子美、苏东坡诸先哲的诗意遗存。

(一) 秭归拜帅印

夔州帅印是在长江途中的秭归大拽铺拜受的。王十朋于乾道元年(1165)七月离开饶州,三个月后才到江陵(今湖北荆州)。然后换乘蜀船,溯江而上,于十月二十四日到达秭归大拽铺。前任安抚使派人送来安抚使印信,十朋谢恩拜受,作《二十四日视帅印于归大拽铺》曰:"拜恩罗吏卒,列炬照烟霏","分阃来鱼复,怀乡过秭归"。② 十朋乐于拜受帅印,担任分阃、帅阃之职。

十一月朔,十朋到达夔州治所上《夔州到任谢表》说:"比因有疾而丐祠,不谓误恩而分阃。"《再论马纲状》云:"况臣蒙误恩,擢居帅阃。"《除敷文阁待制谢表》说:"由列郡而擢居帅垣,自集英而超跻华阁。"③非常清楚地说明了知夔州与此前知饶州的根本区别,知饶州时王十朋的贴职是集英殿修撰,这是庶官(侍从以下称庶官)所能得到的最高级别的职名;除知夔州、夔州路安抚使后,便升为敷文阁待制,跻身侍从行列。④

夔州路在南宋时期作为川峡四路之一,管辖今重庆市大部以及四川、湖北乃至贵州、湖南四省的一小部分地区。据《宋史》载,南渡后的夔州路的辖区包括"府三:重庆、咸淳、绍庆。州八:夔、达、涪、万、开、施、播、思。军三:

---

① 李昌宪:《宋代安抚使考》,齐鲁书社1997年版,第555—559页。《宋史》卷八九《地理志五·夔州路》:"建炎三年(1129),升夔、利兵马钤辖。淳熙十五年(1188),帅臣带归、峡州兵马司",第312页。

② 《王十朋全集》诗卷二〇,第360页。

③ 《王十朋全集》文卷四、文卷一七,第637、848、849页。

④ 参见王宇《王十朋帅夔小考》,《论文集》第119页。

云安、梁山、南平。监一：大宁。绍兴三十二年，户三十八万六千九百七十八，口一百一十三万四千三百九十八。"①

由此可见，安抚使和知州的职权与管辖范围有很大不同。十朋上任后，其政治视野和阅历大大拓宽，行政能力也得到考验。其时，南宋整个政治气候和社会风气已然恢复到了"绍兴和议"签订以后的状态，沉迷在歌舞升平之中，忘记了靖康之耻带来的耻辱。而王十朋仍然念念不忘恢复中原的事业，将修整旧城墙、视察制胜楼、备战重兵政等保民安民举措一一列为职分内的事。

（二）修整旧城墙

夔州作为西南重镇，"西控巴渝收万壑，东连荆楚压群山"，地理位置十分重要。但古城年久失修，多处坍塌。作为"总一路兵政"的夔州路安抚使，王十朋出于军事和治安责任，适时组织加固修葺，雉堞为之一新。七绝《修垒》曰：

> 莫将逆旅视居官，宜作吾家活计看。
> 墙壁时时为修葺，安知劳苦是平安。②

诗题下原注云："夔城颇恶，予修之，虽雉堞一新，然土城易坏，兵有守城者，勿它役，随坏而补，则城常固矣。"诗说把筑城保平安当成是自家的活计，这是古代社会清官思想的典型表现。又说城墙随坏而补，平时劳苦，正是为了战时平安无险。用语浅近显易，修筑城墙和保家卫国的道理却寓于其中。

两首《制胜楼》诗高瞻远瞩，显示了地方帅守统揽军政大权的历史识见和军事战略眼光。五言律诗《制胜楼》云："人谋兼地利，端坐静边隅。"③五绝《州宅杂吟·制胜楼》则曰："英雄多失守，制胜在人和。"④一语道破了历

---

① 《宋史》卷八九《地理志五·夔州路》，第2226页。
② 《王十朋全集》诗卷二一，第371页。
③ 《王十朋全集》诗卷二二，第391—392页。
④ 《王十朋全集》诗卷二二，第397页。

史上公孙述等"英雄失守"、霸业无成的重要原因。

早在张浚北伐期间,王十朋就曾向孝宗皇帝上《论用兵事宜札子》,论及"荆襄居天下形势之中",①要皇上重视荆襄军事,不让虏人乘虚而入,隔绝川陕。肩负圣命,为国家守西南重镇,王十朋必须具有高于其他郡守的政治战略智慧。

修葺鄱阳新东门时,又作《名郡之东门曰永平书一绝》曰:

鄱水新门号永平,永平何止一鄱城。
愿言广此平天下,黎庶长无愁叹声。②

虽然远离朝廷,王十朋爱国忧国的激情依然跃动于他的诗作中。其忧患家国的"忠义"心事可谓四十年间刻骨铭心,激情如昔,从来未曾放弃或动摇。

(三) 习战平天下

疆场长在梦寐中。王十朋的故国之思,在远离京城之后一刻未曾忘怀。隆兴二年初,在高宗的干预下,孝宗不得不下诏"朕以太上圣意不敢重违"进行议和③。经过使节樽俎折冲,同年十二月终于达成和议条款:"正皇帝之称,为叔侄之国,岁币减十万之数,地界如绍兴之时。"④此后数十年,宋金两国无大的战事。尽管"隆兴和议"还不是一个平等的条约,南宋皇帝比之金国君主虽然小了一辈,但屈辱的程度已有所减弱,好歹还算是一个主权国家,而且保护了从金国逃过来的士庶臣民——这一条连当年的"澶渊之盟"也没有争取到。

宋金"隆兴和议"成立,屈辱依旧,孝宗"终身愤之","盖上有志复仇,无能辅其志者"。为收复中原失地,他依仗能纵观全局的政治家和军事家虞允

---

① 《王十朋全集》文卷四,第630页。
② 《王十朋全集》诗卷一八,第310页。
③ 《朝野杂记》甲集卷二〇"癸未、甲申和战本末"条。
④ 《宋史》卷三三《孝宗一》,第630页。

文,在军事上、政治上、外交上、财政上都积极做着准备。直至十朋逝后的乾道八年(1172),还冀望虞允文经营川陕,心存两路夹攻以恢复中原的计划。孝宗对丞相虞允文说:"丙午(靖康元年)之耻,当与丞相共雪之。"①但受制于内外困境,最终只能接受偏安的现实,终其一生未成恢复大业。史称宋孝宗"聪明英毅,卓然为南渡诸帝之称首",②还属恰当的评价,"宋孝宗才算是南宋的中兴之主"。③虞云国也认为,孝宗锐意北伐,但内外条件却令他"用兵之意弗遂而终"。他外逢金世宗政局稳定,财政充裕,战备严整,无懈可击;内有太上皇干扰,自己被束缚手脚,消磨锐气,有心无力,诸多无奈。历史的机遇并不是尽如人意的。④

身在饶州的王十朋似在应和宋孝宗的未遂心愿,作《郡斋对雪》寄存梦想。诗曰:"欲两三杯贺丰岁,却忧疆场正干戈。"⑤自己的抗金梦想早已搁浅,雪夜里想起淮甸将士正在冰天雪地里征战,诗人怎能平静无诗。出句是外在的雪夜举杯"贺丰岁",对句是内心的"忧疆场"。"欲"与"却"转折得斩钉截铁,不留余地——"两三杯"清酒怎敌得了"疆场正干戈"之"忧"。

宋金"隆兴和议"成立之后,十朋的关注重心转向民事政务,这是时势的无奈,也是心事的升华。《出郊遇雪》诗展现他习战平天下的愿景和行动:

> 小队出郊聊习战,朔风吹雪似催诗。
> 皇天有意诛骄虏,正类元戎破蔡时。⑥

为黎民百姓的安宁,王十朋以诗记录"出郊习战"的场景,表达"诛骄虏""平天下"的愿望。

---

① 《宋史》卷三八三《虞允文传》,第 11800 页。
② 《宋史》卷三五《孝宗三》赞,第 692 页。
③ 参见陈振《宋史》,第 487—489 页。
④ 参见虞云国《细说宋朝》六〇"宋孝宗",第 422 页。
⑤ 《王十朋全集》诗卷一七,第 289 页。
⑥ 《王十朋全集》诗卷一七,第 294 页。

第二节　风教为先敦民俗

王十朋到各地任职，都十分重视当地的文化古迹。这些古迹不仅是游赏休闲的好去处，也是以风教敦开民俗、提高士民文化素质的好教材，故十朋多加关注，写作诗文，加以推荐。饶州任上，十朋作文《谒颜范祠文》《颜范新祠成奉安祝文》《颜范祠堂记》等，亦多风咏言志的诗作，如《州宅十二咏》，包括《平政堂》《庆朔堂》《退思轩》《九贤堂》《四贤堂》等。在夔州任上，王十朋抱杜甫"致君尧舜"的情怀，体恤民瘼，勤政爱民，兴利除弊。他善谋长远之计，以诸葛亮、杜甫为榜样实施教化，组结夔州诗社，与诗友寻访古迹，畅谈古今，纵论时事，品评诗文，共同施行了一系列惠民利民的德政。

一、标榜范颜

虞云国教授梳理研究《梅溪集》中追慕范仲淹的全部诗文指出，作为士大夫的人格典范，范仲淹对宋代士大夫群体而言，堪称"先生之风，山高水长"。王十朋也被同时代朱熹等学者推崇为"天下之望"与"万夫典型"，而在影响他一生的先贤群像中，范仲淹无疑居于首位。王十朋在立身为人与立朝从政的各个方面，始终以范仲淹为追随的榜样，故而在其传世作品中，频繁涉及范仲淹，其中既有他在科举入仕前对范仲淹人格功业的仰慕钦敬，也有在行旅途中对范仲淹名胜遗迹的寻访缅怀，还有在出仕州郡中对前任范仲淹宦迹政绩的歌颂纪念。通过这些诗文的梳理，既能凸显出范仲淹对宋代士大夫群体性格形成的精神感召力，还为王十朋等南宋士大夫研究提供新视角。①

在饶州善政九贤人中，王十朋虽同等敬重唐宋"绝伦""两朝臣"颜真卿（文忠）和范仲淹（文正），但显然着意将歌颂声语更多地投向范文正。这基

---

① 参见虞云国《先生之风——王十朋颂范诗文述论》，《乐清历史学会会刊》第八期。

于对范仲淹刚正不阿、忠直敢谏的高风亮节的敬慕,也与范、王二人相似的仕途经历以及对社会政治形势的相似见解紧密相关。宋人因直谏而得罪皇帝或权臣遭贬谪的不在少数。范仲淹屡遭贬谪依旧奋不顾身地参预朝政。相似的经历使王十朋把范仲淹奉为楷模。

(一) 追怀范与颜

饶州有颜范二公祠,祭祀唐时郡守颜真卿和北宋郡守范仲淹。旧祠失修,王十朋为其整葺一新,并立遗像,撰《颜范新祠成奉安祝文》云:"鄱阳九贤,咸有善政。文忠之忠,文正之正。九贤之中,于斯为盛。祠宇一新,丹青辉映。凛然如生,尚余刚劲。以激忠义,以警邪佞,福我邦人,不祷而应。"又作《饶州谒颜范祠文》云:"二公名节,百世所师。俱临是邦,遗爱犹在。死者可作,非公孰归!"①

王十朋不止一次前往瞻仰颜范新祠,表达对范文正公与颜文忠公推崇备至的崇敬之情:

> 鄱江善政九贤人,文正文忠更绝伦。
> 桃李旧邦千里爱,丹青遗像两朝臣。
> 不同赤土祠刘阮,端胜睢阳庙远巡。
> 安得神仙返魂药,九原唤起静边尘。②

《祠颜范二公》一诗从二公祠起笔,落实于二公形象的现实意义——二公忠诚未遂,空恨于九原,而今九原如可作,吾欲起颜、范,以使国家再得廊庙之才,自己也无愧于典型。诗的重点放在意欲将两贤臣唤起于九原,以匡救时势,抗敌"静边尘"。

在重现历史场景的同时,诗的结句采用"今"的视角,点明作者当下的感受和思考,使历史场景的叙述与诗人作诗的当下叙事形成比照,让读者进入

---

① 《王十朋全集》文卷二四,第987页。
② 《王十朋全集》诗卷一七《祠颜范二公》,第290页。

历史,然后又走出历史,感受深刻的历史悲情和现实政治诉求。这是十朋咏史怀古诗常用的写法之一。

(二) 尤敬范文正

王十朋尤其敬重范仲淹。景祐三年(1036),范仲淹向仁宗上"百官图",抨击宰相吕夷简用人唯私。吕反斥他"越职言事,荐引朋党,离间君臣",将他贬知饶州。此事激起朝臣义愤,纷纷上疏为范鸣不平,甚至请求从坐。这次与范一同被贬的有余靖、尹洙、欧阳修。西京留守推官蔡襄为此写了《四贤一不肖》诗,称范、余、尹、欧为"四贤",谏官高若纳为"一不肖"。此诗引起都人争相传抄,"鬻书者市之,颇获厚利"。像这些敢于坚持正义的狂直之士虽然动辄被贬,但却能赢得人心和美誉。不久,被"天下指为狂士"的范仲淹就被重用为参知政事,入朝执政。虽然他领导的新政不到一年就失败了,他从此离开朝廷,辗转地方任职,但他忧国忧民的淑世情怀和"有犯无隐"、狂直敢谏的作风,对两宋士风产生了深刻的影响。《宋史》本传说他"每感激论天下事,奋不顾身。一时士大夫矫厉尚风节,自仲淹倡之"。①

范仲淹是当时复兴儒学的主将,其社会责任感和独立的人格意识、超迈的道德规范堪称楷模。南宋罗大经说:"国朝人物,当以范文正为第一。"② 朱熹更是称颂有加:"本朝唯范文正公振作士大夫之功为多","范公平日胸襟豁达,毅然以天下国家为己任"。③ 他每遇国家大事,总是奋不顾身、慷慨进言的勇气,实有开创宋代倡言风气之功。

饶州留有不少范仲淹的遗迹,王十朋都逐一踏访,写入诗文。绮霞亭与玉芝堂都由范仲淹命名,王十朋分别有诗纪游。他登临绮霞亭远眺,感念"文正已仙去,佳名千载芬"。④ 他说,玉芝堂"世传文正范公所名,虽百世不可易",⑤告诫官员"要居森戟地,毋忘采芝心",⑥必须永葆一颗高洁之心。

---

① 《宋史》卷三一四《范仲淹传》,第10268页。
② 《鹤林玉露》乙编卷二《韩范用兵》,第152页。
③ 《朱子语类》卷一二九,第3086、3087页。
④ 《王十朋全集》诗卷一七《登绮霞亭用碧云轩韵》,第285页。
⑤ 《王十朋全集》文卷二二《思贤阁记》,第948页。
⑥ 《王十朋全集》诗卷一八《玉芝堂》,第303页。

范仲淹当年命名的还有芝秀阁,王十朋认为,"是阁名与堂类,宜易",便改名思贤阁,寓意"见贤思齐",还在记文里说:

> 登是阁而寓目焉,思贤也。讼理政平,庶民安于田里,而亡叹息愁恨之心,是将何术以致之?此予之所以思,亦后人之所宜思也。①

毫无疑问,在王十朋见贤思齐的先贤群像中,范仲淹位居第一。

在知州任上,王十朋写了《追和范文正公鄱阳诗》组诗六首。公干的郡斋里,堂上悬挂着范文正公画像,壁间还留有他的题诗,王十朋独坐郡斋,深感自己立朝时要以其为标杆,"耿耿忠怀"必须无愧于这位先贤。七律《郡斋即事》曰:

> 理郡端如理乱丝,范公往矣欲谁师。
> 典刑犹有堂中像,光艳长存壁上诗。
> 未报国恩嗟老去,不逢人杰恨生迟。
> 一尊坐对鄱江月,耿耿忠怀只自知。②

诗追和范公"壁上诗"的"光艳"诗韵。拜光芒犹在的范公"典刑",叙"如理乱丝"的"理郡"方略,抒"未报国恩"的"老去"之嗟,发"不逢人杰"的"生迟"之恨,一切皆由郡斋庆朔堂中的"堂中像"生发开去,最后又归结于"堂中像":"一尊坐对鄱江月,耿耿忠怀只自知"——仰怀范公遗像,诗人的"耿耿忠怀"与范公的"忧时爱君"融为一体,即如《观郡守题名再书一绝》诗中所吟咏的——"人才相远心相似,均是忧时与爱君"。③ 于是,虚实相生,往复生姿,静止的画面中叠印出两个伟人的身姿,在明艳的"鄱江月"辉映下光彩熠熠。

---

① 《王十朋全集》文卷二二《思贤阁记》,第948页。
② 《王十朋全集》诗卷一七,第285页。
③ 《王十朋全集》诗卷一七,第287页。

王十朋的风咏言志之作《州宅十二咏》,多托物取兴。其中《庆朔堂》颂扬建堂人"芝产三茎,松栽百尺"的治州理念和政绩。诗曰:

> 昔日栽花者,官移花未开。旧花今岂在,犹说范公栽。①

诗呼应范仲淹《怀庆朔堂》诗所云:"庆朔堂前花自栽,便移官去未曾开。如今忆着成离恨,只托春风管领来。"②诗以堂命题而不写堂,只写花;写花又不写具体名花,而只将花作为意象起兴。睹花思人,咏花颂人,构思奇巧,以小物象寓大意境:花开花落有时,范公任内"治化大行"③的风教遗德绵延久远。

二、修庙崇祀

有志仿效先贤做"栽花者"的王十朋,辗转仕宦,践行风教,每至治地,不但作诗撰文,还修庙崇祀,以标榜忠孝大节,表彰先贤勤政爱民的美德,为士风民风建设传送正能量。

(一) 尊重民间的信仰和祭祀

王十朋认为:"修庙崇祀,以劝风俗,正贤师帅之职……自非吾儒,孰肯留意于此!"④这种观念,传承自孔孟儒学。孔子自己虽敬鬼神而远之,但他又说:"祭如在,祭神如神在。"(《论语·八佾》)至宋代,朝廷大典的五礼中以吉礼为首,"主邦国神祇祭祀之事",具体又分为大祀三十、中祀九、小祀九。下及州县"岳、渎、名山、大川在境内者,及历代帝王、忠臣、烈士载祀典者",⑤如此等等,各种常规或不定时的祭祀可谓不计其数。

---

① 《王十朋全集》诗卷一八,第303页。
② 范仲淹:《范文正公集》卷四《怀庆朔堂》,上海商务印书馆《四部丛刊初编》本。按,"管领",《四库全书》本《范文正集》作"管勾",并注曰:"《拾遗》'勾'作'干'。"因南宋人避宋高宗讳,故改"管句(管勾)"为"管干",而《西溪丛语》改作"管领"。
③ 《王十朋全集》文卷一七《饶州到任谢表》,第847页。
④ 《王十朋全集》文卷二一《与陆会稽修曹娥旌忠庙》,第923页。
⑤ 《宋史》卷九八《礼志五一》,第2425页。

王十朋标榜范仲淹、颜真卿等爱国忠臣烈士,作《州宅十二咏》,包括《平政堂》《庆朔堂》《退思轩》《九贤堂》《四贤堂》等诗,风咏言志,见得其兴邦废邦之思,忠义仁爱之望。还写诗称赏"传家知有子,种德本由公"的饶州陆居士;追慕"宰鄱阳有政声"的乡人项服善,称其有"枯木再生花"之誉,"真是四无私";在"湖广寇贼未平"之际,则"借用舞干意",歌咏"遥服三苗国"的舞干、"高飞百越天"的陆羽,①等等。

可以说,尊重民间的信仰和祭祀习俗,修庙崇祀以标榜当地有益风教的忠孝人物,一直是王十朋践行风教的重要举措。

(二) 为勤政爱民的先贤立祠

十朋诗褒贬古人达四百余首,其中多人屡显,总合已千人次以上。此番知饶州,尤多追思、推许本地先贤的丰功伟业。在给孝宗的《饶州到任谢表》中,王十朋称颂颜真卿和范仲淹乃"贤太守""治化大行",是当地宝贵的历史财富。他重建颜范二贤祠,迁于州治庆朔堂(原为范仲淹所建)右,又名平政堂之北的亭阁为"思贤阁",以为官民的勉励。② 又亲作《颜范祠堂记》《思贤阁记》等文章,大书特书"忠孝之性""仁义之学"。

王十朋奉夔州犹如朝圣之地,非常神往。因为这里有他崇拜的政治偶像诸葛亮和诗圣杜甫的丰富历史遗存。夔州城内有十贤堂,始建于庆历年间,初名岁寒堂,又名忠孝堂,"以祀前贤尝在夔者屈原、诸葛亮、严挺之、杜甫、陆贽、韦昭范、白居易、柳镇、寇准、唐介凡十人,画像堂中"。③ 王十朋又陆续访得宋玉、源乾曜、李适之、李吉甫、温造、程颐、黄庭坚等七人,将十贤堂供奉对象由十人增加到十七人。其《十贤堂栽竹》诗云:"十贤清节高千古,不是此君谁与宜。"当时修建的纪念性建筑为数不少,不追求辉煌宏大,即便是纪念刘备的昭烈庙也无非"古屋数椽"④而已。

---

① 《王十朋全集》诗卷一七、卷一八,第288、305、291、317页。
② 《同治鄱阳县志》:《二贤祠》《思贤阁》,见《全集》附录四,第1145、1147页。
③ 《嘉庆四川通志》卷五三《舆地志·古迹六·夔州府》,第1997页。按,其中严挺之、柳镇,《王十朋全集》作"严颜""柳公绰"。转引自张邦炜文。
④ 《王十朋全集》诗卷二三《十贤堂栽竹》,卷二二《昭烈庙》,第431、402页。

看到武侯祠年久失修,庙堂倾圮,"堂庑庳陋,丹青黝剥,祀事弗严",决计移地重建。《夔州新修诸葛武侯祠堂记》道出"新修"武侯祠的深长用意:"今夔之二祠相继鼎新,郡人四时香火,牲牢酒醴之奉,有加而不息。盛德百世之祀益章,可以一洗江渍异代之耻,无愧乎锦官城矣。"①意在张扬忠义,洗雪国耻。

三、兴儒崇文

王十朋赴夔州之任,心情比较舒展悠然,一个重要原因是出于对长江一线及古城夔州丰厚的历史文化遗存的思怀与敬仰,出于对南宋西南疆域文化建设的担当和自信。溯江入川途中,他亲眼目睹沿江渔村"红曲盐鱼荷裹鲊,舟人争买不论钱","鱼未到家人买尽,明朝一网更盈舟"②的场景,南宋僻远地区并非一概贫困如洗,也有令人欢愉的繁荣景象。

何况"山川满目古今迹",③特别是夔州治所,历史悠久,文脉氤氲久远。秦朝时称为鱼腹,唐朝贞观年间改名奉节。奉节,或者说鱼腹古城,原本修筑于赤甲山上。东汉初年,公孙述据蜀,将治所从赤甲山移到白帝山。并修筑了白帝城。今天的白帝城,因为三峡大坝截流,高峡出平湖,与夹岸山峰相比,它成了江水中的一座狭小的孤岛。当年却是一座雄踞山巅的周长达七里的坚固而壮丽的城池。李白说"白帝彩云间",杜甫则极言其高:"白帝城中云出门,白帝城下雨翻盆。"这夔州城既有三峡之险,又有白帝之坚,清顾祖禹称其"府控带二川,限隔五溪,据荆楚之上游,为巴蜀之喉吭"。④ 三国时,刘备伐吴,大败而归,退至夔州,改奉节为永安,并在白帝城内的永安宫向诸葛亮托孤后驾崩。王十朋通过自饶至夔的长途跋涉以及到任后对边城的实地考察,观览了不少名胜古迹,创作了许多咏史怀古的诗篇。追慕圣贤,发思古幽情,抒逸兴壮思,十朋的历史意识和现实感得到前所未有的

---

① 《王十朋全集》文卷二二,第950—951页。
② 《王十朋全集》诗卷二〇《买鱼行》《晚过沙滩》,第348、350页。
③ 《王十朋全集》诗卷一九《题庾楼呈唐守立夫》,第323页。
④ 顾祖禹:《读史方舆纪要》卷六九,四川之四。

增强。

（一）重视发展地方文化教育事业

夔州素有"人多劲勇，少文学，有将帅材"①之说，王十朋基于对夔州一地风土人情的了解和对当地民俗的尊重，秉承儒教传统，认为在这里发展教育事业尤其重要。

王十朋是个饱学之士。在入蜀途中，他即有意识地探究这里的社情民情。关于夔州的"风俗"，历来有多种说法。一种是"剽悍巧猾"论。乐史《太平寰宇记》称："其民轻果而好诈。"②另一种是民风淳朴论。唐代贞元年间曾任夔州都督的李贻孙在《夔州都督府记》中说："其税易征，即知其民不偷。长吏得其道者，莅之犹反掌云。"③而经历近两年实地生活的杜甫，与其在成都草堂时相比较，则对这里恶劣的风俗深恶痛绝，很不适应南方的暑热与诸如"家家养乌鬼，顿顿食黄鱼"（《戏作俳谐体遣闷二首》之一）等习俗，总结说："形胜有余风土恶。"（《峡中览物》）王十朋有别于杜甫，其《州宅杂咏·易治堂》诗云："古夔尤易治，风俗本来淳。"④毫不迟疑地认定"夔峡民淳"。

十朋《十八坊诗·兴儒》诗云："刀笠烧畲俗，舟航撇旋乡。五经谁教子，儒术破天荒。"他希望利用这里"西接卿、云里，东连屈、宋乡"的有利条件，经过不懈努力，以逐步达到"夔、鲁同光华"的目的。所谓"卿、云"，卿指司马相如，字长卿；云指扬雄，字子云。"屈、宋"指屈原、宋玉。其《二月朔日诣学讲堂前杏花正开呈教授》写知州大人视察州学之所见所思，"数株能白红，开向天之涯"，"零风长其实，教雨濯其葩"，一切都以孔坛、鲁人比拟之，期盼"芬芳无迩遐""夔鲁同光华"。⑤ 情深意重，寄托着夔守对夔民的尊

---

① 《方舆胜览》卷五七《夔州路·夔州·风俗》，第1008页。
② 乐史：《（宋本）太平寰宇记》卷一四七《山南东道六·峡州》，中华书局1999年版，第273页。同书卷一四七《山南东道七·夔州》称：夔州"风俗同峡州"，第277页。
③ 杨慎：《全蜀艺文志》卷三四《记乙·夔州都督府记（李贻孙）》，刘琳、王晓波点校，线装书局2003年版，第957页。
④ 《王十朋全集》诗卷二二，第396页。
⑤ 《王十朋全集》诗卷二二、卷二三，第390、421页。

重和对学子们的期望。

(二) 流连史迹抒发逸兴壮思

王十朋一路行来,每遇人文古迹,都徘徊久之,吟诗赋文,通过对历史名人的歌咏,试图在封建社会普遍性的价值标准之下,建构一种本土诗教文化系统。这种努力具有不可忽视的历史价值。例如:

1."至今人道寇巴东"

王十朋对前朝名臣寇准向怀敬慕之情,青年时曾作《观国朝故事四首》(其一),赴夔时又写了《寇莱公祠》《寇莱公》等五首诗,颂扬其"精忠一点不负国"。《宿巴东县怀寇忠愍》其一曰:

> 制锦工夫早不同,至今人道寇巴东。
> 澶渊一段奇功业,可在孤舟野水中。①

这次途经寇准曾经的辖地巴东县,如原注所示,见莱公祠已废,拜谒无所,以为"缺典",于是"成二绝,以示邑官"。诗人赞扬寇准于澶渊挫败辽军的一段奇功,借歌颂先贤倾吐自我的爱国情怀,而将重点放在民心民意对于寇准的怀想和颂扬:时间流逝,但人们至今依然怀想"寇巴东";"孤舟野水"之间,"欲得天下好,莫如召寇老"的民谣至今依然传唱。寇准的"奇功业"流芳后世,诗人有意敦促当地"邑官"顺应民心,修葺"缺典",警示天下,勿忘抗敌复国之志。乾道二年(1166)八月,十朋命巴东尉王宁孙建祠塑像,于是"巴东故祠废而复兴,残编断稿散而复集,江山增气,如公更生",王十朋并为之记,感慨道:"予平生欣慕公之为人,每叹靖康间复有如公者出,则南北岂至于分裂耶!"②

2."斯可为忠矣,至今名此邦"

十朋还作《夔路十贤》③诗,歌咏夔州历史上十位先贤名士,即屈原、严

---

① 《王十朋全集》诗卷一、卷二〇、卷二三,第 3、355、360、425 页。
② 《王十朋全集》文卷二二《寇忠愍公巴东祠记》,第 953 页。
③ 《王十朋全集》诗卷二三,第 424—425 页。

颜、诸葛亮、杜甫、陆贽、韦处厚、白居易、柳公绰、寇准、唐介。又作《续访得七人》①诗,缅怀留迹夔州的宋玉、源乾曜、李适之、李吉甫、温造、程颐、黄庭坚等七位先贤名士。这里选读《严刺史》:

> 将军头可断,讵肯以城降。
> 斯可为忠矣,至今名此邦。

诗咏汉末益州牧刘璋部下巴郡太守严颜。东汉末,刘璋使严颜守巴郡。刘备入蜀后,严颜为张飞所擒。张飞喝叱:"何不投降?"严颜回答说:"我州但有断头将军,无有投降将军也。"飞大怒,命令斩首,严颜脸不改色。张飞敬仰其忠勇,释放了他,并以贵宾待之。事见《三国志·张飞传》。王十朋显然是被严颜的气节感动了。作诗赞颂其"头可断"志不改的忠勇义行,又强调其"至今名此邦"的原因只有一个字——"忠"。忠孝本为孔孟之道人格修炼的核心理念。王十朋以"斯可为忠矣"一句揭示其流芳后世的人格原因,这是对严颜的赞颂,也是践行杜甫"致君尧舜上"的自我表白。

(三) 张扬武侯情怀和诗圣襟抱

怀抱难伸之壮志的王十朋,以己观人,以今观史,留意的也总是那些满腔忧愤、赍志而殁的伟大人物。

冥冥中似得上天美意眷顾,王梅溪与杜子美这两位"萧条异代不同时"的爱国诗人,竟能相聚于巴山蜀水间的孤城,情脉相呼,诗缘遥结。十朋还趋步蜀相足迹,多次拜谒并移地重建武侯祠,要以此来张扬忠义精神,洗雪国耻,以图恢复大宋江山。

1. 拜谒武侯　千古悲慨

诸葛亮是杜甫、王十朋最崇拜的历史人物。对同为文人却出将入相、建立了不世功勋的诸葛亮,杜甫和王十朋一直怀有一种复杂的情感:羡慕、敬佩和失落,以及在此基础上的自怜自伤。敬天畏命的背后,隐隐透露出对自

---

① 《王十朋全集》诗卷二三,第425—426页。

身襟抱未开的自我宽慰。唐肃宗上元元年(760),杜甫初至成都拜谒武侯祠,作《蜀相》诗,放怀君国天下事,既浩叹英雄"出师未捷身先死",也悲慨自己一事无成。王十朋的夔州诗将"八阵图"作为重要的地理文化符号,反复吟咏。其诗《八阵图》曰:"千载相知惟白水,此心元不为吞吴。"①远承杜甫当年《八阵图》诗所云"江流石不转,遗恨失吞吴",表达对诸葛亮平定中原的大志未遂命运深怀憾恨,也可看作是对刘备晚年君臣不谐的微词,还隐含着王十朋自身仕途遭际的某种不平之气。

《题诸葛武侯祠》一诗虽为吊古之作,却满是伤今之意。结联两句"我来再拜瞻遗像,泪满襟如老杜诗",②化用老杜《蜀相》诗"出师未捷身先死"的旷古诗句,抒发凭吊武侯遗像的悲情,惺惺相惜,感念时势,既表达对诸葛亮忠心雄才的敬仰,对诸葛亮伟业不遂的憾恨,又在敬慕怀念中流露出对和戎国是及朝政时局的忧思。十朋《谒武侯庙文》云:"君臣鱼水,蛟龙云雨,才十曹丕,志小寰宇。"③其深沉的盛衰兴亡背景凸显了对英雄豪杰悲剧命运的千古同心。

2. 招邀诗圣　异代同怀

公元766年,五十五岁的杜甫流落夔州。不意在这座峡谷中的小城一住就是一年又十个月,赋诗360篇,达到诗歌创作的一个旺盛期。阅尽人世沧桑、人生苦难的诗人回归到远祸全身的人生本位,走上了为农自给的道路——夔州都督柏贞节对他百般照顾,频分月俸,使他过上了衣食无忧的日子。他不仅代管东屯公田100顷,还在瀼西筑了草堂,买了40亩果园,全家都下地干农活;而在精神层面上,他依旧保持着兼济的志向。《八阵图》《八哀诗》《秋兴八首》《咏怀古迹五首》《秋野五首》《登高》等篇,理智苍老,沉郁顿挫,皆为名篇佳作。

追慕诗圣,异代同怀。相隔整整400年,1166年,服膺杜甫的王十朋移守夔州,恰好也在五十五岁的年龄上,也待了近两年,写下300多首诗。守

---

① 《王十朋全集》诗卷二二,第402页。
② 《王十朋全集》诗卷二一,第372页。
③ 《王十朋全集》文卷二四,第989页。

夔期间,王十朋一一探访诗圣遗迹,作咏杜涉杜诗20多首。这两位"萧条异代不同时"的爱国诗人诗缘遥结,共同奠定夔州诗城的基石。

十多年后,也在五十五岁的年龄上,陆游溯江入蜀,顺道也曾探访杜甫居留夔州时的遗迹。陆游说:"少陵先生晚游夔州,爱其山川不忍去。"(《东屯高斋记》)其实,综合更多情况来看,病骨支离的杜甫并非爱夔门山水风光不忍离开,他早想结束寄人篱下的不堪生活,回到朝思暮想的故乡关中河南,预设的路线是"即从巴峡穿巫峡,便下襄阳向洛阳"(《闻官军收河南河北》),实在是为动乱时局和生计所迫,不能离去,不敢离去。其时,吐蕃、回纥连番内犯,烽火连天,京师危急,关中震动,有家难回。看来,王十朋比陆游更懂得杜甫,他遍访杜甫在夔州的四个居住地,一一回应杜甫歌吟过的"赤甲白盐俱刺天,闾阎缭绕接山巅"(《夔州歌十绝句》)等诗句,赋予夔州山水以现实抗争意义。他对杜甫的理解有比陆游更显深刻而切近其内心世界的表现。

其一,诗史堂里瞻仰少陵画像。

诗史堂系夔人为纪念杜甫而设,悬挂杜甫画像,陈列杜甫史诗。王十朋瞻仰少陵画像,作七律《登诗史堂观少陵画像》,深情呼唤"万丈光芒"的诗圣之魂:

> 万丈光芒笔有神,两眉犹带旧酸辛。
> 残杯不复随肥马,剩馥端能丐后人。
> 夔子江头吟处景,杜鹃声里拜时身。
> 敬瞻遗像观诗史,一酹云安曲米春。[①]

首联擒题,白描画像。"万丈光芒笔有神"一句,化用杜甫《奉赠韦左丞丈二十二韵》"读书破万卷,下笔如有神"诗意,从大处着笔,写画中人的总体形象,魅力四射,令人肃然起敬;"两眉犹带旧酸辛",则抓住了最能体现人

[①] 《王十朋全集》诗卷二一,第372页。

物情感的眉眼这一细节特征,凸显画中人壮志难酬的沉郁悲怆,具有强烈的视觉冲击力。

中间两联满纸萧瑟,抒发"敬瞻遗像"的感怀,今古物已,纷繁情思在这里交互重叠,意象纷呈。末联以现实凭吊回扣诗题,直抒胸臆,缅怀敬慕之情悠悠。杜诗《奉赠韦左丞丈二十二韵》的顿挫韵味已然渗透于梅溪诗笔之间!

其二,诗史堂前歌咏泪血荔枝。

王十朋的咏物力作《诗史堂荔枝歌》,通过吟咏诗史堂前的荔枝树咏怀诗史堂的主人公杜甫。诗之开篇突兀,高咏盛赞:"君不见诗人以来一子美!"由此生发抒情议论,纵横古今,一气呵出凡39句的七言长篇歌行。写得沉着警策,风格高健,思丰而情真,意广而文淡。程地宇激赏诗中正面吟咏荔枝的四句:

> 少陵伤时泪成血,一点丹心不磨灭。
> 散成朱实满炎方,风味如诗两奇绝。①

评云:此诗将"泪血""丹心"与"朱实""炎方"由相关性想象构成意象群;以"荔枝"的风味比拟诗歌的风味,从而把视觉、味觉等统觉构成的实物映像与由此引发的心理的、方域的、诗艺的抽象意象,整合为一个统一的诗歌形象,将荔枝的意义发挥到极致。②

本诗的立体形象是由多元组合的"意象群"构筑而成的。诗人恃其博奥,紧扣"丹心""泪血"两个关键词广引故实,意象纷呈。全诗气势奔放,叙议相生,章法多变,意蕴深邃,得杜诗之险要,有咏物诗先河篇《橘颂》的楚辞风味,当是十朋晚年诗作的典型风格。较之苏轼的上乘之作《荔枝叹》,一怀先哲,一讽时事,有异曲同工之妙。

---

① 《王十朋全集》诗卷二三,第429页。
② 程地宇:《王十朋的夔州心结与诗城情怀》,《重庆三峡学院学报》2010年第4期。

其三,东屯溪山招邀少陵诗魂。

王十朋离别夔州之前,还特地到东屯拜谒少陵祠。东屯是杜甫在夔州的最后住地。夔州都督柏贞节把东屯的一百顷公田交由杜甫管理,以解决杜甫一家人的衣食。夔州一带,群山连绵,难得有一片较为平整而肥沃的土地,而且,山上清泉不断,正是水稻所需的最佳水源。杜甫在《行官张望补稻畦水归》写道:"东屯大江北,百顷平若案。六月青稻多,千畦碧泉乱。"杜甫带领一众仆役(诗称"隶人")种植水稻,打理果树,白天劳作,夜晚作诗,让人想起种豆南山的陶渊明,或是黄州垦荒的苏东坡。有意思的是,诗人王十朋此番临地环视四周山川风貌,忽然发觉东屯之景象与自己梦牵魂绕的家乡左原何其相似乃尔,随即骋想自己回乡后,何不也建一座与东屯杜甫"旧吟处"一模一样的草堂,以求与诗圣之魂永相为伴呢? 作诗曰:

东屯别是一山川,水秀山青似左原。
我待还家筑茅屋,作诗招取少陵魂。①

远隔千里的他乡与故乡在诗中勾连相通,其精神纽带就是"少陵魂"。两个既有关联又形成比照的场景放置在一起,这种对比并置式的叙事结构在扩充绝句容量的同时,也彰显了情思的深切绵远。真乃逸兴神来,妙思偶得。"作诗招取少陵魂"——思杜、仰杜、效杜,与诗圣心心相印,一唱一和,岂不美哉? 一个愉悦的构想承载了诗人多么厚重的心意!

十朋诗人物提名排行榜中,与韩愈齐名的人是杜甫,次数达六十次之多,远高于李白、陶渊明、苏东坡、欧阳修、谢灵运、柳宗元、白居易诸大文豪。暮年亲近杜甫漂泊地,更加深了对诗圣的体认。这些咏杜诗称赏杜甫有安社稷、济苍生的忠君报国之心,又肯定他在诗歌上的造诣可以与《诗三百》《史记》相媲美,同时则悲叹杜甫怀才不遇,流落边城,空有抱负,没有施展的机会。

---

① 《王十朋全集》诗卷二四《东屯溪山之胜似吾家左原》,第436页。

第三节　同僚相得结高谊

相知相得,同僚高谊。王十朋不论到哪里,不论年岁辈分、职位高低,都善于与同僚以及乡贤们齐心协力,合作共事。在饶州期间,他还定期会见书生,听取他们的政见,采纳施行。在他的治下,饶州社会渐趋安定,郡民安居乐业,监狱屡空。在夔州期间,他兴会旧同僚,续缘两同年,唱酬合作,使夔州民生得以复苏。鄱阳诗作《十月望日同官会饭荐福送酒》曰:"鄱水同僚总不群,公余相与共论文。远公莲社恐无酒,辄效江州王使君。"《次韵何子应题不欺室》曰:"公如忧国房玄龄,我如郑公思批鳞。隆兴天下同贞观,愿为贤相为良臣。"《同官会饮鄱江楼》曰:"闻说楼中会八仙,郡斋分送谷帘泉。好将投向鄱江水,共作长鲸吸百川。"夔州诗作《查漕元章生日》曰:"揽辔威名崖雪凛,和羹消息岭梅香。"《三友堂》曰:"符分俱握虎,簪盍偶成龙。"①等等,记录了他与两州郡同僚旧友相知相得的深情厚谊。最富有政治意义的当称与张浚、张孝祥、冯员仲、查元章、刘韶美、阎安中、梁介等的交游相契,堪称高谊永流传。

一、拜会张魏公

王十朋敬重南宋名臣张魏公(浚),有诗句云:"魏公名德最芬馨。"②他对张浚的崇敬,始于少年时代。他后来回忆道:"闻浚天姿忠义,誓不与敌(贼)俱生,天下闻浚之名,必以手加额。盖忠义人心所同,臣实敬慕之。"③

(一) 素不识　甚相知

张浚比王十朋年长十五岁。绍兴五年(1135),张浚第一次拜相时,王十

---

① 《王十朋全集》诗卷一七,第286、289页;诗卷一八,第310页;诗卷二一,第365页;诗卷二二第407页。
② 《王十朋全集》诗卷二二《张主管摄郡秭归赠以三绝》,第393页。
③ 《中兴纲目》卷一四,癸未隆兴元年,第469页。

朋还在家乡念书。由于年龄、地位悬殊，他们没有见面的机会。直到隆兴二年（1164），张浚第二次罢相时，王十朋仍说："臣素不识张浚。"①

王十朋和张浚"素不识"，却甚相知。他们的结交全凭道义的相契，"不欺魂"的相合。与张浚相比，王十朋地位虽低，但每逢关键时刻，他都全力支持张浚。绍兴三十年（1160）九月，金军有大举南下之势，时任秘书省校书郎的王十朋上奏宋高宗，要求起用张浚和刘锜等"天资忠义，材兼文武，可为将相者"。王十朋说："起而用之，以从人望，可以作士气，可以慰人心，可以寝敌人之谋，可以图恢复之计。"②张浚东山再起后"欲守淮"，反对者"欲守江"。王十朋支持张浚，认为："夫守淮乃所以守江也，舍淮而守江，则长江之险与敌共之矣，江其可守乎？"③宋孝宗继位后，时任侍御史的王十朋建言付与张浚更大权力。上奏云："宜令张浚并节制荆襄，庶得令出于一，轻重不偏，将士协心，远近同体，缓急可以相闻，胜负可以相援。况荆襄将士素怀浚恩德，皇甫倜之徒尤服浚威名。若使浚兼制之，则人必乐于用命矣。"④隆兴元年（1163）正月，宋孝宗任命张浚为枢密使兼都督江淮军马时，王十朋称颂道："陛下因付以江淮重任，擢为枢府，委任之专，不啻若宪宗之待裴度。"⑤张浚与宰相史浩发生分歧，王十朋"首弹史丞相浩，乞专用张浚。上为出浩帅绍兴"。⑥张浚拜相，王十朋作诗赞云："公如忧国房玄龄，我如郑公思批鳞。"次年，北伐失利，横议蜂起，张浚承受极大压力。王十朋则上奏："一胜一负，兵家常势。"劝告宋孝宗"以刚大为心，毋以小衄自沮"，"不以一衄为群议所摇"。⑦张浚罢相，王十朋也上书自劾，请求离朝。而作为前辈，张浚对王十朋也十分器重，可说有知遇之恩。

---

① 《王十朋全集》文卷四《自劾札子》，第634页。
② 《王十朋全集》文卷二《轮对札子三首》，第592页。
③ 《历代名臣奏议》卷五一《治道》，第691—693页。
④ 《王十朋全集》文卷三《论进取利害札子》，第617页。
⑤ 《历代名臣奏议》卷一八四《去邪》，第2410—2411页。
⑥ 罗大经：《鹤林玉露》，甲编卷六《王梅溪》，第104页。
⑦ 《王十朋全集》诗卷一七《次韵何子应题不欺室》，第289页；《王十朋全集》文卷四《自劾札子》，第634页。

（二）一面缘　不欺魂

从现存记载看，张浚、王十朋两位忘年知己，居然仅有一面之缘，而且是在张浚罢相失势、十朋离开朝廷迁谪饶州之时。邂逅江湖时，王十朋有诗云："我去公来不同日，各展忠怀对宣室。江湖邂逅论赤心，更约联翩书史笔。"又云："去岁西来路偶同，一言不肯话飘蓬。"自注："去六月，予赴鄱阳，魏公罢相来余干（今属江西），邂逅于此饶水南僧寺。"又自注："公以七月朔日至余干，某访公于赵公子舍，公以病不及见，出堂铭稿见示。"①

由此可知，隆兴二年（1164）六月，张浚罢相因病经饶州，居住在宗室赵公子（颐）的养正堂，王十朋去拜见他，并畅叙。十朋出示《书不欺室》诗请老师指教，并请题写室名。张浚很高兴，欣然命笔题写了"不欺室"三字，并作《不欺室铭》，铭文曰："泛观万物，心则惟一。如何须臾，有欺暗室。君子敬义，不忘栗栗。"②王十朋非常激动，前举记其事的《不欺室三字参政张公书也笔力劲健如端人正士俨然人望而敬之因成古诗八韵》就作于此时。可是王十朋次月专程到余干拜谒时，张浚已病危，不能相见。当年八月，张浚病逝。

张浚死讯传来，王十朋悲痛至极，接连两次写下祭文。其《祭张魏公文》哭之曰：

> 唯公学造诚明，才全文武，忠孝根于天性，节操贯乎岁寒。社稷之功最高，亲曾取日（按：意为迎回落日，即助废帝复位），君父之雠未复，誓不共天。……中山功未及成，谗谤之书盈箧；武侯死有遗恨，英雄之泪满襟；一老不遗，百身莫赎。

又作《重祭张魏公文》曰：

---

① 《王十朋全集》诗卷一七《次韵何子应题不欺室》、卷一八《次韵安国题余干赵公子养正堂》，第289、316页。
② 《晦庵先生朱文公文集》卷九五下《少师保信军节度使魏国公致仕赠太保张公（浚）行状下》，《四部备要》第五七册第1659页。张浚《不欺室铭》凡84字，现仅存24字。

> 公存敌惧,公死敌肆,边人方张,国若胕赘。……九原不作,苍生曷慰。遥望衡山,滂然堕泪!①

此后,王十朋仍怀念不已,作《次韵何子应题不欺室》有云:

> 公如忧国房玄龄,我如郑公思批鳞。
> 隆兴天下同贞观,愿为贤相为良臣。
> ……
> 八十四字腾光芒,便是千年不欺史。②

诗虽是次韵何子应的,但其主体内容却无关何氏,而是追怀魏公的道德绩业及自己与魏公心心相印的爱国情谊,以浑重诗笔感叹"腾光芒"的铭文将成"千年不欺史",垂名后世。

(三) 性相合　共进退

张浚在历史上是一个有争议的人物,他恢复之志可嘉,恢复之才不足,可指责处不少。他"出入将相三十年,素为士卒所畏爱",③曾几次执掌军政大权,显赫一时,但终因缺乏深谋远虑,准备不足,而遭到两次失败,大伤南宋元气。如朱胜非认为:张浚"喜事而疏"。④《续宋通鉴》引吕中言君臣相得事,有谓"浚一出,而有富平之败,再出而有郦琼之叛。今也,又有符离之溃。自常情观之,不敢复用浚矣",而孝宗却于"符离既败之后而复用浚",进而明其失败之因由:"然浚之规模,始沮于秦桧,再沮于史浩,三沮于汤思退之徒。"⑤应属中允之论。朱熹则肯定其"忠义之心",说"张魏公材力虽不逮,而忠义之心,虽妇人孺子亦皆知之","张魏公可惜一片忠义之心而疏于事"。⑥ 这

---

① 《王十朋全集》文卷二四,第997—998页。
② 《王十朋全集》诗卷一七,第289页。
③ 《续宋通鉴》卷七,壬午绍兴三十二年,第164页。
④ 《宋史》卷三六二《朱胜非传》,第11318页。
⑤ 《续宋通鉴》卷八,甲申隆兴二年,第178页。
⑥ 《朱子语类》卷一三二,中兴至今人物下,第3150、3152页。

些看法不无道理。符离之败受到朝野指责。当时十朋即因受他牵连而自劾去国。

究其实,王十朋与张浚的相知交谊,全凭道义的相契,基于共怀的"天姿忠义"与"不欺""至诚"的人生理念。王十朋一生"意思诚悫,表里如一",①"不欺""至诚"是他人生理念的主题词。而张浚自幼"行直视端,无诳言,识者知为大器"。② 王十朋说:"盖忠义,人心所同。臣实敬慕之。"张浚则称十朋"君子敬义,不忘栗栗"。二人均被理学家张栻称为"一代正人"。"缘有道"而性相合,共进退。其同僚同怀,相携相惜,政坛相得,堪称一世之稀。

就理念而言,王十朋的"不欺"乃得之张魏公心传。张浚《紫岩易传》曾多次阐述"不欺"的内涵:"人道以德业为大,忠信则不欺于天人,故德进修辞,立诚则有以感动天下心","刚中则不欺于天,而有以承天意;柔外则不拂人而有以合人心"。③ 是故《宋元学案》将王十朋列为"紫岩门人"之首,说王十朋"尝为张魏公所荐,当以紫岩为受知师"④云云。

张浚始终是个主战派,反对和议,卒不能为,故死有余恨,空留英雄泪满襟。临终时,他对儿子张栻的遗言是:"吾尝相国,不能恢复中原尽雪祖宗之耻,即死不当葬我先人墓左,葬我衡山足矣。""疾革,呼栻等于前,问:'国家得无弃四郡乎?'"⑤这是早于陆游的"但悲不见九州同"的历史浩叹。史家吕中之议略同于王十朋,曰:"尝观国家自有中原之祸以来,始终主战者浚也,始终主和者桧也。……然千载而下言及桧,则人皆思食其肉,以快天地神人之愤。言及浚,则人莫不以手加额,效林宗而慕李膺者也。以此见忠义者,人心之所同。……浚之心未尝不行于后世也。"⑥

---

① 《朱子语类》卷一三二,中兴至今人物下,第3176页。
② 《宋史》卷三六一《张浚传》,第11297页。
③ 《紫岩易传》卷一、卷六,文渊阁《四库全书》本。
④ 黄宗羲等:《宋元学案》卷四四《赵张诸儒学案》,中华书局1986年版,第1425页。
⑤ 《宋史全文》卷二四上"宋孝宗一",第1997、1998页。
⑥ 《续宋通鉴》卷八,甲申隆兴二年,第180页。

总之,张浚乃两朝抗战元老,功过互见,应予全面评价。他是南宋前期主战派重要代表,符离败绩不仅大大削弱了南宋政府的抗金实力,也为汤思退等人攻击主战派提供了口实。高宗对张浚缺乏信任,此前陈俊卿认为"人皆以浚为可用",推举委以重任时,高宗说过:"浚才疏,使之帅一路,或有可观。若再督诸军,必败事。"但在"判建康府"任上的"用人才,修政事,治兵甲,惜财用"之论,"上嘉纳之"。孝宗即位后,"浚见上天锡英武,力陈和议之非,劝上坚意以图事功。于是加浚少傅,进封魏国公,除江、淮宣抚使",①寄予重任。符离失利后,张浚受到攻击,孝宗"待魏公有加,不为浮议所惑",孝宗"对近臣未尝名浚,独曰'魏公'",又从参赞军事陈俊卿之奏,"八月,张浚复都督",②敬重之诚可见一斑。

但张浚"奢谈兵事"而急于求成的个人因素,是无可讳言的。王夫之批评他"志大而量不弘,气盛而用不密",可谓知人之论。尽管如此,"他一生力主抗金,绝口不言和议,日夜以恢复中原为志,虽受秦桧迫害而不改初衷,终究是值得肯定的历史人物。"③ 张浚不愧两朝抗战元老之称。把南宋为数不多的爱国将领张浚贬为"秦桧第二"的论调,分明是明人马贯所谓"宋高(宗)之不能中兴者,秦桧为之首,而张浚为之从也"④的翻版,理当斥之为颠倒黑白。

二、诗哭冯员仲

王十朋的政坛好友还有安岳(四川今县)冯方,字员仲。有关记载极少且零星。仅知冯方中进士后,曾任成都府路转运司干办公事。⑤ 绍兴三十二年(1162)请求返蜀任职,史载,"尚书吏部员外郎冯方知邛州(今四川邛崃),从所请也"。⑥ 现存著述有《论官司虚欠宜蠲免状》等四篇,⑦也是国史

---

① 《中兴纲目》卷一三,辛巳绍兴三十一年、壬午绍兴三十二年,第439、443、446、452页。
② 《中兴纲目》卷一四,癸未隆兴元年,第470页。
③ 虞云国:《细说宋朝》五八"隆兴北伐",第409页。
④ 沈德符:《野获编·补遗》卷二,中华书局《元明史料笔记丛刊》本。
⑤ 《宋会要辑稿》食货六三之一五,第5994页。
⑥ 《系年要录》卷一九六,绍兴三十二年正月庚寅,第3860页。
⑦ 《宋代蜀文辑存》卷五四、卷九六,第704—705、1209页。

有书、汗青留名者。王十朋诗文数次提及冯方,从中可略知二人相识较早,均属坚定的主战者。绍兴三十年(1160)的廷对"论事",王十朋与冯方等均属"五贤","忧时论事,肝胆同披","义均兄弟"。冯方曾上《论措置之策札子》,①建议朝廷全力加强战备。"符离(在今安徽宿州境内)师溃,员仲与张魏公父子在盱眙(今属江苏),不肯去,相约以死"。②

冯方乃受冤而死。十朋"惊闻讣音,哭之以诗"。《哭冯员仲》诗其一紧扣"哭"字,起势峭拔突兀,呼天抢地,称冯方为"一代奇男子",悲情如江河倾泻而下。末联忽作慷慨激扬之语:"烦言何足辨,公论不容欺!"不平之气撼天动地。诗之二曰:

身为多才误,朝无一日安。宁为独醒鬼,不作附炎官。
梦断吴江冷,魂归蜀道难。郡斋挥老泪,重取近书看。③

诗的前三联皆为对仗,以严整的句式回顾冯方的悲剧人生:身负有用之才,而处"无一日安"之世,终被"多才"所误;心怀"独醒"之诚和许国孤忠,奉持宁折不屈、"不作附炎官"的节行,终究以忠见疑,"梦断"魂销;胸郁抗敌复国之志,遍行两淮吴江前线,却横遭冤屈,被逐还乡……正如十朋《祭冯少卿文》所言,可谓"初为贾生之逐,卒抱屈原之悲"!④ "宁为独醒鬼,不作附炎官"一联,不啻对冯方人格命运的精确提炼,也是对南宋一朝爱国士大夫悲剧人生的高度概括,具有典型的社会意义。

《宋史纪事本末》叙及冯方罢职与张浚北伐的关系,有云,隆兴二年(1164)"夏四月丁丑,罢张浚,判福州。汤思退讽右正言尹穑论浚跋扈,且费国不赀……复论督府参议官冯方,罢之"。⑤ 冯方"以论列罢,三军叹息,

---

① 徐梦莘:《三朝北盟会编》,上海古籍出版社 1987 年影印本,卷二二五"绍兴三十一年正月十四日丁亥,校书郎冯方札子论措置之策",第 1622—1623 页。
② 《王十朋全集》诗卷二八《冯员仲复元官与致仕恩泽》自注,第 536 页。
③ 《王十朋全集》诗卷一七,第 288 页。
④ 《王十朋全集》文卷二四,第 1001 页。
⑤ 《宋史纪事本末》卷七七"隆兴和议",第 807 页。

有流涕者"。虞允文"力为辨之"。十朋的"梦断吴江冷,魂归蜀道难"一联写的就是这番悲情:一个"冷"字,既写江淮前线抗战局势的清冷,也写甚嚣于朝廷之上的主和论调的寒意,"梦断"之后冷彻心肺;一个"难"字,写尽了一位爱国奇男子的英雄末路,"蜀道"艰难,"魂归"何处?

悼诗收结于一个特写镜头:端坐于饶州"郡斋"的王十朋,"重取近书看"——重新取出冯方前不久的来信,反复吟读,老泪纵横……全诗戛然而止,把再多的悲愤伤情话留给读者慢慢咀嚼。这是冯方被罢之后,回蜀中家乡途中行至江州时写给十朋的信。想不到收信不久,就惊闻他的噩耗了。

这一收笔看似随手拈出,实则无法掩饰作者内心的激越不平,颇有举重若轻、以淡语见警策之妙。诗虽短却不局促急迫,这是作者在继承屈赋的基础上,更得温柔敦厚风人之旨的体现。

冯方的死沉重地打击了王十朋。恢复大计幻灭了。轮对时的慷慨陈词,成为永远不可重复的过往。王十朋陷入了极大的痛苦之中。诗格调沉郁,心迹悲怆,格律精严,切近杜诗风范。

悼冯方二诗都发自肺腑,写得悱恻动人。为我耶?为彼耶?引天下仁人同声一哭。忠节不遇,古今同悲,梅溪此作既以吊同怀挚友,亦以自吊也。一言以概之,堪称生死以之的至情文字,苍凉悲壮,声铿金石,能为宋时诗坛生色。若非信念执着而不屈不挠,笃于友谊而死生不渝,焉能如此正气凛然?

三、缘结张孝祥

张孝祥(1132—1170),字安国,号于湖居士。绍兴二十四年(1154)进士第一。南宋著名主战派人士,著名文学家,爱国词人。历起居舍人、权中书舍人,官至显谟阁直学士。任建康留守,因赞助张浚北伐,罢职。乾道六年(1170)突然中暑身亡,年仅38岁。张孝祥的为人行事,在南宋一朝与后世舆论界颇多争议。乱世当前,知己难求。王十朋亲与唱酬,考其史实,终于相知相慕,心神契合,给出了公允的盖棺定评。

(一) 勤民状元心

和王十朋一样,张孝祥也是状元。两位状元诗人同为郡守,皆有政声。十朋知饶这年春夏之交,饶州雨旸不调,旱涝成灾,十朋忧心如焚,作闵雨、劝农诗多篇。张孝祥前有《鄱阳使君王龟龄闵雨》诗,五月入南陵,知鄱阳雨旸不同而忧民生疾苦,又作《月之四日至南陵大雨大江边之圩已有没者入鄱阳境中山田乃以无雨为病偶成一章呈王龟龄》诗曰:"圩田雨多水拍拍,山田政作龟兆拆。两般种田一般苦,一上祈晴一祈雨。"①十朋于是作《张安国舍人以南陵鄱阳雨旸不同示诗次韵》以应和张孝祥"示诗",可见得关注民瘼、爱民劝农是两位状元诗人的共同心事。诗题二首,其一有句曰:

> 春水平原天可拍,夏日如焚天可拆。
> ……
> 吾君罪己同禹汤,思起傅岩调雨旸。
> 暂勤千骑作南伯,要使炎峤无余殃。②

据《南宋馆阁录》卷八记载,王十朋与张孝祥同为绍兴年间的"校书郎"。本次唱和是二位状元诗人同遭外放后的再度短暂相逢。次韵诗上幅八句,步孝祥诗意,极言旱涝反复成灾给饶州民生带来的痛苦。下幅四句换韵,将郡守心事由鄱阳一郡推向"吾君"的天下,申言我辈属臣当奋起"千骑",勤政爱民,消灾避祸,救百姓于水深火热之中。

十朋入仕前即深怀"好将正味调金鼎"③之诚,表白愿做酿酒时的药引、作羹时的盐梅,尽朝臣职责,辅佐君王治理国家,现在遭遇外放,依然不改初衷,终身践行。其以国计民生为重的行政理念和耿耿忠怀由此可见一斑。

(二) 楚东添光艳

乾道元年(1165)初夏,张孝祥自家乡启程赴广西经略安抚之任,约五月

---

① 本节所引张孝祥诗均见《于湖居士文集》卷二、卷七,上海古籍出版社1980年版。
② 《王十朋全集》诗卷一八,第313页。
③ 《王十朋全集》诗卷七《林下十二子诗》,第98页。

中途经饶州,受到老友王十朋的热情款待。张孝祥文采风流,独步辞翰,他欣赏楚东诗社的作品,因自己的诗作未能收入其中而深感惋惜,作《夜读五公楚东酬唱辄书其后呈龟龄》诗曰:"平生我亦诗成癖,却悔来迟不与编。"王十朋读后步其原韵作《次韵安国读〈楚东酬唱集〉》六诗相酬答。其一曰:

> 麈把江湖遇列仙,赓酬篇什满鄱川。
> 窦家兄弟联珠日,庐阜峰峦夕照天。
> 三郡美名俱赫赫,一台遗墨尚鲜鲜。
> 紫微妙语题诗后,光艳真能照简编。①

此诗自注中所提到的陈洪州、洪吉州、王兴化、何宪等四人,加上王十朋,正是张孝祥诗题中所谓的"五公"。楚东诗社的成员都是当时名士,而且都是支持张浚北伐,主张抗金复国的志同道合者。十朋不无骄傲地称诸公为"列仙",堪比"窦家兄弟",有"三郡美名",又赞赏诸公"满鄱川"的酬唱之作犹如"庐阜峰峦""五老夕阳开",称刚去世的何宪诗作"遗墨尚鲜鲜"。

酬唱集诗作得到张安国的称赏,王十朋深受鼓舞,称其题诗为"妙语",并说"简编"得"紫微""光艳"的照耀,必有大的发展。

果不其然,张孝祥不久后按捺不住激情,也加入了楚东诗社,二人唱酬多多。十朋相继而出的诗题有:《安国读酬唱集有平生我亦诗成癖却悔来迟不与编之句今欲编后集得佳作数篇为楚东诗社之光复用前韵》《次韵安国读荐福壁间何卿二诗怅然有感》《次韵安国题余干赵公子养正堂堂张魏公所名也并为作铭》《次韵安国题清音堂》等等。王十朋一再吟咏"新诗不减颜公咏,贵若山王定不编""客过楚东吟楚些,唱酬新集定须编",②表明诗社盟主王十朋对诗社新加盟者的敬仰、欢迎之诚。

---

① 《王十朋全集》诗卷一八,第314页。
② 《王十朋全集》诗卷一八,第314—317页。

(三) 诗社多知己

楚东诗坛从此又多了一个知己,王十朋兴奋不已。相遇、相识、相知,不过六个字,却常常是只有开始,而后便无疾而终。知音难遇,得后复失,也许算得上是世间残酷的事了。乾道元年(1165)五月张孝祥离开鄱阳时,自然不可能预料此去竟成永诀,诗社同人王十朋、洪迈、王秬三人在荐福寺设宴为张孝祥饯行。王十朋作《五月二十五日饯安国舍人于荐福洪右史王宗丞来会坐间用前韵》,说的还是诗社前后寻常事,未及人世感慨与国事沧桑之类。诗曰:"江东渭北四方客,楚尾吴头五月天……待将红药翻阶句,别作鄱阳一集编。"①王十朋是浙江人、张孝祥是安徽人、洪迈是江西人、王秬是河北人,所以称"江东渭北四方客"。张孝祥欲尽和《楚东唱酬集》诗,王十朋表示期待:将张氏的"红药翻阶句",尽收"鄱阳一集编"。

张孝祥亦作诗答赠。其《王龟龄携具同景卢嘉叟饯别于荐福即席再用韵赋四客诗》有曰:

> 我欲采芝非辟世,公当立极要擎天。
> 诗声政尔容传稿,僧律何尝禁割鲜。

孝祥以"立极擎天"高评王十朋,并对楚东诗社及其诗作寄予厚望。还有诗《蒙侍御丈再用韵作送行诗走笔和答迫放船不暇工也》盛赞王十朋的抗金壮举:

> 忆曾总领道山仙,自挽狂澜制百川。
> 廷策万言功盖世,台评三上力回天。

这首和诗着眼于抗金大业,历数王十朋任京官时的抗金壮举,刚劲有力,洋溢着激越的热情。

---

① 《王十朋全集》诗卷一八,第315页。

张孝祥生前热捧王十朋,冀盼能结集于梅溪麾下,以实际行动成为楚东诗社的一员,除了证明其本人政治思想立场的归属,也佐证了王十朋的人格魅力足以感召天下士人。诗人相得如此,实乃世间稀事。如果不是因为张孝祥过早去世,两颗诗心将会长期交融唱和,浓墨重彩书写出"紫微妙语"新诗编。

从他们的忘机相得、肝胆相照,可知十朋倡言的以文会友并非虚言;也不难推知,不论在朝在外,王十朋的周边始终聚集着一个代表正义忠贞的士人群体,共同推动着一代士风诗风的积极走向。

王十朋知饶州一任,远离中央朝政的凶险争斗,强化提升以民为本的信念,完成了民本纯臣形象的自我形塑,足令后人肃然起敬。

四、际会三同年

王十朋守夔后组结夔州诗社,与诗友寻访古迹,畅谈古今,纵论时事,吟咏风物,品评诗文,赏味人生,并相携施行了一系列惠民利民的德政,为促成治郡的政治气候与诗风成长带来积极影响。原在临安结交的同僚诗友历经多年离散,有刘韶美、查元章、周行可、阎惠夫、梁子绍诸人先于王十朋到夔州任职或继后回蜀途经夔州,于是老友再聚,"天遣西来结诗社",在千里之外的夔州郡斋关联起既往诗缘,友情进一步升华。阎安中、梁介是王十朋最要好、交往最多的同年僚友。他们在王十朋夔州任上的"三元际会"被后世传为美谈。

(一) 同年登科　长期互勉

史载:绍兴二十七年(1157)殿试,"及唱第,王十朋为首,第二人阎安中,第三人梁介。安中、梁介,皆蜀士也"。① 王十朋、阎安中年纪相若,自称"衰翁",梁介则正当风华年岁。

他们同年登科,一见如故。王十朋诗云:"雅会清时不易逢,吾侪今日此游从","致身许国宜相勉,莫学平津但取容。"既喜相逢,又互勉:"赠君无别言,相期尽孤忠。"王十朋尤其勉励年纪较轻的梁介:"君方富青春,劲气吐长

---

① 马端临:《文献通考》卷三二《选举考五》,中华书局1986年影印本,第300页。

虹。"依依惜别时相约来年再会:"他年揽辔游吴越,访我茅庐浙水东。"此后,他们往来不绝,酬唱不断。

王十朋当年对阎安中、梁介评价极高。在他看来,"阎梁二同年","皆蜀中佳士",并各有特长:"阎质直,梁俊迈。"王十朋将阎安中视为"蜀龙":"我本东嘉田舍翁,登科偶与蜀龙同。"将梁介誉为"贤才":"细阅皇朝进士科,第三人最得贤多。"且自谦:"名在儒科虽后我,言关国体岂如公。"①九年后相聚时,王十朋感叹:"予与阎老矣,梁方三十九,然容鬓已不及登第时。"和诗中有"西州贤守得高适,东观人才推孟坚";"天禄归来扬子云,酒随后乘为论文"之句,将梁介比喻为西汉扬雄、东汉班固、唐代高适等奇才。②

据有关记载,阎安中先后曾任国子司业、给事中、中书舍人等职。王十朋与阎安中秉性正直,意气相投。首先表现在二人皆主战。隆兴元年冬,金朝要求割让唐、邓、海、泗四州,刚出任监察御史不久的阎安中坚决反对,与王十朋一呼一应。他上奏:"敌人奸谋诡计,以和而陷我于机穽者屡矣","四州之地,决不可弃。当以和好为权宜,用兵为实致"。③

与王、阎二同年相比,梁介可谓青年得志。与王十朋相似,梁介所到之处皆有善政,乾道四年(1168),升任直秘阁、利州路转运判官。

王十朋还曾向四川都转运使王之望推荐阎、梁二同年,称"阎质直,梁俊迈,皆蜀中佳士,获趋事大贤,必蒙厚遇"。④ 或许是由于政见有异,王十朋的推荐如泥牛入海无消息。

(二) 三元际会 同年修好

宋代朝廷为防止士大夫因科举而结为朋党,采取了不许互称座主、门生,不得谢恩私门等措施。然而宋代毕竟是比唐代更为典型的科举社会,

---

① 《王十朋全集》文卷二〇《与王运使》,诗卷一一《阎和诗叙别再用前韵》、卷二二《绍至云安复和前韵见寄酬以二首》、卷一一《赠阎同年》,第910、167、409、166页。
② 《王十朋全集》诗卷一一《游天竺赠同年》《赠阎同年》《阎和诗叙别再用前韵》《赠梁同年》,卷二二《梁彭州归自道山》《梁彭州与客登卧龙山》,第166—167、404—405页。
③ 《宋史全文》卷二四上"隆兴元年十一月己酉",第1642—1643页。
④ 《王十朋全集》文卷二〇《与王运使》,第910页。

同年关系实属当时最重要的社会关系之一。何况王十朋与阎安中、梁介志趣、性情相合。在"乌蛮之地"的兴会，自有尽享天高皇帝远的宽舒惬意。

登科九年后，即乾道二年(1166)十月，三位同年"三鼎甲"，有缘欢聚在"乌蛮之地"的夔州奉节城。只是他们的身份再也不是新科进士，而是官府要员。王十朋守夔州(今重庆奉节)，阎安中知普州(今四川安岳)，梁介知彭州(今属四川成都)。欢聚的地点也不是原先想象的"浙水东"，而是遥远边地"三峡中"。其时，王、阎已是年逾半百之人，梁年近不惑。三人有此机缘，是由于王十朋所知之夔州，号称"巴蜀门户"，是水路出入巴蜀的必经之地，阎安中、梁介恰好因公返蜀途经此地。

三位同年兴奋异常，同游卧龙山，观诸葛武侯八阵图，领略夔门胜景。酌酒论文，诵少陵诗句，酬唱互赠，不亦乐乎。东道主王十朋记述道："丙戌(乾道二年)冬十月，阎惠夫、梁子绍得郡还蜀，联舟过夔，访予于郡斋，修同年之好也。因观太上皇帝亲擢御札及馆阁题名，感叹良久。"并赋诗一首"以纪陈迹，且志吾侪会合之意"。诗云：

光尧亲擢赐巍科，糠秕居前有愧多。
书向蓬山俱点勘，诗从天竺共吟哦。
十年尊酒喜身健，五马人生惊鬓旛。
握手夔门话畴昔，君恩未报欲如何。

诗回顾宋高宗"亲擢赐巍科"，三人皆为校书郎，有"天竺吟哦"唱和，至今犹念"君恩未报"。一方面"领略江山逸兴多"，有意"好句压阴何"；一方面仍怀忧国忧民之心："故人相见谈时事，耿耿胸中直气存。"

为纪念这次幸会，王十朋将会聚处定名为"三友堂"："阎、梁二同年过夔，把酒论文于小书室，既别，因目之曰'三友'。"其《三友堂》诗云：

丁丑同年友，三人忽此逢。符分俱握虎，簪盍偶成龙。

抚卷神山远,衔杯瑞雪浓。一壶胜太白,形影月游从。①

王十朋自赏三同年"衔杯""抚卷"的太白诗怀,恰如明月、身形、月影,紧相随和,不弃不离。自此,夔门"三元际会"成为一段佳话,名传海内,"三友堂"成为士子向往之地。

第四节　无喧无隐中和美

孝宗一朝,民众赋役负担加重,一度出现国富民穷的现象,从而加剧了阶级矛盾。据史籍载,孝宗一朝民变频发,其中规模较大的有五十余次,②其发生频率之高,是高宗朝中后期的近两倍,尤以发生在荆湖南路和两广的为最多,有的酿成规模较大的农民起义。③ 但是王十朋所治的饶州、夔州平安无事,特别是荆襄边地夔州奉节,民生条件反而有所改善。究其原因,当归功于王十朋的"善治",归功于他所秉持的中和、不欺、无隐、无喧的治政理念。

王十朋说"古夔尤易治",又说"使君无事只吟诗",其实并非尽然,特别是这个"尤"字当不是事实。有宋一代,夔州地区各类事件如抗捐、盗窃、战事等时有发生。夔州绝非"易治""无事"之地。

夔州路蛮且穷,王十朋心知其难于治理。史称,"夔部地接蛮獠,易以生事"。④ "夔路之民为最穷……州县实不曾支,民力重困"。淳熙九年(1182)"冬十一月,夔州路饥"。⑤ 王十朋自己也说:"夔峡之间,土狭民贫,

---

① 《王十朋全集》诗卷二二《梁彭州归自道山》《丙戌冬十月阎惠夫梁子绍得郡还蜀》《与二同年观雪》《三友堂》,第404—407页。
② 参见《两宋农民战争史料汇编》下编《孝宗时代》,中华书局1976年版。
③ 参见何忠礼《南宋全史》(一),第375、378页。
④ 《宋史》卷三八八《周执羔传》,第11898页。
⑤ 《中兴纲目》卷一七,己亥淳熙六年春正月夔路运判奏,卷一八壬寅淳熙九年,第575、592页。

面皆菜色,衣不蔽体。"夔民"有刀耕火种之劳,非善治不可以怀柔。"又说:"夔疆瘠卤,介绝险之乌蛮,但思治己以先人,岂忍扰民而生事!"①

王十朋是有民本理念、有理想蓝图、有动员能力、有切实行动的治郡大吏。他将夔州这一难治之区变为"易治"之地,社会整治达致上佳状态,全仗他的"善治"。他从思想感情上不认同杜甫对夔州"形胜有余风土恶"(《峡中览物》)的片面评价,在行事上更取积极审慎态度,不将民众视为刁民,推向对立面。十朋诗《州宅杂咏·易治堂》有自注云:"唐李贻孙记《夔州风俗》云:'其赋易征,其民不偷,长吏得其道,莅之若反掌耳。'"②从正面考察,他以悠然心态变"难治"为"易治"进而取得上佳业绩的法宝,其一是秉承"致中和"的道德境界和思维方法,在仕履中"毕躬殚力以奉之";其二是深谙当地的风土人情,尊重民俗;其三是开通言路,讲求"人和风自和"。此三者都关乎辖官本人的吏治观念,契合社会学家费孝通关于传统乡土社会"差序格局"理论的内涵精义。本节借鉴学界研究成果,略加申发,剖析王十朋吏治观念对于达致社会整治上佳状态的关键作用。

一、以诚立身　中和为美

"致中和"是儒学中的中庸之道,其主旨在于修养人性。这是孔子提倡、子思阐发的提高人的基本道德素质达到太平和合的理论与方法。其中包括学习的方式:博学之,审问之,慎思之,明辨之,笃行之。也包括儒家做人的规范如"五达道"(君臣也,父子也,夫妇也,昆弟也,朋友之交也)和"三达德"(智、仁、勇)等,追求的是修养的最高境界——至诚,或称至德。

就立身理念而言,王十朋一生突出的是一个"诚"字。"诚"的本义是诚实无欺或真实无妄。孟轲提出"诚者,天之道也;思诚者,人之道也"(《孟子·离娄章句上》),以"诚"为人事社会的最高道德范畴。

---

① 《王十朋全集》文卷四《夔州论马纲状》,卷一七《夔州到任谢表》《湖州到任谢表》,第635、848、849页。
② 《王十朋全集》诗卷二二,第397页。

王十朋去世47年后,嘉定十二年(1219),大儒真德秀作《梅溪续集跋》,把王十朋的"为人"之道概括为一个"诚"字,云:

邦人父老语及公者,必感激涕零,荛夫牧儿亦知有所谓王侍郎也。公何以获此于人哉?蔽之以一言,曰诚而已矣。盖公之为人,襟度精明,表里纯一。其立朝事君,空臆尽言,撄龙鳞而不悔者,此诚也。居官牧民,矜怜摩抚,若父母之于赤子者,此诚也。①

永嘉学派大师叶适则把"诚"解释为"中和"。他说:"'致中和,天地位焉,万物育焉',何谓也?曰:'此明其所以为诚也。'"又说:"故中和者,所以养其诚也。中和足以养诚,诚足以为中庸,中庸足以济物之两而明道之一,此孔子之所谓至也。"②叶适把"诚"与"中和""中庸"这几个概念联系起来了,符合于"诚"的本义,包含了辩证法的合理思想。王十朋没有以"诚"为内核的"致中和"理论著述,但他以"诚"为准则的人生理念却是毫不含糊,主题词无非"不欺""至诚"而已。故得到世人的赞赏。南宋大儒朱熹称他"意思诚悫,表里如一";③南宋后期官至参知政事的理学家真德秀称王十朋立身为学,"以诚身为主,资本刚劲",而归之于"中和"。④

"中和"既然是一种最高的道德境界,那就应该成为人们追求的目标,通过一定的途径去达到它,这就是"致中和"。叶适指出"致中和"的途径有二:一是"博类广伦以明之",二是"毕躬殚力以奉之",⑤前者指学习和研究,后者即实践。王十朋治泉时所咏《中和堂》,概括了他毕躬殚力践履"致中和"思想。诗曰:

---

① 真德秀:《梅溪续集跋》,《西山文集》卷三四,文渊阁《四库全书》本。参校曾枣庄主编《宋代序跋全编》,齐鲁书社2015年版,第5002页。
② 叶适:《中庸》,《叶适集·水心别集》卷七,第733页。
③ 《朱子语类》卷132《本朝六·中兴至今人物下》,第3176页。
④ 真德秀:《重建王忠文公祠堂记》,见《全集》附录四,第1131页。
⑤ 叶适:《信州重修学记》,《叶适集·水心文集》卷一一,第185页。

> 堂前老木几经春,遍阅泉南旧守臣。
> 尽向中和堂上坐,中和为治有何人。①

上下两句重复"中和"二字,一则以强化"中和为治"的文义,一则以感叹泉州太守迭换沧桑,难能尽全尽美达至"中和为治"的高标至境。"中和为治"是王十朋向往的至善、至仁、至诚、至道、至德的吏治至境。

王十朋知饶帅夔毕躬殚力"致中和",身体力行,并带动、教育臣僚同仁以不欺、中和为标准,自觉地进行自我修养、自我监督、自我教育、自我完善,达到至善、至仁、至诚、至道、至德,共创"致中和,天地位焉,万物育焉"的"太平和合"境界。

《宋史》本传载:王十朋"出知饶州。饶并湖,盗出没其间,闻十朋至,一夕遁去"。② 十朋的政治威名及中和魅力由此显露一角。汪应辰也称赏王十朋的治郡能力,称赏他处理诉讼的思想和才干,说他"自为郡佐,遇事不苟","其治郡,既以廉洁公正率其下,间有为不善者,则反复告戒,诚意笃至,人亦有耻,故未尝按吏。为文劝导百姓,以迁善远罪之意,有争讼则晓以义理,多退听者,故鞭扑罕用,事至立断。其甚不得已,乃推鞫,亦不淹系,故狱屡空","近世为政得人心,未有如公比者"。③ 强调的是王十朋"诚意笃至"的"反复告戒""晓以义理"归之于"中和"的吏治思想和方法。

王十朋治郡实践证实,只要秉持"中和为美","治己以先人",处以公心,"安其不扰",不畏强权,抑强扶弱,不谋私利,就会取得很好的效果。他自己在总结饶、夔二地的治理经验时说:"饶俗浩穰,有难调之巨室;夔疆瘠卤,介绝险之乌蛮。但思治己以先人,岂忍夺民而生事!故田瑞安其不扰,而狱讼由之稍稀。"④王十朋理所当然地受到饶民、夔民的爱戴,受到历史的敬重。

---

① 《王十朋全集》诗卷二六《中和堂》,第504页。
② 《宋史·王十朋传》,转引《全集》附录二,第1116页。
③ 《宋龙图阁学士王公墓志铭》,见《全集》附录二,第1111页。
④ 《王十朋全集》文卷一七《湖州到任谢表》,第849页。

第四章　知饶帅夔　中和为治　　279

孝宗乾道元年(1165)七月九日,王十朋饶州任满移知夔州。离职临行之际,"饶民走诸司乞留不得,至断其桥,乃以车从间道去,众葺断桥,以'王公'名之"。① 当地百姓为他立祠、画像追怀纪念他。清朝康熙年间,州人更作"三贤祠",②并祀颜真卿、范仲淹、王十朋三人,供人瞻仰其风教遗德。

赴夔次年,余干翁簿(翁东叟,乐清人)以诗画见寄,十朋回应以五言古风《余干翁簿以予去饶之日郡人断桥见留画图赋诗见寄因次其韵》,③较为系统地回顾自己年前知饶情景。这篇晚期古风作品,洋溢着"中和为美"的自得自乐情意。其气势虽不及青壮时之奔放惊人,但意丰文淡,杜诗之沉稳抑郁意味犹胜往昔,凭借其炼意谋篇的成效和时见高妙的淡真词采,依然堪称掷地铿锵之作。彰显的正是永嘉事功学派注重实际、切中事理、顾及后果、明辨利害之所系的本色。正如吴济川所称,王十朋"出入六经,深谙《春秋》经世之精髓,入仕后,把经世之学发挥到淋漓尽致","王十朋的经世思想与实践对永嘉事功学派的形成具有先进的意义"。④

二、开通言路　讲求人和

王十朋《制胜楼》诗云:"制胜在人和。""人和"素来被人们视为战时克敌的不二法门。其《和风》诗曰:"郡城深僻处,车马罕经过。中有人多少,人和风自和。"⑤他将"人和"作为平时为政的第一要务。他在夔州,独当一面,以悠然心态处理好各种关系,践行儒家"和而不同"的观念,多元并存,相互包容,互相吸取,互相推动,以求吏治的共同发展。"和而不同"也是儒家非常有价值的思想。张邦炜先生从以下三个方面的"和同"作出归纳。⑥

(一) 与同官和合

按宋制,夔州有某些官员并非知州王十朋的下属,而是其同官。其中最重

---
① 《宋史·王十朋传》,见《全集》附录二,第1116页。
② 《同治鄱阳县志·二贤祠》,见《全集》附录四,第1145—1146页。
③ 《王十朋全集》诗卷二一,第384页。
④ 吴济川:《王十朋的经世之学与永嘉事功之学》,见《论文集》171页。
⑤ 《王十朋全集》诗卷二二《制胜楼》、《十八坊诗·和风》,第391页。
⑥ 参见张邦炜《王十朋悠然治夔州琐议》,《四川师范大学学报》2013年第4期。

要的是负责管理地方财赋和监察地方官员的转运使,俗称"漕臣"。川峡四路的转运使权势特大。王十朋说:"监司之中,漕臣尤重。一路铨选,咸出其手。非若他路,止掌金谷之事。"①要治理好夔州,王十朋必须与转运使通力合作。

当时,王十朋与夔州路转运使周时是老相识。十朋有诗云:"帝里别离头并白,夔门邂逅日初长","二公海内姓名闻,我亦追随到蜀门"。② 王十朋的另一重要助手、转运司判官查龠,也是王十朋的老友,前文已述及,他与王十朋等五人在绍兴末年以刚直敢言闻名,合称"五贤"。二人都先于十朋到夔州任。能在夔州重逢共事,自然兴奋异常,过从甚密。史载:"乾道中,(查龠)出为夔州路运判,时十朋为府帅,相得甚欢,多有倡酬,后转成都运使。"③

他们三人志趣相合更是同官和合的思想基础。"未见心已投""共怀天下忧",他们在夔州同为应对"巴子国最贫,疮痍民未瘳"的现状而奔走呼号。王十朋盛赞周时:"马运言尤力,天高听未回","书为爱民成再奏,泪因忧国有双痕"。应该说,是他们三人或单独或联名一再上奏朝廷,才改变了马纲水行这一病民举措。王十朋诗《十八坊诗·皇华》诗云:"谁如二使者,实惠活斯民。"即称颂的是周时、查龠在夔州路"调停输运之法,务以便民为事,措置握折,以宽民力,蠲一路积赋十余万缗"。④ 其时民众的负担有所减轻,也是周时、查龠与王十朋齐心协力的结果。

(二) 与下属和协

王十朋"以廉洁公正率其下"。⑤ 他格外注重对州衙、县衙所立《戒石铭》的维护,至夔之初即"命工举石少高之,一新栏槛严护持",且作诗自警并戒吏曰:

尔俸尔禄民膏脂,下民易虐天难欺。

---

① 《王十朋全集》文卷四《除知湖州上殿札子三首》,第640页。
② 《王十朋全集》诗卷二一《周漕行可和诗》《又用行可韵》,卷二二《皇华》,第366、389页。
③ 《嘉庆四川通志》卷一一三,职官志·政绩五·夔州府,巴蜀书社1984年版,第3524页。
④ 曹学佺:《蜀中广记》卷四九《宦游记第三》,影印文渊阁四库全书本。
⑤ 《宋龙图阁学士王公墓志铭》,见《全集》附录二,第1111页。

......

> 天威咫尺颜不违,虐民之事焉可为。①

  他对下属既严格要求,又耐心开导。史称:"僚属间有不善,反复告戒,俾之自新。"②王十朋循循善诱,如称赞安抚使司干办公事朱铃干"志在洁己"、陈知录"志在恤民"、王抚干"志在润物",并说:"三子之志虽不同,皆可嘉也。"③他赠诗鼓励即将上任的归州地方长官:"勉力施行诚与信,民谣待向峡中听","把酒送行无别语,要先抚字后催科"。王十朋节假日与下属一起游乐,如端午同观龙舟竞渡:"台前八阵已陈迹,水底三闾何处招。手把菖蒲对佳节,兴来呼酒劝同僚。"④
  与王十朋的开导劝勉有关,夔州当时吏治较为清明,涌现出若干廉吏。如《送宋山甫知县》诗曰:"官职未高名满蜀,人才如许邑为巴。"看来这位宋知县是一名"贤令"。"志在润物"的安抚使司干办公事王蒙(字行甫)不仅清正,而且干练。王十朋《送王抚干行甫》诗云:"分符惭政拙,赞画赖才多","扁舟先吾去,送别奈愁何"。他从不将政绩据为己有,而是归功于同官和下属。他说:"为郡不才真下下,同僚多助却优优。"他离任时,与下属依依不舍:"老去最惜别,同僚情更钟。三杯古峰驿,添我别情浓。"⑤可见王十朋平日与下属关系之融洽。

  (三) 与民众和乐

  巴蜀自古游乐之风甚盛。"好遨蜀风俗,夔人贫亦遨。"⑥前文已述王十朋入乡随俗,与民同乐,不顾老病之身,踊跃参与"人日踏碛"活动。立春之

---

① 《王十朋全集》诗卷二一《州县有戒石饬官吏》,第368—369页。
② 《宋史·王十朋传》,见《全集》附录二,第1117页。
③ 《王十朋全集》诗卷二三《予雪诗云》,第419页。
④ 《王十朋全集》诗卷二二《张主管摄郡秭归》、卷二一《五月四日与同僚南楼观竞渡》,第393、377页。
⑤ 《王十朋全集》诗卷二三《送宋山甫知县》《送王抚干行甫》《别同官》,卷二四《古峰驿小饮》,第427、422、435、437页。
⑥ 《王十朋全集》诗卷二三《人日游碛》,第417页。

日，王十朋也参加民众的踏青探春活动。其《立春》诗云：

> 巫峡逢生日，夔州见立春。
> 行年五十五，羞作戴花人。①

夔州当时以五月初四为端午，王十朋与民众一道观赏龙舟竞渡："彩舟两两鼓冬冬，胜已山阴瀼水东。"在欢乐声中，王十朋不忘关心民瘼，体察民情："父老相逢话良苦，儿郎多在马船中。"②

王十朋对民众重在"教化"，他"为文劝导百姓，以迁善远罪之意，有争讼则晓以义理，多退听者，故鞭扑罕用，事至立断。……人素信服，事亦举"。③ 王十朋从古代循吏"牧民爱民"的理念出发，反对严刑峻法则是事实。其《十八坊诗·刑清》诗云："昔日循良吏，狱空无怨声。刑清本无术，心地要先清。"④

总之，王十朋知夔州虽然不足两年，但能较快融入当地社会，在民众中颇具亲和力，和乐融融。

三、无隐无喧　良治在人

夔州地处边远，财力贫乏，历任官员多有民智难以开发之叹。而来自吴越文明地的王十朋见识了异彩纷呈的巴蜀民俗，即全身心地融入其中，以诗抒写为民造福的愉悦之情，使夔州重生文明羽翼。他的任职，精明沉着，充满智慧和理性。

难能可贵的是，此时的十朋已属年迈，内心依然涌动着壮志未酬的激情。主夔郡两年，王十朋很快适应并真切感受到夔州风土人情的美好。他以风流潇洒的姿态治理"乌蛮之地"，与夔民同忧同喜。夔城的古朴、豪壮，夔民的朴野、醇厚，使王十朋渐渐忘记个人的寥落遭际，渐渐归于平静、豁

---

① 《王十朋全集》诗卷二一，第369页。
② 《王十朋全集》诗卷二一《五月四日与通辽南楼观竞渡》，第378页。
③ 《宋龙图阁学士王公墓志铭》，见《全集》附录二，第1111页。
④ 《王十朋全集》诗卷二二，第391页。

达、超然。他清廉刚正,处处为百姓着想,日夜为政事操劳,夔州民生奇迹般的渐见复苏。

良治在人。王十朋有言,"风俗无难易,治之端在人"。① 学者研究发现,"无隐"与"无喧"既是王十朋两大人生理念,又是其"善治"的两大表现。② 秉承儒家传统,践行以民为先的民事思想,讲求人和,"无隐""无喧",即是王十朋变难治为易治进而取得上佳治郡业绩的原因所在。

王十朋将夔州治所命名为"无隐斋",其下属铃辖司干办公事朱灏则将其办公处取名为"无喧室"。其意义犹如十朋当年赋闲乡居时与绍兴府签事任上的"不欺室""民事堂"之命名,表达的是开明坦荡而不事渲染的吏治观念。知夔时,十朋作《题无隐斋寄交代张真父舍人》诗曰:

遥自不欺室,来居无隐斋。
……
清风数竿竹,时见故人怀。③

又有《州宅杂咏·无隐》诗云:

勿谓江湖远,长如天日临。
事君何敢隐,中外一般心。④

十朋一再宣示为人"不可欺",为官"何敢隐",又劝勉地方长官"勉力施行诚与信",强调"一点欺心事莫萌"。⑤

---

① 《王十朋全集》诗卷二二《易治堂》,第397页。
② 张邦炜:《王十朋悠然治夔州琐议》,《四川师范大学学报》2013年第4期。
③ 《王十朋全集》诗卷二二,第392页。
④ 《王十朋全集》诗卷二二,第397页。
⑤ 《王十朋全集》诗卷二二《张主管摄郡秭归》、卷二五《重刊〈戒石铭〉》,第393、473页。

直至离夔知湖州时,王十朋还深深地怀念着自己与僚属朱灏的这两处斋室,《送朱仲文运干还蜀》诗其二云:

> 君归应过无喧室,我梦遥驰无隐斋。
> 带得江山在诗卷,种成杨柳系离怀。①

"无隐""无喧"四字,犹如"江山在诗卷""杨柳系离怀",在告别故旧履新之际,王十朋不离不弃,有意并列对举,将其自立为行守规范。

所谓"无隐",就其官场含义来说,与今人所说的政务公开意思相近。王十朋不时就州郡事务与民众当面直接对话。如他"月率两诣学宫,延见诸生",既"从容诲诱",又"询郡政",②倾听学校师生对官府的意见和建议。王十朋身为诗人,他往往将诗歌作为同民众交流政务的一种重要方式。前引《上元山中百姓出游作三章谕之》即是一例。王十朋在知夔州任上写下三百多首诗篇,其中有不少属于政务诗。这些诗歌在民众中流传较广,连三尺孩童也有能吟诵者。其《赠牟童子》诗称:"牟家六岁好男儿,诵得夔州太守诗。"③

所谓"无喧",其本义则可理解为不张扬、不渲染,固守君子淡泊不求名利之本色。王十朋《题朱钤干灏无喧室》诗云:"仁者本来静","处喧思避喧","无复扰为烦"。《赠钤干》诗曰:"无喧室对山头雪,雪照无喧室湛然。"④"湛然"者,清澈、安然、淡泊也。或许正是从这一理念出发,王十朋将不事渲染,低调做事作为自己为政的风格。王十朋不愿也不会展示自己,一谈到政绩,他总是谦虚过甚,说自己"无善政","愧无名德比前贤","两年窃禄古夔州","深惭郡政谬",⑤云云。

事实证明,王十朋不仅是一位值得后人怀念的良臣能吏,也是一位有才

---

① 《王十朋全集》诗卷二五,第467页。
② 《宋龙图阁学士王公墓志铭》,见《全集》附录二,第1111页。
③ 《王十朋全集》诗卷二三,第434页。
④ 《王十朋全集》诗卷二二、卷二三,第410、419页。
⑤ 《王十朋全集》诗卷二二《州宅杂咏·甘露堂》、卷二三《别夔州三绝》《别同官》、卷二四《查元章自成都走书至江陵》,第396、434、435、442页。

能的诗人;他不仅有如火的为民之忧,也有如水的诗性灵动。僻远的夔州城因为有杜少陵、王梅溪这样的两代诗人的眷顾,在诗歌史上以独特的方式永远留下了它曾经的美好。

总之,王十朋本是饱学之士、诗坛翘楚、官场楷模,其修为境界和文化人格隐然于内敛的诗性文心,具有自成气场的潜在张力。

作为御定的"经学淹通""第一人",南宋初年"隐然雄峙天下为文坛祭酒者",王十朋不论在乡野还是在官场,不论在朝廷还是在州郡,他的周边始终集聚着一群志同道合、愿为一个共同生活理想或政治目标而精忠效力的仁人志士。他的治郡政绩和吏治良策,契合费孝通先生创立的关于传统乡土社会"差序格局"理论的内涵精义,当然都离不开他个人独具的人格魅力。

在乡间,王十朋以乡土亲缘关系为聚合基础,"以自己的地位作为中心,周围划出一个圈子","像石子一般投入水中……像水的波纹一样,一圈圈推出去,愈推愈远"。他与由梅溪村走出的乡邦文士,一直保持着地缘亲情联络。他们每个人都有一个以自己为中心的圈子,同时又从属于以优于自己的人为中心的圈子。王十朋的诗性文心、忠怀激情是他广结人缘,感召亲朋故旧、青衿学子、诗社同仁的潜在吸引力。

入仕后,在契合传统乡土社会以宗法群体为本位的"差序格局"的同时,王十朋还铺展开以政治观念为群落的"团体格局",其时多表现于党争形态。如费氏比方的,"好像是一捆柴,几根成一把,几把成一扎,几扎成一捆,条理清楚,成团体状态"。① 这个交游网络,不断更新扩展,形成政治合力。朝廷内以抗战主张聚合的"五贤臣"与一众言事弹劾官员,即属这类群体。

费先生的描述和分析所具有的学术张力,对我们当下回望王十朋的治郡政绩和成功经验,具有重要的学术价值。王十朋生活在士人群体中,生活在乡土社会中,从来没有陷入孤家寡人的窘境。他守饶帅夔遗留的文化种子流芳久远,温暖人心。

---

① 费孝通:《乡土中国》,《费孝通全集》第六卷,内蒙古人民出版社2009年版。

第五章 民本乐章 惠泽浙闽
——南宋社会发展转型期的吏治高标及其施政理念

人文渊薮的浙闽大地，本是一片文化沃土。由于接近南迁宋室的京畿之地，故最先启动社会经济文化的转型发展。王十朋在浙闽州郡之任的三段经历中，既有绍兴签判任上大展手脚的春风得意，又有在湖州遭遇财政困窘的痛苦煎熬，最后在知泉州任上，见识了东南沿海外贸城市的初步繁荣景象，感受到南宋社会经济文化发展的转型征象，其固守的农耕传统思想及其相应的吏治观念开始有了更新的尝试。

王十朋佐治绍兴府的爱民业绩已于第二章第四节概述，本章不再重复。将他仕途的最后两任守郡政绩纳于一章叙说，且对其任京官之前初试牛刀之心绪时作回望，除了三段仕宦之地域与京畿相近、其政治经济得以优先发展的共同点之外，更着意于说明王十朋在仕宦之路的始与终，不论权位的高与低、施政的顺与逆、得与失，都能坚守一个信念，高扬一面旗帜，高奏一曲民本乐章。王十朋的政治思想与施政理念在南宋社会发展的转型期经受了多种考验，其吏治观念在治郡实践中尝试着更新，与时俱进，终于达至高标。在仕途的颠踬起伏中，王十朋始终忧国忧民，恪尽职守，以仁心施政，以仁怀待人，救灾恤民，抚字为先，为民请命，为百姓排忧解难；且崇儒重文，礼遇士绅，建学兴教，有意振兴治地的文风、儒风、学风。他努力更新施政理念以适应经济文化发展的社会环境。

王十朋的政治理想和施政举措，惠泽包括绍兴、湖州、泉州在内的浙闽大地，为后人久远怀念。他的施政业绩与得失值得共同总结，他廉洁奉公的品质应该发扬光大。

第一节　湖州困境绘宏图

孝宗乾道三年(1167)九月,王十朋自夔州移知湖州。他这第三任知州,为期仅八个月即结束于地方财政困顿的无奈之中。

湖州地处太湖之南,山水清远,由于苕、霅二水汇流穿城汇入太湖,得美名云"水晶宫""水云乡",是江南著名的鱼米之乡。在这里,五十六岁的王十朋积极用世与超然物外的思想共存。他曾奉召上札议论国事,但如朱熹所言因朝廷"直道终未可行"①而如泥牛入海;而湖州的诸般困境又不断激化了这种矛盾冲突。他恪尽职守,救灾恤民,为民请命,为湖州百姓排忧解难。且崇儒重文,建学兴教,重建贡院,有意振兴文风、儒风、学风。他与湖州父老共绘了"父子免流离,欢然事耕耘"(《父老》)的儒家社会理想宏伟图像,却在财政困局中因请免税捐不成而上表抗章,心冷意寒地归去作"太平人"。

一、和议已成　意存中兴

讲求实事、不尚虚文是王十朋民事思想的重要特点。在《除知湖州上殿札子三首》中,他对孝宗皇帝说:"责己以诚,应天以实,而无事乎虚文。"②声言不尚空谈,凡关乎国计民生之事,王十朋从不虚文应付。

抵湖之前,王十朋曾应孝宗召对于京城便殿,又上札三首应对经纶。念兹在兹,无日或忘,谏孝宗革弊图强,勿忘中兴复国。在尚未听闻孝宗任何回应和无法捉摸圣意的情状下,他一本关注国计民生的为政理念,走向他仕途的第三任州郡职守。"莫年身似杜陵翁,流落乌蛮白帝中。圣主哀怜不终弃,乞祠却得水晶宫。"③是失落,是庆幸,抑或是无奈?十朋的感情颇为

---

① 《朱熹集》卷四〇《答何叔京》,四川教育出版社 1996 年点校本,第 1869 页。
② 《王十朋全集》文卷四,第 640 页。
③ 《王十朋全集》诗卷二三《闻得吴兴》,第 433 页。

复杂。

（一）召对上札为中兴

王十朋由夔州返抵临安时,宋金已和议,孝宗皇帝在金人的威胁下,无奈屈膝求和,使魏杞到金,答应割让商、秦二州,缴纳"岁币"。于此屈辱之时,孝宗召他于便殿,征询治国之计。虽然离开政治中心已有五年之久,但绍兴佐郡代府帅王师心上札言国事的往事历历在目,挥之不去,王十朋耿耿于怀的仍然是事关全局的治国方略与恢复中兴愿景。他一本初衷,畅所欲言,在奏书《除知湖州上殿札子三首》①中,谏孝宗革弊图强,事事切中朝政要害。

1. 札子一:劝谏孝宗自我修省。

王十朋认为,孝宗有失自我修省的问题已较严重,事关"帝王之治效功业",故不能不作为首要一项提请关注,切实戒免。略谓:"国多难而天有灾,此天心仁爱人君,以灾异而警惧之,欲其恐惧修省,举天下而措之安也",王十朋以古训"惟德动天,无远弗届""皇天亲有德,享有道"为劝,建言孝宗效法"尧之尽道,汤之自责,宣王之侧身修行",进行自我修省,"惕然自念"。

2. 札子二:谏言孝宗重视治蜀。

王十朋重视治蜀的观念,早在隆兴北伐时期就曾强调过,说:"荆、襄居天下形势之中,乃古今必争之地,万一虏人乘虚而入,使川、陕隔绝,则东南之势孤矣。"②如今自己守夔二年,对川蜀在抗敌复国中的重要战略意义更有深切认识,故根据实际,"姑言其大者三事:一曰监司,二曰虚额,三曰马纲",事事关乎国势大局。王十朋强调:

> 朝廷于蜀,非特以远而不可忘,今日之所以立国者,正赖蜀以为重。……今传闻虏人积粮宿兵于境上,有窥蜀意。蜀天险也,非虏可得

---

① 《王十朋全集》文卷四,第639—643页。
② 《王十朋全集》文卷四《论用兵事宜札子》,第630页。

而窥,正恐民心或离,衅由内起,为可忧尔。抚绥固结,在今日为尤急,臣故敢献其狂言。①

王十朋提醒孝宗皇帝不忘中兴大业,其关切国事、忧国忧民之诚与绍兴佐郡时一脉贯串。即如"朝廷于蜀,非特以远而不可忘"一项,恰如"谶言"——南宋之亡,就是由于蒙元之忽必烈选择先攻襄阳,然后顺江而下直取临安的!② 王十朋早于事实发生一个世纪之前即敲响了警钟,真乃洞明世事之警策!

3. 札子三:劝谏孝宗善辨贤佞。

针对朝廷在用人问题上存在的贤佞不辨的情况,王十朋劝谏孝宗善辨君子小人。特别强调:

> 往者潜藩二使令之臣窃弄陛下之威福,士大夫无耻而好进者,莫不奔走其门。陛下赫然震怒,奋自英断,斥而远之,天下莫不鼓舞圣德,然附丽而进者犹未正典刑……宜择其一二之尤者,薄正其罪,又取其能自卓立不附炎于炙手可热之时,与尝言其罪恶者,稍进用之。③

十朋谏言对于那些"窃弄威福"的"潜藩二使令之臣",即君侧尚存的史浩、龙大渊之党人,应予"正典刑","如是则君子小人知所惩劝矣"。

王十朋的上殿札子犹如诸葛孔明的《出师表》,激情饱满,既晓之以理,又动之以情,析理透辟,言词委婉,充满着殷切期望。

(二) 报恩思用暮年志

《宋史》本传载:这次召对后,"刘珙请留之。上曰:'朕岂不知王十朋,顾湖州被水,非十朋莫能镇抚。'"④王十朋毕竟未被留京重用。看来,孝宗

---

① 《王十朋全集》文卷四,第641—642页。
② 毕沅:《续资治通鉴》卷一七六,景定元年三月丙戌日。
③ 《王十朋全集》文卷四,第642—643页。
④ 《宋史·王十朋传》,见《全集》附录二,第1116页。

对十朋的吏才似乎还是器重的,但就此打发了之,究竟出于何种心意,真可谓圣意难测。

如果说《重刊戒石铭》是王十朋知湖州的"就职宣言",身负皇命,雄心犹存,那么《次韵翁东叟知县见寄并简戴俊仲》二首诗却犹如私情心曲,放怀诉说个人当下特殊境遇的深曲感慨。时任湖北知县的翁东叟是十朋少时笔砚友,翁东叟的同僚戴俊仲,即戴厚(1122—1189),字俊仲,又字长文,浙江温州人,能词章,诗清婉有思致,①是十朋心目中的"高人",王十朋均引为知己。诗有句曰:

> 滥把江东蜀口麾,中原入望涕频挥。
> 每嗟风俗愧东晋,那得功名如合淝。②

在"水晶宫"湖州北望失陷的"中原",诗人发出了"滥把麾"之叹和"涕频挥"之哭。三年来,辗转饶、夔、湖三州,虽受民心拥戴,但毕竟离中兴复国的志向越来越远了,这次"重入修门"对孝宗的谏言也势必石沉大海。所谓"中原入望涕频挥",其表达的暮年报恩思用之志岂不正是孝宗心存敬意而难以接受的"临事坚执"秉性吗?

王十朋一嗟本朝时势"风俗",比不上偏安江南但毕竟不通仇雠的东晋一朝;二叹个人"功名"无法企及当年奋起抗战断鞭江流的苻坚。暮年壮志付东流,诗人犹存的孤忠与未已的壮心纠缠并存,难以释怀。他以"腐儒"自况,坚守"儒士"天职,以身许国,不随世事摇摆。其报国思用的壮怀中透露的孤寂,分明承载着杜少陵晚年流落潦倒的心志;其以委婉情语抑制着的怨愤,则犹如东坡诗欲张而敛的坦荡、澹定。

二、财政困境　理想憧憬

王十朋憧憬的"水晶宫"并非世外桃源,这里同样遭遇类似他州的财政

---

① 楼钥:《戴俊仲墓志铭》,《攻媿集》卷一〇七。
② 《王十朋全集》诗卷二五,第474页。

困境。但尽管湖州财政陷入重重困境，王十朋仍然积极施政，力图有所作为。他离任后，"贡院郡学皆立生祠"①，州学祠堂中，王十朋与胡瑗、滕宗谅、朱临、胡宿、鲍轲、颜真卿、苏轼等湖州历任贤守名师并列。②

（一）赈灾恤民办实事

王十朋对新职守满怀新期待。他在湖州经济困境中的积极作为是多方面的。他固守农本观念，在《湖州到任谢表》中，他说："但思治己以先人，岂忍夺民而生事！"③他认为官者心中要有百姓，不可做"夺民"之事，治人必先治己，要倾听民声，爱民抚民，不负职守，不欺民心。这种人生态度一直是王十朋理政的思想基础。赈灾恤民，平反冤狱，是王十朋知湖州的当务之急。

太湖流域水利年久失修，水患接连不绝。王十朋到任的九月，秋潦遍野，所辖德清、武康、长兴、乌程、归安、安吉六县都未能幸免，灾情触目惊心。新任知州的王十朋明白，赈灾恤民是郡守的本职。《郡中久雨入境而霁》诗曰："积雨喜初霁，湖山清更嘉"，"岸岸稻烘芽……年凶道路嗟"。④ 年迈多病的王十朋，一进入知州角色，就有了舍我其谁之慨。淫雨成灾，稻谷抽芽，急需烘晒干燥，渔人、农人愁怨泣叹，又忙碌自救。而入境而霁的情状，让新太守享受了一番"湖山清更嘉"的自我陶醉。诗表现了主人公忧民所忧、急民所急的人品和积极乐观的性格情趣，流露出诗人对农民生产、生活的关切以及自己走马上任时喜忧交集之情。

赈灾恤民成了王十朋的长期职责。十朋奏请朝廷，开义仓救济灾民，带病奔走于本府六县农村田陌，深入民间慰问疾苦。《郡僚展钱席上赋诗》有注云："某至郡困于吏事，赋诗无几"，感叹"清风明月欠吟诗"。⑤ 他抚恤灾民，周到细致；组织灾后农业生产，不遗余力。他关心农村，适时下

---

① 《嘉泰吴兴志》卷一四《郡守题名》，第48页。
② 《嘉泰吴兴志》卷一一《学校》，第3页。
③ 《王十朋全集》文卷一七，第849页。
④ 《王十朋全集》诗卷二五，第466页。
⑤ 《王十朋全集》诗卷二五，第478页。

乡劝农。

王十朋"为政禁戢强横,勤恤小民"。① 为恢复灾后农业生产,他率僚属专程赴城南岘山劳农,作诗《二月望日欲劳农于弁山会风雨作》三首。《劳农岘山》诗记灾后催农事:"春光忽已半,播谷催农务。"②考虑到湖州地近前线,饥荒频发,百姓流离失所,人口急剧减少,故采取鼓励生育的政策,每生一子则奖励米十石。他短短八个月的仁政赢得了良好口碑。

(二) 鱼米之乡难作为

湖州向来是江南富庶之地,素有"水晶宫""鱼米乡"之称,王十朋为何仅任职八月即乞祠呢?湖州农桑发达、商税收入日渐增长,为何地方财政却陷入困境呢?这要作些具体分析。

宋元之际,"东南文章大家"戴表元曾在《湖州》诗中高度概括湖州的地理特点:"山从天目成群出,水傍太湖分港流。"③湖州本地人则用更简单的一句话作了提炼:五山一水四分田。平原上密如蛛网的河道与星星点点的湖荡,使得太湖平原山水清远,灌溉方便,从而成为我国水稻主要产区和蚕桑业发达区。随着经济中心南移,江南农业迅猛发展,有人统计,南宋时期,江浙地区的岁粮收入占全部粮食生产的三分之一,起源于南宋的"苏湖熟,天下足"④成为当时人们所熟悉的谚语。自六朝以来,杭嘉湖平原便是皇室和军队食粮的主要来源。作为中国精耕细作农业的高产区和典范区,湖州和苏州是当之无愧的鱼米之乡。由于朝廷迁都临安,江南地区得到了前所未有的重视和开发,而湖州的蚕桑,也迈上了一个前所未有的新高度。这时,蚕桑已从农业中分离出来,成为相对独立的分支——一部分农民完全以养蚕缫丝为生。脱稿于南宋初的《农书》作者陈旉为湖州安吉的蚕桑专业户算了一笔账:"唯借蚕办生事。十口之家,养蚕十箔,每箔得茧一二十斤,每一斤取丝一两三分,每五两丝,织小绢一

---

① 谈钥:《嘉泰吴兴志》卷一四《郡守题名》,第49页。
② 《王十朋全集》诗卷二五,第477页。
③ 《剡源文集》,文渊阁《四库全书》本。
④ 范成大:《吴郡志》卷五〇《杂志》,中华书局1990年《宋元方志丛刊》本。

匹;每一匹绢,易米一石四斗,绢与米价,常相侔也,以此岁计衣食之给,极有准的。"①不难看出,其时栽桑养蚕和缫丝织绢,已成为相当一部分农户的主要生产方式,其收入不会低于粮农,生活更有保障。随着蚕丝业的发展,湖州不仅是中国丝绸的发祥地,还成了全国丝绸出口中心,丝绸出口大量增加,给地方带来经济效益。

有资料显示:湖州地域的市镇商税收入增比并不低,如辖地新市镇在北宋熙宁十年(1077)到南宋嘉定十七年(1224)的税额增长率为259.7%,施渚镇同期也增长90%,乌青镇增长率高达1338.2%。浙东都税务所在地吴兴税率由5%("二十取一")降为2%("五十取一"),年入商税反增十倍。反映南宋时期湖州的商业交易规模确有明显扩大。② 王十朋对此并非一无所闻。在他心目中,这片即将统辖的"水云乡","湖山清更嘉",是充满无限憧憬的"水晶宫"。③

王十朋的愤然乞祠,可从主客观两方面寻求原因。

从客观条件来说,长期以来,宋廷为了积累军费,以支持对金战争,孝宗朝对广大民众的剥削非常残酷,其赋税总收入大大超过了宋代的任何一朝,并一度出现国富民穷、中央富地方穷的现象。④ 随着冗兵、冗官、冗费的增加,各地税捐普遍过重,虚额债钱历年累增,名之曰"虚逋钱"。王十朋守夔州时因遇户部责虚逋钱十四万缗,请免不得,乞祠去。不承想知湖州才八个月,又遇户部责湖州虚逋钱三十四万缗,其数字远高出夔府。湖州连遭灾害,百姓困穷,十朋请求减免,户部不允,坚持催税不放松,十朋彻底心灰意冷,即上表抗章乞祠,离开了曾让他向往的"水晶宫"。总体说来,南宋乾淳年间社会趋于稳定,经济开始发展了,但在王十朋任职的乾道之初,社会经济未见什么"中兴"气象,由于赃吏横行,赋税苛重,市井萧条,加之"岁有聘币之役,民不堪命"。⑤

---

① 沈慧:《略论宋代湖州的商品经济》,《中国社会经济史研究》,2005年第1期。
② 参见葛金芳《南宋全史》(六),第315—317页。
③ 《王十朋全集》诗卷二五《郡中久雨入境而霁》、诗卷二三《闻得吴兴》,第466、433页。
④ 参见何忠礼《南宋全史》(一),第375—376页。
⑤ 《系年要录》卷一九〇,绍兴三十一年五月丁亥,第3677页。

随着宋朝政权的逐渐完善,财政体制的高度集中化也不断加速,一切财赋的所有权与支配权均属于中央政府。"中央对地方的财政征调层层加码,持续增长。"①地方可自由支配的经费越来越少,州县财政自然多数陷于严重窘境。如张栻所言:"比年诸道岁饥民贫,而国家兵弱财匮,小大之臣又皆诞谩,不足倚仗。"②天灾加人祸,困局难解,非湖州一地而已。连作为湖州最大政绩的贡院重建工程也是王十朋割己之俸而为。这是迫使王十朋乞祠的直接动因。

何况他的离任也有宋代知州实际任期往往低于规定时长的背景。宋代对知州"普遍实行以一年一考,三考为一任的任期制",③本意是防止地方官任期过长而导致私人势力膨胀。而由于宋代冗官大量存在,导致待阙人数过多,因此宋代地方官实际任期普遍过短,此时遑论私人势力膨胀,连想有所作为都已很难。④ 据考,宋代湖州官员的任职时间平均在十五个月左右,远低于三年的规定任期。职权有限,任期又短,这使得各官员在任期间很难有所作为,南宋许多基层官员甚至畏于赴职,王十朋也只得以"食言"——违背初来时立下的戒石铭:"抚字催科劳更拙,欲逃吏责负斯铭。"愤然无奈地离职而去。在湖州任上的短短八个月里,他来不及有所作为。

从主观方面讲,王十朋此举是对朝廷的不恤下民表达抗争。但他本人治郡的理念、他治理湖州的思想局限也是不能否认的。王十朋秉承根深蒂固的农本观念,他的湖州诗文全然没有关于丝绸贸易的内容,连对作为湖州经济重要一支的蚕桑业也似乎无意投去一瞥,下乡劝农劳农也不关注桑基鱼塘事务。湖州社会各项经济发展因素,包括蚕桑农事、商业税收、丝绸外贸业等,没有得到全面调动,湖州已成全国丝绸出口中心的经济地位没有得到充分重视,显然是受制于王十朋治郡观念的偏颇。"农商

---

① 包伟民:《宋代地方财政史研究》,上海古籍出版社2001年版,第163页。
② 《中兴纲目》卷一六,庚寅乾道六年"六月,张栻入对",第532页。
③ 苗书梅:《宋代官员选任和管理制度》,河南大学出版社1996年版,第256页。
④ 参见朱如意、陈洁《困境与应对:王十朋湖州施政研究》,《论文集》第140—141页。

并重""农商一体"的观念直到他泉州任上才受到一定程度的触发,有待下文细说。

（三）理想蓝图为民绘

作为朝廷派任的地方官员,王十朋承担着征缴国家赋税、维护地方社会稳定的多重使命。不欺不妄、尽职为民是王十朋为宦的准则。他重视民生,面对严重灾情,主张用国家调控的方式,减免不必要的赋税,以保证湖州社会日趋安定。早在绍兴佐郡时,他就主张"蠲常赋而救天菑兮","宽公私之积负兮,以俟乎岁之丰穰";①不能免除的也要宽限,待经济好转之后再说,"将积欠税租,权行倚阁,俟来岁有秋,仍旧输纳"。② 应该承认,《父老》诗中营构的社会理想宏图,集中体现了庶民大众与正直官员的共同意志。

1. 为民请命　不惜辞官

王十朋甫任湖州,即遇户部下派官员来湖州催纳该州几年所欠中央赋入三十四万（贯、石、两、匹）:③"户部责虚逋三十四万,命吏持券往辨。不听,即请祠去。"④户部主掌户口和赋入,而州县亲民官则是征收赋税的第一责任人。当时常有一些偏僻地方的县令无人敢去赴任,主要原因就是怕逋欠上供钱粮而获罪受罚。湖州虽较富庶,但赋税较他处为重,能够保证每年不欠上供已极不易;若常赋之外,再加征历年欠赋,则百姓必定不堪忍受。于是,王十朋屡上奏章,为民请命,而户部坚持催税不为所动。王十朋终于彻底心灰意冷,主动乞祠。

历来史籍多有皇帝询访民间疾苦、下诏赈灾减赋的记载,宋孝宗就曾下诏称"今后水旱须令实申来","庶几朝廷处置赈济"云云,但正如朝臣报告的,"州县所以不敢申,恐朝廷或不乐闻"。⑤ 而王十朋在夔州、湖州任上关

---

① 《王十朋全集》文卷一六《民事堂赋》,第843页。
② 《王十朋全集》文卷二一《与都提举论灾伤赈济》,第928页。
③ 宋代赋税的合计办法是将铜钱（以贯计）、粮食（以石计）、丝棉（以两计）和丝帛（以匹计）一并加总,得出一地该纳赋税总额,故其单位是贯、石、两、匹。至于其中各类税物分计多少,则需另予考证。
④ 《宋史·王十朋传》,见《全集》附录二,第1117页。
⑤ 《宋史全文》卷二五上"宋孝宗三",第2062页。

于灾情免科扰的申报,却一再遭拒受打压,绝非个别现象。这次,王十朋一心为湖州百姓排忧解难,却无力对湖州的大政困局作出根本性的改变。为了当地百姓的利益,他愿以仕官前途相博,顶住来自中央高官和顶头上司的压力,表现出勇于担当、一身正气、不惧权贵的崇高品格。

2. 诗意构想　心绘蓝图

在理想与现实的剧烈碰撞中,王十朋历经仕途颠踬的磨砺,孕育着并最终为州郡发展推出了光彩照后人的理想蓝图——它潜藏于并不十分起眼的一首离别诗《父老》之中:

> 父老自何处,同来送使君。手中一炉香,敬为使君焚。
> 使君无善政,父老何殷勤。同辞答使君,去秋稼如云。
> 淫雨害垂成,一年计徒勤。使君体上意,租苗放三分。
> 父子免流离,欢然事耕耘。年凶米不贵,夜静犬不闻。
> 颦眉答父老,正缘此纷纷。黄堂非坐处,归欤老桑枌。①

在告别送行的湖州父老时,王十朋自谦"使君无善政",颦眉回答父老"租苗放三分"虽然收效,但自己离任也"正缘此纷纷",表示"黄堂非坐处,归欤老桑枌"。值得庆幸的是,通过上报灾情和积极争取,湖州百姓田租得到了相应减免,走出了"淫雨害垂成,一年计徒勤"的困境,父老们在灾后拥有了休养生息的时间;当地社会生活安定,治安物价等相应稳定:"父子免流离,欢然事耕耘。年凶米不贵,夜静犬不闻"——没有战争,没有离散,金瓯无缺,家国昌平,安居乐业,宁静和谐……尽管王十朋们杯水车薪的"仁政",终不能救民于苦海,但还是官民相谐,营构出一幅"大同理想"的蓝图。这是"一代正人"王十朋民本思想的光辉结晶。

回望400年前,杜甫漂泊荆楚,面对城城皆甲兵和凋敝的民生,在哀叹中抒发美好愿景:"焉得铸甲作农器,一寸荒田牛得耕。牛尽耕,蚕亦成。不

---

① 《王十朋全集》诗卷二五《父老》,第479页。

劳烈士泪滂沱,男谷女丝行复歌。"(《蚕谷行》)——熔甲为犁,寸田得耕,男耕女织,社会安宁,道出了苦难人民的愿望。

而更早300多年前,归田以后的陶渊明做脍炙人口的《桃花源记》,讲了一个曲折动人的故事,又以史家重笔论事述景,描绘桃花源人的生活方式:遵古法,事农耕,翁孺欢欣,四时成岁,"春蚕收长丝,秋熟靡王税",营造了一幅无国家、无赋税的理想社会构图。

尽管渴望和现实多半会隔着万水千山的距离,但王十朋遥相呼应,给百姓带去温暖与光明,他自己也由此获得了心灵的一次超越。

王十朋笔下天下太平与社会正义的理想乐土,从社会学角度来看,与柏拉图《理想国》有相通的思想。如同杜甫晚年的《蚕谷行》,十朋的《父老》诗也是具有里程碑意义的杰作,是陶渊明《桃花源记》乌托邦理想的升华。

三、复兴文教　培育人才

营造文化环境,复兴文教事业,培育当地人才,也是地方官的重要职责。王十朋亲身经历了从读书、办学到任官的全过程,当然知道学校育人的重要性,因而十分重视湖州的文教复兴。史称"公于学校事,其细微曲折,皆粲前知,所举措无不当人心者"。① 湖州任上,他追慕前贤,礼遇士绅,重置贡院,振兴湖学,开启民智,"吴兴学校规模壮,安定先生道德崇。苕雪溪同洙泗水,汀洲蘋有藻芹风"。② 他为复兴湖州文教付出许多艰辛。

（一）追慕前贤礼士绅

古人云,仓廪实而知礼节。"苏湖熟,天下足"的富庶与湖丝甲天下曾经带来的繁荣,更让这里的人们知礼节后振兴文教。崇文尚学的传统,塑造出一个文质彬彬的湖州。多少异乡客都为湖州写下了源自内心的诗句。特别是苏轼,他一生四次到湖州。前两次和最后一次是路过。第三次,即元丰二

---

① 《宋龙图阁学士王公墓志铭》,见《全集》附录二,第1109页。
② 《王十朋全集》诗卷二五《仲冬释奠于学》,第476页。

年(1079)春夏之际,他出知湖州,任职才四个月便遭遇了平生最大的危机——乌台诗案。尽管如此,他书写湖州的诗还是十分美好的:"湖中橘林新著霜,溪上苕花正浮雪。顾渚茶芽白于齿,梅溪木瓜红胜颊。"(《将之湖州戏赠莘老》)

湖州自东晋以来即称名郡,历任太守多为饱学宿儒。王十朋对历任贤守不仅有思慕之心,更有追摹之举。他将当地的文化古迹作为提高人们文化素养的好教材。

1. 略追前辈风

湖州这片清丽之地,留有南朝柳恽、北宋苏轼等太多贤守的遗迹,王十朋一一遍访,以近贤迹:"万言谠论惊天阙,八咏高才压婺溪。柳恽苏仙旧吟处,愿陪杖履遍留题。"①唐代湖州刺史颜真卿"在郡累年,德政洽于千里,邦人仰其忠烈",②王十朋拜谒了颜鲁公祠等纪念地,作《谒颜鲁公祠》《怀忠堂》《放生池》等诗表达仰慕之情,突出了唐太守的高尚节义和丰功伟绩。③

王十朋拟登城北弁山劳农,偶为风雨所阻,乃改登城南岘山,游访了窪尊和五花亭两处盛唐太守遗迹,高吟:"虽无二十四宾客,诗酒略追前辈风。"④自信风雅不输前人。

对于北宋著名学者、教育家、教授湖州州学而名扬天下的安定先生胡瑗,王十朋更奉其为一代教育典范。胡瑗在宋学形成之初起过重要作用,与孙复、石介一起,都是嗜书如狂的人,被称为"宋初三先生"。胡瑗"在湖州,置治道一斋,治兵、治民、水利、算法之类,各使诸生精论熟讲",⑤成了高等教育实行分科的先驱。十朋有多首诗颂扬胡瑗,《劳农岘山乘兴游何山》记他特意率僚属到何山拜谒胡瑗墓:"书空何公堂,木拱安定墓。青山看未足,回首日已暮。"⑥临迹追悼流连忘返。

---

① 《王十朋全集》诗卷二五《沈书和诗再用韵》,第468页。
② 《嘉泰吴兴志》卷一四《郡守题名》,第27页。
③ 《王十朋全集》诗卷二五,第473页。
④ 《王十朋全集》诗卷二五《二月望日欲劳农于弁山》,第477页。
⑤ 吴泳:《鹤林集》卷二八《与魏鹤山书》,文渊阁《四库全书》本。
⑥ 《王十朋全集》诗卷二五,第477页。

2. 兴会六客堂

湖州六客堂,因熙宁七年(1074)湖州知州李常与苏轼、杨绘、张先、刘述、陈舜俞六人会饮而得名。元祐六年(1091)湖州知州张询复与苏轼、曹辅、刘季孙、苏坚、张弼六人会聚。苏轼有《定风波》词述其事。前后六客中,李、张为太守,张先、刘述、陈舜俞为湖州乡贤,余人则皆作客湖州。尤其是苏轼两次莅会,且作词纪念,使六客堂名扬天下。"六客堂"是王梅溪湖州诗中出现较频繁的地理文化名词之一。计有诗作《十月晦日会凌季文沈德和二尚书刘汝一大谏于六客堂》《晦日会于六客堂者十二人》①等十三首,洋溢着慕贤敬贤的风雅情致,充分开掘六客堂的文化意义。但问题另一面是,在湖州财政困窘之时,任职仅八个月如何六客堂之宴聚竟达十三次之多?人们不禁存疑:其间有无公帑私用之嫌?

(二) 重置贡院振湖学

自安定先生胡瑗教授湖州州学以来,湖学名扬天下。庆历新政时特意下旨取湖学学规为太学法,湖学成为一代教育典范,名声之隆盛自在梅溪书院之上。但王十朋莅任时,湖学只是南宋众多州学中的普通一员,既无杰出的师资,也无特别的学规,所以也未培养出一流的人才。

王十朋为发展湖州文教作出的最大贡献是重置贡院。贡院是科举时代考试士子的场所,亦为地方教学活动场地。湖州原有贡院,维护费用仰赖学田收入。但"岁久屋多摧毁,田亦多湮没",历次贡举"莫有定所",王十朋"崇儒重道,以教化为先"。② 乾道三年(1167),十朋"率卿大夫出财重建,为屋百十六楹,状元张孝祥书额,郡人大谏刘度为记,司业芮烨书"。③ 这里的"出财"除了僚属乡绅捐资外,还包括王十朋自己"在湖割俸钱创贡闱",④ 即所谓"不敛于民,不费于官"。⑤ 此举足见王十朋作为父母官的襟怀和号

---

① 《王十朋全集》诗卷二五,第468—470页。
② 《嘉泰吴兴志》卷一四《郡守题名》,第48页。
③ 《嘉泰吴兴志》卷一一《学校》,第3页。
④ 《宋史·王十朋传》,见《全集》附录二,第1117页。
⑤ 《嘉泰吴兴志》卷一四《郡守题名》,第48页。

召力,却也反映出州财政的困窘。

当年冬贡院落成时,王十朋喜作《贡院上梁》诗曰:"夫子庙还元气象,水晶宫发旧精神。书生战艺真余事,移孝为忠要致身。"①表达了贡院落成时的喜悦之情,并对"书生"们提出"致身"国家的希望与要求。

该诗在儒林士人中广有影响。据周兴禄博士考证,"现存贡院落成唱和诗皆南宋人作,是南宋各地皆注重兴修贡院的反映。较早的有王十朋、吴芾、李洪等的唱和",吴芾《和王龟龄待制贡院落成二首》有云:"主盟湖学属何人,赖有公来为作新。士俗似闻衰也久,文场今见美哉轮。"②吴芾诗热情赞赏王十朋振兴湖州文风、儒风、学风的贡献。

第二节　雨泽泉南天地心

泉州(今福州晋江),是南宋商贸文明、海洋文明最发达的地区,是王十朋最后一任主政地,又是他晚年丧妻的伤心地。

基于典型的传统士大夫"儒释道互通一体"的文化心理结构,出于"兼济"与"独善"两维之间的最终权衡,王十朋在仕途倦怠之际,又一次接受了朝廷任命,于乾道四年(1168)八月起知泉州,进敷文阁直学士。时年五十七岁。

浙闽同文同种。王十朋很快融入闽越王城的厚重文化,秉承济世惠民并诗酒风流的传统情怀,立戒石,布上恩,察灾情,恤民隐,兴水利,废苛税,割俸钱,兴馆学,设贡院,讲经询政,善断诉讼,且组结诗社,建立"诗令",倡导并践履"老杜风骚",为泉州的社会生活注入一股清新之气。他与泉州市舶司的密契交游唱酬,则透露其晚年与时俱进的"农商一体"施政新观念。

王十朋重视士风民风建设,将儒家治国理念传播于世,也分享了"乾淳

---

① 《王十朋全集》诗卷二五,第471页。
② 转引周兴禄《宋代科举诗词研究》,齐鲁书社2011年版。

盛世"的一线光芒。他的泉州施政与民生吟咏不改积极用世进取精神,雨泽南国,施惠民众,发出守郡诗人民本乐章的衰年绝响,成就了"南宋大贤"生命之光的夕照辉煌。

一、忧心广宇　普惠黎民

王十朋确实是一位爱民的清官、好官。知泉州不改积极用世进取精神,有一如既往的儒家情志,践行忠君爱国、利济民生思想。

乾道六年任满离职时,泉州百姓男女老幼涕泣遮道苦苦挽留,还仿效饶州百姓挽留王十朋的做法,拆断他必经的桥梁。王十朋不得不绕道而行。百姓跟随他出境,送至仙游县枫亭驿。被拆断的桥梁后来重修,命名为"梅溪桥"。泉州人还在东街"建梅溪祠祀之",将他与蔡襄、真德秀并列为泉州"宋代三贤守"。四十七年后大儒真德秀守泉州,撰文曰:王十朋"所临凡四郡,去辄见思,而泉人思公特深"。①

(一) 廉洁爱民施仁政

王十朋知泉,历时一年八个月。在泉期间,他忧心民瘼,体恤民情,减轻百姓负担。废除前任太守食盐官营专卖禁令,允许盐民出售私盐,使盐民得利。他为黎民百姓办实事,积极兴修水利,发展生产,重建贡院,重修北楼,还屡次拿出自己的薪俸赞助郡学,每月亲自为生员讲经释疑,居官有节,播德宣猷。其恤民、访贤、兴学、诫勉、缓讼等多维度的作为,为他建树起爱民、恤民、亲民的形象丰碑。据明代方志《闽书·宋志》载,王十朋守泉时,还曾派永宁寨的水师守护台湾岛和钓鱼岛,"澎湖屿在巨浸中,环岛三十六……王忠文公为守时,请添屯永宁寨水师守御"云云。

1. 千里奔波　为君分忧

王十朋请辞湖州回乡家居,仅二月之隔,即被起知泉州。读《戊子八月二日得泉州》诗,可知其于"兼济"与"独善"两维之间的权衡心态:

---

① 真德秀:《重建王忠文公祠堂记》,见《全集》附录四,第1131页。

> 五年符竹换三州,乞得祠宫欲少休。
> 名姓误蒙君相记,泉南千里又分忧。①

"五年换三州",早已倦怠;"祠宫"虽属无奈,却是"乞得"不易,何况"欲少休"原也出于年老多病的实际需求。何以一朝再被召用竟然有蒙知遇之恩似的要感激涕零,连称"误蒙君相记"呢?答案即在末句:千里赴任,其旨意原在能为皇上"分忧"。

"太平人"可以不做,皇上圣命不容辞谢。出世情结的浓烈,并不妨碍王十朋成为新任所的名宦。

2. 诗戒邑宰　考核吏治

身为一州最高行政长官的王十朋,下车伊始即召集郡属七个县(晋江、南安、同安、惠安、安溪、永春、德化)的知县(诗称"令尹")在州治聚饮议事,即席赋《宴七邑宰》诗相赠:

> 九重宵旰爱民深,令尹宜怀抚字心。
> 今日黄堂一杯酒,殷勤端为庶民斟。②

这首诗可以说是十朋治泉的施政演说,宣示为官为民之旨:"爱民"为重,"抚字"为先。身处"黄堂"的王十朋上承孝宗"九重宵旰"的"爱民"旨意,借宴饮杯酒向属僚传承"抚字""庶民"的"殷勤"用心,其包含的美意厚重、朴质、忠恳,有如佳酿之醇厚。居庙堂之高,能为社稷安危敢言人之所难之言;处州郡之远,则以身为范,以德治吏,传承爱民之旨,为黎民百姓鼓与呼。

十朋的《宴七邑宰》诗对后世影响甚巨,韦居安《梅磵诗话》《学斋占毕》等载,大儒真德秀嘉定间帅长沙,开藩之初,会十二邑宰,亦赋诗云:"从来守

---

① 《王十朋全集》诗卷二六,第484页。
② 《王十朋全集》诗卷二六,第489页。

令与斯民,都是同胞一样亲。岂有脂膏供尔禄,不思痛痒切吾身。此邦只是唐时古,我辈当如汉吏循。今日湘潭一杯酒,直须散作十分春。"后有王实斋字去非者守平江,作《会两倅六邑宰》诗曰:"守令张官本为民,恫瘝无异切吾身。但令六县皆朱邑,何必黄堂有信臣。田里要须兴孝弟,闾阎谨勿致嚬呻。与君共举一杯酒,化作人家点点春。"诸贤所作,同本于梅溪美意,真情恳切,足以动人之良心。

王十朋对所属官吏不仅重视教育引导,还尊奉朝廷"臧否郡守"的考核制度,对地方官实施监督,扬善惩恶。经考察,还推举惠安丁县令为七邑宰之楷模。

(二) 兴修水利农为本

王十朋到泉州,正当夏收夏种基本结束,既有旱情,也是台风暴雨肆虐的季节。泉南地区历来旱涝无常,北宋崇宁年间,"泉州、惠安大旱,水泉涸,民多渴死","山中民汲水至二十余里,乡民多渴死"。十朋到任的前一二年,却出现滂沱大雨,"四旬昼夜不止",造成涝灾。王十朋从长计议,大修水利工程。《泉州府志》载其浚洑田塘功绩:

> 洑田塘在二十五都长市等乡,周围四千九百八十丈,高州、灵源、五都、东洋诸山之流,俱入此塘,会流最广。旧传:九十九坑之水,入六首塘,惟洑田塘居多。故中有石牛,水涨下没,则堤溃,盖因入流多也。乡人立祠祀之,名牛后宫。为十九都乡约所,又有洑田祠,为二十五都社,会塘有陡门六间,小涵九所,下有谢埭、新塘、蔡塘潴水,虑水涨堤坏也,浚自宋真德秀、王十朋二守。①

据《泉州市水利志》载:"乾道四年至五年(1168—1169)泉州知州王十朋建晋江洑田塘。"②将洑田塘的陡门由一间改为六间,以利蓄水泄洪;另外

---

① 《乾隆泉州府志》九《水利》。
② 泉州市水利水电局编纂:《泉州市水利志·大事记》,中国水利电力出版社1998年版,第10、24页。

还疏浚"七首塘",大大改善了蓄水渠道和泄洪设施,增强了塘坝功能。数百年后,当地农业还深受其惠。迄今民间仍流传着"七塘不干,南乡加餐"的谚语。① 王十朋注重解决农业社会首要的水利问题,春风化雨,恩泽泉南。

他亲自出郊走访农户,视察灾情,并与民众一道研究引水灌溉之策。当台风大作之时,王十朋又牵挂着农作物的收成和沿海船舶的安危,灾后又亲自查访民情,帮助灾民修理破屋。他还免除惠安县被海潮淹没田地的税赋,修浚晋江县的田塘。

(三) 感天动地悯农诗

梁启超曾称杜甫为"情圣",说他对于门前的小松树、偷枣的邻舍老妇、无家可归的天下寒士都抱有很深的同情,更不用说对"可与细论文"的朋友李白了,思念之情重于天地。王十朋何尝不是这样的"情圣"? 自从踏上仕途,王十朋悲天悯人,忧民所忧,急民所急。他的诗很多体现了他对于国家和人民的关怀,泉州任上的数首悯农水车诗至今散发着感天动地的魔力。

1. "汗流气喘饥眼花"

夜深了,从救灾现场回到斋房,远闻水车声还响个不停,忧心民瘼的王十朋心惊魄动,终夜不能入睡。《郡斋夜坐闻水车声》其一曰:

> 风伯吹云不成雨,稼穑如焚谁守土。
> 铃斋夜闻水车声,遥想田间老农苦。
> 汗流气喘饥眼花,厌闻窟中鼉打衙。
> 妻儿相劳勿愁叹,多少高田无水车。②

夜深人静,独坐铃斋。有别于日间出郊劝农的见闻,诗以声音描绘旱情之酷烈,具有强烈的真实感:远处传来水车轮轴转动之声,为抽水抗旱救灾,

---

① 参见杨本农《王十朋治泉纵横谈》,载《王十朋纪念论文集》,第190、191页。
② 《王十朋全集》诗卷二九,第557页。

农人们夜以继日地劳作;令人烦躁"厌闻"的鼍龙吼叫声不时响起,如击鼓般撞击心扉,衬托出灾情揪心。在此旱魃嚣张、"稼穑如焚"的夜晚,诗人忧心如焚,备受煎熬:既沉重哀怜"田间老农苦","汗流气喘饥眼花";又忍心劝慰"妻儿勿愁叹",为"守土"应当彼此慰勉,相互支撑;忧心扩展一步,那些亟待灌溉的山丘上的"高田",竟然缺乏车水的农具,他们怎样度过这场灾难呢……三重焦虑,有层层进逼之势。一任州官忧心民瘼、救民焚溺的浩渺心事形象跃然纸上。

"汗流气喘饥眼花"七字,从"老农"汗流、气喘、饥饿、眼花多方面凸显了灾民生活的极度困苦,精确而凝练,传递出诗人对民不聊生现实的痛心疾首。以"饥"写"眼",通感移情,传神入微,怵目惊心。

2. "谁遣连年坐黄堂"

《郡斋夜坐闻水车声》其二承前续写旱情严重:"万壑水干""四郊苗槁""鱼鳖死""农民悲",突出揪心之痛;诗人自愧自责,有句曰:"守臣失职政事荒,谁遣连年坐黄堂。"以经世济民为己任的王十朋将天时不顺归咎于"守臣失职",埋怨"谁遣连年坐黄堂"——不该派遣无能之辈当太守呀,解决的办法就是"无补于民合挂冠",①让我回老家吧!十朋心里可能还隐藏着守夔州、湖州时为规免缗钱而遗留的不祥阴影。

水车是农村重要的劳动工具,旱情严重时更不能有一日之缺,故以之为赋咏对象的宋诗不计其数。"我昔躬耕陇亩间,也知农事最艰难。"王十朋原是务农人,悯农之情出自肺腑。他虽然未能大胆揭示现实问题背后的政治根源,却以其质朴诗章继承了新乐府反映现实的传统,他笔下的水车不是王安石诗中的龙骨水车,只是风调雨顺的装饰品,所谓"水秧绵绵复多稌,龙骨长干挂梁梠"(《后元丰行》);他不像叶适那样寄望于神灵赐福,所谓"愿王顿首玉帝前,请赐此雨周无偏"(《祷雨题张王庙》);也不停留在苏轼的责怪"天工"无情,所谓"天公不见老翁泣,唤取阿香推雷车"(《无锡道中赋水车》)。王十朋真诚"自惭",深究人事职责而严于

---

① 《王十朋全集》诗卷二八《出郊劝农饭蔬于法石僧舍》,第545页。

自责。

把水车诗写得如此深沉感人,对社会民生有如此自觉的担当意识,写出了人世关爱,写出了满腔真情,写出了人格特质,宋诗中不可多得。

3. "已觉炎方暑气清"

王十朋的喜与忧皆随雨情而转。不妨再来读读十朋的《枕上闻雨声》:

> 枕上微闻点滴声,皇天有意救苍生。
> 虽然未作商家雨,已觉炎方暑气清。①

此时十朋已然离任泉州,在回乡途中的炎暑之夜,"枕上微闻"细雨的"点滴声",喜之所至,即作"皇天救苍生"之想,又随即联想到秋雨润"炎方"清"暑气",普惠天下的情景。其心绪之跳跃,意脉之相属,真切地传达出一位长者惦念万民的仁怀。这临去回眸的一瞥着实令人感动。这位仁者素怀的民本情愫,历经十数年官场风浪冲折而未有丝毫磨损,反而更见深沉绵长了。

宋代有关悯农的作品不少。王十朋的这几首悯农水车诗寄慨深切,而且由于角度新颖,披露真切,感情深挚,故具有很强的感染力和说服力。可媲美者惟有杜甫的《大雨》与白居易的《观刈麦》,差可方驾齐驱,引领群英。

当年,杜甫看到久旱的蜀中终降大雨,一举解除旱情,遂喜赋《大雨》诗以贺:"风雷飒万里,儒泽施蓬蒿。""敢辞茅苇漏,已喜黍豆高。"诗人把视点落在身居蓬蒿中的农民身上,歌颂及时雨的降临;又对自己茅屋被浇漏毫无怨言,只为雨中的黍豆能长高而欣喜。

如今,作为一个出身寒门而居高位的士大夫,王十朋生当国事蜩螗之际,毅然以拯救天下苍生自任,而当自己无力解民倒悬之时,则毅然以"守臣失职"自责,竟至以自摘乌纱谢天下,体现了一个正直有为的士大夫强烈的责任感和使命感。

---

① 《王十朋全集》诗卷二九,第563页。

不能不承认,清陈衍《宋十五家诗选》甄选十朋的"水车诗"是慧眼识珠的。足以证明陈衍非泛泛之辈,而是有所会心,有所瓣香;也说明王梅溪的诗名虽然常常被其政声所掩,但其诗的璀璨光华,终究为有识者所共睹并赞赏之。

二、割俸兴学　风教育才

有宋一代,为了巩固中央集权统治,朝廷确立了"兴文教,抑武事"的国策,泉州由是儒风翔起,科举勃兴,成为宋代教育最为发达的区域之一。不过,长期以来泉州却没有专门用来乡试的贡院,故为士民所诟病。王十朋以乐育人才为己任,永葆佐治绍兴时"事业浩无穷"①的气概,割俸钱首建泉州贡闱,为后世科举的耀世成就打下了坚实基础,为泉州文史留下铿锵一笔;又多施方略兴文教,力图建构本土风教文化体系。

（一）自割俸银建贡闱

北宋时期,泉州不仅创办起州学,各县也普遍设立了县学,各种形式的私塾也蓬勃发展起来,其设学的范围、数量与规模远远超过了唐、五代时期。不过这期间泉州城内还一直没有创立专门的贡院(即考棚),每次士子考试,都要借用州学(后世称府学)馆舍,"寄人篱下",士人抱怨。清道光《晋江县志》称:"泉郡人文甲于闽,独考棚借用府学明伦堂,亵圣滋弊,士甚苦之。"②孝宗朝始,随着社会的稳定和科举的发展,州郡贡院才得以普遍建立和重修。③ 王十朋一向重视兴教,乾道四年(1168)初,闻知广州提刑龚茂良改建广州之学,即欣然为之作《广州重建学记》④。泉州应试士子众多,贡院建设自被列入规划之中。乾道五年(1169)泉州贡院的创建,成了泉州历史上人才辈出的转折点。

明万历《泉州府志》卷一〇《官守志》载:"(王十朋)乾道四年起知泉州,割俸钱创贡闱。"《福建通志》卷三〇《名宦》载:王十朋"乾道间知泉州,尝割

---

① 《王十朋全集》诗卷一二《夜读书于民事堂》,第196页。
② 《道光晋江县志》卷一三,公署志"督学试院"条。
③ 何忠礼:《南宋科举制度史》,第85页。
④ 《王十朋全集》文卷二二,第959页。

俸以创贡闱,朔望见诸生学宫,从容诲诱,士之贤者踵门,礼致之"。从中可以得知,尽管泉州的财政收入已经远超夔州、湖州等地,但当初王十朋创建泉州贡院还是自己率先拿出俸银来支助的。从"成屋百二十六区"(古代的"区"相当于现代量词栋、座)来看,规模庞大,气派非凡。根据《晋江县志》的记载,贡院内设有从事堂、校文舍、万桂堂,除此之外还有光华坊、嘉宾亭、弥封誊录所、状元井等建筑物。泉州有了独立的贡院后,"不仅场屋比较宽敞,免除可能遇到的风雨之患,而且士子不必自备书案","在平日里还可作为州县学及供奉孔、孟的场所,真可谓一院多用"。①

王十朋对贡院情有独钟。泉州任内咏贡院诗作不少于二十首,能将活动情景与贡院这一场地的特殊功能结合起来,祥瑞纷呈,自是盛世之黼黻,是泉州科举教育的颂美之作。用自己的薪俸在城中心建造贡院,元宵佳节又亲自在贡院举行宴会,为上京应试的泉州士子饯行。这不是所有郡守都能做到的。

(二)修葺名胜兴风教

十朋知泉州时,实地踏访名胜古迹与祠堂庙宇等,费心搜罗并着力标榜那些有益于风化的历史人物,意在诱导民众见贤思齐。他凭借行政权力多方策划兴风教,为建构富有地方特色的泉州风教文化体系作出努力。

1. 复建忠献堂

"名德重夷夏,皇朝两魏公。"王十朋平生所崇敬的"皇朝两魏公",一位是南宋名臣张魏公(浚),他有诗句云:"魏公名德最芬馨。"另一位就是北宋名相韩魏公(琦),他称赞道:"巍巍勋业宋伊周。"王十朋为韩琦立祠。韩琦曾与范仲淹等共事,指挥防御西夏战事。封魏国公,故世称韩魏公。为纪念他而建的忠献堂因年代久远,俗吏废之。十朋将郡府圃中的大隐庵改建为韩公祠,复建忠献堂,作《州治有忠献堂》②诗记其事。

又作五古《六月二十五日会同官于贡院》,③凡四十句,热情赞颂"三朝

---

① 何忠礼:《南宋科举制度史》,第87页。
② 《王十朋全集》诗卷二七,第511页。
③ 《王十朋全集》诗卷二七,第511—512页。

社稷臣"韩琦的"勋业",发出了当今"版图犹未复"的浩叹,将全部情思落实于宋室南渡偏安的严峻现实,深化了这篇咏贤之作的现实意义。

2. 重修洛阳桥

洛阳桥原名"万安桥",为粤、闽北上的交通要道。王十朋参观后作七律《洛阳桥》,称颂其雄伟气势:"人行跨海金鳌背,亭压横空玉虹腰。"①赞誉建桥主持者北宋状元蔡襄的造桥之功,"遗爱胜于郑国侨"——超越春秋时郑国著名政治家子产。

据统计,泉州一地北宋时造桥十五座上下,南宋时期造桥三十座以上,高宗年间建造的大中型石梁桥,桥梁总长度达五十余里。② 王十朋珍惜北宋时期的历史文化遗存,主持重修洛阳桥,发动泉民在洛阳江上游兴修水利,为洛阳桥"分流减负"。为纪念北宋、南宋两个状元的心血和智慧,泉人将洛阳桥改名为"状元桥"。

3. 亲撰北楼记

修缮北楼是王十朋在泉州的又一重要文化举措。清道光《晋江县志》卷一二古迹志载:"北楼:在子城泉山门上。唐贞元九年,守席相重建。"查阅史料,席相是在唐贞元七年至十年(791—794)任泉州刺史的,当时他"敷教兴文,建六曹都堂,造北楼,请欧阳詹为记"。到了乾道初年,北楼破败,仅余几根木柱支撑着,摇摇欲坠。乾道五年(1169)秋,王十朋派遣建贡院的原班工匠,利用泉州贡院落成尚余的一些木料,修葺北楼,让泉州的这道风景线重新绽放。

王十朋还亲撰《泉州新修北楼记》,③又作《重修北楼十一月望日与郡僚同登因书十二韵》。④ 据悉,2003年,泉州市人民政府又依唐五代旧制复建,称"泉山门"。楼宇古朴典雅,气势雄伟。北向大门前左右各立一块石碑,左为欧阳詹《北楼记》,右为王十朋《重修北楼记》。

---

① 《王十朋全集》诗卷二七,第529页。
② 葛金芳:《南宋全史》(六),第44、50页。
③ 《王十朋全集》文卷二二,第956页。
④ 《王十朋全集》诗卷二八,第534页。

（三）歌咏八闽形胜地

北宋中原的泱泱繁华，如今只在微茫的思念和文人的笔下存活着。王十朋将自己对大宋的深情寄予江南半壁江山，寄予浙闽文化圈，以"浙闽一家"的情怀融入了闽越王城的辉煌往事和厚重文化，为泉南风物一一感而赋诗。泉州乃八闽形胜之地。"八闽形胜无双地，四海人文第一邦。"这是他题泉州府治的大门联，被称为历代文人骚客对泉州人文景观和自然景观的最高礼赞。他吟咏泉城山水，常常深涵恋乡之情。如《东湖》诗曰："若把西湖比西子，东湖自合比东山。"《东湖小饮》诗曰："东湖异西湖，有诗不妨吟。"①

王十朋广结僧缘，感悟"泉南佛国"的宗教魅力，吟咏那些有益于风化的历史人物，为这座城市平添了人文历史厚重感。如他与承天寺寺僧潜老交往甚笃，曾赋《游承天寺后园登月台赠潜老》，其二曰：

月台无屋有空坛，空处观空眼界宽。
不惹世间尘一点，冰轮心境两团团。②

诗充满禅趣禅意禅理。首句的"空"坐实于"无屋"；第二句连下两"空"字，语意双关，涵义极广，发人遐思，荡涤杂念。

各地风教的发展，正是南宋社会文明发展的重要标志。泉州学者研究认为，"南宋时期泉州文风大开，仕人迭出，同王十朋知泉州时重视教育、尊重人才大有关系"。③

三、闽商海贾　讵容庸缪

王十朋"五年三郡"，身心疲惫，然而对知泉州的"春温之诏"又颇为振奋，倍感责任重大。在《泉州到任谢表》中，他向孝宗表白了"隆眷不忘，孤

---

① 《王十朋全集》诗卷二七，第520页；诗卷二六，第493、501页。
② 《王十朋全集》诗卷二六，第494页。
③ 参见王明健、陈鹏鹏《寻访王十朋在泉州的足迹》，载《乐清历史学会会刊》第6期。

忠益励"的心迹。一方面要一如既往,"清白奉己,循良牧民","惟民是恤";更重要的是深明"闽为负山带海遐僻之乡,而泉乃富商大贾往来之会,讵容庸缪"——治泉容不得才识低下、行事荒谬者,在"老之将至"之时,自当"怀有犯之忠","守不贪之宝"。①

南宋海外贸易繁荣发展,"港口众多,有广州、泉州、临安、明州",与海外通商地"从原有的 20 多个国家和地区,发展为 60 多个",②泉州"是数一数二的外贸大港","至南宋中叶即后来居上,成为第一大港",超越了广州。③史载,泉州"富商巨贾,鳞集其间","州南有海浩无穷,每岁造舟通异域","涨海声中万国商","更夸蛮货,多象犀珠贝之珍"。④

两宋政府为了增加财政收入,十分重视海外贸易与从事外贸的闽商海贾,多方予以奖励。宋高宗曾说:"市舶之利,颇助国用,宜循旧法,招徕远人,阜通货贿。"⑤又说:"市舶委寄非轻。"⑥王十朋深明大义,但长期生活于农业主导的社会中,又无管理商贸的仕履,不像稍后于他的陈亮、叶适辈,发过有关"农商一体""工商皆本"之类的议论,他如何适应泉州的商贸经济,做一个"循良牧民""惟民是恤"的好知州呢?

(一)泉州提举市舶司其人其职

泉州的行政建制有别于十朋此前的辖地,"市舶司"的设置就是特点之一。

"舶司"是提举市舶司或称市舶提举司的简称。"市舶司是宋代海外贸易的管理机构,其性质类似于今天之海关"。⑦宋廷对市舶司人选的考核任命非常慎重,必选"有风节、才力者为之"。⑧高宗建炎至绍兴间,泉州市舶

---

① 《王十朋全集》文卷一七,第 850 页。
② 葛金芳:《南宋走向开放型市场的重大转折》,《杭州研究》2007 年第 2 期。
③ 葛金芳:《南宋全史》(六),第 398 页。
④ 《方舆胜览》卷一二《泉州》。
⑤ 《宋会要辑稿》职官四四之二四,卷一一二四,第 3375 页。
⑥ 《系年要录》卷一六二,绍兴二十一年四月甲戌,第 3070 页。
⑦ 葛金芳:《南宋全史》(六),第 405 页。
⑧ 蔡戡:《定斋集》卷二《乞选择监司奏状》。文渊阁《四库全书》本,第 1157 册,第 587 页。

司(福建市舶司)曾屡罢屡设。《中兴纲目》载:建炎二年(1128)"复闽、浙市舶官。广南后亦并复。增诸路役钱"。① 乾道二年(1166),福建市舶司的建置与广州市舶司并列,成为南宋的两大市舶司。泉州市舶司也常由泉州知州兼领。

市舶司究竟是干什么的?"它是帝国对外贸易的行政管理机构","它是外贸税收机构","它是外贸经营机构","此外,对外贸易中的经济纠纷,随商船来华之外国使节的接待工作,也由市舶司处理","由于两宋当局高度重视招商引资,他们还有在外商出入境时设宴招待的任务"。② 这些恰好印证上引高宗"委寄非轻"之说。市舶司之职责,岂容小看! 学者研究指出:"鼓励外贸已是当局重要的富民政策","南宋高宗晚期,它(泉州)的贸易额就已经与唐宋两代第一大港广州平起平坐……成为世界上最大也最繁荣的港口城市",③"每州一岁不下三五百万计"。④ 作为泉州最高行政长官的王十朋,心知肚明:"夫农、工、商贾者,财之所自来也。"⑤前提举两浙市舶张阐对孝宗说:"三舶司岁抽及和买,约可得二百万缗。"⑥据徐规先生提供的数据,南宋高宗初年,政府总岁入约一千万贯铜钱,市舶收入达到一百五十万贯左右,占当时财政总收入的15%。高宗末年,政府财政总岁入约四千五百万贯,市舶收入达二百万贯铜钱,也还占财政总岁入的4.4%左右。⑦ 市舶之利动辄以百万计,王十朋焉能不把行政吏治关注目光投向掌控"富商大贾"的泉州"市舶司"。

王十朋与市舶司交往的诗文,只记"马"姓而不录其名。查南宋泉州市舶司名录载:"郭知训:隆兴(1163—1164)初任";"程祐之、马希言、陆沅、张坚:俱乾道(1165—1173)间任"。⑧ 以时间推算,王十朋知泉州时担当市舶

---

① 《中兴纲目》卷一戊申建炎二年,第39页。
② 易中天:《风流南宋》第58页。见毕沅《续资治通鉴》卷九五,宣和五年十一月丙寅日。
③ 葛金芳:《南宋全史》(六),第398—400页;易中天:《风流南宋》第56—59页。
④ 曹勋:《松隐文集》卷二三《上皇帝书十四事》,文渊阁《四库全书》本,第1129册,第468页。
⑤ 《司马光奏议》卷八《论财利疏》,山西人民出版社1986年版,第87页。
⑥ 《系年要录》卷一八三,绍兴二十九年九月壬午条引张阐之言,第3530页。
⑦ 转引《徐规学案》,第247页。
⑧ 黄仲昭:《八闽通志》卷三〇,秩官·历官·方面·宋·诸司附·提举市舶司·提举。

司的该是马希言,即曾任司农寺丞、江东安抚使(或转运使)的"华胄马服君""提舶马寺丞"。①《中兴纲目》曾记其事曰:乾道四年(1168)"夏四月,振绵、汉等州饥。寻以饶、信及建宁府等州饥,遣司农寺丞马希言同提举常平官赈济",②可见马舶司当属"有风节、才力者"。

(二)祈风祈海寄重舶台贤使者

泉州市舶司(即福建市舶司)马希言,是王十朋在知泉州任上结识的诗坛密契、政坛挚友。二人来往密切,唱和甚多。《王十朋全集》诗卷二六至二九,共收录王十朋与马氏唱和诗二十篇。从马希言"市舶司"的特殊身份及王十朋与他的交往情由,或可借以窥探王十朋官宦生涯的新场景。

他与马舶司的交往大约从两个方面铺开。一是基于诗歌唱和的性情契合。提舶之诗,以清新为主,与王十朋、赵士豢唱酬多多,十朋有意收其诗编入《楚东诗集》后集。见证于诗者,如《提舶生日》诗曰:"正阳之月愿不作,气候清和满寥廓。"《次韵提舶见招》诗曰:"江梅初破一阳天,诗句清新欲斗妍。"《提舶送菊酒有诗次韵八日》诗曰:"诗如蓝水坐间成","也胜苏仙嗅落英"。十朋在《提舶示观楚东集用张安国韵》一诗中,慨然表示"欲收膏馥增前集,舶使新诗自合编"。③

二是仰其"大商输官"之于泉州的利益企盼。《提舶生日》诗有云:"北风航海南风回,远物来输商贾乐。"④诗句点明了马舶司的身份与其管辖的"远物来输""航海"事业所带来的"商贾乐"。王十朋曾与他结伴到善利王庙祈雨祈风,作于乾道五年(1169)的《善利王庙》诗云:"有德于民庙貌崇,我来端为谢年丰。"⑤王十朋还曾与马舶司到九日山延福寺祈风。《提举延福祈风道中有作次韵》诗有曰:

---

① 王十朋诗《提舶生日》有云:"遥遥华胄马服君,世有功勋上台阁。"附注云:"汉云台、唐凌烟皆有马氏图象。"见《全集》卷二九,第552页。又有诗题《南宋揭榜温陵得人为盛提舶马寺丞有诗赞喜次韵》,见《全集》诗卷二六,第492页。参见郑定国《王十朋及其诗》,第51—52页。
② 《中兴纲目》卷一五,戊子乾道四年,第511页。
③ 《王十朋全集》诗卷二九、卷二八、卷二七、卷二六,第552、536、518、506页。
④ 《王十朋全集》诗卷二九,第552页。
⑤ 《王十朋全集》诗卷二七,第520页。

>　　大商航海蹈万死,远物输官被八垠。
>
>　　赖有舶台贤使者,端能薄敛体吾君。①

诗称许"舶台贤使者",为"远物输官""薄敛体吾君"而不辞"大商航海蹈万死"。看来,泉州任上的王十朋已然明了商贸之于泉州万民的利益关切,他希望百姓能遇上个丰收年,也希望"蹈万死"的远洋商人能平安归来,能多获利,希望朝廷能对他们"薄敛";他对马舶司心怀感激,称他为"贤使者"。诚如易中天所言,"国家经济重心从黄河流域南移到长江流域","新兴的市场经济取代传统的小农经济成为主流",②这种变化,泉州自是受益者。王十朋积极适应,且有举措,关注航海,扶持商贾,祈风祈海,企求"大商航海"平安、"远物输官",以改善民生利益。

十朋治泉前后,有关史籍不乏泉州地水旱风灾之记载,如乾道二年(1166)"五月,赈泉州水灾",乾道四年(1168)"二月,蠲福建盐钱",③但泉州民众一般生活无虞。究其原因,当与该地商业经济的发展有关。据考,早在绍兴二十九年(1159),金国停止了边贸市场,只有泗洲市场如旧;而南宋方面也停止了边贸市场,只保留盱眙(今属江苏)市场。范立舟研究指出,"自宋代开始,尤其是在南宋,中国文化开始了从农业形态向工商业形态转变的历史进程。商品经济的长足发展,以及商人社会地位的提高,传统的'农本商末'的观念受到很大的冲击,这就使一向耻于谈利的士大夫阶层的观念发生了些许微妙的变化。"④王十朋面对"从农业形态向工商业形态转变的历史进程",⑤其根深蒂固的以农为根基的观念显然萌发了改弦更张的冲动,并部分落实于行政措施。

---

①　《王十朋全集》诗卷二六,第500页。
②　易中天:《风流南宋》,第59页。
③　《续宋通鉴》卷八,丙戌乾道二年、戊子乾道四年,第187、190页。
④　范立舟:《南宋全史》(七),第268页。陈亮在《四弊》中有言"官民一家也,农商一事也。上下相恤,有无相通……商藉农而立,农赖商而行"云云。见《陈亮集》卷一二《四弊》,第140页。
⑤　易中天:《风流南宋》,第59页。

四、肝胆相照　大爱人间

阅世迁逝之感本是中国古代文学常见的一个主题。此类主题唯有在同僚挚友的私下交流中才能坦诚见底。十朋治泉期间的迁逝感怀诗作感人至深。他景慕前修,传承贤宦之光,对于政坛上久经考验的肝胆挚友,如胡邦衡、张孝祥、冯员仲等,则以承前启后的担当全心全意地付出人世间最珍贵的真情道义。政坛肝胆友,千载几刚肠。他们彼此真诚相待,公忠报国,足以证明他们可以相互托付事业,甚至生命。

王十朋既有家国大爱,又有骨肉亲情;既有凌云志向,又有百结柔肠。通过夫妻患难恩爱情深这个窗口,我们还可以穿透层层铠甲,洞彻十朋最柔软的心思,更全面更真切地了解十朋的大爱性情。

（一）激励劝勉肝胆挚友胡邦衡

在一般人看来,朋友是要性情相投的。只有性情相投,方能相处亘久。但事实并非全是如此。王十朋与胡铨就是一对性格差异甚大却心心相印的挚友。不计较彼此性格上的巨大差距,不在乎双方做事方式的分歧和诗歌风格的不同追求,只要对方公忠报国、真诚待己,就毫不犹豫地为其付出至诚至信的道义。有了真诚和坦率,纵使经历再多的磨难也不怕失去。杜甫在一个风起的秋日,忽然想起李白,随手便写下:"凉风起天末,君子意如何?"王十朋与胡铨也是如此。因为懂得彼此心中的执念,故而惺惺相惜。

1. 刚肠犯颜　休戚与共

胡侍郎邦衡,即胡铨(1102—1180),号澹庵,庐陵人,高宗朝进士,是南宋最有名的"进取于善道,知进而不知退"的"狂者"之一。绍兴八年(1138)十一月二十五日,他在枢密院编修官任上,因宰相秦桧与金议和,遂愤然上疏千言,痛斥主和人物秦桧、孙近、王伦,言其可斩之罪。奏疏最后曰:"臣备员枢属,义不与桧等共戴天。区区之心,愿断三人之头,竿之藁街。然后羁留虏使,责以无礼。徐兴问罪之师,则三军之士不战而气自倍。不然,臣有赴东海而死尔,宁能处小朝廷求活邪!"①秦桧立即以"狂妄凶悖"的罪名把

---

① 《宋史》卷三七四《胡铨传》,第11582页。

他远谪岭南,此后又一贬再贬。凡为他申辩或表示同情者亦难幸免。在穷山恶水、人宁事少的荒蛮之地受尽物质与精神的双重磨难痛苦。二十多年后,孝宗即位,他才重新入朝为官,仍然直言好谏。他复官奉议郎,与十朋曾同为编修官,同奏论左右史失职。隆兴元年(1163),两人又共同支持张浚北伐。至符离战败,主和派重新得势,十朋辞官离京,邦衡前来送别。十朋治泉时,见不到他的面容,听不到他的声音,传情达意惟有尺素诗书,既以赞铨慰铨,亦以自表自励。其一《怀胡侍郎邦衡》曰:"孤忠一封事,千载两刚肠","群儿巧相中,直道亦何伤"。胡铨一生刚肠犯颜,急切之情有过于十朋,十朋引为同调,比之"今世汲长孺"。① 同怀"孤忠"之诚,又同罹谪逐之灾,自当心心相印,休戚与共。十朋提醒挚友,须警惕朝中"群儿"弄巧取宠,诽谤排挤。

2. 正人起废 由衷庆贺

国势安危和政局演变是王十朋与胡邦衡永久性的共通话题。得知邦衡起知漳州,十朋作《胡邦衡以集英殿修撰知漳州正人起废有识相贺诗以志喜》,曰:"拾遗补过须公辈,汲黯行归侍紫宸。"②深情祝福胡铨撰章申述壮志,屈才治郡抚民,为治国拾遗补过,犹如当年的循臣汲黯立朝辅佐中兴。

在自己即将离泉之际,得知"名节世无邻"的契友胡铨改知泉州,瓜代相继,十朋作《闻胡邦衡改知泉州复用前韵》诗曰:"天教我辈簪重盖,只恐留中拱帝宸。"③以十朋之阅历和识见,胡铨的外派守郡,似是仕途看好的征兆:你将会被皇上召回朝中以辅佐治国。但未能料及,此后胡铨"留中"不久,又被罢职了。笔者年前曾携全家到海南崖城水南门外瞻谒胡铨遗迹,唯见民居屋舍间,空留两面墙壁、几根屋椽作为先贤遗物聊为纪念,算是给深怀敬意的后人留存一丝安慰。

南宋一朝,尽管不同时空仍时有循吏能臣涌现,但士大夫们施展抱负的

---

① 《王十朋全集》诗卷二七,第 526 页。
② 《王十朋全集》诗卷二八,第 536 页。
③ 《王十朋全集》诗卷二八,第 546 页。

空间已十分狭小逼仄,能交流抗金复国计议的旧时僚友更零落殆尽了。一代名臣胡邦衡的政治悲剧似乎成了南宋一朝中兴志士的宿命!

3. 英雄相惜　　肝胆相照

王十朋看好胡铨的仕途,当有其政治权衡,还兼有对孝宗帝和整个国势的一份忧虑,一份不满,一份期待。诚如《与交代胡侍郎》信中所云:"不图衰暮之孤踪,复有交承之雅契","心惟忧国,屡推造膝之诚;义不戴天,力沮和戎之议。卒落落而难合,竟栖栖而不容"。① 将庆幸契友相聚说得像是临别伤心送行,今日听来依然令人动容。

他俩此后不再有机会举杯畅谈,对酒吟诗,其诗文交往似乎也终止于此,《梅溪集》此后未见有诗,传世的《澹庵词》《胡澹庵先生文集》也找不到胡铨写给王十朋的诗文。

《宋史全文》载:"铨流落海上二十余年,人所甚难","铨自五年(1169)冬,因除知泉州,趣令入对,遂留侍经筵"。他一直"敢言,指细故杂他朝士并言之",尽管"早岁一节甚高",还是"以举官失当,贬职二等",因"小小过失"而于"淳熙六年致仕,明年卒"。② 胡铨当年痛恨奸相秦桧,不仅扬言要"斩桧",还作《戊午上高宗封事》(民间称之为《斩桧书》),相当不客气地把赵构也骂了:"堂堂大国,相率而拜犬豕,曾童孺之所羞,而陛下忍为之耶?"——给金人磕头作揖的,即使小孩儿都觉得丢人,当皇帝的怎么能如此不顾颜面呢? 其时,身在草茅的王十朋遥为应和,"闻秦桧用事,辱国议和,臣尝思食其肉,以快天地神人之愤",③切齿之恨,痛快淋漓。王十朋与胡铨,地位悬殊而声气应和,"千载两刚肠"(《怀胡侍郎邦衡》),其英雄气概何其相似乃尔! 南宋的一对硬汉,彼此性格有别,一个刚烈外放,一个深沉内敛,但真诚相待、互敬相惜、公忠报国,以不藏不掖的坦荡与义无返顾的担当证明他们可以相互托付生命与事业。

---

① 《王十朋全集》文卷一九,第 904 页。
② 《宋史全文》卷二五下"宋孝宗四",第 2112—2113 页。
③ 《王十朋全集》文卷四《自劾札子》,第 633 页。

(二) 精准定评爱国词人张孝祥

张孝祥(1132—1170)才思敏捷,词豪放爽朗,风格与苏轼相近。关于他与楚东诗社的交往事迹,本书第四章第三节所述已详。他英年早逝。在历史上,他曾是一位有争议的人物。王十朋以一首四十字的悼亡诗为他的一生作出了公允精准的评价。

1. 少年英伟　仕途颠踬

张孝祥自幼资质过人,被视为天才儿童。《宋史》称他"读书一过目不忘"。① 他十六岁时通过了乡试,迈向仕途的第一步。二十二岁时,"再举冠里选"。二十三岁参加廷试,高宗亲擢其为第一,居秦桧孙秦埙之上,同榜中进士的有范成大、杨万里、虞允文。可见他自少年时代起,便具潇洒倜傥的气质,英伟不羁的性格。故张栻称他"谈笑翰墨,如风无踪",杨万里称他"当其得意,诗酒淋漓,醉墨纵横,思飘月外"。

登上政治舞台后的五年中,张孝祥官居临安,接连升迁,直至升任为中书舍人,为皇帝执笔代言,可谓平步青云。但以他为岳飞鸣冤的主战派立场,终于得罪秦桧一党,受到汪彻的弹劾丢官外任。复官后知抚州。孝宗即位后,知平江府。时值宋军遭符离之败,损失惨重。张浚推荐孝祥,称其"可负事任",升迁为中书舍人,兼都督府参赞军事,领建康留守。尽管当时因为军事失利,朝廷内议和声大起,张孝祥仍旧坚持自己主战收复中原的理想,向孝宗奏议。四月,北伐失败,张浚罢黜,孝祥也被罢免出京,知建康府。

与王十朋同命运,张孝祥的仕途生涯也屡遭打击排斥,终究没有能实现自己的政治抱负。他为官颇有治才,出守六郡,所至皆有惠政,深受士民的敬重和怀念。

2. 英年早逝　一诗定评

张孝祥文采风流,独步辞翰。他与王十朋的诗坛情谊始于饶州楚东诗社,也止于饶州。饶州之后未见有唱酬往来。

---

① 《宋史》卷三八九《张孝祥传》,第11942页。

乾道六年(1170)三月,孝祥由知荆州返还第二故乡芜湖。七月,得急病而逝。卒年三十八岁。英年早逝,殊让人为之叹息。对于其死因,据周密《齐东野语》载:"以当暑送虞雍公(虞允文),饮芜湖舟中,中暑卒。"

张孝祥的死是让人意外的,孝宗有"用才不尽"的叹息。王十朋在泉州任上得知噩耗,饱含敬慕之诚沉痛悼念,其《悼张舍人安国》一诗以四十字之精概括了张孝祥的一生,可谓准确而形象。诗曰:

> 天上张才子,少年观国光。高明一枝桂,遗爱六州棠。
> 出世才成佛,修文遽作郎。长沙屈贾谊,宣室竟凄凉。①

前两联评论其生前业绩才情,描画爱国志士的一生:"天上才子""少年国光",遗爱人间,惠及六州,一气而下,概括有序,饱含敬慕之情;后两联叙其身后憾恨,认为他冕节芬芳,足可成佛,惟命苦短暂,才屈长沙,犹如贾谊,"宣室凄凉",云云。在才情祈福与现实命运的强烈反差中,突出对张孝祥心志行事的美好奖誉。诗中的贾谊之叹,当缘于彼此仕途的颠踬多舛。

张孝祥在历史上曾经是一个异议人物,而王十朋按照既定政治标准,已有能耐给予感化招引。现今标称"著名爱国词人"的张孝祥,在秦桧相党高压时期曾一度"两持其说",首鼠两端,受到非议。《宋史·张孝祥传》云:"渡江初,大议惟和战。张浚主复仇。汤思退祖秦桧之说,力主和。孝祥出入二人之门,而两持其说,议者惜之。"《系年要录》也述其随波逐流,趋炎附势,通过吹捧奸相秦桧来获取功名和乌纱。②《续宋通鉴》云:"孝祥,乃秦桧之馆客也。同榜三百三十余人,桧之亲党居多,天下为之切齿。"③《中兴纲

---

① 《王十朋全集》诗卷二七,第527页。
② 《系年要录》卷一六六,绍兴二十四年二月辛酉条,第3152页。张孝祥廷试策对卷有云:"上天佑之,畀以一德元老,志同气合,不动声色,致兹升平。四方协和,百度具举,虽尧、舜、三代无以过之矣。"按,"一德元老"即指称秦桧。
③ 《续宋通鉴》卷六,绍兴二十四年条,第131页。

目》述其事较为翔实:甲戌绍兴二十四年(1154)"三月,亲试举人。赐张孝祥等三百三十余人及第、出身有差",状元张孝祥在策文中沿用当时的陈词滥调说:"往者数厄阳九,国步艰棘,陛下宵衣旰食,思欲底定。上天祐(佑)之,畀以一德元老,志同气合,不动声色,致兹升平。四方协和,百度具举,虽尧舜三代无以过之矣!"①其所吹捧的"一德元老"即为世人痛骂的奸相秦桧是也。宋高宗曾为秦桧私宅题词"一德格天之阁",故"一德元老"遂成秦桧的尊称——这种情况在秦桧执政的几乎整个时段都普遍存在。在"文丐奔竞"向秦桧进献诗文的热潮中,当初敢于犯颜直谏或坚持抗金立场的文士如胡寅、张元干、范成大等也曾相继陷于其中,也说出肉麻吹捧奸相秦桧的话。张孝祥是南宋的爱国词人之一,在策文中不得不说那么多违心话,无非是为了取得功名,一般也取得后人的谅解。张孝祥这篇中状元的策文没有收入后世流传的《于湖居士文集》中。

后来的《宣城张氏信谱传》则说张孝祥是首先向宋高宗提出为岳飞平反的人,在秦桧病重期间,张孝祥"方第即上疏"言:"岳飞忠勇,天下共闻,一朝被谤,不旬日而亡",认为宋传之说"岂知公者哉",驳斥道:"及魏公(张浚)志在恢复,公(张孝祥)力赞相。且与敬夫(张栻)志同道合,故魏公屡荐公,遂不为思退所悦",②云云。这样的说法因其所述上书时间不符张孝祥应举策文的实际,故不为史家普遍接受。③

王十朋根据张孝祥日后热心交游张浚、朱熹、张栻辈,并终因赞助张浚北伐遭罢职以及治理州郡有嘉评、加盟楚东诗社等行举,肯定他的人品与行事,欣然接纳,唱和甚畅。

应该承认,在关于张孝祥为人行事的诸多争议中,十朋所论持之有据,较为客观,当属公允之说,因而有匡正舆论之功。元人脱脱修的《宋史》多被后世诟病,传与传之间自相抵牾的很多,有失客观的添油加醋也不少。

王十朋对张孝祥的公允之评在后世得到普遍认同。

---

① 《中兴纲目》卷一一,甲戌绍兴二十四年,第381页。
② 张孝祥:《于湖居士文集》附录《宣城张氏信谱传》。
③ 参见陈振《宋史》,第469—470页。

(三) 为"五贤"亡友冯方伸张正气

亡友冯方,即是被王十朋称为"宁为独醒鬼,不作附炎官"的"一代奇男子"冯员仲,属坚定的主战者。符离师挫后,国事动摇,冯方受谤,以"言者论其轻率招权"而罢职。十朋曾作诗为其鸣冤。可参见本书上一章所述。

十朋知泉州任上得知冯方平反昭雪,终于官复原职与致仕恩泽的消息,老泪纵横,慨然为冤死的亡友伸张正气天理,发出了"三军气应壮,一洗向时哀"的历史呼喊。

1. 许国忠臣　蒙冤而逝

冯方,字员仲,是十朋的政坛挚友。绍兴末年,王十朋与冯方等五人合称"五贤"。王十朋在自己的诗文中数次提及冯方,均以其字员仲相称。有诗云:"瓯蜀异乡客,西湖同日看。"称之为"一代奇男子"。① 绍兴末年,金海陵王完颜亮将挥师南下,冯方上《论措置之策札子》,建议朝廷全力加强战备。《中兴纲目》录其奏疏略曰:"臣闻道路之言,以为虏人将有叛盟之意。臣谓议论定,然后可以言措置;措置定,然后可以论成败。"他力陈措置诸端,说:"如此则形势强,藩篱固。欲守则守,欲战则战,败则可以削,走则可以诛矣。"② 隆兴北伐,张浚出任都督江淮军马,冯方同虞允文一道在都督府任参议官。

由于他在张浚都督府中地位重要,"效力尤多",张浚的政敌、宰相汤思退"尤恶之",指使谏官"论方不当筑城费财,方遂罢"。③《中兴纲目》载:"张浚罢。汤思退令王之望盛毁守备,以为不可恃。又令尹穑论罢督府官属冯方。又论浚废国用不赀,又论乞罢浚都督。"④ 冯方"以论列罢,三军叹息,有流涕者"。许国忠臣冯方蒙冤不幸去世,王十朋悲痛欲绝,曾写下《哭冯员仲》诗二首。

2. 昭雪平反　气壮三军

历史果真为"奇男子"冯方,也为正气凛然的王十朋赢来了公正:乾道五

---

① 《王十朋全集》诗卷一四《次韵冯员仲正字湖上有作》、卷一七《哭冯员仲》,第224、288页。
② 《中兴纲目》一二庚辰绍兴三十年,第418、419页。《三朝北盟会编》卷二二五收录略同。
③ 徐自明撰:《宋宰辅编年录校补》卷一七"隆兴二年四月丁丑,张浚罢右仆射",中华书局1986年版,第1169页。
④ 《中兴纲目》卷一四,甲申隆兴二年,第481页。

年(1169),冯方终得官复原职,他的子孙得到了致仕恩泽。《宋会要辑稿》载:"(乾道)五年十一月三日,诏:故左承议郎冯方特追复左朝散郎,与致仕恩泽。"①沉冤昭雪之时,十朋长歌当哭,血泪文字恣意流淌,其诗《冯员仲复元官与致仕恩泽》曰:

> 谤焰久自熄,果然天听回。孤忠昭圣代,遗恨释泉台。
> 伏节同元帅,知音有上台。三军气应壮,一洗向时哀。②

冯方的沉冤得以昭雪,"释"去了"泉台遗恨",十朋的愤愤不平之气有所舒缓。但受害本人毕竟已经逝去多年了,且解铃系铃,始作俑者正是当今皇上孝宗。于是十朋的怀友情思就变得十分纠结:沉重的悼亡哀思中,有对历史回归公正的自我安慰,也有对天道不公的遗恨怨愤,更有难能重振当年雄风的抑郁之慨。既伤逝者,又念存者,还顾眷于当今最高权力者。诗仅以八句四十字写尽了死生两伤的深曲之情,实以少许胜多许。诗贵精炼,于此可见一斑。今日缅怀冯方"伏节同元帅",强调这位"奇男子"的"孤忠"气节;感激"上台""知音"扶植正义的努力,证明冯方的"伏节"有巨大的感召力——这是王十朋对亡友的最高赞赏。

如果说将冯方冤情得雪归因于"圣代""天听回"是十朋无法摆脱的局限,那么,篇末在情感律动中突兀呼吁"三军气应壮,一洗向时哀",自有政治家俯瞰历史的高与远——诗人追问:当年为冯方受谤而叹息涕泣的"三军"之气何时能再壮声威,以洗雪丧权辱国的哀痛。

借悼念抗战志士冯方,十朋不离不弃地宣示了自己复国中兴的政治主张,而此主张注定不能兑现,那么,不能"一洗"了之的"向时哀"势必哀而复哀了。

家国之痛的纠缠翻腾,转化为杜诗似的苍凉悲壮。这种苍凉悲壮的悼

---

① 《宋会要辑稿》职官七六之七一,第4131页。
② 《王十朋全集》诗卷二八,第536页。

亡哀思全出之于议论。在强度的把控上,诗人中规中矩,始终不离"温柔敦厚"的儒家诗教。对孝宗明褒而暗贬,用心良苦。议论浅中有深,平中有奇,曲折道出了诗人复杂的感情。全篇造语质朴,抒发牢愁,张弛有道;概括时势,深婉纡徐。压抑的激切之情被磨炼得如此平静冲淡,怨而不怒,沉郁顿挫,郁勃之气一似杜甫。不论是性情还是诗艺,十朋的修炼几近完美,无懈可击。此诗当属宋诗中议论较好的一个实例。

还在乾道三年(1167)六月时,冯方平反之前,其门人陈季习将其遗稿送往夔州,王十朋"流涕读之"。其《跋冯员仲帖》云:"员仲,天下士也,负有用之才,怀许国之忠,而不获究其万一,命矣。夫虽困于逸,而死于不幸,然知己数公皆一代之杰,亦可以无憾矣。"①对亡友表示沉痛哀悼。

诚如孔凡礼先生在《宋代文史论丛》中所指出的,冯方的被谤以致死去,是一个时代悲剧。王十朋对冯方的深厚感情,"决不仅仅是朋友之间的个人感情,而应该提高到家国前途的高度"。②

(四) 举荐荦荦大才张栻以自代

张浚之子、南宋理学的重要代表人物张栻,是王十朋的重要政治盟友。张栻(1133—1180),字敬夫,号南轩,比王十朋小21岁。他们在政坛上,相互支持。乾道六年(1170),张栻兼侍讲后,宋孝宗问:"王十朋如何?"张栻对曰:"天下莫不以为正人。"宋孝宗不以为然:"更有一二事,见其有未纯处。"张栻辩解道:"十朋天下公论归之,更望陛下照察主张。臣父以为陛下左右岂可无刚明腹心之臣,庶几不至孤立。"还说:"陛下欲得仗节死义之臣,当于犯颜敢谏中求之。"③张栻称赏的"刚明腹心之臣""仗节死义之臣",指的就是王十朋。

张栻家学深厚,著作等身,是一代理学大师,博学鸿儒,与朱熹、吕祖谦齐名,合称"东南三贤"。乾道六年(1170)提任吏部侍郎兼权起居郎侍立官,敢于犯颜直谏,敢于与宰相作对,向皇帝说不,成为南宋反贪第一人。他

---

① 《王十朋全集》文卷二三,第967页。
② 孔凡礼:《王十朋的挚友冯方与查龠》,《王十朋纪念论文集》第281页。
③ 罗大经:《鹤林玉露》丙编卷六《南轩辩梅溪语》,第345—346页。

揭发被弹劾罢职又重受孝宗重用的史正志以"均输"之名"广立虚名"、盘剥百姓、贪墨腐败的勾当,使之再次罢官,"永州居住,其发运司罢之",①直可视为王十朋隆兴北伐弹劾史浩案的延续,也给了受太上皇压制而性格上苍黄反复的宋孝宗一个不留情面的警戒。

王十朋作为前辈,很赏识张栻。乾道七年(1171)三月,王十朋被任命为太子詹事。因年届花甲且多病,他推荐张栻自代,在《举张栻自代状》中称:"左司员外郎兼侍读张栻学术精深,气禀刚正,久居经幄,宜赞青宫,举以代臣,实允公议。"②殊不知此时张栻将被贬往外地,其原因是他上疏反对佞幸兼外戚张说出任签书枢密院。张栻当面谴责宰相虞允文"近习执政",王十朋写信声援张栻:"天下无贤愚、远迩,莫不称快。""不有君子,其能国乎？真可为社稷贺也。"③同时愤然致书虞允文说:"忽闻左司张栻差知袁州,不觉惊骇,"认为:"以栻之学问、操履,举皆过人,在今朝列少见其比。使之密侍经幄,必能以直道启迪圣君。使之治剧剸烦,亦能处纷扰而不乱。况其直声已著,中外称贤。一旦外除,有识无不短气。"④

王十朋对张栻的评价虽高,但并不过分,更无徇私之嫌。无论学术、才华、品行、操守,张栻确是南宋难得的椠椠大才,在朝"所言,大抵皆修身、务学、畏天、恤民、抑侥幸、屏谄谀"。⑤王十朋与他交往颇多,政见一致,因而互相支持,伸张正气。

推荐自代之举符合宋代的有关规定。《长编》载,台谏官授讫"并进状举官自代,各随所长,具言其状","务在摭实,不许饰词","其后或不修操行,故黩彝章,则举主依法科刑,以惩缪举"。⑥ 王十朋自信地利用了这一推

---

① 《续资治通鉴·宋纪》卷一四二载孝宗诏书:"史正志职志发运,奏课诞谩,广立虚名,徒扰州郡;责授团练副使,永州居住,其发运司罢之。"
② 《王十朋全集》文卷四,第647页。
③ 《王十朋全集》文卷二一《与张佐司》,第941页。
④ 《王十朋全集》文卷二一《与虞丞相》,第941页。
⑤ 《中兴纲目》卷一七,庚子淳熙七年春,第581页。
⑥ 《续资治通鉴长编》卷四八,咸平四年二月壬戌,第1049页。

荐自代的规定。

但十朋的推荐未获采纳,数月后便去世了。张栻作文悼念:"惟昔先人,雅器重公。藐然孤生,晚蒙公知。"他赞扬王十朋"世推忠纯。正色立朝,奸邪所惮",并说"兹世痛公之亡,而非独下交之私情也"。① 张栻没有辜负王十朋的期望,坚持抗金主张,多次为孝宗做参谋、提建议。

王十朋与张浚及其子张栻的关系,十分密切,可谓世交。他们以自己的践行实绩诠释了"不欺"的内涵及现实意义,只要以"不欺"的态度对待"事业",追求"事业",就是大事业,就不是欺天,就不会卖国。不难看出王十朋的民事思想与张浚、张栻的事功思想,颇多相通一致之处。

(五) 鹣鲽情深梦断泉南悼亡妻

王十朋既有家国大爱,又有糟糠亲情。乾道四年(1168)十二月初十,王十朋遭遇人生中的一次重击,与他三十载恩爱无间的夫人贾氏在他初到泉州时撒手人寰。王十朋以诗哀悼,抒发痛惜悲切之情。

为人们所熟知的温州南戏《王十朋荆钗记》是以王十朋为原型创作的,居"荆、刘、拜、杀"四大南戏之首,描写王十朋与娘子钱玉莲悲欢离合的爱情故事。南戏专家徐宏图先生研究指出,《荆钗记》"关目曲折动人,历宋、元、明、清,至今盛演未衰。只是随着朝代的更换,王十朋的舞台形象也随之变化,大致塑造了两类截然相反的王十朋形象","一是负心类","二是义男类"。② 但据史料所载,王十朋生平只有一位贾姓妻子。十朋夫人贾尤凤,乐清贾岙人,出身于书香门第,知书达理,贤淑勤俭,可亲可敬,堪称"贤内助"之典范。王十朋二十七岁时与其结为夫妇,婚后感情忠贞不二。十朋一生仕途坎坷多舛,妻子贾氏跟随其四处流落,共同经历了种种苦痛,任劳任怨地相夫教子。王十朋能安然度过多次挫折及承受沉重打击,其子女能顺利成长且都有出息,与其妻的无私付出有着必然的联系。王十朋对妻子贾氏一生都心存感激并深深依恋。

---

① 杨世文校点:《张栻全集·南轩集》卷四三《祭王詹事》,长春出版社1999年版,第1132页。
② 徐宏图:《论王十朋的舞台形象》,《论文集》第256—257页。

1. 表达鹣鲽情深的沉痛哀思

三十年来,不论十朋居家、仕朝与外任四郡,夫人贾氏都相随相依,相濡以沫,患难与共,鹣鲽情深。这次跋山涉水同来泉州,十朋本打算即时奏章乞祠。这年九月二十九日,"橙橘半青黄"之季,乐清城南饯别,十朋有诗《解舟》略云:"五载走三州,道路险且长","余生疾病多,满镜须髯苍。到官即有乞,行将返耕桑"。到任之时"已上祠章即归去",可知其"老病余生厌宦游"①心情之迫切,盘算着与夫人归家偕老。不意到郡才月余,当年十二月,夫人即病逝于郡舍。灵柩竟因路途遥远无法及时运回故里,在泉州一停就是二年。《乞祠不允三十韵》诗述云:"臣家素贱贫,仰禄救啼饥。""况臣糟糠妻,盖棺将及期。旅榇犹未还,儿女昼夜悲。"②可见境况之窘迫。

年老多病的十朋深受打击,悲痛万分。七律《哭令人》是十朋二十首悼亡诗中的第一篇。诗有曰:"三十年间共苦辛,忽然惊断梦中因。""闽山满眼同来路,木落风号泪满巾。"③作者将自身的悲痛情感渲染到周围的景物上,同来不能同归的路、纷纷飘落的树叶、呼号的风、沾满泪水的衣巾,统统都紧扣诗题一个"哭"字,哀戚满纸。

痛到极处是无言,是沉默,但一旦爆发却势不可挡。十朋的悼亡诗全是心肺中流出,平淡中见真情。如《曹梦良寄柑闻诗闻礼辈取以祭母哭泣不已》诗曰:

嘉果遥来自故乡,去冬初熟记同尝。
尔衔怀橘无穷恨,我亦传柑念不忘。④

同窗好友、同科进士、义如兄弟的曹梦良(逢时)从故乡寄来"嘉果"柑

---

① 《王十朋全集》诗卷二六,第484、491页。
② 《王十朋全集》诗卷二八,第530页。
③ 《王十朋全集》诗卷二六,第490页。
④ 《王十朋全集》诗卷二六,第495页。

橘。柑橘非寻常物。闻诗、闻礼取所寄之柑以祭祀母亲，由此忆及去年此时"同尝"柑橘的情景，"哭泣不已"。十朋触物伤情，因事生慨，以"怀橘""传柑"两个熟典浓缩了全家人的挚爱亲情。只是此时已由爱亲、孝亲翻转为浓浓的悼亡哀思。王十朋抓住了情感痛点，以家常语写家常事，引发人们普遍的共鸣。

2. 表彰孝慈安贫的品行美德

王十朋对亡妻的悲情在五古《悼亡》中表达得撕心裂肺：

> 伤哉无复见，老矣不成偕。牢落凝香地，同谁话此怀。
> 相勉惟清白，囊如四壁空。难忘将绝语，劝我莫言穷。①

诗有自注云："予一日忽言穷，令人曰：'君今胜作书会时矣，不必言穷。'予悦其言，盖死之前数日也。"自注有助理解全诗内涵。"难忘将绝语，劝我莫言穷。"诗追记贾夫人临终前几天说的"不必言穷"，用以收束追悼之情，写出夫人在"囊如四壁空"之际"相勉惟清白"的君子固穷品格。这就将纯属私情心曲的家庭亲情呈现于符合儒家道德的人伦规范之中，从道德伦理情感上凸显了贾夫人孝慈贤慧、安贫乐道的品行美德。

梅溪诗本以质朴见长，他的哀挽诗没有一句浮文饰语，却富有很强的感染力。有诗话家说十朋"短于情"，其实不然。十朋仅仅是不喜欢写"绮罗香泽"的艳情而已。十朋善于以寻常质朴用语诉说人间真爱。

第三节　吏治高标垂后世

不论是立朝或治郡，王十朋都秉承以民为本、以德治国的政治理念，

---

① 《王十朋全集》诗卷二六，第496页。

以"弘毅"的人格精神作为施仁政的基础,正以处心,廉以律己,两袖清风,忠以事君,勤政爱民。王十朋一再表白,治民先治己,才有好效果。在《湖州到任谢表》说:"但思治己以先人,岂忍夺民而生事。"在《泉州到任谢表》中又说:"臣敢不清白奉己,循良牧民。富而可求,第守不贪之宝。"①这既是他为人准则和价值追求的体现,也是他仁政实践成功的思想基础。

尽管其杯水车薪的仁政终不能救民于苦海,但王十朋还是堪称南宋一朝官员中最富政绩、最享盛誉的一位。汪应辰概言:"近世为政得人心,未有如公比者。"②张栻则称他为"仗节死义之臣"。③ 我们不妨由他响往和选择的最终归宿与最后一任仕职回放其平生仕途经历,对他立朝治郡的政治建树及其吏治高标的政治影响作一番综合性概述。

一、辞谢詹事　魂归梅溪

满怀复国中兴宏旨大义的王十朋,在知湖州任上已深感失去了施展抱负的空间。所言"义风高韵两难攀","愿学先生事隐沦",④即此时所发感慨。做一个进则有道、退则有守的堂堂正正的君子,这是王十朋自守的戒律。

乾道六年(1170)闰五月,五十九岁的王十朋屡乞奉祠得允。卸任离别时,泉州百姓"老稚攀留,越境以送,思之如父母焉"⑤,他们仿效饶州百姓挽留王知州的做法,拆断他必经的桥梁。王十朋绕道离去,士民跟随出境,长亭更短亭,直送至仙游县枫亭驿……他的善政功德,他的泉州诗篇,如今还在泉州百姓中传诵。被拆断的桥梁后来重修,命名为"梅溪桥"。泉州人还在东街建"梅溪祠",四时祭祀。

---

① 《王十朋全集》文卷一七,第849—850页。
② 《宋龙图阁学士王公墓志铭》,见《全集》附录二,第1111页。
③ 罗大经:《鹤林玉露》丙编卷六《南轩辩梅溪语》,第346页。
④ 《王十朋全集》诗卷二五,第481、480页。
⑤ 《万历泉州府志》,见《全集》附录二,第1122页。

（一）不恋禅僧栖处

作于归途上的《过头陀九岭宿天玉楼林二招提因成三绝》，自道仕途倦鸟心的最终归宿，意蕴深淳。其三曰：

我如倦鸟欲栖林，喜见禅僧栖处深。
家在梅花小溪上，一枝聊慰北归心。①

一路劳顿，跋山涉水，乡心殷切。夜宿寺院，禅悟机锋，"北归"的"倦鸟"选择何处作为自己最后的栖宿呢？十朋心中自有一番摆脱官事胶扰的投闲期待。毕竟儒根深种，佛儒界限分明，他焉能托寄身心于佛地？他响往的怡然老境，是实实在在的田园乡居生涯。唯有"梅花小溪"广植的梅花才可慰藉他仕途倦鸟的"北归心"。

无力补天，思念林泉。晚于出仕而急于勇退的王十朋，在终结十四年仕途生涯的时候，最终并没有效法"禅僧"皈依佛门，隐于"栖处深"；也没有像他的小同乡翁卷（"永嘉四灵"之一）那样，抛弃尘世，躲进空山而不知所终。他毅然选择故园梅溪作为自己的永久栖息所，选择自己当年手植的梅溪之梅作为人格的最终归宿。

（二）辞谢太子詹事

《中兴纲目》载云，回乡的次年，即乾道七年（1171）春二月，孝宗"立皇子恭王惇为皇太子"，"寻以王十朋、陈良翰为太子詹事"。孝宗称赏王十朋的道德文章，说："王十朋、陈良翰此二人皆好"，"十朋、良翰诚是忠謇，可并除詹事"。②

王十朋曾经创办梅溪书院，入京后曾受命兼任建王府小学教授，后又任国子司业，亲掌国子监，管理朝廷最高学府，如今再度任帝师的教育履历，为他的"教育家"称谓增添了浓墨重彩的一笔。

---

① 《王十朋全集》诗卷二九，第569页。
② 《中兴纲目》卷一六，辛卯乾道七年，第534—535页。

多年后,朱熹对王十朋此任极为赞赏,说:"至于辅翼太子,则自王十朋、陈良翰之后,宫寮之选,号为得人,而能称其职者盖已鲜矣……未闻其有箴规之效。"①但王十朋对此"太子佐臣,未来的帝师"的重托,却再三辞谢。于是孝宗又命温州知州上门礼请,召见选德殿。老病缠身的王十朋勉强进京上朝,最后一次秉持"临事坚执"的性情对孝宗极论时事,作《除太子詹事上殿札子三首》:

其一论詹事职责在于"保其身体""傅之德义""导之教训","俾日与端人正士游养成德性,相与讲论古今治乱之理,他日民情吏事,不患不知"。

其二揭露朝政"官冗之患,莫如今日"的弊端,说"监司之职愈多,而州县之扰愈甚,于治无益也",希望皇上"断然察其无用,罢去勿置"。

其三论选人用人,"谓人心险于山川,难于知天","况狼子野心之人",故劝谏皇上慎于用人,"愿陛下考之于往古,虑之于将来,特加宸念,毋惮一时之难从,而置久远于无害,不胜社稷生灵之愿"。②

十朋这次上朝,双脚弱得无法行走,孝宗诏给扶减拜,赐坐,又赐金带、袭衣,享受最高礼遇。十朋上呈《除太子詹事赐衣带谢表》,③在致谢的同时,申以"衰病"实情,而所谓"有不移之忠,无适用之器"的说辞,尽显其"临事坚执"的秉性依然如故。

(三) 招邀少陵诗韵

退归左原,倦鸟回巢,整日与青山相对,与梅溪为伴,寂寥之中与诗仙李白心有所通,"相看两不厌"。致仕"挂冠"的王十朋摆脱了官场俗务缠身的压力,真想过上闲云野鹤般的生活。

牵引王十朋诗魂的终归是杜甫的灵与圣。他宗尚杜甫行事,追摹杜诗韵致,新辟梅溪草堂,效少陵故事以诗觅"余根",于"小小园中"广植"奇品""十八香",兑现知夔州时"作诗招取少陵魂"的美意遐想。《梅溪草堂新辟

---

① 《中兴纲目》卷一八,戊申淳熙十五年,第614页。
② 《王十朋全集》文卷四,第644—646页。
③ 《王十朋全集》文卷一七,第851页。

缺少花木效少陵故事觅之以诗》即记其事："名园草木多奇品,分我余根种草堂","拈出向来花疏目,招邀春色上诗篇"。① 王十朋种红栽绿,春风诗笔,安然悠然地经营草堂花圃,慈怀本性和少陵韵致一往情深。

然而,悠游田园林泉的新生活刚刚开始,十朋病情趋重。孝宗诏以龙图阁学士致仕。命下,十朋薨矣,年六十。时在七月丙子。

王十朋匆匆走完了六十年的人生路,永远地搁下了翰墨诗笔。

二、仁怀治郡　政绩卓然

隆兴北伐失败后,王十朋出知饶州、夔州、湖州、泉州四郡一路。其仁怀善治的政绩卓著,众口交誉。《宋史》本传曰:

> 凡历四郡,布上恩,恤民隐,士之贤者诣门,以礼致之。朔望会诸生学官,讲经询政,僚属间有不善,反复告戒,俾之自新。民输租俾自概量,闻者相告,宿逋亦愿偿。讼至庭,温词晓以理义,多退听者。所至人绘而祠之,去之日,老稚攀留涕泣,越境以送,思之如父母。②

王十朋是儒家仁政理念的践履者。立朝之直声,治郡之政绩,一切本于他一生秉持的以民为本、为人忠孝、为官有节的民本思想。"不欺"与"无隐""无喧"既是其人生准则,又是其施行仁政求"善治"的法宝。如本传所云,其"书室扁曰'不欺',每以诸葛亮、颜真卿、寇准、范仲淹、韩琦、唐介自比,朱熹、张栻雅敬之"。③ 如同他所景仰的五人,王十朋治郡业绩标榜后世。葛金芳教授从三个方面论述王十朋的治郡经验和为官之道,指出,王十朋的治郡实践及其施政理念只有在孝宗一朝的政治环境中才能施展。④ 笔者有意就其仕宦即将结束时的观念更新略加申发。

---

① 《王十朋全集》诗卷二九,第 570 页。
② 《宋史·王十朋传》,见《全集》附录二,第 1117 页。
③ 《宋史·王十朋传》,见《全集》附录二,第 1117 页。
④ 参见葛金芳《从王十朋的治郡实践看其施政理念》,《论文集》第 34 页。

(一) 从整顿吏治入手,一身正气,勇于担当,谋求州郡之"善治"。

乾道二年(1166)王十朋移知湖州时,总结自己在夔州任上的施政理念,在应孝宗召时,提醒朝廷在地方治理中要妥善解决三件大事,其中第一条就是"精择监司官员",希望孝宗"戒敕宰相,宜于四川监司尤加精择,务得循良恺悌之吏为之,以安远方,不必专取其能办事也"。① 王十朋认为,州县亲民官的选任标准,不能光看办事能力,更应看重的是其执政理念和品格,必须是"循良恺悌"之辈,方有资格入选州县官之行列。所谓"循良恺悌",即是善待百姓,"循良牧民",用王十朋自评自讥的话来说,是要做到"无剥下益上之罪,有抑强扶弱之偏"。②

惩治与表彰结合是王十朋整顿吏治的重要举措。他一方面惩治官场腐败现象,贬斥贪官劣吏,另一方面对所属官吏不仅重视教育引导,还尊奉朝廷"臧否郡守"的考核制度,对地方官实施监督,褒扬循吏美德。在泉州任上,经考察,推出惠安丁县令为七邑宰之楷模,并作《送丁惠安》诗颂扬其"严明为治,而济以廉平,以抚字为心,催科不扰而办"。③《泉州府志》还载有王十朋于乾道己丑(1169)以文才称许泉州教授蒋雍的故事:"蒋雍,字元肃,仙游人。绍兴二十一年进士,乾道间教授泉州,守王十朋见其文,大加赏褒。雍因作《梦仙赋》以献,十朋曰:'长卿《大人》太白《大鹏》之比也'又撰《时政十议》,十朋叹曰:'此经世之文矣!'后知江阴军,再知通州。"十朋称其《梦仙赋》"词新意古,超出翰墨蹊径外",可比"司马长卿赋《大人》,李太白《大鹏》之类"。④

在知饶州任上,当朝宰相饶州人洪适曾写信给王十朋,"请故学基益其圃",即要占用饶州学府的故基来扩大自己的后花园。王十朋严词拒绝:"先圣所居,十朋何敢予人!"⑤而在知夔州、知湖州任上,王十朋不惜辞官来顶

---

① 《王十朋全集》文卷四《除知湖州上殿札子三首》(之二),第640页。
② 《王十朋全集》文卷一七《泉州到任谢表》,第850页。
③ 《王十朋全集》诗卷二八,第542页。
④ 《泉州府志》卷二九《名宦》,参见《全集》文卷二三《跋蒋元肃梦仙赋》,第968页。
⑤ 《宋史·王十朋传》,见《全集》附录二,第1116页。

住户部催缴历年欠赋。

这一切,说明王十朋的治吏观念策略已大有积累与革新。王十朋勇于担当、一身正气、不惧权贵、竭力维护州郡和百姓利益的崇高品格和施政理念,是他整顿吏治,进而达成地方善治的首要条件。

(二)从减轻赋役负担入手,"劳心抚字",关注民生,以达"田里不扰""诉讼日稀"之良序。

王十朋曾总结饶州、夔州任上的施政经验和为官之道:

> 饶俗浩穰,有难调之巨室;夔疆瘠卤,介绝险之乌蛮。但思治己以先人,岂忍夺民而生事。故田里安其不扰,而狱讼由之稍稀。①

王十朋主张"治己以先人",反对"夺民而生事"。在治理"难调""绝险"的州郡实践中,他还勇于为民请命,尽力减轻百姓负担。

在夔州任上,他通过认真细致的调查研究,向朝廷上呈《夔州论马纲状》《再论马纲状》,分析利弊,有凭有据,终于恢复马纲走旱路。

从夔府移知湖州时,他在《上殿札子三首》中提出朝廷治蜀应办的三件大事,其中第二件就是要求朝廷蠲免川蜀百姓的历年欠赋。十朋坚请朝廷"速降诏罢之,庶使远方之民复有生意"。② 他还以辞官相挟,顶住了户部催缴百姓欠赋的蛮横要求,使所治州郡"田里不扰""诉讼日稀"。

(三)从落实救灾措施入手,招徕流移,安定民心,展现心系民生、具体务实的施政风格。

王十朋高中进士第一的绍兴二十七年(1157),恰逢其家乡遭"风水灾伤"。远离家乡的他忧心如焚,遂写信给浙东监司提举官,提出四条救灾措施,建议实行。一是允许百姓缓交往年欠税;二是民间停催私债;三是用政府救灾的义仓米,招诱流移百姓复业;四是实行"以工代赈",广招饥民兴修

---

① 《王十朋全集》文卷一七《湖州到任谢表》,第849页。
② 《王十朋全集》文卷四《除知湖州上殿扎子》(之二),第640—641页。

海塘,所需粮食"或以官米,或诱富民,随多寡出谷或米,日给升斗以顾(雇)之,仍谕食利之户时加犒劳"。①

在他自己的治郡实践中,每遇水旱灾伤,王十朋同样及时采取措施组织救灾。他每到一地任职,都是礼贤下士,详察民情,团结同僚,廉洁自律,特别是"民输租俾自概量",更是体现出王十朋施政理念之核心:为官一任,造福一方。离任后,百姓对王十朋均"思之如父母"。

(四) 与时俱进更新治郡理念,以相应举措适应社会经济发展的阶段性特点和地域性需求。

历经近十年的治郡实践,王十朋的吏治策略不断积累与革新。遭遇了治夔、治湖的困局,王十朋悟出了发展地方经济的一些新策略。守湖州一职仅八个月即告结束,未能充分重视和调动湖州作为全国丝绸出口中心的有利因素,未免让他自己甚感歉疚。在最后职守泉州任上,身处"从农业形态向工商业形态转变的历史进程",②面对位于大后方商业经济特别是外贸经济长足发展的新环境,王十朋以积极适应的身姿扶持商贾,关注航海,发展地方经济,以改善民生。虽然未见更多举措,但从他祈风祈海,企求"大商航海"平安、"远物输官"顺当,并频繁交往市舶司,赞誉市舶司为"贤使君",为航海商人谋利益,有意提高商人的社会地位等,我们不难看出,他视为正统的"农本商末"观念经受了一定的冲击并有所转变。

据载,南宋朝廷军费支出占到全部财政支出的十分之七八,而王十朋的泉州诗文未见如夔州、湖州时期的叹穷叫苦的记载;他寄重于密切关联泉州财政的"贤使者"市舶司,虽然不无个人情感、诗歌同好的因素,更可能出于寻求治地经济依托的动机。他根深蒂固的以农为根基的观念显然萌发了改弦更张的冲动。考察此后渐趋成熟的以叶适为代表的永嘉学派事功思想,王十朋治泉期间滋生了些许"农商一体""工商皆本""义利并重"的多元思

---

① 《王十朋全集》文卷四《与都提举论灾伤救济》,第928—929页。
② 范立舟:《南宋全史》(七),第268页。

想观念。

葛金芳先生总结说:"今天看来,王十朋将近十年的治郡实践相当成功。他从整顿一地的吏治入手,来谋求州郡行政之'善治',显然是抓住了施政之要害。他从减轻百姓的赋役负担入手,以达'田里不扰''诉讼日稀'之良序,显然抓住了地方行政的核心。他廉洁奉公、一身正气、敢顶权贵,为其僚属做出了榜样,既是其为人准则和价值追求的体现,更是其施政实践的成功基础,值得今人发扬光大。"①而从泉州治理的成功经验看,笔者以为,他在州郡财政普遍困窘的现实中,更新施政观念,尊重商人地位,改善商业环境,以适应社会经济的发展特点和地域性需求,这显然是悟得了发展地方经济的硬道理。

三、政坛声望 后世高标

王十朋的人生当以绍兴二十七年(1157)高中状元为界标,划分出前后不同的两个段落。从总体考察,其三十余年的乡居活动,是在为后期仕宦生涯做着铺垫与准备;十五年的从政生涯,则完全是其前期累积的民本思想及道德学问的集中践履。而其从政履历又可分为在朝廷与在州郡两个阶段,都有可圈可点之处,政坛声誉流播后世。

(一) 直声立朝的一代名臣

在中央政府任官的数年中,王十朋秉持鲜明的主战派立场,与主和派相抗衡。他建议高宗重用张浚、刘锜等主战派大将,以备"金将渝约"之险恶形势;还揭露大将杨存中以三衙而交结北司盗大权,"以管军位三公,利源皆入其门"。② 言之有据,皇帝不得不听,罢了他的官。后来查出杨氏果然有"私扑酒坊"九处,没收归公,每年可以收息六十万缗。他理直气壮地反对秦桧一伙官以贿进、以人划线的错误做法,表现出稳重老成和正气浩然。

孝宗登基后,"十朋见上英锐,每见必陈恢复之计"。③ 在朝任国子司业、

---

① 参见葛金芳《从王十朋的治郡实践看其施政理念》,《论文集》第38页。
② 《宋史·王十朋传》,见《全集》附录二,第1114页。
③ 《宋史·王十朋传》,见《全集》附录二,第1115页。

侍御史等职期间,直言不讳,无所回隐。王十朋不仅敢批前任宰相秦桧及其同伙,而且敢于弹劾时居右相的史浩及其侄子史正志。孝宗以龙大渊为抚谕两淮之使,十朋上《论龙大渊抚谕两淮札子》,①认为人选不妥,要求取消或改变。《宋史·曾觌传》亦载,隆兴初年,宋孝宗"尝令(龙)大渊抚慰两淮将士,侍御史王十朋言:'大渊衔命抚师,非出朝廷论选之公,有轻国体。'"②

王十朋嫉恶如仇的刚正性格,获朝臣众口称赞。《宋史·张阐传》载:"给札侍从、台谏条具时务……当时应诏数十人,惟阐与国子司业王十朋指陈时事,斥权幸,无所回隐。"③《宋史·胡宪传》载:"适秦桧讳言之后,(胡)宪与王十朋、冯方、查龠、李浩相继论事,太学士为《五贤诗》以歌之。"④

为官十五年间,不少宰执赏识他,推荐他。如:孝宗隆兴元年(1163)正月,张浚除枢密使,十二月,任宰相,"所荐虞允文、汪应辰、王十朋、刘珙等为名臣"。⑤ 王十朋离京后,孝宗乾道二年(1166)十二月,叶颙"进尚书左仆射兼枢密使。颙首荐汪应辰、王十朋、陈良翰、周操、陈之茂、芮晔、林光朝等,可备执政、侍从、台谏,上嘉纳"。⑥ 乾道五年(1169)八月,宰相兼枢密使虞允文与他的后任梁克家,都赏识王十朋,"凡所举,上皆收用,如胡铨、周必大、王十朋、赵汝愚、晁公武、李焘,其尤章明者也"。⑦ "在政府,与虞允文可否相济,不苟同。皇太子初立,克家请选置官属,增讲读员,遂以王十朋、陈良翰为詹事,中外称得人。"⑧这些有所作为而为士大夫称颂的宰相,都举荐王十朋,寄望王十朋能上辅君王,下安黎庶,礼绝百僚;寄望他能佐政事,定国策,副署诏令。

南宋中兴名相、文学家周必大(1126—1204),与王十朋相交甚深,以诗

---

① 《王十朋全集》文卷四,第632—633页。
② 《宋史》卷四七〇《曾觌传》,第13689页。
③ 《宋史》卷三八一,列传一四〇《张阐传》,第11747页。
④ 《宋史》卷四五九,列传二一八《胡宪传》,第13465页。
⑤ 《宋史》卷三六一,列传一二〇《张浚传》,第11311页。
⑥ 《宋史》卷三八四,列传一四三《叶颙传》,第11821页。
⑦ 《宋史》卷三八三,列传一四二《虞允文传》,第11797页。
⑧ 《宋史》卷三八四,列传一四三《梁克家传》,第11812页。

唱和，多以国事相托。曾与王十朋同赏省中黄梅，作《次韵王龟龄大著省中黄梅》；其《送王龟龄赴越州宗丞》称赏王十朋"疑是西极徕"之"汗血"骏马，"忠精贯日月，声名震陪台"。在北伐失败后的隆兴元年（1163）九月十八日夜，也许是对好友思念太过，周必大竟然南柯一梦，梦见王十朋在西南前线指挥作战，驰骋疆场。夜不能寐，作《九月十八日夜忽梦作送王龟龄诗两句枕上足成》有云："匈奴何敢渡江东，一士真过万马雄。唐室安危谁可佩，雪山轻重属之公。"想象中，符离败后，王十朋依然"忠精贯日月"，"一士真过万马雄"，犹如挽救唐室于既倾的旷古英雄，顶天立地，把守西南前线，让金军闻风丧胆，不敢觊觎南宋大好河山。周氏将符离败后的南宋比拟为"安史之乱"后的唐朝，正危机四伏，只有倚重着像王十朋这样的国家栋梁。①

南宋名臣、学者赵汝愚（1140—1196）称王十朋是"师友"。赵汝愚为乾道二年（1166）及第进士第一，早有大志，常以司马光、富弼、范仲淹、韩琦等自许。孝宗赞扬他有文武全才。孝宗崩逝后，以功升任右丞相，与留正同心辅政。他是道学的忠实信徒，与朱熹成为政治同盟者，彼此支援，同声呼应，学术思想上互相推崇和相互标榜，也一起遭受庆元党禁的迫害。他学务实用，信服十朋言论。《宋史·赵汝愚传》载："凡平昔所闻于师友，如张栻、朱熹、吕祖谦、汪应辰、王十朋、胡铨、李焘、林光朝之言，欲次第行之，未果。"②这里不仅将王十朋与张栻、朱熹、吕祖谦这三位理学大师并提，而且与著名诤臣汪应辰、胡铨，著名史学家李焘并论，同列为"师友"，可见得宋代臣僚对王十朋的推崇与称赏。

王十朋辞世后，著名理学家、文学家吕祖谦（1137—1181）作挽章云："先鸣惊众寐，孤愤压群咻。羽翼新鸿鹄，声华旧斗牛。"张浚之子、南宋理学家张栻（1133—1180）作挽诗云："大节元无玷，中心本不欺。排奸力扛鼎，忧国鬓成丝"，"忠言关国计，清节暎廷绅"。③

---

① 《全宋诗》卷二三二〇，第43册，第26690页；卷二三二一，第43册，第26699页。
② 《宋史》卷三九二《赵汝愚传》，第11989页。
③ 吕祖谦：《王龟龄詹事挽章二首》，《全宋诗》卷二五二二，第47册，第29141页。张栻《故太子詹事王公挽诗二首》，《全宋诗》卷二四一八，第45册，第17908—17909页。按，《王十朋全集》误将两人诗作混合一起。

南宋理学家、诗文家真德秀(1178—1235)也崇拜王十朋的道德文章,做有多篇诗文纪念王十朋,如《泉州贡闱庆成》《泉州贡院举梁八咏》《重建王忠文公祠堂记》《王忠文公祝文》《梅溪续集跋》等。他曾两度知泉州,对王十朋政事多有研究,曾多次用理学思想分析阐释王十朋深受泉州百姓爱戴的原因。《全集》失收的《王忠文公祝文》称赞云:"公之守泉,才阅岁尔,而德政在人,有百年之思。间者祠宇之修,某为之记,盖尝妄论一二矣。兹由闲馆,再玷守符,缅怀清风,益加敬慕,九原可作,非公谁归!"①

《王十朋传》在《宋史》卷三八七,同传者为黄洽、汪应辰、吴芾、陈良翰、杜莘老。该传《论》曰:"黄洽浑厚有守,应辰学术精醇,尤称骨鲠。十朋、吴芾、良翰、莘老相继在台府,历诋奸幸,直言无隐,皆事上忠而自信笃,足以当大任者,惜不尽其用焉。"②可知元史臣对包括王十朋在内的六人评价甚高,许为名臣。

直至清一代名儒朱轼编《历代名臣传·王十朋》特载:王十朋策中有言:"铺翠已禁,而中外首饰自若,岂法令不可禁乎?抑浣濯之化,衣不曳地之风未行于外乎?"帝用其言,严销金铺翠之令,取交址所贡翠物焚之,云云。其"论"曰:"观十朋之言行,昭昭乎若揭日月而行也。语云:世之所少者,非才也,气也。有是气者,浩然塞乎天地之间,其于物也,不的而信,不令而从,成功立事,非可以意拟言谈而数计也。十朋若用于时,其几于是矣。"③这位康熙、雍正皇帝实录总裁官、乾隆帝师朱轼以孟子浩然之气说赞誉十朋言行品格。

(二)高标人世的政治声誉

纵观王十朋的政坛履历,不论是在朝廷或是在州郡,都有可圈可点之处,其声誉流播广且久。他的仰慕者自在民间,自在人心,无论今生与后世,如朱熹所谓:"公之必为君子,盖不待尧、舜、孔、孟而知之矣。"④

---

① 曾枣庄、刘琳主编:《全宋文》卷七二〇一,第314册,第282页。《全集》失收。
② 《宋史》卷三八七,列传一四六《论》,第11895页。
③ 朱轼编:《历代名臣传》,岳麓书社1993年版,第498—499页。
④ 朱熹:《宋梅溪王忠文公文集序》,见《全集》附录一,第1091页。

1. 德政遗爱长留人间

南宋嘉泰年间官修地方志《嘉泰吴兴志》有载,王十朋"乾道中,以敷文阁待制自夔州移知(湖州)郡事。崇儒重道,以教化为先,郡有贡院久废,自出圭租以率州之士夫各助私钱重建,不敛于民,不费于官。贡院、郡学皆立生祠。……后丐祠得请,百姓攀恋至有垂泣者"。①"立生祠"与"百姓攀恋"泣别等场景史籍屡见不鲜,已是王十朋州郡移任之际的民情常态。

王十朋从饶州改知夔州时,"饶人遮道挽留,易轿由间道而去";夔州到任后,他收到了余干主簿寄来的图与诗,描写他"去饶之日,郡人断桥见留"的场景;其他饶州同僚也"录民谣见寄",②内容显然也是歌颂其德政的。他的自述决非自我标榜,有史为证:"移知饶州,饶民走诸司乞留不得,至断其桥,乃以车从间道去。众葺断桥,以'王公'名之"。③ 而他自心总是深怀内疚,道:"自惭政拙无遗爱,安得民心有去思。"④

在夔州任上,王十朋同样遗爱在民。例如通过与同僚协作,一再上奏,马纲终于"复行旧路",减轻民生痛苦,他与民同乐,"坐看巴蜀回生意,放我欢呼到酒尊"。⑤ 而念及知夔二年来,自己"无德于民,尤无功于学校,泮宫诸生相与肖其像而祠之,意固厚矣",他深感"非所宜得",有诗云:"才疏政拙形容陋,深愧邦人为立祠。"⑥

王十朋最后调知泉州,也像知湖州时那样,自捐俸禄,创建贡院。《万历泉州府志》说其"去之日,老稚攀留,越境以送,思之如父母焉"。他在泉州前后两年,归里不久就与世长辞,但"泉人思之愈久而弗忘","虽没世而人弗忘",⑦为他建立祠堂。有"南夫子"之誉的蒋雍作《王詹事祠堂记》载:

---

① 谈钥:《嘉泰吴兴志》卷一四《郡守题名》。见浙江省地方志编纂委员会编《宋元浙江方志集成》,杭州出版社2017年版,第2671页。
② 《王十朋全集》诗卷一九《予自饶易夔以七月九日行》,诗卷二一《余干翁簿》《怀番阳》。第318、384、387页。
③ 《宋史·王十朋传》,见《全集》附录二,第1116页。
④ 《王十朋全集》诗卷二一《怀番阳》,第387页。
⑤ 《王十朋全集》诗卷二一《闻马纲复行旧路》,第368页。
⑥ 《王十朋全集》诗卷二三《某二年于夔》《别夔州三绝》,第433—434页。
⑦ 真德秀:《重建王忠文公祠堂记》,见《全集》附录四,第1130页。

"本朝建隆改元,至嘉祐,刺史卓然可称者,端明蔡公一人。自嘉祐六年至乾道,刺史卓然可称者,阁学王公一人。"①

尽管在地位、功业与影响上,王十朋还不能与他毕生追慕的范仲淹相媲美,但他在立朝治民的进退出处上,却时时处处以范仲淹为典范,其名节政声让时贤朱熹也肃然起敬。为其文集作序时指出,今人能与诸葛亮、杜甫、颜真卿、韩愈、范仲淹等君子相比,"其亦庶几乎此者矣"。② 永嘉学派代表人物陈傅良(1137—1203)作祭文,置其于恢宏时世背景,称"吾乡自昔,诸儒有作。刚毅敦庞,是以为俗",赞曰:"屹立堂堂,万夫典型。""南宋文章三大家"之一楼钥不但作挽词,且代人作祭文,称十朋"行出乎诚,学根乎经。高见速识,特立独行"。南宋著名江湖派诗人戴复古(1167—1247),推崇王十朋的刚直为人,作诗称:"堂堂大节在朝廷,名重当时太华轻。乾道君臣千载遇,先生议论九重惊。"③可见得同世文苑诸贤对王十朋道德文章的推重。王十朋作为范仲淹的忠实仰慕者,也无愧于"先生之风,山高水长"。

2. 政治思想感召政坛

回望南宋太学生历次以抗战复国为主旨的请愿风潮,亦可想见王十朋享有的政治声誉及其社会影响力。

具有传承意义的学生运动是影响政局的重要因素之一。南宋太学生势众力大,常代表民意"伏阙上书",有时公然与宰相挑战,动以"扫课"(罢课)要挟朝廷,宰相屡为去职。然太学生运动时为个人败类所乘,其流弊颇为史家所诟病。故公正之士,如陆游有《送芮国器司业》诗予以公正评议云:"往岁淮边虏未归,诸生合疏论危机。人材衰靡方当虑,士气峥嵘未可非。万事不如公论久,诸贤莫与众心违。还朝此段宜先及,岂独遗经赖发挥。"出于公正之心和忧虑之情,陆游希望最高统治者能顺从民意,尊重"论危机"的"士

---

① 文渊阁《四库全书·舆地碑记目》卷三《泉州碑记·泉州刺史之数》。又见泉州志编纂委员会办公室、泉州市地名学研究会合编《泉州方舆辑要》,1985年编印本,第57页。
② 朱熹:《宋梅溪王忠文公文集序》,见《全集》附录一,第1090页。
③ 陈傅良:《祭王詹事文》,《全集》附录五,第1160页。楼钥:《祭王詹事十朋文(代曾吏部)》,曾枣庄、刘琳主编:《全宋文》卷六○一○,第266册,第239页。《全集》失收。戴复古:《题泉州王梅溪先生祠堂》,《全宋诗》卷二八一八,第54册,第33558页。

气峥嵘",在"人材衰靡"之际,不要随意摧折人才。

据史籍记载,从建炎、绍兴到孝宗隆兴年间,在金兵南侵的鼙鼓声中,赵宋王朝围绕抗战与和戎的问题,发生过多次较大规模的生死搏斗。略加观察,可知其多半伴随着太学生上书请愿风潮,且与王十朋的政治思想和政治作为紧相关联。

第一次,事件发生在建炎元年(1127),坚持抗金的李纲,居相位七十五天即遭投降派排斥去朝。太学生伏阙请愿,要求高宗"治兵亲征,迎请二帝,其言切直",太学生陈东上书,"乞留(李)纲,而罢黄潜善、汪彦伯","会布衣欧阳澈亦上书言事,(黄)潜善遽以语激怒高宗",①宋高宗"遂皆坐诛"。②尽管赵构于建炎三年(1129)为二人平反,赠陈东、欧阳澈承事郎,诏恤其家,又遣祭其墓,赐陈东家金……但既不能慰死者之灵,又不能使生者忘却朝廷杀害爱国志士的罪恶。

第二次,事件发生在建炎二年(1128),"春正月,上在扬州","金人陷邓州……又掠邓、汝、金、房四州之民以归","山东群盗蜂起,(黄)潜善、(汪)伯彦皆蔽匿不以奏",于是"太学生魏祐上书论潜善、伯彦误国十罪。"但太学生上书未能奏效,终于"为黄潜善所沮",赵构仓皇南逃,"无复经理中原之意"③。

第三次,事件发生在绍兴八年(1138)十一月丁未,枢密院编修官胡铨上疏,反对和议,"乞斩王伦、秦桧、孙近",并痛斥高宗"竭民膏血而不恤,忘国大仇而不报",进而警告,如此倒行逆施,"梓宫决不可还,太后决不可复,渊圣决不可归,中原决不可得。而此膝一屈不可伸,国势陵夷不可复振"。④ 胡铨的奏章在朝野引起轰动,"都人喧腾,数日不定",有人将此奏章刻印成传单四方散发。胡铨的命运稍好于陈东,结果是"窜胡铨","秦桧等乃拟昭州编管","遣人械送贬所"。⑤"(胡)铨送昭州编管,旋改广州

---

① 《宋史》卷四五五《陈东传》,第13361页。
② 《中兴纲目》卷一,高宗皇帝丁未建炎元年,第23页。
③ 《续宋通鉴》卷一,第14—22页。
④ 《中兴纲目》卷八,戊午绍兴八年,第285页。
⑤ 《中兴纲目》卷八,戊午绍兴八年,第286页。

都盐仓",①流放岭表长达二十四年,苟全性命,九死一生,1162年还朝时已是垂垂老矣。

第四次,就是王十朋等"五贤"奏章与侍御史任上弹劾史浩等行举,反对和戎,坚持抗金,冒死抨击朝政,讨伐奸相,引发太学生赞以"五贤诗"。这是陈东、欧阳澈伏阙上书、胡铨弹劾权臣的继续,只因得宋王朝祖训"不杀大臣,不杀言官"的护佑,得有复国志向的孝宗皇帝的支持,王十朋等虽从此远离中央核心,浮沉州郡,但全身而退,还算是幸事一桩。

第五次,发生在王十朋等离朝后的隆兴二年(1164)岁末。据《中兴纲目》载,太学生张观、宋鼎等"七十余人上书言汤思退、王之望、尹穑钩致虏人,宜斩之以谢天下",他们为王十朋们的政治遭际鸣不平,请求"陛下先正三贼之罪,以明示天下……召金安节、虞允文、王大宝、陈俊卿、王十朋、陈良翰"等"协谋同心,以济大计"。②"参政周葵闻太学有欲相率伏阙者,奏以黄榜禁之,重置典宪",③幸好终未酿成大祸。《宋史纪事本末》所载略同,言及由于太学生张观等的抗争,"汤思退罢,落职永州居住","思退行至信州,闻之,忧悸而死"④云云。王十朋等抗战派的受排挤离朝是这次太学生们请愿的重要动因。

今天看来,宋时太学生糠秕时政,褒贬政要,行为激烈,士气高昂,当属宋王朝民族矛盾和统治阶级内部矛盾尖锐时期的爱国群众运动。这里所述前三次抗争风潮发生在十朋入仕之前。两位小人物因为担忧国家命运而付出了生命的代价,十朋钦敬的胡铨冒死罪与投降派秦桧斗争而遭流放打压二十余年。十朋满腔义愤不可遏止,曾赋诗作文公开揭露"陈东已死""欧阳遭戮""胡公被逐"⑤案接连发生,朝廷内外一片白色恐怖的残酷现实,影响周遭士人的政治态度。在后两次风潮中,王十朋自己成为主角之一,是受

---

① 于北山:《陆游年谱》,上海古籍出版社2006年版,第27页。
② 《中兴纲目》卷一四,甲申隆兴二年,第489—490页。
③ 《续宋通鉴》卷八,第183页。
④ 《宋史纪事本末》卷七七"隆兴和议",第811—812页。
⑤ 《王十朋全集》诗卷三,第35页。

太学生赞颂、并被举为召回朝廷"协谋同心,以济大计"的名臣之一。不论王十朋是否在中央决策机构,他抗金复国的政治主张影响着一代年轻太学生的政治选择,沉重打击怀奸误国的主和派,折射出王十朋的政治理念及抗争邪恶势力的无畏勇气具有强大的政治感召力。

第六章　文学成就　史学价值
——承先启后、振衰起弊的文史学贡献及其历史地位

王十朋一生保持儒术经世致用的文人风骨，治学尚理致、反空论，其诗文创作践行现实主义精神，多纪实、重功用，同时具有文学价值和史学价值，在历史上占有一定的地位，其本人则以两宋之交稀缺的文学巨擘形象成为温州历史文化中最有影响力的精神图腾。《梅溪集》作为一部儒家经典著作，给予后人的启示显然已经超越一诗一文、一时一事的范畴，而带有跨越时代拘囿的亦经亦史价值，其史学价值有待进一步开发。台湾学者郑定国认为宋室南渡初，"隐然雄峙天下为文坛祭酒者，王十朋是也。惜世人忽略，近千年来，沉沦不彰，然其承先启后之迹，可按诗文作品索得，甚或南宋大儒朱熹亦在其笼罩中"。①

作为一位家国一体情结浓郁而个人本位意识内敛的宋代士大夫优秀代表，王十朋的诗、赋、文作品，凝聚着时代精英对动荡社会的全方位观察，对中兴复国时代主题的执着诉求，对江南故土文化生活的由衷眷恋和不绝思念。痛惜、嗟叹、缅怀、倾诉、呼号，伴随着作家禀赋中特有的坚执、抑郁和沉稳，使其作品阳刚浑厚，沉郁顿挫，恰好体现了那个风雨飘摇时代江湖诉求的深刻和难度，构成了南宋悲情王朝的全部丰富性。王十朋的诗歌，在宋诗由消沉走向复兴的历史阶段振衰起弊，是开启宋诗中兴风气的先声；王十朋的散文，特别是赋，以严谨雅正、纤综婉转之象引一时风尚，占得南宋散文发

---

① 郑定国：《王十朋及其诗》，第265页。

展的先机,有重启宋文繁盛之功;王十朋的文论诗论,或襞积旧说,或自建"新论",精到深淳,其"文主刚气""非坡非谷"等"新见"具有理论经典意义和文学实践价值。承先启后、振衰起弊,王十朋的文学成就对南宋文学的发展作出巨大贡献。①

第一节　上承元祐下启中兴的诗歌创作

忧患诗声,家国情怀。王十朋一生与诗歌结缘,执著于我们这个民族固有的文化诉说方式,坚持诗歌创作。他的诗歌以爱国主义为基调,以政治抒情为骨架,反映社会思潮和民生百态,是留给后世的一份丰厚珍贵的文化遗产。

朱熹称十朋"平居无所嗜好,顾喜为诗。浑厚质直,恳恻条畅,如其为人,不为浮靡之文,论事取极己意"。② 王十朋生活在兵连祸结、风雨飘摇的国度中。自解事以来,经历了靖康之变、建炎南渡、绍兴和议、秦桧专权、隆兴北伐、隆兴和议等重大事件,他从未将家国忧患、生民休戚与朝政变局置之度外。作为一个尚未出仕的江南士大夫,他在涵养正气与砥砺人格时,随处展露出爱国忧民的现世情怀。尽管主要处于乡居状态,王十朋对宋金大势与朝政时局却大体了然于胸。以殷殷忠忧抒述家国襟抱,凭深厚史识颂扬国朝故事,他的报国忧时之心,也不是一般文士浮泛空洞的无病呻吟,而与政治走向休戚攸关。入仕以后,立朝治郡,有比一般臣僚更高远的胸襟抱负和思想格局,能放眼宋金对峙局面,力主抗金恢复,大胆直言诤谏,处处以民为本,政绩卓然。阅读他近乎诗史的时政诗,我们会加深认识南北宋交替大变局时期的动乱时局,感受南宋士大夫优秀代表的畎亩孤忠与民族大义。

他的时政诗爱国忧时、哀念民生,他的山水诗局境开朗、雄浑寂寥,他的

---

① 详见拙作《王十朋诗文创造与文学思想概论》,《乐清历史学会会刊》第3期。
② 朱熹:《宋梅溪王忠文公文集序》,见《全集》附录一,第1090页。

咏史诗议论纵横、寄托遥深,他的咏物诗抚物感怀、寓理精妙,他的酬唱诗切磋互勉、肝胆相照,他的亲情诗至真至诚、情意氤氲。关于梅溪诗作的内容、风格及其局境开朗、沉郁顿挫的艺术特色等,前面各章已有论列,这里概言其诗歌创作对文学史的两大贡献。

一、记录时代衍进　构筑诗史图景

王十朋诗歌创作以政治抒情为基本骨架,记录时代悲悯,寄托政治理想,充满实用性、纪实性的政治气息,构筑了南北宋变局时期的诗史般的社会图景。

王十朋的诗意人生起步于少壮时三结诗社的学韩情结。他怀揣"修身齐家治国平天下"的道德理想,以天下为己任,以韩愈诗文为标杆,竭诚担当,勤笃作为。本该无忧无虑的少年,过多地接受动荡的社会信息,过早地承载起时代的创伤,终于养成过人的老成持重,三结诗社,悲歌吟咏,却也禁不住山水诗情和青春活力的热烈喷发。

尽管就王十朋早年之人格自期,本也不想把自己设计成纯粹的学者或放任的诗人,但他襟抱博大,热衷于诗歌创作。从歌喉初展时的忧患到熔铸经史典籍后的沉重,抑或行吟雁荡浙东唐诗之路的舒展,一旦发为诗篇,总是充溢着家国之思、故土之恋、时局之忧,深涵着韩愈和杜甫忧国忧民的淋漓元气,折射出爱国士人绵长醇厚、历久弥新的家国情怀,在南宋一朝最早地成就了爱国诗名。

入仕前的四十多年,他伤时念乱,长悲大喟,声情激越,《伤时感怀》《读亲征诏书二首》《送曹大夫赴行在所》诸篇,气宇轩昂,大声镗鞳,最足以表现其爱国情怀;入仕后的十五年,则襟怀深婉,诗情顿挫,沉哀入骨。从年少乡居、壮年出仕到落叶归根、老朽回乡;从歌喉初展、崭露头角的咏雪七律到末卷的襟抱坦荡、老而弥坚的咏梅绝唱;从感叹昔日之盛、隐刺当代国事日非的《观国朝故事》,到对高宗、孝宗求和偏安现实绝望的《去国》《罢官述怀》,王十朋一直勤勉作诗,未曾中辍。面对偏安既定、南北暂时妥协的局面,他伤时感世,死谏抗敌,写下了大量社会政治题材的诗歌,发于忠愤,悲慨淋漓。直至去世前一年还深深叹息:"版图犹未复,昼锦无由访。"坚守复国中兴的政治主张:"三军气应壮,一洗向时哀。"①其沉重的家国情怀,如屋之有柱,人之有骨,支撑厓跸老臣的孤忠义胆,张扬间关万里的忠挚精神,分外感人。

他毕生渴求建构君臣相得、上下同心的政治秩序和社会秩序,渴望"好将正味调金鼎""成材宜作禹祠梁",热衷建功立业,辅君报国,为国效劳。晚年感喟"雄文谁继范文正,妙曲亦无滕子京",②秉承的正是他的政治偶像北宋政治家范仲淹倡言的政治主张:"王者得贤杰而天下治,失贤杰而天下乱。"他一方面强调忠君,努力按照封建最高统治者的意志行事;另一方面又恪守孔孟人格范式,践履儒家精神要求于宋代文人的道德意志和人格理想的普遍法式。积极用世的儒家情志贯穿一生,晚年时只是因为怀才见弃而多了一些孤寞,增了一些苍凉。

王十朋人品一流,政声如雷,文气鼎盛,诗情激越。他的诗词作品,有浓厚的忧国伤世情怀,有系统的人格范式演绎,其高洁气韵给读者以心灵的感应、人格的启迪及审美的愉悦。他的部分篇章确有严谨有余而灵动不足之憾,有时还因重意倾向而削弱了个体抒情意味,但作为"畎亩遗士",王十朋不仅由衷歌咏左原山水、乐邑风光和浙东唐诗之路的人文风物,尽情抒发对家园故土的热爱,留下了不少精美诗篇;他更倾情读经咏史,褒贬时政,倾诉国土沦亡之恨、国耻难雪之恸、乱世衰微之悲、旧京光复之愿,还以诗歌倾吐畎亩遗士的政治诉求,塑造抗金英雄形象,歌颂他们的义勇忠烈。十朋诗对现实黑暗政治作出了适时、沉重而见血的揭露,有的将锋芒直指集权魁首,表现出极大的政治勇气。在南北宋交替大变局中,王十朋吟咏不辍,以诗歌录存个人的忧思与忠怀。今人诵读这位政治抒情诗人遗留的诗作,一幅堪称南北宋交替大变局时期的诗史图景就会不期然地呈现目前。

---

① 《王十朋全集》诗卷二七《六月二十五日会同官于贡院》、诗卷二八《冯员仲复元官与致仕恩泽》,第511、536页。

② 《王十朋全集》诗卷七《梅子先》、诗卷一三《梅梁》、诗卷二四《初欲维舟岳阳楼下》,第98、209、446页。

他的诗既是政治性的,又是审美性的,还具有交游、酬赠、代书、送别等多种实用性的功能。犹如诗圣杜甫,他是孝子,是慈父,是慷慨的兄长,是忠诚的丈夫,是谦恭的朋友,是守职的官员,是心系家邦的邑民。他仁义忠孝,爱亲人,也爱友朋师生;爱山水,也爱生灵;爱故乡,也爱他乡。他笃于亲情友情,礼遇士绅,关爱亲人,每每笔含挚情,言出肺腑,仁慈宽厚的儒者风范感人至深。其描摹雁荡山水的诗篇蕴涵丰满的家园挚爱,与薛士龙、李孝光齐名,被誉为以文辞"推大其山川"的"雁荡三君"之一。潘耒《遂初堂文集》云:"山川灵淑之气,实生英贤,而英贤之有文辞者,类能推大其山川,使名闻于天下。雁宕之奇,得王梅溪数诗而发露,得薛士龙一赋而祥明,得李季和《十记》而飞所生动。三君者,皆瓯产也。"其"伟人"之诗情豪概又与刘黻、章纶并肩,深受称誉:"乐清山川雄拔,多产伟人,若王梅溪之正直、刘蒙川之忠义、章恭毅之节概,卓然为名公卿。"①赞之以他们所倾情歌咏的"乐清山川雄拔"。

王梅溪在最消沉的时日里,依然守望着传统诗教的理性、良知与责任。他的诗融入传统的仁爱道德精神,真实而深刻地再现了特定时代的社会变迁和人物命运,是抗争命运的记录和象征,折射出南宋士大夫的爱国情怀及人格修为范式,真切地传达出民族精神和人民心声。诚如陶文鹏称赏的,梅溪诗"血肉丰满,灵魂高洁","抒发了诗人忧国爱民、修德勤政、笃于乡情亲情友情等纯正高尚情操,跃动着一颗光明正大、仁义忠孝之心,是仁者、贤者、学者的真诚之诗"。② 梅溪诗理所当然地汇入了中华爱国主义文学主旋律。

二、阳刚浑厚条畅　宋诗中兴先导

梅溪诗承上启下,继雅开新,为宋诗中兴奠定了基础,拉开了序幕,其阳刚浑厚的现实主义美学特征成了宋诗中兴的先导。

---

① 潘耒:《遂初堂文集》卷七《雁荡山志序》、卷一九《李宁侯墓志铭》,《续修四库全书》第1418册。
② 陶文鹏:《论王十朋的山水诗与宦游诗》,《西南民族大学学报》2013年第3期。

南宋诗歌本是唐与北宋诗歌的延续、再发展,社会视野较前有所拓展,切入生活力度有所深化。梅溪诗作风格承自北宋即已定型的风骨曲调,"以文为诗,以韩学杜,则故一脉相衍"。① 诚然,标榜"文以载道",主于"言理"的宋诗,具有与唐诗全然不同的格调。宋诗中"以议论为诗"及"言理"的倾向,经时代之演替,逐渐形成了"以用事为博,以才气为诗"的风气,自北宋黄庭坚后,随着江西诗派势力的扩大而趋于博奥和雕饰。至于王十朋所处的南北宋交替时期,诗坛还是江西诗派的天下。王十朋为诗,一方面欲从北宋时江西诗派的雕琢太深的末流之弊中挣脱出来,一方面感受动荡时代、深重国难的推动,开始了以爱国主义和民族主义风格为主调的创作,为南宋诗风的转向与催发"中兴四大诗人"的诞生做出了一定的贡献。

王十朋转益多师,起于韩愈诗风,转至欧(阳修)苏(轼)诗境,融和北来移民诗人的诗艺风采,最终定格于杜甫的沉郁顿挫风格,一如他的人格形象。他的诗众体兼备,内容丰赡,全面体现了诗人的思想情怀与文学造诣。作为南渡诗坛江南本土诗人的杰出代表,王十朋上承元祐,下启中兴"四大家",一方面有选择地追慕以苏轼为代表的元祐诗风,继承北宋诗歌传统而排斥江西派末流;一方面又吸收唐诗传统,在宋诗发展到极致后作着复归融合唐诗的努力,虽然还处于微弱的萌芽阶段,但毕竟开了南宋中期诗风之先河,为充满现实关怀的中兴诗歌的崛起奠定了良好的基础,拉开了宋诗中兴的序幕。②

有学者突破学界习惯于主要对少数著名中兴诗人进行研究的格局,注重从宏观角度考察南宋中兴诗坛的群体动态,从个案研究的角度,对包括王十朋在内的诸如韩元吉、朱熹、张栻、陆游、范成大等进行研究,探讨诗人群体形成的社会文化因素与历史语境,指出南宋诗歌的中兴,并非尤、杨、范、陆等少数著名作家活动的结果,而是许多优秀诗人共同创造的。③ 曹辛华教授评介说,宋室南渡后,尤其是宋孝宗至宁宗前期约半个世纪,诗歌创作继往开来,"在政治上趋向于激进抑或保守的官宦诗人,如王十朋、胡铨、范

---

① 钱基博:《中国文学史》(中册),中华书局1993年版,第545页。
② 参见拙注本《王十朋选集·前言》,第2—3页。
③ 参见曾维刚《南宋中兴诗坛研究》,人民出版社2018年版。

成大、陆游、尤袤、周必大、洪适、洪迈、辛弃疾等,他们共同创造了南宋中兴诗坛异彩纷呈的局面。"①王十朋名列其首,被推举到崇高的地位,是南宋中兴诗坛并列于"中兴四大家"深受尊重的诗人。

王十朋隐然雄峙于南宋诗坛,只是没有高人为其标榜,作为这一时期一个孤单的"独立诗人",他未能造成一种新诗派的权威,只好尴尬地站在宋诗史的两个发展高峰——以北宋苏轼及其门下诸君子为代表的"元祐诗坛"与以南宋陆游、范成大、杨万里等为中心的"中兴诗坛"——之间,昭示其卓行特立、不同流俗的个体精神,独自放射着个体光焰。

王十朋的诗歌在两宋诗史嬗变时期起到了承前启后、继雅开新的作用,其阳刚浑厚的现实主义美学特征成了宋诗中兴的先导,不仅为南宋中、晚期陆游、辛弃疾、文天祥的爱国主义文学潮流开创先河,也影响到正统理学派朱熹、张栻、真德秀以及永嘉文派陈傅良、叶适等人的诗风。王十朋对于南宋诗中兴的先导之功值得尊敬。

当然,梅溪诗也不无局限与不足。陶文鹏先生分析王十朋基于特殊君臣关系的政治思想,由《王十朋全集·前言》中"对王十朋内心的委曲隐忍、矛盾痛苦之情"的体察切入,指出,梅溪诗"从总体上看,缺乏强烈的批判精神";从诗歌艺术看,"王十朋作诗取法杜、韩、欧、苏,但只是努力学习、继承,而未能在此基础上突破、超越与创新","未能达到宋代第一流诗人的水准"。陶先生所评,洵为允当。王十朋有政治家的执着,也有文人的洒脱,然而更多的是儒教的束缚。所谓"缺乏强烈的批判精神",此固士大夫君子之耿耿人格使然也。

第二节 开宋文中兴风气之先的散文创作

王十朋的散文种类繁多,体式齐备,包括试策、奏表、札子、史论、行状、

---

① 曹辛华:《文学中兴的多维透视——评〈南宋中兴诗坛研究〉》,《光明日报》2019年12月14日。

墓志、祭文、赠序、书札、杂记、散文、辞赋、启、铭等文体,且各体皆善,具有那个时代散文创作的总体特征:善议论,少抒情,重实用。他的不少散文篇章严谨雅正、纡综婉转,既有性情又有意境,体现了对北宋散文传统的继承和发展,有重启宋文繁盛之功。宋文研究专家朱迎平教授在他本世纪初结集出版的《宋文论稿》中赞誉王十朋散文"足以自成一家","宋文的中兴,王十朋是开风气之先者","颇具大家风范"。① 乐邑著名学者吴鹭山也称赏十朋散文"尽祛除了晚唐以来浮靡不实之弊,不惟对策万言,气象阔大,即平时书简铭记诸作,亦皆议论纯正,一出于诚,洞然如见肺腑。这种文风对南宋亦曾产生着深远的影响。"②

一、政论体散文引发爱国主义热情

王十朋的政论体散文"经学淹通,议论醇正",引发了"靖康之难"以来士人们沉郁已久的爱国主义热情。

王十朋志向高远,终身践履青年时期追求的"会须徒步谒天子,慨然一吐胸中略"。③ 其一举夺魁的《廷试策》与此前太学期间及从政后的一系列奏疏、策问、札子,都针对朝政实际而发,慨然陈述"胸中略",劝谏君主积极进取,反对妥协投降、屈辱和议。言辞恳切,剖析利弊,不为空言,气势宏阔,具有很强的现实针对性和批判性,经世致用而富于文采,体现出一位纯正的儒家士大夫以天下为己任的崇高精神。

王十朋的奏章气势流贯,充满浩然正气。如《除侍御史上殿札子》,④愤切抨击了当时弥漫朝野的求和苟安之风,形象地刻画了投降派的丑恶嘴脸。《论史浩札子》《再论史浩札子》⑤两文揭发史浩之罪。前者开篇明意:"臣闻人臣之罪,莫大于怀奸误国、植党盗权、忌言蔽贤、欺君讪上。有一于此,

---

① 朱迎平:《宋文论稿》,上海财经大学出版社2003年版,第209页。
② 吴鹭山:《吴鹭山集》(上)《王梅溪诗文及年谱·前言》,第431页。
③ 《王十朋全集》诗卷一《送子尚如浙西》,第11页。
④ 《王十朋全集》文卷三,第610—611页。
⑤ 《王十朋全集》文卷三,第612—616页。

罪不容诛;众恶备焉,其何可赦?"从内容上看,这是揭露史浩之阴险,彰显天地之正气,刚气十足。从形式上说,用四字一顿的方式,铿锵有力地提出立论的前提,然后加上一句总结性的话,指明史浩之罪,罪不可赦。开首便如怒涛排壑,气势咄咄逼人。这种气势一直贯穿文章始终。在论述史浩的主要罪状时,王十朋这样说:"不独弃地,是乃弃民;不独弃民,是乃弃信,皆由浩欲售一己之私,而不顾国家之大计,此误国之大罪二也。"这里运用了递进式排比的手法,极大地增强了文章的气势。

为抗金失利的张浚辩护的《自劾札子》,热情赞扬张浚的忠贞行为,无情揭露那些"异议小人"动摇大计的言行,又举诸葛亮、范仲淹等事例,恳请孝宗不要听信小人之言,而应"从浚之请,薄示惩戒,使浚得以号令将士,以为后图"。① 文章爱憎分明,褒贬强烈,字里行间深涵谆谆之诚。汪应辰在《宋龙图阁学士王公墓志铭》中概括道:"其于文专尚理致,不为浮虚靡丽之辞,其论事章疏,意之所至,展发倾尽,无所回隐,尤条畅明白。"②

即使是一些理学篇章也充满正气。王十朋关注人性论,重视君子品性的养成,以忠君爱国为己任,以民本思想为施政纲领,将儒家思想作为"修己以安天下"的人生准则。其论学、论史、论性理、论君子人格修为的理学文论,立意有不同流俗之处。如《性论》一文,立足"性""才"之辨,以孔子"性相近也,习相远"与"唯上智与下愚不移"的说法作为立论依据进入论证,正面肯定历史上只有孔子和韩愈提出了"一定"的人性论。

这些具有强烈战斗性的政论文,继承北宋散文的优良传统,融进了浓郁的爱国忧民之情,体现了作者鲜明的政治态度与"文主刚气"的文学思想。

作为一位有着深厚儒学根底的散文家,《梅溪集》中有多篇学术之作专注于"道"的探索和发扬,不乏精辟的见解,这其实正是宋儒"内圣而外王"的追求境界。总体来看,十朋的理学论文说理周详,条分缕析,无偏躁之言,无过激之论,不求雄伟和奇峭,总是一副冲夷和穆气象,有儒者的气节风度。

---

① 《王十朋全集》文卷一、文卷四,第610、633页。
② 《王十朋全集》附录二,第1112页。

二、辞赋作品争得江南文学话语权

王十朋的辞赋作品汪洋恣肆、"家传户习",为南方文人弘扬地域文化、争取文学话语权开启先声。

王十朋是继苏东坡、欧阳修之后又一成熟的辞赋家。他的十篇辞赋作品,无论在内容上还是在形式上,无论是新兴的文赋一类,如《蓬莱阁赋》《至乐斋赋》《临江亭》等,还是宋以前流行的古赋体,都达到了较高的艺术水平。

影响最大的是他的"会稽三赋"。明刊本陶望龄《序》云:"龟龄风俗等赋,乃更流传,龀秀之童,无不上口,其家传户习,殆似元和之诵微之也。"① 陶望龄曾批点《会稽三赋》。总批《风俗赋》云:"首赋典雅精核,庄整骈丽,真称杰作。末二赋寄慨抒怀,亦复宛转流利,荡然可观。其不能方汉魏诸名士,则所谓时代压之,不能高古,具眼者自知之矣,过誉也。"总批《民事赋》云:"此赋第见龟龄忧国与民,往往溢于言表。遣词布悃,忠诚恺切,悠然可会。至于文章之不能汉魏,则所为时代压之,不能高古,非其咎也,具眼者须原之。"总批《蓬莱赋》云:"凭高吊远,穆然咨嗟,上下数千载间,宛然在目。龟龄生不逢时,回视偏安孱主,胸中于治乱兴亡之故,盖已了然。援笔摛词,意可言表。"②

在三赋中,《会稽风俗赋》篇幅最长,流播最广。马积高先生称道:"现传《南宋文录录》,删削之余,其赋类仅存自程俱至陈彦博等十二人之赋十四篇,王十朋《会稽风俗赋》最为有名。"③

《会稽风俗赋》极尽铺张,叙说会稽的山川风物之美,忠孝节义之士多,会稽人性格中的"慷慨以复仇,隐忍以成事"的精神,是整个南方风土人文精神的总体概括。其赋描述饱含深挚情感,时带精辟议论,寄托了对南宋王朝走向繁盛的深切期望。形式上仿照汉大赋问答体制,在用词气势、行文章法

---

① 曾枣庄等编:《宋文纪事》卷七七,四川大学出版社 1995 年版,第 1123 页。
② 转引踪凡《赋学文献论稿》,商务印书馆 2017 年版,第 270—272 页。
③ 马积高:《历代辞赋研究史料》,中华书局 2001 年版,第 236 页。

上也极力仿照体物大赋,但是,它又具有宋代文赋的鲜明特征,句式整散结合,大量运用兮、之、而、有、如、其等众多的虚词,从而使得文气贯通,转换过渡自然。多用典故,议论深刻。语言优美,气势磅礴,描述事物精到传神,具有感染力。

《民事堂赋》从内容上来说,几乎可以说是一篇有韵的政论文,既有对会稽之民悲惨状况的描述,又饱含深挚的同情,体现出王十朋作为一名封建官吏关心民瘼、敢于直言的精神。他的忧患意识,他的济世热情,折射出南宋初年文人心底里对天下的系念已借助取得的政治地位演变为深挚的爱国之情。

钱志熙教授称王十朋"具有赋家身份","在赋体创作方面有较深的造诣"。评曰:会稽三赋"取法汉晋而能融用唐宋文赋的艺术,可以说是好古而不诡,通今而不俗,体现了王氏的文学品格与造诣"。[1]

近有研究者指出,南渡之初,赋坛可以说是一片荒芜,与王十朋同期活跃于赋坛的只有李纲、薛季宣等少数文人,李、薛二人创作的数量虽多但总的成就却不如王十朋。在这样的情况下,可以说王十朋的赋作在南宋初期的赋坛上是有积极意义的,他堪称南宋初期赋家中的翘楚。[2]

三、叙记体散文作品俨然大家风范

王十朋的叙记体散文,不论写景抒情或托物寓意,还是叙述事件或描摹人物,在各具特色的同时,都呈现浑厚雅淳、和平坦荡的风貌,俨然大家风范。

重视文章的立意,善于综合运用多种表达方式,是十朋叙记体散文的重要特点。《绿画轩记》以清新优美的语言描绘绿画轩的地理位置与内外景象,用语典雅,描摹精细,句式整饬而跌宕有致,以四字句式为主杂以六言,描绘出乐邑西郊风物的层次色彩和动态变化,将幽美之景与主客情怀有机

---

[1] 钱志熙:《王十朋和他的"会稽三赋"》,《温州文史论丛》第 273 页。
[2] 参见王敬儒《王十朋散文研究》,鲁东大学学位论文,2008 年。

地融为一体。《四友堂记》由记述父亲之言,道四友堂得名之由来,借"四友"抒发"士之安于分而乐其生"的胸怀。① 文章婉转流畅,而又摇曳多姿,颇得欧阳修《醉翁亭记》之神韵。

堪称佳例的记体散文还有《代笠亭记》和《天香亭记》②等。前者以记述兄弟深情为主旨,将一个小小亭子的寓意与家国命运联系起来,可谓立意不凡,言近旨远。后者在以简洁之笔描绘"天香亭"周围环境后即转入议论,比较世俗之"香"与士大夫之"香",阐发主旨,写景寓议,浑然一体,文辞亦整散交错。而《渊源堂记》《思贤阁记》③诸篇,则多有议论,甚或通篇皆论,极具宋人散文擅长议论的特点。在表现手法上,作者善于将记叙、议论、抒情多种表达方式融为一体,笔墨洗炼,蕴藉隽永。

王十朋所写祭文多用叙记,较为频繁地使用典故。如其为老师潘翼所写的《祭潘先生文》,④拿自己的老师和李义山、庾信、孟郊、原宪相比,句句引用典实。再如《祭张魏公文》《重祭张魏公文》,⑤更是典故多出,既突出张浚恢复故土的雄心壮志,又写出其功未及成中道而卒的悲哀,很好地传递出作者的情感,扩展了文章的思想内涵。

王十朋散文抓住事物特点写出自己独特的风格,兼具宋人散文富有韵味、擅长议论的特点,"文章整散交错,颇具大家风范","全文立意纯正,转接自然,体现了一个儒者的气度风格"。⑥

学界将高宗后期至孝宗乾道、淳熙这一时期称为"宋文中兴期"。朱迎平先生考察研究"宋文中兴期"的文学生态,以十数篇专论梳理南宋散文的发展脉络,结论曰:"宋文的中兴,王十朋是开风气之先者。"这个总结性论断,匡谬正俗,具有宏观拨正意义。朱教授胪列此一时期"文有典型,自具特色,足以成家,有的还开宗立派"的系列代表人物,即王十朋、张孝祥、吕祖

---

① 《王十朋全集》文卷一二,第763、762页。
② 《王十朋全集》文卷一二、文卷二二,第765、946页。
③ 《王十朋全集》文卷一二、文卷二二,第768、948页。
④ 《王十朋全集》文卷一三,第785页。
⑤ 《王十朋全集》文卷二四,第997、998页。
⑥ 朱迎平:《宋文论稿》,第209、210页。

谦、陆九渊、陈亮、朱熹、陈傅良、周必大、杨万里、范成大、辛弃疾、陆游、叶适等。在此光彩夺目的散文作家群体中,王十朋之所以居前位而领其首,除了生时先于诸家之外,正如朱先生明确判定的,盖为宋文中兴"开风气之先的是高宗末至孝宗初的作者王十朋"。①

第三节　引领一代文风的文学理论新建树

王十朋没有像许多宋人一样编撰"诗论集""文论集",但据当今学人汇总,他所创建的文学理论条目逾140则之多,"于南宋文人中仅次于陆游、朱熹、刘克庄,而略多于杨万里"。②

他自觉探讨文学理论,以文论文,以诗论诗,或以文论诗,以诗论文,采用文论、序跋、书信、杂文、笔记等形式,广泛涉及文学传统、作家风格、作品特色,进而深入诗文的命意布局、文体辨析、语言特点、文法修辞等领域。他的文学主张远承孔孟之说,近师韩、柳、欧、苏,或蘖积旧说,或自建"新论",精到深淳,自成体系,为宋诗、宋文的中兴作了必要的理论准备。

一、诗歌理论新法度

王十朋的诗学理论建树是多方面的,是富有创造性的。往返川蜀是他诗歌创作的重要时期,也是他对杜甫、苏轼等诗坛先哲认识和师法的新阶段。江西诗派对杜诗的宗尚重点在杜诗的艺术成就上,其学杜多在句法、声律、用典等形式方面用心揣摩,对老杜忧国忧民的博大胸怀和关注现实的诗学精神则有所忽略。而王十朋由于现实的激励与启示,认为老杜的可贵之处就在于其关心国计民生的博大胸怀和人格精神,在于其诗歌继承了《诗经》的优秀传统,表现了深广的社会内容。

---

① 朱迎平:《论南宋散文的发展及其评价》,《上海财经大学学报》2001年第三卷第1期。
② 郑定国:《王十朋及其诗》,第280页。

王十朋终生对杜甫的诗学理念与苏轼的诗风诗艺怀有深挚的敬意,勾连其往返川蜀的一系列诗论诗,可归结出不少有分量的诗学新见,高标出诗学新法度,成为南宋诗坛宝贵的艺术遗产。

(一)"句法严于细柳军"

七绝《又答行可》以"武事"作比,极力褒美同僚挚友周行可法度严谨的诗歌风貌,形象生动,从中不难看出王十朋诗歌创作的艺术追求和文学主张,直可作独立的诗论短篇读之。诗曰:

> 道造精微更有文,绛侯应愧不如君。
> 试将武事论诗笔,句法严于细柳军。①

所咏"道造精微",说的是诗歌思想内容表达的至高标准,要求法度谨严,精美细密;此外,诗歌还应"更有文",形象生动有文采,能让绛侯"愧不如";至于笔法,包括用韵、格律、遣词、炼句、谋篇、章法等等,特别是锻炼句法,亦万不可鄙弃,其标准则是"严于细柳军"。全诗用事、用辞同出于《史记·周勃世家》一篇,以周亚夫驻军细柳营时的严明军法"论诗笔",运典自然,醇雅亲切,使诗之法度谨严化为严明治军的具象,可视,可感,可效法。

学诗重妙悟,读诗爱妙语。王十朋用比喻把自己的诗歌创作理念表述得如此生动,这正是这首绝句的艺术创新。考之这首仄起式七绝的韵律、句法,即可称"严于细柳军"者也。

(二)"东坡文章冠天下"

作于夔州归途中的七言长古《读东坡诗》是十朋很重要的诗论诗之一,它集中体现了王十朋的诗歌主张和美学追求。诗序所引,树起了本诗辩驳的靶子:"学江西诗者,谓苏不如黄,又言韩、欧二公诗乃押韵文耳。"王十朋对于江西诗派这一偏见,很不以为然,"感而有作",恃其实学博观,对诗坛上下古今、荦荦大观、一一辨正之。

---

① 《王十朋全集》诗卷二一,第376页。

开篇即针对江西宗派"苏不如黄"的"故谤伤",以鲜亮明艳的四句盛赞苏轼诗,领起全诗的雄辩之势:

> 东坡文章冠天下,日月争光薄风雅。
> 谁分宗派故谤伤,蚍蜉撼树不自量。①

(三)"诗因迁谪更瑰奇"

乾道三年(1167),王十朋自夔州移知湖州,途经黄州(今湖北黄冈),游览东坡故居雪堂等。著名的吊古咏怀之作《游东坡十一绝》②寄托着诗人对前贤诗哲命运的挚情关切,对整个宋诗发展命运的深刻思考,传达了王梅溪诗歌理论的若干重要观点,可作梅溪又一重要的"论诗之诗"读。

其一曰:"道大才高世不容,堪嗟尺水困神龙。"表达十朋对"神龙"苏轼的无限倾慕,对他受困于"尺水"深怀痛切。

其二曰:"文章均得江山助,但觉前贤畏后贤。"诗人借"东坡"地名的由来巧说苏东坡与白乐天的诗风相承关系,概括出江山能与文学互动的规律性判断。

其六曰:"再闻黄州正坐诗,诗因迁谪更瑰奇。""道大才高"的苏轼因迁谪而才情勃发,道出了坎坷遭遇激发创作激情的全部秘密。

王十朋的诗歌理论高屋建瓴,深涵智慧,有文坛巨擘风范。有学者称道,"陆游不满江西末流,创新求变,力求突破,和杨万里、范成大等中兴诗人一道,推动了中国古典诗歌的最后一次复兴",而陆游"在继承的同时表现出对江西诗派更多的疏离和排斥,使得陆游成为了从理论到实践都是真正彻底脱离了江西诗派的诗人",③笔者以为,王十朋的诗学理论和实践无疑都是陆游等南宋中兴诗人的导夫先路者。

---

① 《王十朋全集》诗卷二三,第415—416页。
② 《王十朋全集》诗卷二四,第452—453页。
③ 杨理论:《中兴四大家诗学研究》,中华书局2012年版,第84、77页。

二、文学思想新建树

王十朋在文学理论上的建树,广涉思想内容、诗文传统、风格体式以及语言运用诸项,精到深淳,自成体系,获得群体公认的名望,堪称文坛"精神领袖"。郑定国先生称叹道:宋室南渡初之文学理论家可与张戒并立,"隐然雄峙天下为文坛祭酒者,王十朋是也"。① 这里试从以下三个方面简述王十朋对文学思想史的重要贡献。

(一) 强调文学事功观念

王十朋重视文学的继承性,首先强调文章当以载道、事功为主。其《读礼堂记》开篇有云:"为士者未尝不读书,然知真读书者鲜,能读而不能行,是犹凤鸣而鹜翰,虽胸中有万卷,身为行秘书,谓之不能读可也。"② 他旗帜鲜明地标举自己的文学事功观,强调文章应具有政教的可行性和有效性。

在评判具体文学作品时,王十朋即以载道、事功为准则,注重把立德放在立言之先,要求道德与文章统一。此观点与传统儒家"立德、立功、立言"之"三不朽"的价值观有极大关联性。

《中国文学批评通史·宋金元卷》说:"在南宋中期,江西诗派主盟日久生弊,因而受到有识之士的理论批判,陆杨诸人提出了'传派传宗我替羞,作家各自一风流'(杨万里诗句)的响亮口号。"其实,王十朋早于"陆杨诸人",在南渡之初即已鲜明表达反对江西诗派末流的态度。他在《送黄机宜游四明》诗中云:"人如元祐气尤直,诗不江西语自清。"把江西诗派定为反面对象。在前举《读东坡诗》中,他无情嘲讽那些攻击苏轼的江西诗派末流是"蚍蜉撼树"。③ 应该说,对江西诗派的逆反批判,王十朋有其开拓之功。

---

① 郑定国:《王十朋及其诗》,第265页。
② 《王十朋全集》文卷二二,第956—957页。
③ 《王十朋全集》诗卷一二、卷二三,第199、415页。

(二) 宣扬"文主刚气"论

王十朋早年在《别宋孝先》诗中说过:"予尝语所学,文当气为先。气治古可到,何止科第间。"①这充分显示出十朋对"气"的重视,认为"气"是作文的第一要素。其后,在《蔡端明文集序》中,王十朋对"气"和"刚气"作了完整的表述:"文以气为主,非天下之刚者莫能之。古今能文之士非不多,而能杰然自名于世者亡几,非文不足也,无刚气以主之也。"指出"刚气"对文章的决定作用:"孟子以浩然充塞天地之气,而发为七篇仁义之书;韩子以忠犯逆鳞、勇叱三军之气,而发为日光玉洁、表里六经之文。"②王十朋强调,有了孟子充塞天地的浩然之气、韩子勇叱三军之气,才会有他们的不朽文章。作家仅有好技巧是不够的,更重要的是要具备刚正之气。

王十朋的"文主刚气"说是其文学事功说的基本理论之一,是王十朋为诗作文的前提和基础。襞积旧说,自成一格。大型古文论丛书《中华古文论释林》将王十朋的《蔡端明文集序》作为"重要的理论经典"选辑其中,并附录《读苏文》《论文说》两则,以显重视。编者以有开创性意义的理论"新见"一语予以充分肯定并高度评价:"文以气为主"说在文论史上由来已久,而王氏此文具体落实为"刚气"说则是"新见"。指出:"刚气"乃是开拓事业、主持公道的政治家所应具有的不为外物所挠的凛然正气,王氏以此来要求文章创作主体,正体现了其欲融合义理、事功、文章的倾向。③

(三) 首推"唐宋四大家"说

在宋代文人中,王十朋第一个旗帜鲜明地推尊韩愈、柳宗元、欧阳修、苏轼,把他们放在一起,作为一个整体进行评价。早在绍兴庚午年(1150),王十朋即跨越唐宋两个时代,在《读苏文》中同时标榜四大家"并驾齐驱":

---

① 《王十朋全集》诗卷四,第54页。
② 《王十朋全集》文卷二三,第963页。
③ 参见李壮鹰主编《中华古文论释林·南宋金元卷》,北京大学出版社2011年版。

唐宋文章,未可优劣。唐之韩柳,宋之欧苏,使四子并驾而争驰,未知孰后而孰先,必有能辨之者。①

十朋还以"意古文雄"称韩愈,以"纯古精粹"赞欧阳修,以"工巧温雅"美柳宗元,以"才博文奇"颂苏轼,准确概括了唐宋四家散文的风格特色,肯定四大家无可比拟的文学地位。他赞扬韩愈倡导的文体文风改革。作为古文运动的重要内容,韩愈针对六朝以来的淫侈靡丽文风,标举复古,借古文以明儒家之道,创建出一种既承载儒家之道,又没有对偶、声律严格限制的新体散文,一改当时骈体文的一统天下,意古文雄,自铸伟辞。

王十朋对韩、柳、欧、苏唐宋四大家的品评态度是十分郑重而谨慎的。一方面,他坚定地捍卫苏轼的崇高地位,倾情赞赏"东坡文章,百世之师",称自己"愿为执鞭,恨不同时"。② 可以说,南宋文风为之一变,苏轼诗名文名大增,王十朋自有促成之功。值得称赏的是,王十朋虽然极力赞赏作为文学家的韩愈、柳宗元,但对韩、柳器识德行方面却颇有微词,他推尊韩、柳,却绝不回护他们在德行方面的缺点,显示了一个有识见的文学家应有的历史责任感。

在"唐宋八大家"这一文学概念逐渐形成的历史进程中,王十朋的这番评论是促其成熟的一个重要环节。今人很称赏王十朋的文学识见,朱刚先生认定"唐宋四大家"的"发明权"当属王十朋;③张邦炜先生则认为,"王十朋的四大家之论只怕比后来的八大家之说更确当"。④

王十朋特别推重苏轼,力挺"盛元祐"的标杆人物苏轼为宋代文坛的领军人物。值得指出的是,王十朋发这番言论离苏轼去世(1101)只有六十余年,他着力推崇苏轼早于宋孝宗。史载,至乾道六年(1170),宋孝宗赐苏轼谥曰"文忠",九年又赠"太师",还亲为《苏轼文集》作序,称:"人传元祐之

---

① 《王十朋全集》文卷一四,第798页。
② 《王十朋全集》文卷六《国朝名臣赞》,第673页。
③ 朱刚:《唐宋四大家的道论与文学》,东方出版社1997年版,第1页。
④ 张邦炜:《王十朋的巴蜀情缘》,《论文集》第129页。

学,家有眉山之书(指《苏轼文集》)",称苏轼"志在行其所学"。① 正是基于王十朋推崇苏轼的先期用力,今人对著作者争议较大的《王状元集百家(诸家)注分类东坡先生诗》有了明显的倾向,多肯定系十朋所作。② 孔凡礼在《关于〈集注分类东坡诗〉的纂集者》一文中,搁置了历代关于东坡诗注作者的争议,而认为"王十朋最孚众望",推定十朋为该书"纂集者",说"这是历史给予王十朋的一项很高的荣誉"③——这一切认识都基于王十朋有包括《游东坡十一绝》在内的诸多推崇苏轼的文论作品。

第四节 王十朋的诗学路线与文史学贡献

宗杜学韩是王十朋既定的诗学路线。王十朋践履这条路线的努力,在组织形式上,体现在热衷组结八家诗社的漫长过程中。④ 除了前文叙论的乐清三诗社外,在治理州郡的宦途中,王十朋又先后组结过五家诗社。这五家州郡诗社是王十朋推进诗学路线的群体基础和组织保障。其宗杜学韩的方向共识以及以韩学杜的路径选择,就是在他仕途后期的泉州任上所建的泉州诗社中最终确定的。

本节在前文阐说乐清三诗社的基础上,分别考述王十朋宦游荆楚过程中所结的三家诗社及泉州任上并存的两家诗社的活动情况,概述其所结州郡诗社对于助推诗风成长与振兴地方儒风文风的作用,探析诗社之组结与梅溪文学路线最终形成的互促演进轨迹,从而认识王十朋促进宋诗宋文中兴的历史作用并推定其文学史地位。笔者认为,《梅溪集》这部儒家经典虽非史学著作,但由于其所具的纪实性、实用性特点,全书具有很高的史料价

---

① 《苏轼全集(东坡七集)》卷首,《宋赠苏文忠公太师制》、宋孝宗御制《文忠苏轼文集赞并序》。
② 参见《新宋学》第二辑,上海辞书出版社2003年版,第282页。
③ 孔凡礼:《关于〈集注分类东坡诗〉的纂集者》,《王十朋纪念论文集》,第175、177页。
④ 据陈小辉考证,王十朋一生结有鹿岩、金溪、楚东、夔州、宣城和泉州六家诗社。见《宋代诗社研究》,江西人民出版社2014年版,第105—106页。

值,对研究南宋初年的社会文化发展和温州乐清等地的历史地理状况等都有重要的史学意义。

一、广结州郡诗社　导引诗风成长

广结诗社是王十朋实践其诗学路线的组织保障,是他成为"文坛祭酒者"的重要社会基础。王十朋兼具文人、学者、官僚多重身份,每守一郡,其周边总会凝聚起一股文士气场。志趣相投者常组结为诗社。他们寻访古迹,畅谈古今,纵论时事,吟咏风物,品评诗文,赏味人生。由于诗社成员的政治观念原本相近,而诗社交往又会加强这种倾向,这就渐渐演进为政治群体的中坚力量,在参与政事时保持默契的一致,在可能的情况下推出某些惠民利民的德政,共同关注并促成当地文风、儒风、学风的振兴。

王十朋宦游过程中组结的五个州郡诗社,各有特点,各有作为。这里,我们有所侧重地分别考述诗社的人员结构、地域分布、活动方式、观念磨合、组织发展与创作实绩等,观照王十朋诗社试图走出"低级形态"的种种努力,进而认识这些州郡诗社对于扩大诗人群体、构建组织保障、导引诗风成长所起的重要作用。

(一) 州郡宦游　五结诗盟

荆楚往返的宦游途中,王十朋组结的楚东诗社名声很大,饮誉天下;到夔州后续前缘组结夔州诗社,夔州任满沿江东还,又在宣城再结诗社。最后在泉州任上又组建相通并存的两个诗社。

1. 楚东诗社

楚东诗社始创于王十朋知饶州任,终结于知泉州任。刊有楚东诗社唱和诗合集《楚东酬唱集》。洪迈为之序。[①] 其成员有梅溪诗句习称的"五公""六逸",即王十朋与何宪(子应)、陈之茂(阜卿)、王秬(嘉叟)、洪迈(景卢)等五人。何宪、王十朋先后为诗社盟主。五人均为官员:洪迈为吉州(今江

---

① 洪迈:《楚东酬唱序》,载《余师录》卷四,商务印书馆1939年版,第71—72页。

西吉安)知州,陈阜卿为洪州(今江西南昌)知州,王秬为兴化知军,何宪为饶州提点刑狱公事。后何子应死,加上张安国(孝祥),也是五人。考其居官之地,在春秋战国时均为楚地,又辖江南东路,故以"楚东诗社"名之。

据吴宏富编撰的《楚东酬唱集(辑佚校注本)》考索,楚东诗社成员不限于"五公""六逸",还有一批隐形成员,人人"诗"出有名,唱和频繁的有喻良能、何佾、木待问、翁东叟、查籥、马希言等。吴君从王十朋《梅溪集》、张孝祥《于湖集》、喻良能《香山集》、洪迈《洪文敏公集》及《全宋诗》中辑得其中10位楚东诗社成员的存世唱和诗达226首5残句,其余12位诗人作品亡佚待考。① 可见得楚东诗社规模之大,成员之众,诗作之夥。

读《提舶示观楚东集用张安国韵》②等诗,则知这个官员士人诗社辑集刊行的《楚东酬唱集》影响之久远,六年后,还深受泉州"提举市舶司"的钦羡赞赏,而从拟刊刻《楚东酬唱后集》的谋划,则可知楚东诗社存续时间延至王十朋治泉的乾道四年至乾道六年(1168—1170)间。

2. 夔州诗社

梅溪有多首叙说夔州诗社事的诗,如《与惠夫、若拙小酌郡斋再用联字韵并寄子绍》云:"天遣西来结诗社,邮筒毋惜往来传。"《三友堂》诗序云:阎、梁二同年过夔,把酒论文于小书室。既别,因目之曰"三友"。《又用行可韵》云:"酬唱又成夔府集,论文欣对少陵尊。"还有诗题曰:《丙戌冬十月阎惠夫梁子绍得郡还蜀联舟过夔访予于郡斋修同年之好也》《与二同年观雪于八阵台》③等。

据此可知,王十朋于1165年至1167年在知夔州任上,与联舟过夔的同年好友阎惠夫、梁子绍和赵若拙等结有诗社,游从吟诗,唱酬多多。十朋于是生发继"楚东酬唱"再作"夔府集"之愿景。

夔州诗社同仁们在唱酬中硕果累累,提升了诗性修养与诗艺境界。

---

① 吴宏富:《以全新视域钩沉重现南宋诗社选集——〈楚东酬唱集〉》,《乐清历史学会会刊》第8期。
② 《王十朋全集》诗卷二六,第506—507页。
③ 《王十朋全集》诗卷二二、卷二一,第406—407、366、405页。

2009年出版的《夔州诗全集》(全九册),千人万首,其中"宋代卷"收录梅溪夔州诗203首,是历代夔州诗中除杜甫外数量最多的。

3. 宣城诗社

梅溪诗《子长和汪枢齐山诗复用前韵》云:"风伯相留作吟社,愿低笔力许追攀。"同期写作的唱酬诗有《池之清溪如杭之西湖某归自三峡》《朱仲文和诗用齐山韵以酬》《过宛陵陪汪枢密登双溪阁叠嶂楼游高斋》①等篇,可知王十朋于乾道三年(1167)自夔州移知湖州路过宣城时,曾与李子长、赵富文诸官员组结宣城吟社,并陪同敬慕已久的枢密汪应辰游宴多日,宾主情谊敦笃,唱酬甚欢。宦游途中,护送十朋自夔州赴湖州的朱仲文(朱质)可能也参与吟事。

4. 泉州诗社

王十朋在泉州组结的诗社有两个。一个是与赵知宗、马提舶、傅景仁诸僚友组结的诗社,明确提倡追随"老杜风骚",以杜甫诗风诗格为楷模。另一个是与马提舶等人组结的"真率会",十朋《提舶欲移厨过云榭示诗次韵》曰:"继取洛中真率会,他年要作画图看。"②《全集》中没有相关独立活动情况的记载,资证史料有待查考,且诗社成员本身有重叠的,故该"真率会"与前述诗社或可视为同一社团群体,统称泉州诗社。③

(二) 互通怀抱 讽议排郁

荆楚三诗社均由官员士人自由组结而成。诗社开展有组织性、有规律性的唱和活动,不时唱酬,互通怀抱,诗友们诗酒雅集,兴会讽议,谐谑排郁,在赏花游乐、流连光景的闲适之作中,总也掩不住国事不堪的酸涩悲凉。唱和形式灵活多样,有一唱一和、一唱多和、自唱自和等等。排抑郁,唱不欺,砥砺气节,各抒意愿,同气相求,提升了诗歌创作的数量和质量。

1. 吟咏民生事

十朋的《二月朔日同嘉叟蕴之访景卢别墅》④并非十分出色,却以

---

① 《王十朋全集》诗卷二四,第458、454、457、462页。
② 《王十朋全集》诗卷二六,第507页。
③ 王十朋州郡诗社详见拙作《王十朋诗社考论》,载《乐清历史学会会刊》第4期。
④ 《王十朋全集》诗卷一七,第300页。

诗主人的谦怀及其流畅典雅的诗风折服时辈,赢得了饶州知名士大夫们的酬和连连。在近似于诗赛的活动中,社友们往复唱和,作诗二十余首。看来十朋是很聚人气的,他个人化的诗风也随之扩展为群体化的追求。

基于相似的仕宦履历和共通的政治诉求,诗友们面对"隆兴和议"这样丧权辱国的奇耻大辱,在唱酬诗作中时有超越诗酒的社会民生内容。如《郡斋对雪》诗云:"欲两三杯贺丰岁,却忧疆场正干戈。"《祠颜范二公》诗云:"安得神仙返魂药,九原唤起静边尘。"《和洪景卢用三白韵作四白诗》诗云:"郊圻正多垒,兵会忆夷吾。"①

这批经受政治沉浮、渐离政治中心的官员士人们,在政治较为宽松的后秦桧时代吟诗赋文,砥砺气节,各抒意愿,同气相求,时时流露兴亡之叹、失土之恨。

2. 联唱不欺室

在王十朋的主持和苦心经营下,楚东诗社成了王十朋结交同僚和地方名士的平台,也是他聚集人气、发扬教化的阵地,终于奏出了阳德刚明的民本旋律。楚东诗社成员有以王十朋"不欺室"为主题的系列咏唱。绍兴壬午年(1162),十朋在左原家居时作《书不欺室》诗曰:

室明室暗两何疑,方寸长存不可欺。
勿谓天高鬼神远,要须先畏自家知。②

诗申明"与人不欺,与世不欺"、表里如一、言行一致的为人为官之道。至隆兴二年(1164),张浚因符离失利罢相,离京返乡途经饶州。时知饶州的王十朋得以拜会张浚于余干水南僧寺,即请张浚为他的"不欺室"题额撰铭。何麒首唱题不欺室,王十朋应和《次韵何子应题不欺室》《不欺室三字参政

---

① 《王十朋全集》诗卷一七、卷一八,第289、290、292页。
② 《王十朋全集》诗卷一五,第249页。

张公书也笔力劲健如端人正士俨然人望而敬之因成古诗八韵》,有云"紫岩之铭云山笔,不欺室中双至宝",①抒发"愿学云山归去早"的心向。期间唱和之作联翩而至,礼部、刑部侍郎王柜作《题不欺室张魏公为王龟龄书也何子应赋诗》,朝议大夫喻叔奇作《次韵王龟龄侍御不欺室》,显谟阁直学士张孝祥作《和何子应赋不欺室韵》,可见得"端人正士"的高标行举,在楚东诗人群体中已然形成巨大反响,旨归于赞扬抗战名将张浚的历史功绩和高尚人格,弘扬其正心诚意之学。

3. 诗筒传清语

诗筒传递是诗社进行异地唱和活动的古已有之的重要方式。这种方式打破地域局限,使结社交游范围得以扩展。饶州楚东诗社成员分布各地,不能像其他同地诗友一样经常宴游相从,故采用次韵、分韵、和韵的唱和方式,因地制宜地依靠诗筒往返传递。《次韵李怀安赠何宪五绝》诗云:"元白诗筒数往还,小生阁笔愧言艰。"《哭陈阜卿》诗云:"诗筒续元白,诣境接龚黄。"《提舶示观楚东集》诗云:"忆昔江东会众仙,诗筒来往走山川。"②到夔州后,王十朋与惠夫、若拙等"天遣西来"的僚友结成诗社,依然"邮筒毋惜往来传"。③诗友们以此方式传递情怀,对共同的诗艺追求表达相互支撑。《次韵何宪修途倦游怀鄱阳唱和之乐》诗云:"马上诗成驿使驰,社中犹恨使来迟。"④写的正是盼望驿使持诗筒到来的心情。

4. 追求诗语清

从倡导诗语风格看,梅溪诗主旨是反拨江西派。王十朋《送翁东叟教授》诗颔联云:"官于湖北况尤冷,诗不江西语自清。"⑤申扬不学江西诗语的观点。六年前,十朋任绍兴签判时送别同僚黄子鲁,作诗曰:"人如元祐气尤直,诗不江西语自清。"⑥既称赏同僚诗艺,又深究了"气直"与"语清"的内

---

① 《王十朋全集》诗卷一七,第289、293页。
② 《王十朋全集》诗卷一七,第296页;诗卷二六,第506页。
③ 《王十朋全集》诗卷二二《与惠夫、若拙小酌郡斋》,第406页。
④ 《王十朋全集》诗卷一八,第307页。
⑤ 《王十朋全集》诗卷一七,第294页。
⑥ 《王十朋全集》诗卷一二《送黄机宜游四明》,第199页。

在关联。如此一语两用现象,犹如十朋的咏梅名句"北枝贪睡南枝醒"重现于一诗一词之中,尽显诗主人的深重用意,是王十朋"非坡非谷自一家"诗学主张的重要组成部分。

(三) 创作丰沛　奠基诗城

王十朋在州郡所结诗社的活动时间大多只有一二年,随着十朋的离任,原结诗社即不得不解散。但社散人气在,诗缘仍在延续,有不少诗社成员都成了王十朋异地续缘的密契诗友。多年离散之后,离任京官刘韶美、阎惠夫、梁子绍、查元章、周行可诸人先于王十朋到夔州任职或继后回乡途经夔州,于是老友再聚,流连史迹,思古怀今,"山川满目古今迹","天遣西来结诗社","论文欣对少陵尊",在千里之外的夔州郡斋关联起既往诗缘,友情进一步升华。

1. "唱酬又成夔府集"

《与惠夫若拙小酌郡斋》诗写夔州的同年好友结为诗社,继承了"论交有道"的传统。诗有曰:"天遣西来结诗社,邮筒毋惜往来传。"另如《与二同年观雪于八阵台》《丙戌(1166)冬十月阎惠夫梁子绍得郡还蜀》①等多首诗也记叙夔州诗社事,可知夔州诗社沿袭楚东诗社的结友原则,吸纳朝臣或地方官员与名士组合而成。

周行可其名不见《宋史》,生平事迹多见于十朋的夔州诗文。如《十八坊诗·皇华》曰:"谁如二使者,实惠活斯民。"自注云:"海陵查元章、少城周行可同为夔漕,措置偃折以宽民力,蠲一路积负几十余万缗,时它路方进羡余。"②夔门邂逅,机缘难得,三人怀想少陵,论文唱酬,形影相随,如明月,如太白,如月影。

夔州诗社之结使十朋生发了继"楚东酬唱"再作"夔府集"的美好愿景。《又用行可韵》诗曰:"酬唱又成夔府集,论文欣对少陵尊。"③至于愿景是否付诸实施,有待考证。

---

① 《王十朋全集》诗卷二二,第406、405页。
② 《王十朋全集》诗卷二二,第389—390页。
③ 《王十朋全集》诗卷二一,第366页。

2."雅抱畎亩志,共怀天下忧"

十朋的道德气节和翰墨词章皆为当代推重。他是夔州诗社的核心人物。如其《祭冯少卿文》有云:"义均兄弟,间言莫移。忧时论事,肝胆同披";又如《送元章改漕成都》所云:"雅抱畎亩志,共怀天下忧。"①在共同的理想抱负和诗心祁向的感召下,这个由清醒而激进的同僚儒士集结而成的诗人群体,在边城夔州又一次奏响了阳德刚明的旋律,在南宋初期诗人唱和之风中具有典型标本意义。

作为一个研讨诗艺的文学社团,诗社的主要活动是流连光景,抒写日常生活情趣。但政治失意的诗人们,在回环往复的唱和中,总也掩不住对政局的忧虑,对人生的悲慨。他们结伴漫游兴怀,"怀少陵""笔有神","瞰阵图""思君恩","叹诸葛""陋公孙"。他们形影相随,居官仁爱,相互支撑,崇儒重文,建学兴教,联手兴建文化设施,为民办实事,与南宋初期的政治生活存在着较明显的正向关联,为促进郡治气候与诗风成长带来积极影响。

夔州诗城的基础是由杜甫奠定的,而诗城传统文化的建构和维护,王十朋和他的夔州诗社功不可没。

二、制定诗令规约　成就诗学路线

泉州诗社是王十朋平生最后一次结社,其最重要的文学意义在于建立了"不容宽"的"社中诗令",明确宣示王十朋宗杜学韩诗学路线已成为诗社同仁的共识,其诗学渊源与诗体样式也得到共同体认和遵循。"诗令"以"老杜风骚"为标杆,以"昌黎点勘"为戒律,追源认体,明确而坚定,规约着诗社同仁追慕少陵的诗学行为。它是王十朋推行文学路线的组织保障。

王十朋的诗学路线集中体现在泉州诗社制定的这个"诗令"中。这在同代诗社中可能是唯一的,堪称创举。南宋大贤民本乐章的衰年晚唱,由此传送出沉重悠长的仁者清音。

---

① 《王十朋全集》文卷二四、诗卷二一,第1001、378页。

（一）"社中诗令不容宽"

杜甫影响梅溪最大者，当为忧国忧民、关注现实人生的儒家情志。堪称宋诗巨擘的王十朋，在泉南佛国的夕照中，再次叠印出他趋步杜甫的虔诚身姿。他的泉州诗爱国忧民，寓含教化，分体各师，韵致多彩。前述诗作如宴七县宰诗、吟咏洛阳桥诗与感天动地水车诗，以及倡导学杜的诗论诸什，一一照应着十朋渐趋成熟的诗学思想。

王十朋知泉州时与赵知宗、马提舶等诗友交游，唱酬频频。"社中诗令"就出于诗友相互酬唱的诗作中。《知宗即席和端字韵三首提舶退即足之予第三诗经夕方和录呈二家》诗首、颔联曰：

毫秃中山砚涤端，社中诗令不容宽。
难追老杜风骚手，徒费昌黎点勘丹。①

本诗是对泉州诗社活动的一份规划，或称一份总结。"不容宽"的"社中诗令"，是十朋倡导的诗社创作规约，即颔联所示的追攀"老杜风骚"、规避"昌黎点勘"。

"老杜风骚"是泉州诗社诗歌创作既定的共同目标，唯恐"追"之不及。而对于"昌黎点勘"用心，入仕以来十朋已有鉴别主见，不再像年少时一味热捧效仿。十朋少时追慕韩愈风采，慨然有承继之意，曾欲尽和韩诗，后来终于发现韩诗在气魄雄伟、意境奥衍的同时也有故作奇语、刻意求工之弊，由于"点勘"过甚而失去了诗歌语言的和谐之美。

一道"诗令"，两个层面。追攀与规避，界限严谨明朗，王十朋由早期的热衷效韩，或杜韩兼学，或以韩学杜的表述，转至明确认定以诗圣杜甫为宗尚。这一诗学主张较之当年笼统提倡的"句法严于细柳军"，②目标更为清晰而准确了。

---

① 《王十朋全集》诗卷二六，第 508 页。
② 《王十朋全集》诗卷二一《又答行可》，第 376 页。

(二)"渊源师杜真知体"

《道光乐清县志》评论王十朋的诗文渊源称:"所学自孔、孟,而下惟韩、欧是师,故其文粹然","梅溪先生诗文质直疏畅,行间独饶劲气,瓣香韩、苏、欧三家,而以韩为宗"。① 此评承朱熹之论,然其局限也是显而易见的。十朋在"陋西昆"、抨江西的同时,倾情杜甫,称"诗人以来一子美",②奉杜甫为诗人中第一人,如郑定国所言:"十朋出仕前已知脱落韩诗笼罩,出场屋后,转学多家,诗风多貌,而于杜诗最有心得。"③这才称切合实际的公允之论。

1. 诗坛挚友　揭橥渊源

最早揭橥王十朋诗学渊源的是王十朋的同僚诗友陈说。十朋的《赠陈教授正仲》诗足以明之:

益友平生所愿亲,南来深喜得斯人。
渊源师杜真知体,人物如平岂久贫。
绛帐可能淹教育,掖垣便合掌丝纶。
临行赠我五百字,楚璧隋珠未足珍。④

诗称陈教授(名说)为自己"深喜"的"平生益友",由此引发了关涉诗学渊源的一番切磋:

一者,"斯人"才能出众,不甘寂寞,宜乎到"掖垣"之中"掌丝纶",辅佐国事,焉能久困于清贫的讲席生涯;

二者,"斯人"满腹诗文,才情横溢,"临行赠我五百字"即如"楚璧隋珠",光彩夺目,珍贵万分。

三者,唱和赠别的深层内因,在于平日"益友"之间诗心的相应契合以及诗作的同源走向。"渊源师杜真知体"一句,原诗有自注:"正仲赠予诗云

---

① 《道光乐清县志》卷之八·人物上,第505、506页。
② 《王十朋全集》诗卷二三《诗史堂荔枝歌》,第429页。
③ 郑定国:《王十朋及其诗》,第376页。
④ 《王十朋全集》诗卷二九,第565页。句中"壁"当为"璧"之误。

'渊源师老杜,体制陋西昆',而正仲诗,殊有杜体。"

仕途上的志同道合促成诗风诗格的共同成长,诗风诗格的共同成就又反作用于政治上的志同道合——宋时诗人群体组合及其诗风流向的重要基因恐怕就在于此。郑定国曾由此进一步指出:"杜甫影响十朋最大者,大抵是襟抱及乐天态度,自十朋求祠不忘忠君之事可稍得消息。设云十朋乃杜氏之再生,以人品言诚不为过,以政事言犹过杜氏许多。"①说的正是十朋诗的渊源所自。

2. 尊杜学杜 "句句似杜"

王十朋尊杜学杜主要有两个维度。一是以杜诗关注现实的精神及其丰赡的内容、阔大的意境来补救江西诗派末流掌控的诗歌内容单调、意境逼仄;二是对杜甫诗法理论的效法继承。他推崇杜甫"皮毛落尽"的真淳和平淡,运用诗法而了然无痕。对杜甫律诗的对偶精工尤其叹服。

明三大学士之一的李东阳引名士陆静逸称许梅溪诗"句句似杜",谓:

> 矫枉之过,贤者所不能无。静逸之见,前无古人,而叹羡王梅溪诗,以为句句似杜。予尝难之,辄随手指摘,即为击节,以信其说,此犹可也。读僧契嵩《镡津集》,至作诗以赏之。初岂其本心哉?亦有所激而云尔。②

陆静逸"叹羡王梅溪诗,以为句句似杜",李东阳审读"指摘"后"即为击节,以信其说",两位识者的评骘既是对王梅溪主要诗学渊源的揭示,也是对梅溪诗歌创作成就的推许赞赏。梅溪诗确有自身特点与成就,而义理犹有过之。郑定国的"十朋乃杜氏之再生"说,也是基于这一观点。

王十朋继承杜甫读书万卷、博采众长的精神,浸润杜诗颇深,在诗歌创作中讲究语言锤炼,喜好化杜甫诗句,使用杜诗典故,可谓洋洋大观。笔者

---

① 郑定国:《王十朋及其诗》,第376页。
② 李东阳:《麓堂诗话》,丁福保辑《历代诗话续编》下册,中华书局1983年版,第1397页。

年前曾撰写长文,在阐析梅溪诗现实主义创作方法与沉郁顿挫风格渊源成长的前提下,侧重从梅溪学杜诗用典、炼字、炼句、对偶、叠字以及以对入绝、移情于物、营造意象、声律用韵技法诸"细节"作专题梳理讨论,在相似、相关、相宜之间扩展对梅溪诗的鉴赏视野,潜入杜甫、梅溪这两位萧条隔代诗人的诗意心象,求得其渊源承继的内在逻辑和美学认同。① 郑定国说,"杜诗之体貌、用韵、节奏及风格十朋多能体认,所谓皮毛尽失精神出,乃反复用功所得,岂捕风捉影而粘皮带骨者可比拟乎哉?"②此评洵非虚语也。

(三) 旨归宗杜助风尚

王十朋是一个尊韩学韩的典型。这既是受文化大背景所熏染,也是其个人诗风衍进过程中的审美取向——直通杜诗的高标风范。两宋时期是杜诗传承史上的一个研究高峰,曾受尽冷落的杜甫一举登上诗坛典范宝座,圣鼎独尊,垂范后世。王十朋无愧杜甫知音,在两宋诗坛转型时期,指斥江西终旨归老杜,助推宗杜风尚成长,有拨转流俗、推进杜甫"由凡入圣"之功。现试从四个方面略说王十朋实践宗杜学韩、以韩学杜文学路线对于助推诗学衍化的意义。

1. 尊韩学韩 略生波折

不可否认,推崇韩诗、效法韩文确实是王十朋早期文学思想的重要组成部分,而且正如台湾学者郑定国所评论的,十朋"学韩之迹千折万挫,卓然有成,尤长于韩诗古律"。③ 但日后却生出了波澜,逐渐淡化。绍兴三十二年(1162),王十朋"丐祠得请",归乡里闲居,作诗《小小园纳凉》曰:

屏迹丘园世事轻,澹然滋味似孤僧。
平生愿学昌黎伯,宰相三书独不能。④

---

① 详见拙作《"句句似杜"梅溪诗——王十朋学杜实践路线图初解》,《乐清历史学会会刊》第5期。
② 郑定国:《王十朋及其诗》,第376页。
③ 郑定国:《王十朋及其诗》,第270页。
④ 《王十朋全集》诗卷一五,第257页。

王十朋对韩愈的道德品行历来推崇备至,未见腹诽,但经历官场世事"屏迹丘园",并进而体察"似孤僧"的"淡然滋味"之后,虽然依旧表白"平生愿学昌黎伯",但对韩愈的器识德行却开始有了微词,"宰相三书独不能"。思想品格上容不得半粒沙子的王十朋,认为韩愈仕进有摇尾乞怜之嫌,有失体面的《三上宰相书》是自己"独不能"仿效的。

其实,要说变也没变。杜与韩本是同宗同派。韩愈本人是尊杜的,韩诗的以文为诗,其特征和手法也是由杜甫导夫先路的。王十朋的爱国忧忱、忧患意识、进步的社会理想和健全的人生理念以及艺术旨趣,与杜甫、韩愈共鸣,他们同怀忧国忧民、反映现实、批评现实的济世精神。王十朋转向宗杜,并非是和韩诗、韩文划清界限,只是韩愈对王十朋的影响逐渐退居次要地位了。

钱志熙教授着眼诗人个性分析,指出,"客观上说,十朋的个性刚方磊落,禀性耿直,欧、苏的诗文风格,是更适宜他的。韩过于尚奇怪,与十朋的个性并不完全符合。十朋从韩愈受到的最大益处,恐怕还是在于通过学韩,其诗文有了一种雄直之气,肆口而言,应心而发"。① 应该承认,钱先生的评判切合王十朋个人秉性决定的审美取向。其前期学韩诗作如《次韵刘谦仲见寄》《答毛唐卿虞卿借昌黎集》《送子尚如浙西》等长篇五古、七古,挺劲雄浑,思丰而意广,犹带郁勃激愤之情调,都可笼罩于"雄直之气""应心而发"的诗评之中。

王十朋学韩确有缺憾。他的和韩诗多为和而作,情感少赋其中,选词用语虽步韩诗气韵,精神意涵毕竟难及韩诗,故其艺术成就并不高。但他尊韩学韩的诗学实践使他的诗作不落于江西诗派流俗之中,这应该算是一种超越,超越了自我,超越了江西诗派,直接勾连并先导了"南宋四大家"的诗风走向。

2. 转学多师　导夫先路

王梅溪的诗学理论主张及其转学多师的诗学实践,深涵智慧,对于南宋

---

① 钱志熙:《论南宋名臣王十朋的学术思想与生平业绩》,《论文集》第3页。

中兴诗人群体的形成和发展自有导夫先路的作用。王十朋无愧"拉开了宋诗中兴的序幕"①的角色担当。

正是活跃于绍兴、隆兴、乾道诗坛的王梅溪，充分认识到北宋末年江西诗派末流雕章镂句、瘦硬艰涩、不问世事的弊病，在"靖康之难"的时代变局中重新全面发扬杜甫诗歌的意义，在继承元祐诗学精神的基础上转益多师，起于韩愈诗风，追慕欧、苏诗境，倡导"非坡非谷自一家"的美学追求，形成了辞取旨达、质直条畅、阳刚雄浑、清逸平淡、沉郁顿挫的诗风诗格，从而为充满现实关怀的中兴诗歌的崛起奠定了良好的基础。纵观宋代诗史，王十朋诗作上承元祐遗风，下启中兴四大家与永嘉诗风，有振衰起弊之功。

3. 不拘一格　多元风味

观照梅溪诗描录生活场景和思想图像的诗艺特点，我们也许能发现宋诗中兴前期的诗风变革流向，具有某些特殊的轨迹。

温州籍学人徐顺平早年对朱熹评梅溪诗"浑厚质直，恳恻条畅"的定调有所申发，说梅溪诗"豪放中带婉约，明畅中兼含蓄，淡泊中含深意"；②乐清籍北大博导钱志熙曾以其赏读梅溪五律《宿大冶县》③时的艺术体验，引此诗作为梅溪诗风"受到当时正盛行的江西诗派影响"的例证，称其"骨子里仍然是清逸的"，"让我们想起宋初的九僧和他的同乡永嘉四灵"；④而浙江大学教授陈志明则赞同明人"以为句句似杜"的评论，认为梅溪诗"与杜甫声气相应，如出一辙"，"风清骨峻，平中见奇，浅中见深，也与杜诗相近"。⑤

如此多元化的评论都是基于梅溪诗味的多元化特点。梅溪诗正是在流通际会中，逐渐稳定了自己的风格取向，形成了他所推崇的"非坡非谷"体的清逸诗风，最终定格于杜甫的沉郁顿挫风貌。

4. 有诗无类　有宗无派

在纵贯南宋一朝的师法江西与反拨江西的长期博弈中，王梅溪并非刻

---

① 韩经太主编：《中国诗歌通史·宋代卷》，人民文学出版社2012年版。
② 徐顺平：《温州诗史》，《徐顺平集》第119页。
③ 《王十朋全集》诗卷一九，第338页。
④ 钱志熙：《乐清历代诗词漫谈》，《温州文史论丛》第382页。
⑤ 陈志明：《先生之风　山高水长》，见《王十朋纪念论文集》第85页。

意传承江西派诗风,但在时代风潮裹挟下毕竟熏染了江西习气——由此观之,有学者将《宋十五家诗选》的选诗倾向归类于江西诗派也属言之有据;而梅溪对江西诗派末流的执着疏离与排斥,则开启中兴诗人群体及其后续者江湖诗派的风习转向。梅溪诗的思想价值与艺术成就,其诗风的传承与嬗变,其试图走出江西、突破江西一统诗坛局面的诗学历程,或正是宋诗在发展重要环节的历史语境中与梅溪诗情个性充分融合的某种因缘际会。

梅溪有诗无类,有宗无派。作为忧患时代的忧患产儿,梅溪与他后续的"南宋四大家"一样,都没有来得及在诗风诗格上自成一派。梅溪诗风的原生态,也许本来就属于清代诗论中那个兼取唐宋的"择善而从,分体各师"的无派之派。唐诗的浪漫融情与宋诗的写实炼意,唐诗的丰神情韵与宋诗的筋骨思理,江南文化的清通简要、灵秀飘逸与北方文化的厚重质实、苍劲悲凉,都流淌在他的血管中。梅溪诗交融互渗着多种文化因子,兼具融和之大观与调适之大雅。

王十朋身处元祐鼎盛时期的尾声。其时,江西诗派风行文坛。但王十朋率先指斥江西诗派末流的不堪言论,倡导师法韩愈,继而确立"渊源师杜""追老杜风骚""不容宽"的诗令,溯本求源地旨归于老杜风范。究其因缘大致有三:其一,是受到时代风气之裹挟;其二,这种选择也包含王十朋个人生活经历、仕途遭际的因素;其三,这种选择与王十朋本人的文学观念、审美取向也大有关联。钱锺书说,那个时期的学杜学韩盛行"偷语""偷意""偷势"等几种途径。① 王十朋求学时期着意学韩诗的意、势、语,选择的正是一条以韩学杜的实施路径。

总之,王十朋是一位杰出的政治家,同时是一位才学富赡的学者和诗人。其诗歌创作奉杜甫为圭臬,践履老杜紧密关注现实、关注国计民生的诗学理念。思想情感上的高度契合与强烈共鸣,对老杜尊而亲,乃是十朋学杜的人格思想基础,也是其学杜取得重大成就的根本原因。其诗中蕴含的家国情怀、民本精神、忧患意识,正是其沉郁顿挫诗风得以体现的内在保证。

---

① 钱锺书:《谈艺录》(补定本)一八,第70页。

三、溯源诗名文誉　判认文学地位

王十朋在思想与文学上,属于典型的儒教道统的传人,继承了唐宋古文家文以载道的传统。他在《读苏文》中说:"不学文则已,学文而不韩、柳、欧、苏,是观诵读虽博,著述虽多,未有不陋者也。"①《光绪乐清县志》称:"梅溪先生诗文质直疏畅,行间独饶劲气,瓣香韩、苏、欧三家,而以韩为宗。"清储大文曾称朱文公(熹)、吕成公(祖谦)、王梅溪(十朋)、范石湖(成大)等为"小元祐"之"才彦","郁奋而出","号为文章中兴、诗律尤振"。② 可见得梅溪诗文渊源有自,传承文学道统,在文学史上久享盛誉。

但是鉴于王十朋的文学创作特别是诗歌,不属于任何流派的尴尬,察其创作实际,确也存在尚未形成鲜明的个性特点,部分篇章存在严谨有余而灵动不足之憾,他的诗作在文学史的发展流程中一度被诗论词论、众多诗选本、词选本模糊淡化甚或湮没。探究其间轩轾反复的实情,追溯其诗名文誉之消长态势,将有利于考察确认其文学史地位。

(一) 诗名文誉　流播消长

相较于历代评价比较平稳、少有起伏波澜的王十朋赋、文作品,梅溪诗自面世以来,历宋、元、明、清至民国迄于今,与一代宋诗的命运相沉浮,经历了迥然不同的理解阶段。

1. 历代诗名消长态势追踪

元人承南宋严羽盛唐气象之说,倡为唐音,由宋返唐,宋诗地位已远不能与唐诗相比。此后,伴随着唐音宋韵之争的消长,梅溪诗的命运飘忽不定。近现代诗坛学界似乎也并不怎么看好十朋诗作,或以为其政治意义超越于艺术价值。长期以来,王十朋的诗歌成就显然被怠慢了。

且看历朝特别是清代宋诗选本的赓续替代情况:

宋陈思编、元陈世隆补《两宋名贤小集》,所搜两宋诗人凡157家,编录

---

① 《王十朋全集》文卷一四,第798页。
② 储大文:《存研楼文集》卷一一,文渊阁《四库全书》本。

梅溪诗八卷,计 203 题 290 首,不分体编次;

明万历潘是仁辑校《宋元名公诗集》,含梅溪集六卷,存诗 140 题 266 首。按古律绝及五七言分体编排;

明李袭《宋艺圃集》卷一八选十朋诗 10 首;

曹学佺《石仓历代诗选》卷二〇四选 24 题 32 首;

清康熙二十二年陈焯辑的通代诗选《宋元诗会》卷三九选 18 首;

康熙三十二年,陈訏(字言扬)辑《宋十五家诗选》,专列"梅溪诗选",突出宋代有代表性的十五诗家,十朋为其一,征录一卷,计 133 题 150 首,不分体编次;

康熙四十八年张豫章编纂的《御选宋诗》,选 119 首(含联句 2 首)。选诗主温柔敦厚,凡激直发越者,尤其是涉及宋金时事者悉遭删除;

雍正《浙江通志》仅"艺文卷"即收梅溪诗 15 题 18 首,未计散落其他各卷之诗;

乾隆二十六年姚培谦、张景星、王永祺撰《宋诗百一钞》(后名《宋诗别裁集》),选 4 首,分别为七古、五、七律各体,其中有《题湖边庄》;

严长明选编于乾隆年间的《千首宋人绝句》,所选 365 家诗,十朋不在其列;

道光二十一年朱梓、冷昌言合编的《宋元明诗三百首》选十朋七律 1 首;

道光二十四年许耀编撰的《宋诗三百首》选十朋五、七律各 1 首;

宣统二年坐春私塾选辑《宋代五十六家诗集》,选录一卷,计 12 首;

曾唯《东瓯诗存》卷二选十朋诗 80 首,远远超过薛季宣(24 首)、陈傅良(21 首)、叶适(34 首)、徐照(55 首)、徐玑(70 首)、赵师秀(70 首)、翁卷(52 首)、林景熙(67 首),为有宋一代入选最多者……

此外,明《永乐大典》与清《四库全书》均全面收编王十朋诗文。

从以上载录数据可知,尽管诸本甄录标准有异,所选多寡不一,但还是可见梅溪诗深受世人所爱,一直广为传诵,在清代更被《宋十五家诗选》与地方选本《东瓯诗存》等推举为宋诗之翘楚。

《宋十五家诗选》选诗十五家,计十六卷,陆游居首位,征录二卷;王十朋诗并于梅尧臣、欧阳修、曾巩、王安石、苏轼、苏辙、黄庭坚、范成大、杨万里、朱熹、高翥、方岳、文天祥诸名家大家之列,悉录一卷。为一睹真容,笔者曾专程到号称全国第二大图书馆的南京图书馆(原"中央图书馆")古籍部查阅"孤本"并摄录。其实,该选本已存录于现代版《续修四库全书》影印本,不难找到。选本付刊于康熙三十二年(1693)。内封面署"宋十五家诗",右上题"东海陈言扬选",左记十五家姓氏。卷首有查升、陈讦二序,次发凡五则。半页11行,行22字。大黑口,双鱼尾。梅溪卷版心署"梅溪诗选",下记页码。卷首附十朋小传,叙其生平履历和诗歌风格,诗论则先引朱熹之语,后附编者陈讦之评。

《宋十五家诗选》选诗精严,甄采名家名作,在折衷各派的同时并没有忽视突出重点,分清主次。其范围难免偏隘之嫌,歌功颂德作品或有违碍文字者皆不选,崇尚雅正平和之美,这就使得这个选本略具宋诗菁英,较能客观反映宋代诗歌的风貌和成就,能看出宋诗之所以异于唐诗的特色来,表明选家之瓣香会心,具有鲜明的诗家史识,在搜辑铨择方面是下了一番功夫的。

徐世昌《晚晴簃诗汇》对陈讦选本评价甚高,称誉曰:"菁英略具,后来言宋诗者莫能外也。铨择具有意恉,与吴孟举《宋诗钞》、曹六圃《宋百家诗存》足相方驾。"这个评价是较为公允的。今人谢海林曾给出这样评价:《宋十五家诗选》"选诗讲究有法,嗜爱宋诗瘦硬之风,强调锻炼精深;尊崇韩愈,突出宋诗气格与思理相结合的特点;重视江西诗法,主张以旧为新。"[①]以笔者之见,"尊崇韩愈,突出宋诗气格与思理相结合的特点"之说,颇为精当地概括了包括苏轼、陆游在内的十五家诗作的共同特点,但将有宋一代的名家们一概纳入"江西诗法"的彀中,那至少是无视江西派末流的积弊与颓势,怠慢了苏轼、陆游诗的开拓性的历史作用,对十朋诗的判定也难免失之褊狭了。

从其后发展实际情况看,陈讦的"意恉"并非如徐世昌所判的"后来言宋诗者莫能外"。至清道光年间(1844年)许耀辑的《宋诗三百首》,十朋诗

---

① 谢海林:《清代宋诗选本研究》,上海古籍出版社2011年版。

仅保留五律、七律各一首,地位降至第三、四层次,略胜于只选一首的吕本中、张孝祥、叶绍翁、谢枋得等其他48人。当然,比之只首未录的陈师道、刘克庄、戴复古、文天祥等人已经算是很被看重了的。尽管这与许氏本偏好近体、极轻晚宋的选诗原则有关,但或许就是由此开始,至于清末民初,十朋诗的命运一落千丈。如在1930年初版的胡云翼的堪称"民国学术文化名著"的《宋诗研究》中,述及王十朋的仅寥寥百数字而已,只取《悼亡》一绝句例证其诗的特点,余皆不及,低迷到了可有可无的地步。

2. 近人评价轩轾现象述论

梅溪诗终于悄然消逝于"同光体"诗派领袖陈衍(1856—1937)的法眼。这位被称为"前朝遗老"的近代诗论家首刊于1937年且对近世影响颇大的《宋诗精华录》,只首不录梅溪诗。陈氏选诗"以兴味高妙为主","体现近代同光体闽派诗歌的创作倾向和艺术趣味"。校点者曹旭指陈,"同光体及陈衍本人诗歌成就并不很高,选诗时,有时就不免用自己的格局限制宋人格局,所选诗偏重闲适叹世、山水田园一路"。① 陈衍并不看好王十朋的诗歌,但据笔者翻检陈氏诗选的体悟,陈衍的较多诗作,特别是其评介当代诗作的篇什,与王氏的笔法韵致简直是同出一辙。诗格相似而评介相斥如此,真乃文学史上奇特而有趣的现象。

时代不同,审美习尚自有变化。对作品的取舍或对作者的评论,总是带着见仁见智的个人主观因素。对于一些前人的选本,产生种种审美口径的偏差亦属自然,并不足诟病。遗憾的是流风所被,至当代而未息。及至20世纪50年代,王十朋能进入钱锺书《宋诗选注》的,就只剩下了"非坡非谷自一家"七个字了,且还只是被用来阐说韩驹诗风特点的,不涉王十朋本人的诗品诗风。

从此,王十朋淡出诗坛。此后数十年陈陈相因,后续的几册宋诗选本少有改观。或是囿于古代诗歌研究中偏重抒情的思维惯性,多个选本都着力挑选词藻明隽清圆、形式上打磨得流畅清秀的作品。金性尧教授选注的《宋

---

① 陈衍:《宋诗精华录》,江西人民出版社1984年《百花洲文库》曹旭点校本。

诗三百首》初版于1985年,选111家337首,一再重印,热销不衰,被誉为"国学启蒙的最佳读物",复旦大学中文系首席教授王水照评道"钱(锺书)先生因时代原因而未能充分表达的本意,在金先生此书中得到一定的弥补"。其后,张鸣教授选注的《宋诗选》(2004年第一版),选106家359首;还有李梦生的《宋诗三百首注评》(2007年版),选111家300首。这三册影响颇大的宋诗选本都不约而同地回避了王十朋。张鸣的选本提到了,可随手捡来的还只是钱锺书40年前引用过的王十朋称赏韩驹的那一句"非坡非谷自一家"。很不敬地说,此乃人云亦云耳,似有不越雷池一步的自我禁锢。其他若干选本或鉴赏辞典,凡选用十朋诗的,选来选去就那么几首有唐诗味的如《咏柳》《题湖边庄》等,或未必最能代表王氏风格的《悼亡》《咏兰》等几篇,视听所囿,局境逼仄,所撰解读文字也多有偏颇,甚至连鉴赏辞典类名家赏析文章也有把诗人身世、本事背景等搞颠倒的。笔者揣测他们都可能无暇细研过十朋文本。2013年面世的《温州诗歌史(先秦至两宋时期)》,作为一本分体断代地域性文学史著,竟竭力回避温州本土大诗人王十朋,令人大失所望。

陶文鹏研究员说过:"倘要编撰浙江古代文学史,王十朋应当是一大家。"此说虽不能作为评判"温州诗歌史"优劣的唯一标准,但做学问如果不从史料史实、作家作品的实际出发,如果缺乏对历史事实最起码的尊重,就不可能产生创造性的思维成果。窃以为,作家作品研究是文学研究最基础的工作,这个基础打不好,综合性的宏观研究难免进退失据而生出空泛不实之病。

3. 文学成就评价有异原因探析

王梅溪的诗文,有人推崇备至,有人却不屑一顾。从曾经辉耀于"宋诗十五家"占其一,至被打入遗忘的角落,沉沦不彰,其原因究竟何在?

关于千百年学界的世态炎凉,笔者以为,固然有其时代文学思潮、审美观念的影响,有王十朋本人生于腐败的封建王朝而位居帷幄近臣的尴尬,也有诗人自己交游经历、艺术个性局限的原因,其文学成就为其"名臣"盛誉所掩,也当是不能否认的事实。此外,与学者选家受定势思维的影响,从众心理的障碍,缺乏对其诗歌文本的耐心解读也不无关联。梅溪诗词的文学成就被低估,估计非纯文学因素所致。一个作家的文学声誉及其作品的流传状态,并不都与作家的文学成就成正比。这在文学史上不乏其例。杜甫还曾被西昆体诗人骂为"村夫子",陆游更被后世某些论家斥之为"掉书袋"呢。这反映了人们审美趣味的复杂性,社会文明进程的曲折性。古往今来,对黄山谷奇崛诗风的崇仰或非难,褒贬异同,聚讼千年,至今未已,何尝不是社会审美多元化的表征呢?

即如十朋有关社会政治题材的这类忠愤诗,包括陆游的一些时政诗,有人就是不喜欢,斥之浮露、"近乎枯竭"云云。从所谓神韵说来要求,或被认为"一览无余,无法体味到这里面还有更深刻一点的东西"。见仁见智,本无可厚非。纪昀评陆游"忠愤类"诗,却认为:"此种诗是放翁不可磨处。集中有此,如屋有柱,如人有骨。"王十朋的这类忠愤政治诗亦当作如是观,是王十朋人格诗艺的重要组成部分,不可忽视,不可磨灭。从十朋大量"政论诗""述志诗"所产生的背景看,实乃时势风会使然。江西诗派的力量支配了北宋中叶以后及南宋的诗坛,无论哪个诗人都免不了熏染其风气。又加上弥漫于宋代的以朱熹为代表的理学及其理学派诗,也是一代风尚,受人热捧。不仅理学家程颐、程颢、张载等人的诗理气烘烘的,让人"不堪领教";王安石、陆游、杨万里等大诗家也时时专尚意气,粗率而无深涵,且数量绝不稍少于十朋的,常受讥垢有其历史必然性。不同的历史时期都会有推崇结派、党同伐异的陋习遗存,这与选家对宋诗风格、体制的认可度及其本人的史见诗识密切相关。曾有学人指出,胡云翼的《宋诗研究》"基本上是站在唐诗爱好者的立场上立论,故其所作分析颇能引发部分唐诗爱好者的赞同"。

回头再看看钱锺书教授的《宋诗选注》本身。作为新中国第一批古诗词经典选本,钱氏的这册力作曾以其精博学养和独家体会引领几代读者撷英诗苑,功不可没。不仅国内流行,还译成多种文字风行海外。钱先生师承《宋诗精华录》作者、"宋诗派"主将陈衍,可是他没有无原则地颂扬宋诗,而是不受门派的约束,他的选择与判断尊重自己的艺术品味。1958年《宋诗选注》出版不久,有学者曾在《文学遗产》上发文批评钱氏的《宋诗选注》是白专路线,带有资产阶级观点,崇尚形式主义、艺术至上主义。但20世纪80年代以后,对宋诗的看法则一律采用钱锺书先生的观点了。其实,也正是从1980年代开始,钱先生曾以分外清晰的"自省"真言颠覆了学界的盲从。钱先生自称作《宋诗选注》时"晦昧朦胧的状态本身正是某种处境的清楚不过的表现"。笔者手头的2005年版钱注宋诗附载了钱先生1988年为港台版所作的《前言》,钱氏向港台读者倾倒苦水:"在当时学术界的大气压力下,我企图识时务,守规矩,而又忍不住自作聪明,稍微别出心裁。结果就像在两个凳子的间隙里坐了个落空,或宋代常语所谓'半间不架'。"钱氏还解释说:"由于种种缘由,我以为可选的诗往往不能选进去,而我以为不必选的诗倒选进去了。"这番几近剜心的自嘲之语,浸涵着一代学人的无奈。

复旦大学王水照教授说自己"习惯于把钱选和金(性尧)选并置案头,时时对读",他称赏金选"折衷损益,严于去取,既收录历久传诵的名篇,又发掘出不少为人们所忽略的佳作",指明金先生选目的"苦心",即在于"钱先生因时代原因而未能充分表达的本意,在金先生此书中得到一定的弥补"。轩轾褒贬倾向寓于其中。台湾学者郑定国则另有理解,说:钱氏《宋诗选注》"未选十朋诗,多半系未深解梅溪集,抑选诗不周全之故哉"。[①] 于此"未深解""不周全"之论,余心有戚戚焉。深以为即使是最睿智的大师也难免会留下某些眼力不及的死角,有待后人去重新发掘探究。

(二) 领军文坛 合把旌旄

王十朋的文学成就一度被有意无意怠慢了。这种现象值得研究,非三言两语说得清楚。随着文史学界主流的热情介入,近年来,十朋诗文研究次第出现新气象,研究结论也越来越接近王十朋文学创作的实际了,王十朋的文学史地位也随之得以应有的回归。

1. 梅溪同时代诗友推举其"把旌旄"

"今谁主文字,公合把旌旄。"原是十朋同代诗友喻叔奇借苏轼诗语称赏

---

① 郑定国:《王十朋及其诗》,第378页。

王十朋应当承担的历史责任和文学史地位的。对此,王十朋曾缘情而发,以长诗表白心迹。诗题曰《喻叔奇采坡诗一联云今谁主文字公合把旌旄为韵作十诗见寄某惧不敢和酬以四十韵》,①诗人怀着强烈的现实批判精神,以韵语铺陈叙论,旗帜鲜明地阐说诗歌创作主张,"高吟薄风雅","古学穷浑灏",尽显夺目光彩,为千古文坛留下了一篇有独立见解堪足传世的诗论大作。

王梅溪的这首四十韵唱酬之作纯乎议论,一气呵成,一韵到底,视野开阔,气势磅礴,读来颇见韵致。诗人继《读东坡诗》《游东坡十一绝》②诸篇之后,再次纵横议论,滔滔雄辩,推崇苏文,盛赞苏诗。由他倡言的唐宋文坛"三大老"之说,为定论于明末的"唐宋八大家"之说铺垫了最早的基础;其"苏门六君子"之论,更扩大了苏氏诗文在文学史上的影响。

领会喻叔奇原诗本意,可知喻叔奇推举王十朋为南宋初年文坛第一巨擘,实乃顺应时势之倡言。叔奇诗曰:"直道盖中朝,雄名横六合","作诗必坡老,作文必欧公","一洗凡马空,斯文有宗主"。他规劝王十朋主天下文字:"大雅久不作,淳风日浇漓。挽回既狂澜,此道非公谁","能者主宰之,古来非独今","苏公亦有言,公合把旌旄",云云。所评实为公允之论。

王十朋在世时,其诗文作品——不限于《廷试策》《会稽三赋》,还有《县学落成百韵》、腊日西湖咏梅与泉州水车组诗等,都已广为流传并深获好评。追随热捧他的粉丝,不限于乡亲故旧、青衿学子、诗社挚友,还有京城里外、朝野上下的包括吴越、赣闽、荆楚、巴蜀等地的同舍同年、台阁儒臣、同僚名流们,其中就有赋诗作文雅敬其诗才文誉的诗坛巨擘、学界大儒、文坛名宿如朱熹、陆游、汪应辰、张栻、张孝祥、洪迈、周必大、杨万里、喻良能、王秬辈,还有爱国抗金老将张浚、胡铨等。

2. 今人彰显其开"四大家"风气之先

进入新世纪以来,王十朋诗文研究出现了新气象,他的诗歌开始受到关

---

① 《王十朋全集》诗卷二八,第 537—538 页。
② 《王十朋全集》诗卷二三、卷二四,第 415—416、452—453 页。

注。随着考察研究的深入发展,学界主流对王十朋诗文形成了渐趋一致的"简明准确的定位",赞以"忠愤激切""惓惓忠笃""专尚理致""议论醇正""浑然天质""条畅明白""浑厚雅淳""和平坦荡""委婉含蓄""雅颂中正""典雅纯正""刚毅敦庞""逸兴壮思""秀婉舒健""诗笔秀拔,吐属俊爽"云云;旨归于"文学大家""文坛巨匠""文坛祭酒""导夫先路""引导棋子""踵事增华""振衰起弊""继往开来""承先启后"数语。今之学界名宿呼应旧贤名家的评论,足以显示王十朋诗文在历史上应有的辉煌,即是他深受推崇的盛誉独享。

王十朋的词《点绛唇·素香丁香》入选人民教育出版社出版的普通高中课程标准试验教科书语文必修课本,2006 年以后推广通用,为全国范围的莘莘学子吟诵传唱。国家统一教材从来是体现国家意志的,我们不要轻看这一举措的重大意义。王十朋名至实归,当之无愧。盖因他手中高擎着一面感应于时代风潮的爱国大旗。

综览王十朋诗、赋、文的创作成就及其理论建树,其承前启后、振衰起弊的文学史贡献是不能抹煞的。在历代儒者的心目中,王十朋从来就是一位"真儒者",一位写出了"二千多首具有第一等襟抱与仁者气象的真诗"①和一流散文、辞赋作品的文学大家,实乃一代文坛巨擘。

1998 年北京大学古文献研究所陆续出版《全宋诗》72 册,其中第 36 册刊载王十朋的《梅溪集》及《后集》的诗作和补辑,计 30 卷,2172 首并 2 残句,认为王十朋是传承唐诗的古典现实主义传统,并吸收宋代近世人文主义思想的极其重要的诗人,更是衔接北宋、南宋诗派的诗人之一,值得深入研讨,以填补地方诗史乃至中国诗史的一块空缺。郑定国博士称王十朋是"宋室南渡后第一位文学大家",其"著作水平固可颉颃同期之陆游、杨万里,至于范成大、尤袤恐非其伦比也"。② 钱志熙教授体悟到梅溪诗的开阔视野、开放境界以及"继承江西而又超越江西"的种种现象,揭示其开"四大家"风

---

① 陶文鹏:《论王十朋的山水诗与宦游诗》,《论文集》第 61 页。
② 郑定国:《王十朋及其诗》,第 395 页。

气之先的艺术表征。梅溪诗在继承江西派的同时表现出了更多的疏离和排斥,却又不像江湖诗派四灵那样完全宗法晚唐,显得偏激决绝。梅溪诗的整体审美趣味之于江西诗派,可以说是在继承江西派基础之上的去芜存菁、去弊纠偏的重建。他的"诗不江西语自清"的审美倾向与王庭珪的"诗从平淡人难到,语不雕镌句自清"(《和曾英发见寄二首》)颇为契合。

  基于以上评述,我们可以对王十朋的文学路线及其文学史地位做如下概括:在文学宗旨的选择上,梅溪诗文渊源广远。六经诸史、晋宋陶谢、唐人李杜韩柳、宋前辈欧苏黄韩(驹),每多瓣香礼敬,学有所得,亦时有批评。其诗文转益多师,起于韩愈文风,沿袭元祐格调,追慕欧、苏诗境,少年时融和北来移民诗人的诗艺风采,成年后又随着求学宦游线路,将本土吴越文化融通于荆楚文化、巴蜀文化、闽越文化和中原文化,汇入中华文化爱国的大潮之中。在流通际会中,王十朋及其诗友选择"渊源师杜"、以韩学杜的文学路径,形成了宗杜学韩的文学路线,在诗社同仁中达成共识。王十朋以其思想家特具的兼容清醒,在长期的诗学实践中逐渐稳定了自己的风格取向,最终酝酿出以儒家诗教为主旨的、以简古淡泊、典雅清逸为指向的诗风范式。辞取旨达,质直条畅,体现出他所推崇的"非坡非谷"体的清逸诗风。晚年诗作多以柔弱之词表达刚正之意,沉郁顿挫,温婉深挚,最终定格于杜甫的沉郁顿挫风貌,一如他的人格形象。他的诗众体兼备,以其阳刚雄浑、清逸灵动、沉郁顿挫的格调,上承元祐遗风,下启中兴"四大家"与永嘉诗风,在宋诗由消沉走向中兴的历史阶段振衰起弊,无愧于"开风气之先者"的历史定位。

  将王十朋诗文置于南宋社会文化、政治以及中华诗歌发展演变的大背景下进行考察研究,揭示这种艺术倾向对后世特别是温州地区的诗风文风成长所产生的影响,这对于充实浙江诗歌史、特别是温州诗歌史的研究,获取纵向的历史感、横向的地域感与叠加的现实感,必将具有基础性意义。

四、儒家经典著作 彰显史学价值

  作为南宋初年著名的诗人、学者、政治家,王十朋精通儒学,他的诗文具有很高的思想性和文学性,诗、赋、文创作在文学史上有一定的地位。王十

朋还是一个史学爱好者,少壮时读经研史,对历史人物做过较系统的评论,有咏史诗160多首,自成体系。其诗文作品具有很强的纪实性,不少作品标有写作的时间、地点、缘起等,这使《梅溪集》这部儒家经典具有很高的史料价值,对研究南宋初年的社会文化发展、温州乐清等地的人文地理状况都有重要的史学意义。

有说"五经皆史"或"六经皆史"。《梅溪集》虽非史学典籍,但由于作者既有传统的学人风范和才子情怀,入太学十年又经受了严格的史识训练,他的社会文化活动紧密关联着两宋之交的重大历史进程,其著述又基本翔实辑录作者的政治思想与文化精神面貌,故作为儒家思想经典著作,《梅溪集》对于后世具有鉴于往事、资于治道的作用。其亦经亦史的文化价值大略可表述为以下四个方面:

(一) 张扬国朝故事,通鉴历史经验。

赵宋王朝的疆域较小,边事频发,国力不强,时时挨打,同宋朝并立的较大政权,先后有契丹(辽)、夏(西夏)、女真(金)、蒙古(元)等。《梅溪集》从书写内容范围看,虽多涉民俗民事与民间生态,但出于作者固有的强烈政治功利性,作品实录了其亲历的国势之安危与政治之得失,表达作者的现实政治态度与史评观点,不仅仅关涉内政问题的诸项弊端,也有置于宋、金、辽、夏之国际格局下的大视野政治、军事、经济、文化考量,剖析"胡马今独饮河洛""逆胡残喘仍跳梁"①的严峻国防形势,特别是作于太学期间的《上舍试策三道》和数篇《策问》②等,甚可藉以窥见阶段性"南宋政治史"兼及"国际关系史"。入仕后立朝数载,又转历四郡,正当高宗朝的末年与孝宗朝的前期,王十朋亲历朝中两派的尖锐对立与远近州郡的社会民生疾苦,凡亲身经历目睹,一旦化为诗文,均可谓小事件、大情怀,小叙述、大历史。

王十朋青少年时期即有志读经研史,总结历史教训,有意把历史当作一面借鉴的镜子。所作160多首咏史诗,始于远古的伏羲、神农、大禹,迄于国

---

① 《王十朋全集》诗卷一《送子尚如浙西》、诗卷三《前诗送三乡丈》,第12、35页。
② 《王十朋全集》文卷七、卷八、卷九、卷十,第686—725页。

朝明君、良相贤士，其作品数量、时间跨度与史学识见等，在有宋一代堪称学林翘楚。从"殷鉴不远，在夏后之世"，到唐太宗常挂在嘴边的"以史为鉴，可以知兴替"，王十朋的赋诗为文，尤其念念不忘遵循"国朝故事"与"祖宗之法"，体现了对历史的敬畏；其列陈的南宋初期二帝在复杂的国家关系中决策与行动的选择以及关涉禁军"三衙"分管、左右史官职能等祖宗法规等，还有如融入大量人文史事的《廷试策》《会稽民俗赋》等篇章，都存意指陈南宋政权懦弱妥协的先天不足、后世失调，其通鉴而资治的政治意图十分明显，庶几为当朝皇帝与各级官僚提供了一份有价值的政治教科书。

（二）记录两朝历史，表达现实考量。

从编著体例看，经过整理的《王十朋全集》与各版本《梅溪集》均为变通的纪实编年之属。全书涉略北宋末年徽、钦二帝的种种败象，经历南宋第一个皇帝宋高宗建炎、绍兴年间直至其继位者宋孝宗隆兴、乾道年间王十朋本人离世前的一段史事。王十朋从江南乡村到京都朝廷，再到辖治四郡的行事履历，凡其亲历或听闻的，虽详略有异，但事无巨细，记录中都寄存着独立的现实考量。宋朝不缺良将，不缺军事英雄，但不能为朝廷所用；宋朝有忠臣良相，但都命中注定不能逞其志。宋朝的官场一片混乱，王十朋的僚友几乎没有不曾被弹劾过或不曾遭遇过贬斥的。充斥于梅溪诗文中的郁勃之气，表达的正是士大夫处于弱宋为夷所制、执政为民者处处受压的屈辱无奈，沉淀着他们对所习知的儒家伦理道德深受官场恶劣气候冲击的考量反思。

明正统本《梅溪集》以其大魁入仕为界，将诗文分编为前后集，以其大体准确的编年忠实记录史事，以个人独立视角呈现南宋立国初期的历史演进，呈现南宋"中兴两朝"社会发展的大体脉络。从"澶渊之盟"到"绍兴和议"再到"隆兴和议"，基本上都是在敌对双方力量大致相当的形势下签订的，南宋统治者满足于偏安江南，不愿也事实上越来越无力北伐收复失地了。于中揭示了有宋一代的邦交地位逐渐滑向深渊的过程，披露士大夫品尝由"守内虚外、强干弱枝"政策带来的恶果苦味。王十朋的行举和心路历程与两朝史事发展相契合、共脉动。

（三）显影中兴实绩，评说战和纷争。

中兴，是南宋创立以来在朝野回荡的主旋律。宋高宗及宋孝宗两朝，藉此宣示正统，理所当然地表示新建的王朝不是开基，而是赵匡胤所立赵宋政权的承续。王十朋深明于此，十九岁在温州远观赵构皇帝流亡场景时，即有"伫看天仗还京阙，无复旄头彗紫微"①的歌咏，冀望宋高宗能以赵宋的正统旗帜为号召，内聚江南以及北方失地的民心，外取周边政权的认可，坐可稳固政权，进可收复失地。

十朋的诗文不时引入"史评"史识资讯，还一而再、再而三地歌咏历代中兴君主及其贤臣良相，所谓"少康中兴""武丁中兴""宣王中兴""元和中兴"等，特别是"光武中兴"，即刘秀创立东汉，再造汉朝，更是十朋翰墨颂扬百次不嫌其多的榜样。王十朋力图将高宗皇帝、孝宗皇帝打造成形同东汉光武帝那样的中兴之主，不无可圈可点的实绩记录与欲说又罢的评论，特别是关于朝廷内外战守和纷争的时势及其得失的分析，其睥睨胡虏、收复中原的激情多有触动人心之处。惜乎在实际的政权格局中，南宋一朝内外受困，国是飘摇，终王十朋一生，唯见一抹美丽的中兴幻影而已。京城临安的歌舞升平、繁华富丽，他所期盼并为之呐喊呼唤的所谓中兴复国与史籍夸称的"乾淳盛世"迹象，于他的诗文中没有留下多少痕迹；泉州之任，算是置身于"富商大贾往来之会"②了，也只是在自己的诗文中少了些州府财政困乏的叹息，民生却依然穷苦。

王十朋试图用以规范当朝皇帝思想行为的诸多史事，自有他选择和表达的创意用心。只是不见了北宋问世的历史巨著《资治通鉴》的踪影。他喋喋不休地引说史事，评骘战守和纷争，在意的是"鉴于往事，有资于治道"，但高宗、孝宗和此后的宋朝皇帝能"嘉纳"多少就不是他所企求的了。《梅溪集》对于今人不失为一份历史反思的样本，赋予善于思考的人们以历史智慧和经验。

---

① 《王十朋全集》诗卷一《驾幸温州次僧宗觉韵》，第 5 页。
② 《王十朋全集》文卷一七《泉州到任谢表》，第 850 页。

(四) 铺写人文世相,保存历史底稿。

王十朋的诗文大多有时事大背景,又多采用叙事性表达方式铺写人文世相,为数不少的诗可称为叙事翔实的有韵日记,纪行踪,展心迹,可信度很高。中国古典诗歌具有叙事性传统,十朋的纪实诗具有一定的文化史学意义。有的以述评手法铺写复杂历史事件,却不以具体完整的过程性描述取胜,如边防军事类的《观国朝故事四首》《闻捷报用何韵》;①有的直陈诗人自身亲历的遭遇,重叙事而轻比兴,如《左原纪异》;②有的以抒情方式描写社会现实的某些事件场景或人物遭际细节,反映时代灾难、民生疾苦,抒发个人情怀,如《送子尚如浙西》《西征》;③有的以细节性描写与典型性情节来塑造人物形象,如《送曹大夫赴行在所》《登诗史堂观少陵画像》;④有的则以个体记忆的丰富肌理和感性叙事方式,从人物角度记录时代曲折行进的风雨烟云,如为本乡本土有德行、有才能而深受本地民众尊重的贤人名士万世延、张端弼等撰写"行状",又如探查披露政坛挚友冯方、查籥、胡铨等个体命运的沉浮遭际,甚或名不见经传的乡间师友文士小人物如刘谦仲、毛虞卿、潘翼、万大年等的生平行迹等,王十朋只是用一篇篇短诗短文即事名篇,作阶段性的碎片化叙述,娓娓道来,缓急交错,而一旦前后连缀,倒带回放,则呈现为一组完整的、颇具艺术感染力的个人诗史,惊心动魄,在令人感奋的同时,又不胜唏嘘,扼腕浩叹。这些用忠诚凝铸的叙事性诗文具有纪实文学的鲜明色彩,反映了当时的社会现状、氛围、情绪,包含"史"的要素,分明是为那个时代和人物留存了一份有价值的历史底稿。

从历史中汲取智慧,不可仅仅局限于那些叱咤风云的豪杰、聪颖灵秀的文士领袖,还应有无数忧国忧民、默默致力于民族文化传承的清寒士人及普通民众,那些善使权谋、奸佞邪恶之徒的一生也不可忽视。人心世相可以帮助我们从不同维度加深对历史的理解。

---

① 《王十朋全集》诗卷一、卷一七,第 3、293 页。
② 《王十朋全集》诗卷八,第 111 页。
③ 《王十朋全集》诗卷一、卷五,第 11、80—81 页。
④ 《王十朋全集》诗卷一、卷二一,第 16、372—373 页。

《梅溪集》给予后人的启示显然已经超越一诗一文、一时一事的范畴,而带有跨越时代拘囿的亦经亦史价值。正如为《梅溪集》作序的清人唐传鉎所称:"今公之为人与五君子同,而书疏奏铭,远过于诸葛、颜、范诸君;其文与诗之富,亦且不减于少陵、昌黎,何其盛也!……公之学术、品地、事业,人人可学而至也,公徒为一地、一时之人杰乎哉!"①为《梅溪集》题跋的清人徐炯文也曾饱含深情地指出:"夫梅溪先生之诗文,郁其光而不发者久矣。世之知有先生者,以为高才博学,竭智尽忠,立朝补衮,治郡保釐,如是尽矣。至于修之家,献之廷,用则行,舍则藏,手舞足蹈之乐,吟风弄月之趣,非得是编,何从测其涵养之纯哉!先生之英灵遗泽,固当不泯没于千载之下。"②

---

① 唐传鉎:《宋梅溪王忠文公文集·序》,见《全集》附录一,第1099页。
② 徐炯文:《宋梅溪王忠文公文集·跋》,见《全集》附录一,第1102页。

第七章　儒学传统　自成一体
——"真儒者"爱国忧民、以民为本的儒学思想体系

2012年10月,在纪念王十朋诞辰九百周年全国学术研讨会闭幕式致辞中,国务院参事、中国宋史研究会会长邓小南说了这么一番话:

> 南宋的乐清,既有正色凛凛"特立不回"的"真儒者"王十朋,也有"危言劲气"感召天地的刘黻;既有知名的士人领袖,也有无数忧国忧民、默默致力于民族文化传承的清寒士人及普通民众。认识王十朋和这样一个历史人物群体,首先要"贴得近",要通过爬梳材料,让历史人物活到历史的具体场景之中;同时,也要"拉得开",要真正认清历史人物的影响及其地位,需要从具体人物中走出来,置之于时代的恢弘复杂背景之中,从而有效避免研究论题的雷同与枯竭,亦使历史与现实有效贯通。

这番总结性发言,对王十朋研究提出了"贴得近""拉得开"的切实要求。王十朋之名被冠以"正色凛凛'特立不回'的'真儒者'",自当归属于"知名的士人领袖"。"正色凛凛""特立不回"语出自端明殿学士、左朝议大夫汪应辰所撰《墓志铭》,①道出了王十朋坚毅不屈的人格特点;"真儒者"也本于汪氏之叹:"呜呼!此真所谓儒者耶。"这是对王十朋学养、思想、信仰的

---

① 《王十朋全集》附录二,第1112页。

判定，涵义丰富，非常切合王十朋的学思人生，将王十朋的思想和政治作为与那些以儒家自我标榜的名利之徒、乡愿之人、巧言令色者、山河破碎而认贼作父者以及浩然巾下包藏祸心者，作了最严正的切割。

"一个国家、民族的品格，是其文化的外化。近百年来，人们自觉不自觉地在借用西方的思维方式来看待我们的传统文化，这使很多人心中的传统文化已失去了本来的面貌。"有感于此，北京大学教授楼宇烈以50年的中国哲学研究为底蕴，深入浅出地介绍了整个中国传统文化的精髓，详细梳理了中国文化发展的脉络与体系，发现中国文化内在的品格与精神。他的专著《中国的品格》设专章阐说"何谓真儒者"，又在《真正的儒者智慧七大要点》中加以概括，即"奉天法古""内圣外王""知行合一""重在体悟""执两用中""和而不同""守常明变"。楼教授说：把"时""中""和"这三个思想很好地融合起来，吃透了，把握住了，儒家考虑问题的方法和处理问题的原则就都有了，做一个"真儒者"也就不难了。①

王十朋以其全部人生诠释了"真儒者"的基本内涵：他非常强调以天为则，以史为鉴，效仿自然，顺从自然，此即"奉天法古"；他以君子为榜样来要求自己，有高明的内心修养，还要把它运用到现实的生活中去，认为只有立德、立言还不行，还要立功，做出成绩来，此即"内圣外王"；他强调经世致用，即《中庸》所言，要"博学之，审问之，慎思之，明辨之，笃行之"，让"知"落实到"行"，此即"知行合一"；他强调为己之学，就是要通过学习来提升自己的修养，善于在学习中体悟，即身体力行，此即"重在体悟"；他非常强调孔子讲的"执其两端，用其中"的"中庸"之道，凡事把握适当的度，做得恰如其分，此即"执两用中"。儒家所谓"和而不同"，实际上就是多元并存和相互包容的意思，这是王十朋非常有价值的思想；所谓"守常明变"，或者叫知常明变，即认识到事物都有它的原则，有根本的规律，但是这种规律应该在特殊的情况下灵活地处理。王十朋在权衡出处达隐时，尊奉顺时而变的原则，取灵活

---

① 楼宇烈：《中国的品格》第四篇《儒家与中国文化》之"何谓真儒者"，南海出版公司2009年版。

态度。

当今学者研究王十朋的事功及其诗文,在认同两宋"儒佛道三教同设并行"文化潮流的同时,列陈王十朋儒学思想体系的诸多表现,提取并诠释其具有积极、正面、良性意义的思想和理念,如"上中下之性"的人性论、"仗节死义"的忠君论、"民为邦本"的民事论、"先器识后文艺"的君子论、"必以俭德为本"的风教论与天下"大一统"的政治思想、"平生忧国丹心在"的家国情怀、"天姿忠义"的"不欺"理念、天理人伦诚悫的理学观念、经国济世的经世思想、德艺并重的教育思想,等等。荦荦数端,紧密相连,自成一体,颇有启发意义,或可还原王十朋自设的思想价值诉求构架。① 在前文论述的基础上,本章拟采撷诸家睿思高论,撮其精要者,就其哲学思想、政治思想、学术思想、教育思想四方面略为概括申发。

第一节 "真儒者"的哲学思想

南宋从孝宗乾道、淳熙年间,到宁宗庆元之前,为学术繁荣时期。当时,人才辈出,学派林立,书院盛行。永嘉学派集大成者叶适回顾"绍兴末,淳熙终"阶段人才之盛,例举汪圣锡、芮国瑞、王龟龄、朱元晦、薛士隆、吕伯恭等"十余公",称道他们:"位虽屈,其道伸矣;身虽没,其言立矣。好恶同,出处偕,进退用舍,必能一其志者也。表直木于四达之逵,后生之所望而从也。"②王龟龄名列其中,"道伸""言立",学有建树,其志守一,成为"后生"们向慕而从者。叶适所言人才之盛及其影响,或可提示王十朋学术思想与此后蔚成大观的浙东学派的某种内在关联。

---

① 参见黄官飞、何兆泉《王十朋思想体系简论》,《前沿》总第357、358期;姜锡东、周云逸《论王十朋对南宋理学家的影响》,《浙江学刊》2013年第2期;朱瑞熙《王十朋的人性论初探》,汤勤福、王蕾《读〈与王龟龄〉兼论对王十朋的评价》,顾宏义《王十朋与朱熹交游考》,分别见《论文集》第30—31页、第71—95页、第96—105页、第106—109页。王芳《王十朋生平与思想研究》,鲁东大学学位论文。

② 叶适:《著作正字二刘公墓志铭》,《叶适集·水心文集》卷一六,第306页。

王十朋生活于南北宋交替时期,其参与政治活动的绍兴末期社会政治历史环境复杂,朝中战和守三派争斗激烈,社会动荡,至乾淳间才趋安定,此一时期士大夫阶层思想发展却呈现出蓬勃态势。于王十朋而言,其个人之哲学思想,包括经国济世的经世之学虽未独立成派,却反映了宋室南渡时期士大夫阶层特别是永嘉地域士大夫特殊的哲学思潮动向,杨国宜称"这种以求实致用、不尚空谈,实事实功为特点的思想","与浙东地区的学术渊源很有关系",可证明"王十朋在浙东事功学派中的先驱地位"。① 关于王十朋的经世思想与实践精神,关于"中和为美"思想,本书已在第四章中有所阐述,这里仅就王十朋的理学思想和宗教观念做些论析。

一、注重践行的理学思想

有宋一代在中国思想史上最为突出之成就当属新儒家思想体系——理学(时称"道学")的建立。在北宋,由程颢、程颐和张载发其端,到了南宋,又由朱熹等人发扬光大,成为当时最有影响的学术流派。此处"理学"为广义名词,即儒家"道德性命之理",其中包括以二程、朱熹为代表的"理学"和以陆九渊为代表的"心学",前者在南宋时期之影响尤致鼎盛,而程氏之学传入宋代永嘉地区则可溯源至宋神宗元丰年间,南渡之后在薛季宣、陈傅良、叶适等人的大力推动发展下,最终在南宋时期形成了足以与"理学""心学"抗衡的"永嘉学派"。

关于王十朋的理学思想,近年学界多有议论,涉及其思想来源、观念表述、潜研深度以及对后世的影响等等,所见略有异同。王十朋一生于哲学并无特殊建树,一般认为,王十朋的义理思想注重践行而不免"粗疏"。他属于永嘉学派王开祖、周行己与薛季宣、陈傅良、叶适间之过渡代表人物,尤其倾向于对程氏之学的继承。王十朋也参与了人性论的有关讨论,将性命之学与义理之学、物理之学结合起来,为人性论注入了宋学特征,为朱熹的理学思想提供某些支持。

---

① 杨国宜:《略论王十朋的民事思想》,见《论文集》第89—90、94页。

(一) 王十朋对"义理"的基本认知

王十朋所讲的"义理",含义较为广泛,既指探求经义、名理的学问,也指普遍皆宜的道理,包含文献义理、行为义理、史学义理和人生义理等。其《送叶秀才序》云:

> 吾乡谊理之学,甲于东南。先生长者,闻道于前,以其师友之渊源,见于言语文字间,无非本乎子思之中庸,孟子之自得,以诏后学。士子群居学校,战艺场屋,笔横渠而口伊洛者纷如也,取科第,登仕籍,富贵其身,光大其门者,往往多自此途出,可谓盛矣。……若夫谨言行而禄在其中,修天爵而人爵从,孔孟所谓义理者在是。①

王十朋认为"义理之学"本之于思孟学派的"中庸""自得"思想,士子们谈论张载、二程的理学,不过是借此取得科第,往往并不真懂理学。学习理学不能抱着博取功名的目的,应涵养其中,谨言慎行,这才是孔孟所谓的义理。

王十朋很清晰地知道自己所处的历史文化位置。就文化思想而论,他为永嘉自元祐以来因"士风浸盛"而生发的学术成长深感自豪,所作《何提刑墓志铭》有云:

> 永嘉自元祐以来,士风浸盛,渊源自得之学,胸臆不蹈袭之文,儒先数公著述具存,不怪不迂,词醇味长,乡令及门孔氏,未必后游、夏徒也。涵养停蓄,波澜日肆,至建炎、绍兴间,异才辈出,往往甲于东南。②

台湾学者郑定国认可王十朋的这个历史判断,以为"王十朋系其主要人物","源出北宋三派",说:"永嘉自元祐后士风浸盛,至建炎、绍兴间人才辈

---

① 《王十朋全集》文卷二三,第962—963页。
② 《王十朋全集》文卷二五,第1008页。

出。……南宋有所谓浙东派,浙东派源出北宋三派(即二程道学派、王安石经术派、苏轼议论派),而王十朋系其主要人物。"①温州永嘉郡永嘉、乐清、瑞安、平阳四县谓之浙东,是浙东学派的诞生地。王十朋本人即是"浙东学派"里"甲于东南"的"卓然者"之一。

在行为义理上,王十朋常用"理"来解释进退辞受的原则。《再与陈左相》云:"殊不知古人进退辞受,惟问义理如何,前故事,不问官职高下。"②个人的进退辞受要遵循义理,国家的朝政治理包括对外政策也要遵奉义理。他平生爱读《易》《论语》《春秋》等,将儒家教义视为安身立命之根本,并定为家学,不仅自己研习受用终生,而且要求子孙努力学习践履。他的《廷试策》"经学淹通,议论醇正",《宋史》本传载"学者争传诵其策,以拟古晁、董"。可见其经学方面的修养是很全面的。王十朋在思想与文学上,属于典型的儒学传人。明永乐《乐清县志》卷七"人物"称其"通六经,尤长于《春秋》",又评价说:"十朋所学,一出于正。自孔孟而下,惟韩文公、欧阳公、司马公是师,故其文粹然。"③

王十朋始终用"理"来分析宋金议和的利弊。《上殿札子三首》引经据典指出帝王治天下,必以气为主:"夫百战百胜,一不胜而自谓天亡者,气何在哉?屡战屡败而不为之屈,卒之易败为胜,转弱为强者,气也。""谋议之臣,和守战之议,哄然未决。兹理固洞然易晓,议者何不思之耶?臣谓养今日之气,莫如守;伸今日之气,莫如战;挫今日之气,莫如和。"南宋当下兵寡力弱不能一战决雌雄,应该养气,在荆襄、江淮要害之地,命大将屯重兵以固守,据长江之险以抗金。"苟或复用和议,则军民解体,虽苟一时之安,而气已为之索矣。"④王十朋对于当时宋、金局势的分析,他对隆兴北伐正义性的定位,正是"概之以理"的结果。

他还用"义理"来观察社会人生,认为生死聚散都有常理,自然界也可求

---

① 郑定国:《王十朋及其诗》,第281页。
② 《王十朋全集》文卷二一,第937页。
③ 《永乐乐清县志》,见《全集》附录二,第1120—1121页。
④ 《王十朋全集》文卷二,第598—599页。

之"物理"。比如作于绍兴庚午(1150)的《井光辨》，记叙了孝感井里值得思辨的发光现象，作者试着以物理学原理对其作出解释：

绍兴庚午季夏之夕，仆夫汲而归，以井有光告予，往视之，隐隐荧荧，如灯如萤，如光芒之星，不知其果何物也。意者鱼鳖之族，其鳞甲文理，晦于昼而粲于夜耶？或螺蚌之腹，产明珠以自照耶？其在物理或之有也。惑者好语怪，非妖之，则祥之矣。予故以物理辨之。①

成年后的十朋，认为井中之光可能是鱼鳖鳞甲的反光所致，或是螺蚌产明珠以自照所致。既不妖之，也不祥之，而是"以物理辨之"。这种崇尚"物理"的唯物主义认识观，在科学不发达的古代社会还是值得人们敬佩的。

王十朋崇拜韩愈，对二程理学有批判有继承。相对于南宋正统理学家而言，王十朋在理学思想上并没有独到的发明。一代理学宗师朱熹正是看重王十朋在理学上的践行实绩，要将他纳入理学队伍，为宋代理学的发展留下一段佳话。

(二) 注入了宋学特征的性命之学

王十朋撰有《性论》②一文，专门讨论人性论，即"性命之学"，研究人物生性本性的理论。《中庸》开宗明义，云："天命之谓性，率性之谓道，修道之谓教。"意思是，上天赋予人的品德叫做本性，顺着本性去做事叫做道，人们培养并遵守道叫做教化。在宋代以前，思想界曾出现几种不同的人性论。主要有孟轲的性善说、荀况的性恶说、扬雄的人性善恶混说。王十朋《性论》一文立足"性""才"之辨，立意有不同流俗之处，认为"性非可以无见而轻言之者"。孟子的性善论、荀子的性恶论、扬雄的性善恶相混论，都不是定论，都出于"设教""救弊"的同一个目的。十朋说：

---

① 《王十朋全集》文卷一四，第795页。
② 《王十朋全集》文卷七，第679—681页。

> 轲曰性善,是诱天下使其惟善之是归;况曰性恶,是惧天下使其惟恶之务去;雄曰善恶混,是开两端而使之自择也:其说虽不同,其所以设教则一也。

这说明王十朋已经认识到,尽管孟轲、荀况、扬雄三人的人性论有所不同,但都是为了教育人们去恶从善,反映了他们各自的教育观。

王十朋以孔子"性相近也,习相远也"与"唯上智与下愚不移"的说法作为立论依据进入论证,正面肯定历史上只有孔子和韩愈提出了"一定"的人性论。分析孔子所谓"常性"是专指"上智""下愚"之间的"中人"而言的,因为上智性善、下愚性恶,他们的"性"都是不会变化的,只有中人的"性"才会变。十朋认为,韩愈《原性》篇提出的性三品说,正合乎孔子之意。王十朋要求学者用"心"即自己的头脑来思考人性,探知孔子的"性"论的实质,并且知道韩愈的"性"论不是指"才"。

朱瑞熙教授研究指出,王十朋"不是理学家,并非专门研究理学。但他与当时的学者一样,免不了在探究学问时,也要涉及理学的某一方面。这就是他提出了独特的人性论。"①王十朋的《性论》严厉批判学者空谈人性的问题,他认为人性是人本质的特质,是天生的、与生俱来的,而一般学者提到的"性善论""性恶论""人性善恶混合论"都是将人性的外在表现(即人性运用起来的"才")去定义人性的本质,将"性"与"才"混为一谈。如此"人性论"与程朱理学的"去人欲,存天理"观念差距甚远,未涉"天命之性""气质之性"与"三纲五常"诸理论。

王十朋汲取了前人的思想养料,对二程的性命观有所批判,认为搁置现实要务,空谈道德性命之学,不能改变南宋落后挨打的局面。这已颇有融合性理与事功的特点,对于稍后叶适、陈傅良等人主导的浙东事功学派有一定的影响。

而他把性命之学与义理之学、物理之学结合起来,则为人性论注入了宋

---

① 朱瑞熙:《王十朋的人性论初探》,《论文集》第26页。

学特征,为朱熹的理学思想体系提供某些支持。读他的《井光辨》《江月亭二绝》《中和堂》①等诗文,我们可基本领会他的自然观的唯物倾向和宇宙观、历史观、人生观等方面的实际水平。

(三) 朱熹对王十朋潜研理学的评价

朱熹(1130—1200)比王十朋小十八岁,两人同朝为官,虽未曾见面,但互相赏识。在抗金与民本问题上两人主张一致。朱熹曾封事概言:"今日之计,不过修政事,攘夷狄。……金虏于我有不共戴天之仇,则不可和也,义理明矣。"②又疏言:"天下之大务,莫大于恤民。恤民之本,又在人君正心术以立纪纲。"③出于对王十朋高风亮节的敬仰,他在乾道三年(1167)王十朋自夔州移知湖州期间,以"晚学"身份作书《与王龟龄》。犹如惊鸿一瞥,闪电一瞬,朱熹的致敬信为后人提供了二位名儒哲思融会的宝贵信息。兹略录如次:

> 当是时,听于士大夫之论,听于舆人走卒之言……已而得其为进士时所奉大对读之,已而得其在馆阁时上奏事读之,已而得其为柱史、在台谏、迁侍郎时所论谏事读之,已而又得所为故大丞相魏国公(按,即张浚)之谏文及《楚东酬唱》等诗读之。观其立言指意,上自奏对陈说,下逮燕笑从容,盖无一言一字不出于天理人伦之大,而世俗所谓利害得丧、荣辱死生之变,一无所入于其中。读之真能使人胸次浩然,鄙吝消落,诚不自意克顽廉懦立之效乃于吾身见之。……固以书贺之。盖喜其得贤大夫(按称王十朋)事之,而自伤无状,独不得一从宾客之后,以望大君子道德之余光也。……明公之志则正矣,大矣。而熹之愚未有称明公之意也。虽然,有一于此,其惟益思砥砺,不敢废其所谓讲明体察、求仁格物之功者,使理日益明,义日益精,操而存之日益固,扩而充之日益远,则明公之赐,庶乎其有以承

---

① 《王十朋全集》文卷二一、诗卷二一、卷二六,第795、371、504页。
② 《中兴纲目》卷一三,壬午绍兴三十二年六月,第450页。
③ 《中兴纲目》卷一七,己亥淳熙六年春,第576页。

之,而幸明公之终教之也……①

朱熹是从听到朝野异口同声夸奖王十朋,又读了王十朋的《廷试策》、奏章及《楚东酬唱集》等诗作,知道他所作所为皆符合"天理人伦","读之真能使人胸中浩然,鄙吝消落",于是十分仰慕,表示愿瞻望"大君子道德之余光"。且以"讲明体察、求仁格物"之意,盛赞王十朋的学行,表示自己当向王十朋求教。朱熹认为:王十朋"盛德大业前定不穷,其刚健中正笃实辉光者,固无所勉强",但百尺竿头尤可向上。最后以"狂易无取,明公其必有以裁之"作结。字里行间透露出朱熹希望王十朋理学之业有进,理学修养更上层楼,且能回归朝廷做出一番事业来。期许中不无吸纳精英以壮大理学队伍的念想。

今传《梅溪集》中未见十朋与朱熹的信函往复痕迹,殊为憾事。而终王十朋去世,两位名人无缘相见,则乃学界一大不幸。仅朱熹门人滕珙于《癸未垂拱殿奏札一》下按语中录有王十朋与朱熹书之片言残句,云:

王詹事十朋《与先生书》曰:"过玉山,邂逅侍郎汪丈,极口称道登对三札,所论天理人事,备数千言,高见远识,当于古人中求之也。"②

滕珙的录存总算让后人见得有关两位"知名的士人领袖"互通信息、王十朋称赏朱熹"所论天理人事"具有"高见远识"等文字,犹可由此引发可能尚存的些许念想。

朱熹认同王十朋为理学中人。朱熹在对其门生讲学时,曾多次讲到王十朋。其中一次说:

---

① 朱熹:《上待制王梅溪先生书》,见《全集》附录五,第1156—1158页。文渊阁《四库全书》本《晦庵集》、1996年四川教育出版社点校本《朱熹集》(第1624—1626页)均有此文,题为《与王龟龄》。
② 滕珙:《经济文衡》续集卷三。见顾宏义撰《朱熹师友门人往返书札汇编》,上海古籍出版社2017年版,第2669页。

>   王龟龄学也粗疏。只是他天资高,意思诚悫,表里如一,所至州郡上下皆风动。而今难得此等人!①

相对于正统理学家而言,王十朋的理学思想自有"粗疏"之处,但朱熹称赞他"诚悫",承认他"天资高"、"表里如一",在各地官民中声誉卓著,像他这样的官员"而今难得"。他理所当然地认定王十朋是理学中人。

姜锡东、周云逸联合研究指出,王十朋之所以能够影响南宋理学家,最基本的前提是他对"理"的认识符合南宋理学体系。王十朋对宋代理学的三项基本内容——义理之学、物理之学、性命之学均有朱熹所言"意思诚悫,表里如一"的体认和论述。而其道德言行也确实践行了理学家的理学思想。与朱熹、张栻、真德秀等理学家以理学思想立身不同,王十朋以践行理学理想为旨归。王十朋是作为一位道德楷模而被南宋理学家们津津乐道的。从这个角度来看,王十朋的资高诚悫与理学家的天理人伦说之间,自有呼应互动之因果,"王十朋在南宋理学史上具有独特的地位"。②

二、儒释相济的宗教观念

宋代佛教呈现出儒学化的特点,与传统儒家思想进一步融合,影响着士大夫群体的思想观念。王十朋一本儒学宗旨,融入南宋初年"以佛修心,以道养生,以儒治世"的"三教合流"而适度抑制道教的文化格局,迎合乐邑民间"读儒经、拜佛祖、做斋醮"的习俗,寄托他亲近民情、化民导俗、助力教化的良苦用心。他从理念和实践两方面融合儒释观念,以积极的入世态度参与民间佛事斋醮活动,从特定角度展示儒释融和的社会功用。

王十朋诗文大多与政教紧密相连,举凡科举考试、读经论史、设馆授徒、社交结友、为政事功等,都显示着儒学传统的功利实用,庄重严肃;另

---

① 《朱子语类》卷一三二中兴至今人物下,第3176页。
② 参见姜锡东、周云逸《论王十朋对南宋理学家的影响》,《浙江学刊》2013年第2期。

一方面，在两宋儒释道"三教合流"的大背景下，作为士大夫的生活方式，十朋诗文也一再表现出对佛教的亲近和涵容，对超功利的佛道思想的些许靠拢——当然，这不是对儒家教化的逃避，而恰恰是对诗文自适愉情功能的某种回归。他在自己的诗文中记录传统社会几已普及的民间佛事斋醮活动，表达自己的礼佛心向，而同时立足儒家士大夫的本位立场，从不同维度对佛教有诸多腹诽和批判，表现出对待佛教既涵容又批判的双重性。

（一）儒释交融的思想形态

王十朋出生在佛教背景浓厚的家庭。他的舅公严阇梨、叔父宝印大师都是当时知名僧人，传天台宗，道行颇深，在当时当地有较大社会影响。十朋曾为舅公作《潜涧严阇梨文集序》《潜涧严阇梨塔铭》，[①] 记叙舅公一生由儒入佛的丰富经历与通晓佛经、熟读经书的成就，表达了对舅公的深切缅怀；在《跋严伯威墨迹》中，他称赞舅公"博通儒学，尤工诗文"，书法"近世所无"；[②] 他与宝印叔交往密切，酬唱甚多，数十篇以宝印叔为题材的诗文，颇多禅意禅趣。

王氏自家的祭祀活动颇具佛教仪式感，《家政集》对王家祖忌的流程作了如此叙述：

> 吾家祖忌之日，常于僧舍修设粥供，以荐悼之先祖先人。凡遇忌日，必于祖先牌位之前，焚香再拜，有哀戚之容，蔬食一日，或披诵佛书，以示追远之意也。[③]

这当是其时民间信仰习俗的典型记录。在宋代士大夫阶层"参禅"成风的佛教文化熏染下，自小耳濡目染佛教文化的王十朋，成年后又频繁接触寺庙僧人，在精通儒学经典的同时，谙熟佛教义理，其儒家思想体系呈现出儒

---

① 《王十朋全集》文卷一二、卷一五，第755—757、817—819页。
② 《王十朋全集》文卷二三，第969页。
③ 《王十朋全集》辑佚文，第1041页。

释交融的形态。

十朋自己受佛教理念的浸染,以佛学作为儒学的参照系,援佛入儒,援禅入诗,也热心参与祈雨祝祷等佛教文化活动。有多篇"为佛事"文辞,为神鬼仙佛祝祷,不无对世俗时尚的附和。

王十朋一生辟老庄而亲禅学,学禅宗却不入佛。在远离喧哗的禅林净境中,切近佛门的空静妙谛和高僧的悲悯心声,接受禅宗人生哲学、生活情趣的熏染,在心理观念、审美情趣和文风走向上都发生了潜移默化的演变。托迹明庆忏院与青衿夜读的这半年,他的诗简古淡泊,清远绝尘,深蕴"境净心清"的禅思禅趣。

在研读佛学义理的基础上,在赞赏韩愈排佛风骨的同时,对佛教作出理性批判。《次韵濮十太尉喜雨》曰:"我闻救灾术,乃在人事间。"①诗人不认同主政者雩雨祈雨的求神拜鬼活动,认为真正有效的"救灾术"应该是"人事间"的救灾行为。又有《石佛》诗曰:

卧草埋云不记秋,忽然成佛坐岩幽。
纷纷香火来求福,不悟前时是石头。②

十朋从朴素唯物主义角度出发,诘问一块卧埋草丛的石头怎么会应验显灵去实现人们的愿望。诗深入浅出,颇涵哲理,传递出严正的儒家传统立场。

(二) 明晰儒释二端的异同

两宋倡导在儒家思想主导下,对佛、道两教也持尊奉的态度。有学者指出:随着佛教的中国化进程,传统儒学再次得到改造;与此同时,佛教开始向世俗化靠拢,从救度众生转向实际的忠君爱国,从泛泛主张三教调和转而附和儒家的基本伦理观念。③ 正是在佛教儒学化的大背景下,谙熟儒释两教

---

① 《王十朋全集》诗卷一三,第212—213页。
② 《王十朋全集》诗卷二七,第522页。
③ 杜继文主编:《佛教史》,江苏人民出版社2006年版,第410页。

的王十朋以他大体量的诗文张扬其研习成果。七律《次济上人韵》尾联曰："我亦笔头为佛事,未应中国异西方。"①诗题中的"济上人"是明庆寺高僧。诗由佛阁读书的叙事入题,渐次显示十朋对儒释之辩的深切参悟。

"我亦笔头为佛事",当指本书第一章叙论的十朋曾为乡间祭祀佛事代笔撰写各类文告及疏文、祝文等祈祷文字。祈雨祈麦等等,本属荒诞无稽之举,但诗中既已下了"笔头"一词限制,就十分准确地框定了十朋"为佛事"的范围和程度。王十朋从众而参与一些大众宗教活动,多出于以佛养性,借以泯灭荣辱的实用目的。

"未应中国异西方"一句,表达的意思是中国传统儒教与由西方传入的佛教不应有异。当指儒、佛二教对立中有相融统一处,在心性祈向上,本应是相通的。

这两句表白十朋自己在佛儒二教交合处的人生姿态,体现了儒家积极入世态度与佛教社会功用的交集。十朋一生结交方外朋友,有些交谊非同寻常,一朝知遇,终身契合,相互欣赏,成为人生旅途中的一种诗性存在。他以此排遣烦闷,并从中寻得过一些处世良方和养生之道。

王十朋僧缘屡结,在心灵思想上接受佛教的洗礼,但毕竟儒教根深,早年在《寄僧觉无象》诗中即已明确表态："儒释道不同,相从苦无由";此后又一再申言："儒服方袍两秃翁,两家元是一家风","渊明修静不谈禅,孔老门中各自贤";而这次来寺庙办学读书,诗人自觉寺庙"虽好莫留连",且自比谢康乐,说："灵运本狂客,偶来莲社游。钟鱼听已厌,归去故园休。"②王十朋始终视孔孟之道为正统,在严别儒释两端"各自贤"的同时,赏识儒释"一家风"。

王十朋还曾批判佛教徒不劳作,不能创造社会财富施舍与人。说："其徒多好人之施,而不能自施,失佛之意远甚。"③他认为佛教僧尼"出家",不

---

① 《王十朋全集》诗卷八,第114页。
② 《王十朋全集》诗卷二《寄僧觉无象》,诗卷一九《宿东林赠然老》《莲社》,诗卷八《题佛阁三绝》,第21、324、325、119页。
③ 《王十朋全集》文卷二二《妙果院藏记》,第942页。

事劳动生产,不创造社会财富,相反佛教的寺庙殿堂、田产供养要消耗大量社会财富,增加普通民众的负担。

王十朋还在策论中以儒家卫道士的姿态批判佛教与道教是"虚无之说",他的态度鲜明而激烈,认为"君子之学,必先正其心术",而佛、道二教乃虚妄异端邪说,其危害甚至超过了杨、墨之害,以至于"吾儒之杰然者"如王通、白居易等也被"蛊惑",偏离了儒家"圣人之道"。① 在王十朋看来,幸亏有孟子、扬雄、韩愈三君子站了出来,与这些异端邪说辩论,才保持了儒家思想的正统地位。

(三) 认同佛教的社会功用

王十朋对儒佛二端的把持分寸及作为,足可佐证钱穆在《国史大纲》中所说,"佛教在其消极方面,既可与中国道家思想相接近,在其积极方面,亦可与中国儒家思想相会通。而当时佛法之所以盛行,尚有一积极的正因,则由其时中国实有不少第一流人物具有一种诚心求法、宏济时艰之热忱是也。"②王十朋参与佛事的"诚心""热忱"正与儒家致力政教之用心异途而同归。

王十朋对佛教的亲近,不仅仅是停留在家庭与社会交往等世俗化层面上,还有从义理角度更深层次的对佛教因缘思想、因果报应与慈悲观念等诸多佛教理念的接纳与认同。他认同佛教活动有劝人向善的社会公用,对政治治理和社会稳定有积极意义。如《题佛阁三绝》诗云:"伽蓝真长者,容我半年居。桑下不三宿,阁中经半年。"③印证了宋代佛教寺庙在文化教育领域所起的作用。

宋时的两浙地区,特别是温州,佛教的推广最为普及,已深入百姓的日常生活,普通百姓"读儒经、拜佛祖兼做斋醮"已习以为常。④ 王十朋基于儒家正统的忠孝观念也表明佛学、儒学、理学在丧葬活动和孝道理论等方面本

---

① 《王十朋全集》文卷一〇《策问》,第736—737页。
② 钱穆:《国史大纲》,商务印书馆1996年版,第364—365页。
③ 《王十朋全集》诗卷八,第119页。
④ 何兆泉:《宋代浙江佛教与地方公益活动关系考论》,《浙江社会科学》2009年10期。

有互相渗透、相互借鉴的地方。

王十朋说的在宗教信仰问题上"未应中国异西方",也旨归于二者皆求心灵之寄托,认为其社会功用是相同的。其所持儒佛"同德""同功"说,契合两宋时儒释融合的时势。范立舟曾指出:"中国宗教发展的一个特点是儒、佛、道在同一个生存空间和文化的调摄之下,渐趋一致。至两宋时期,三教合一的说法深入人心,在士大夫心目中,儒家的至善、佛教的超越和道教的永恒,都可以作为一种人生境界和生活情趣而加以接受。"①

在个人的仕途挣扎中,王十朋也奉行"儒释道互济"的原则。"名姓误蒙君相记,泉南千里又分忧。"②十朋的这般心绪,究其源,正如李泽厚《美的历程》中所揭示的,盖属于典型的传统士大夫"儒道互补"文化心理结构。③ 进与退的选择,达与隐的起伏,入世与出世的挣扎,说是矛盾其实也是统一的,因为这都是儒家立身处世的两个方面。在王十朋的文化基因中,儒释道三者讲融合,讲因缘,相融相济,相辅相成,相得益彰。王十朋对儒佛二端的把持分寸及作为,足以显示一个具有独立意志的思想家应有的清醒。

以上是对"真儒者"王十朋哲学思想的综合性介绍,无意概括所有学者的论述意见。从总体情况看来,这方面的研究迄今仍是一个薄弱环节,学术力量单薄,缺乏全面系统的论证和必要的学理争锋。

第二节 "真儒者"的政治思想

宋代政治思想是以哲学两大主流即理学思想与功利思想为基础的,另外还有既反对功利而又不属于理学范围的守旧思想、另辟宗风意近"纵横"的蜀学思想等其他分支,在当时都具有重要意义。

---

① 范立舟:《南宋全史》(七),第284页。
② 《王十朋全集》诗卷二六《戊子八月二日得泉州》,第484页。
③ 李泽厚:《美的历程》,文物出版社1981年版,第49页。

王十朋生活在南北宋交替的历史时代,其政治思想受时代影响,既有"功利"的一面,又有"理学"的痕迹,"以致君盛德为旨,以纯臣之道自处",①一贯主张"守法"而反对变法,在《廷试策》中明确否定变法的王安石。宋南渡初的政治屈辱氛围弥漫于从普通老百姓到士大夫阶层的思想层面,与之相应的是前所未有的强烈忠君爱国思想的迸发。王十朋尊崇儒家,积极入仕,大胆进谏,希望宋王朝能够改变当前软弱可欺的局面,重振宋室政权,光复中原;认为统治者想加强统治、驱除外敌,就要学习儒家经典中圣君的治国方法,强调士大夫要树立"奉天法古"的"大一统"思想、忧国忠君一体化的忠孝节义观念,坚守儒家民本思想传统。王十朋秉承以民为本、以德治国的政治理念,以"弘毅"的人格精神作为施仁政的基础,以夷夏之辨为准则维护赵宋王朝的大一统,正以处心,廉以律己,忠以事君,勤政爱民是他为官的原则。

一、"奉天法古""大一统"思想

儒家强调以天为则,以史为鉴,这就是要"奉天法古"。所谓"奉天",就是以天为则,要效仿自然,顺从自然。《论语》曾经提到,尧为什么伟大啊?"唯尧则天"。赞扬尧舜能够无为而治。王十朋多次吟咏大禹:"越国遗民念帝功","一水清含节俭风","长叹当时微帝力,苍生今日尽为鱼"。② 多角度颂扬大禹的功绩与品格。大禹治水没有采取"堵"的方式,而是顺应水性去化解水灾。王十朋对他的做法给予了高度的赞扬。所谓"法古",就是以史为鉴,要修订礼乐,修前朝的历史,为的就是总结前朝兴亡成败的经验教训。王十朋的《廷试策》明确提出,法古的核心在于以《春秋》之法为基础,以君主"揽权"为前提。

王十朋坚守的"大一统",既是一种政治制度,又是一种思想观念,其思想核心是疆土一统和以治权、治吏及法令制度为中心的政治一统,同时也涉

---

① 南怀瑾:《王十朋全集·前言》,《全集》第 3 页。
② 《王十朋全集》诗卷一三《禹庙》《夏禹》《菲泉》,第 142、207 页。

及思想一统和文化认同。其目的在于维护华夏民族多元一体之格局。在宋代,面对敌对政权屡发战端、中原陷落等现实情况,士大夫们强烈寄希望于奉天法古"大一统"。国家大统可以休止兼并征战,有益于经济文化发展,促进文明进步,应予肯定。经历靖康之耻、北宋灭亡、南宋偏安一隅、金军不断南侵等历史变局,王十朋自觉地选择"大一统"思想。突出地表现在以下两方面:

（一）行政区域的"一统万方"

南宋失去淮河以北的大片中原国土,作为南宋臣民的王十朋深以为耻。他力主抗战,坚决御侮,屡次进言收复失地,实现疆土之"大一统"。《除侍御史上殿札子》较为集中地对疆土之"大一统"作了全面阐释:

> 圣人之德无以加孝,天子之孝,莫大乎光祖宗而安社稷……我艺祖皇帝应天受命,肇造大业,亲平僭伪,一统万方,圣子神孙,继继承承,可谓盛矣……陛下既率之以孝,群臣咸应之以忠……中原何患乎不复!①

王十朋认为宋太祖君权神授,完成"一统万方"之业,开创宋代盛世,但是随着"丑夷"即辽、金等政权的不断入侵,宋室政权统治每况愈下,直至发生"靖康之变",北宋最终灭亡,汴京失守,中原沦陷,实为"国仇世耻"。然而朝中主和派大臣偏安苟合,一味躲避退让,严重阻碍了"大一统"事业之进程。王十朋劝诫孝宗皇帝"率之以孝",群臣"应之以忠",君臣"慨然以复兴为念",则实现"一统万方"指日可待。

王十朋坚决反对主和派的和议主张,屡次上疏恳请抗金复国,支持主战大臣张浚等人与金军对抗。任侍御史时,上疏弹劾主和大臣史浩等人并使之一一罢职,为隆兴北伐扫清思想和组织障碍,还适时分析宋金两国不断变化的政治形势和军力变化动态,激烈批判对"胡虏"妥协投降的苟安主张,进而突破华夷之辨的传统思想,以"胡虏"乃大宋"不共戴天"之

---

① 《王十朋全集》文卷三,第611页。

"仇雠"立论,定位北伐战争的性质,宣扬北伐之战乃"王者仁义之兵,为吊伐而举",①张扬"大一统"义理,指出,"今日之师,为祖宗陵寝而举,为徽宗、钦宗复仇而举,为二百年境土而举,与古之帝王好大喜功、开边生事者,万万不同",②申张此战的正义性,其最终目的是恢复赵宋疆土之"大一统"。

(二) 社会管理的"揽权为先"

王十朋力求实现社会管理之"大一统",强调君主"揽权"的重要性,他的几篇具有代表性的政论文进谏诸多治国之道,皆论及"揽权"要务。《廷试策》云:

> 人君能执天下之权,守其家法以为天下法,贻厥子孙,而施诸罔极,则必世为有道之国。盖法者治家治国之大具,而权者又持法之要术也……自古善言治之人,未尝不以揽权为先,自古善致治之君,亦未尝不以揽权为先。③

《轮对札子三首》之二云:

> 臣闻惟辟惟福,惟辟作威者,盖人主揽权之术,得之于此,失之于彼者,又人主揽权之弊……迩者众口籍籍,谓权虽归于陛下,政复出于多门,是一秦桧死,百秦桧生也……臣愿陛下慨然发愤,断自宸衷,杜邪枉之门,塞侥幸之路,鉴汉、唐之祸而斥近习,惩齐、鲁之患而抑强臣。④

王十朋认为,秦桧集团把持朝政,政治大权已然落入权臣之手;秦桧死后,统治者未能一时间收揽政治权力、加强君权,致使朝中出现政出多门、政行艰难的阴暗局面。宋代伊始便确立"以儒治国"的国策,并形成了"皇帝

---

① 《王十朋全集》文卷三《论进取利害札子》,第616页。
② 《王十朋全集》文卷三《论宿州退师札子》,第624页。
③ 《王十朋全集》文卷一《廷试策》,第574、575页。
④ 《王十朋全集》文卷二《轮对札子三首》,第593—594页。

与士大夫共治天下"①的政治统治原则。王十朋面对君权未稳的现状,"借唐以论",②历数唐代统治者"权"之所归及得失,强调君权天授,极具针对性地劝诫最高统治者注重"揽权"——"福威之权""育才取士之权""黜陟贤否之权",制约相权,再盛君权。这番言论正中意欲收揽权力的高宗皇帝之下怀。

针对现实政治弊病,王十朋屡次上疏施行任贤明、善纳谏、明赏罚等政治措施,希望统治者"奉天法古",效法古人治国之道,在行政上实施"育才取士"的"大一统",有效加强中央集权统治。

从当时的历史状态、宋金两国政局对比等角度而言,王十朋的"大一统"政治思想确有不切合实际之处。在战备不足的情况下开展的北伐战争最终以失败告终,说明其"大一统"思想在当时特殊的政治环境之下是难能得以实现的。但是,作为一名拥有爱国精神的政治家,王十朋高扬独立的民族意识,有振奋民族精神的作用,至今仍具有积极影响。

二、忧国忠君一体化的家国观念

"家国情怀"是中国优秀传统文化的基本内涵之一。《孟子》有言:"天下之本在国,国之本在家,家之本在身。"大意是说,天下的基础在于国家,国的基础在于每一个家庭,家庭的基础在于每一个成员。家是国的基础,国是家的延伸,在中国人的精神谱系里,国家与家庭、社会与个人,都是密不可分的整体。无论是《礼记》里修身齐家治国平天下的人文理想,还是《岳阳楼记》中"先天下之忧而忧,后天下之乐而乐"的大任担当,抑或是王十朋的"煌煌中国尊,忍为豺狼屈"、陆游"家祭无忘告乃翁"的忠诚执着,这种与国家民族休戚与共的壮怀,以百姓之心为心、以天下为己任的使命感,都来自那个叫做"家"的人生开始的地方。

宋代是中国民族意识最昂扬的时代,其成因在于有宋一代始终没有摆

---

① 宋熙宁四年(1091年)三月戊子,宋神宗在资政殿召对二府大臣议"更张法制"之事。文彦博答曰:"为与士大夫治天下,非与百姓治天下也。"此即宋代"皇帝与士大夫共治天下"之著名对话。
② 《王十朋全集》文卷二《轮对札子三首》,第593页。

脱边患的困扰,在于宋代士大夫自觉精神的高涨。北宋王朝在金人铁骑的强大攻势下土崩瓦解,外族入侵使士大夫的忠君爱国、家国一体的思想得到空前激发,终宋一朝都好言"恢复"。王十朋一辈子都是坚定的爱国者,时代精神的高蹈者。

王十朋家国情怀的逻辑起点在于家风的涵养、家教的养成。他以正心诚意、修身齐家为基础,以治国平天下为旨归,把远大理想与个人抱负、家国情怀与人生追求熔融合一。青年王十朋怀揣"修身齐家治国平天下"的政治理想,遵奉"先天下之忧而忧,后天下之乐而乐"的道德操守,以家庭为根基,以天下为己任,竭诚担当,勤笃作为,谦恭自律,严谨持家,以其道德文章书写其深怀的家国情怀。"肝胆有古剑,愿言决群阴","孰识孝与弟,理与神明通","煌煌中国尊,忍为豺狼屈",《畎亩十首》《观国朝故事四首》①等咏史言志诗篇渗透了青年王十朋的报国之志和忠君思想:"明道""事忠",以"肝胆""决群阴",维护"中国尊"。

在家尽孝、为国尽忠是王十朋家国情怀的核心要义。如杜继文教授指出的,"宋儒与传统儒学的一个重要不同点是突出地强调忠孝节义",②他们将爱亲敬长这一天然血缘亲情上升为报效国家、服务黎民的社会责任感。王十朋的一卷《家政集》从情感和理智上认同和维护民族与国家利益,集中体现其忠孝一体、经世济民、家国同构的人格追求,而这种人格追求正是以齐家修身为前提的。王十朋注重以家训家规来教诫家人和子弟,以诗词家书来蒙养属下和后人,启发和引导他们勤学奉公、崇德向善、恤民效国。

忧患意识、入世精神一直是王十朋家国情怀的重要标识,而国家统一、民族兴盛是这种情怀的终极价值。南宋由于北方国土尽失,山河破碎,涌现出一批爱国诗人,王十朋是江南本土诗人重要代表之一。在他的诗文作品中,家国情怀像一根主线贯穿始终。魂牵梦系复兴大业和国家安危,家国情怀和民族精神已内化为他的一种生存方式。

---

① 《王十朋全集》诗卷一,第1、3页。
② 杜继文主编:《佛教史》,江苏人民出版社2006年版,第309页。

"平生忧国丹心在,一饭思君血泪横。"梅溪早年诗作《次韵题曹大夫怀忠阁》①中的这两句诗,足资证明王十朋们的"思君"与"忧国"、"一饭思君"与"平生忧国",原本是被当作一回事的。忠君即爱国,王十朋始终关注民生,敢于担当,深怀崇高的家国情怀。

王十朋对所事的高宗、孝宗二帝不一味阿谀奉承,而是有其坚持不渝的政治标准。他对高宗投降路线的认识尚属清醒公允,其刚肠嫉恶、敢于直言抗争的立场作风并不因境遇之异而少有改变。对孝宗初期"锐志以图兴复"的清明之举,他出于"纯臣"本分拥戴颂扬之,直言进谏表忠心,范围涉及革除时弊、反对议和、中兴复国、举贤锄奸等,甚至还不惜冒险弹劾主和阻战的当朝宰相史浩,并使之罢相。直至抗敌复国的理想终成泡影犹抱有幻想,抗金复国的坚强心志始终不渝。王十朋堪称封建纯臣最高范型,孤忠昭日月,其底气即在于"仗义死节""刚明腹心"②"臣节安敢亏,君恩以死答"③的忠君思想。

王十朋融家庭情感与爱国情感为一体,从孝亲敬老、兴家乐业的义务走向了济世救民、匡扶天下的担当。与杜甫一样,他在"一饭未尝忘君"的同时,还"一饭未尝忘民",敢于为民请命,为民鼓呼。其诗文所体现的正直与进取、慈悲与坚忍、厚朴与刚毅,闪耀着"中国的脊梁"的光辉。

三、民为邦本先抚字的民本思想

在中国传统文化中,民本思想是一种历史悠久、有着广泛共识的优秀传统思想。爱民重民、民为邦本是中国道德文化的重要组成部分。作为一种重要的官方意识,民本思想虽然无法在封建社会里付诸实施,但对中国历史的发展还是起了一定的积极作用。王十朋即是民本思想哺育的关心民众疾苦的文学家、政治家。他把爱民、养民、利民、教民、保民、安民、"博施于民"当作治国的一项重要内容,他主张行仁政,"抚字为先","与民同乐",奉行

---

① 《王十朋全集》诗卷一,第13页。
② 罗大经:《鹤林玉露》丙编卷六《南轩辩梅溪语》,第346页。
③ 《王十朋全集》诗卷一《观国朝故事四首》其四,第3页。

孟子的"民贵君轻"思想,反对暴政。他认为:"民为邦本,本固邦宁。自古人君,未尝不以得民心、固邦本为急。"①

王十朋民本思想的形成有深刻的历史渊源和社会背景。在四十余年漫长的求学、教书、赴考的过程中,他从书本上接受的都是儒家思想的教育,对儒家经典早已了然于心;历代圣君贤相、治世名臣仁民爱物的言行,更成为他学习的榜样。

王十朋秉承"民为邦本,本固邦宁"的儒家理念,重视民生,心系百姓。前文已经述及,王十朋将自己的绍兴斋所改名"民事堂",与同僚朝夕谈论的都是"民事之要",②并作赋曰:"诵天语之丁宁兮,衔圣恩而不敢忘。"表示牢记圣恩,要以"民事之思"来回报。又有《民事堂》诗云:"亲擢深蒙圣主恩,宜知民事训词温。仰惟睿意思邦本,要使书生识治原。"③王十朋时刻谨记君恩与民事,离任时作《留别民事堂》云:"二年宦东州,民事了无补","平生畎亩心,感慨聊自许"。④爱民如子的形象跃然纸上。知夔州时实施一系列"惠民"新政,给百姓带来实惠,至今在民间广为传颂。

晚年知泉州作《宴七邑宰》云:"今日黄堂一杯酒,殷勤端为庶民斟。"⑤其尊奉践履的国家至上、黎民至上的精神,与孟子的"君轻民贵"思想是一脉相衍的。他的价值观基础是仁,其内核是仁心,即大爱精神。

概言之,王十朋读书求学时狂热进取、笃志苦学;入仕为政后直言敢谏、高风亮节;治学中深怀"坚执"的文化自信,蕴涵着极其珍贵的家国良知和进取热忱。他紧步直言勇谏的范仲淹、欧阳修、苏轼与南宋抗战中流砥柱李纲、赵鼎、张浚、胡铨之后,以其心存社稷、度量深沉的表里忠悫,"早醒"于故老重臣、潜藩旧傅的因循守旧,有别于一般时望名流、刑法能吏和刀笔计臣,更远超狡猾俗吏、勾稽小才等空鄙委靡之辈,成为这一时代中狂直忠谏、勇

---

① 《王十朋全集》文卷二《轮对札子三首》之三,第595页。
② 《王十朋全集》文卷一六,第843—844页。
③ 《王十朋全集》诗卷一一,第176页。
④ 《王十朋全集》诗卷一三,第222—223页。
⑤ 《王十朋全集》诗卷二六,第489页。

往直前的杰出典型。他的民本思想及其践行实绩为中国优秀传统文化宝库提供重要的思想资源。他秉持儒家义理之学，讲求儒家经义学问，坚守合于伦理道德的行事准则，具有永恒的价值。儒家讲"天下大同"与"和而不同"，这种思想有利于当今世界的和平发展，也是当前儒学备受世界重视的原因之一。

第三节 "真儒者"的学术思想

北宋元祐学术是王十朋学术思想的重要渊源。《四库全书总目·梅溪集》评价十朋诗文"淳淳穆穆，有元祐之风"。王十朋自己在《何提刑墓志铭》中亦说："永嘉自元祐以来，士风浸盛，渊源自得之学，胸臆不蹈袭之文，儒先数公著述具存，不怪不迁，词醇味长……涵养停蓄，波澜日肆，至建炎、绍兴间，异才辈出，往往甲于东南。"①这一段话有利于我们了解南北宋之间温州学术风气及王十朋个人的学术背景及渊源。

从王十朋的政治倾向看，他也完全是继承元祐党人的。北宋末，元祐党人由于党争的原因，曾被严厉禁抑。何忠礼研究南宋前期的政治形势与经义标准的变化指出，进入南宋，高宗君臣将北宋的灭亡归咎于王安石变法，认为"王安石不仅是变法的始作俑者，更成了北宋灭亡的罪魁祸首"。如建炎三年(1129)六月，时任司勋员外郎的赵鼎说："社稷不幸，乃有王安石者用事于熙宁之间，以一己之私，拂中外之意。……祖宗之法扫地殆尽。"②绍兴元年(1131)右司谏韩璜也说："今日祸首，实自王安石变新法始。"③于是，在南宋政治上和学术思想上反王安石及其学说，形成了一股强大的社会潮流。此后历经折腾变故，特别是绍兴二十五年(1155)十月秦桧死后，南宋朝廷立即掀起声讨秦桧"复尚金陵学(王安石学)"的浪潮。"于是二程之学再

---

① 《王十朋全集》文卷二五，第1008页。
② 《历代名臣奏议》卷一八二，赵鼎奏议，第2392页。
③ 《系年要录》卷四七，绍兴元年九月甲寅条，第847—848、192—193页。

次盛行,王安石的学术思想终于逐渐遭到摈弃",①其废《春秋》成了元祐党人和程氏后学们攻击王安石的重要口实。王十朋的思想与学术,就是在这个背景中成长的。

作为"经学淹通"的"真儒者",王十朋经学修养很全面,而最精通、最擅长的是《春秋》学。明永乐《乐清县志》卷七人物称其"通六经,尤长于《春秋》"。② 其最突出的特点是发挥《春秋》的政治学意义。

一、以《春秋》学术阐述揽权

《春秋》为"五经"之一,据传为孔子"笔削之作",所以历代学者都很重视。延至两宋,《春秋》再次成为学者关注的对象。受王十朋敬重的欧阳修有意识地以《春秋》精神作为修著史书的指导原则。他自己坦陈对《春秋》非常推崇,认为"《春秋》辞有同异,尤谨严而简约,所以别嫌明微,慎重而取信。其于是非善恶难明之际,圣人之所尽心也"。③ 特别是《春秋》中的大义,欧阳修更为赞赏。南宋初期,在王十朋之前,胡安国"闻道伊洛,志在《春秋》",称《春秋》"乃史外传心之要典也","《春秋》所载,皆经邦大训"。④正当宋王朝受到金人的严重威胁,而朝廷措置乖方,号令不一,主战、主和、主逃、主降等议论沸沸扬扬之时,胡安国著《春秋传》,从中兴大局出发,坦陈时弊,进策建言,申发《春秋》"定周王于一尊"的微言大义,以尊王为其春秋学的核心思想;又申言"谨夷夏之辨"为《春秋》主旨之一,主张"复君父之仇"。胡安国的"经史合一"之论推动了南宋义理史学"经史并重"的思想,也带动了"以德论史"的发展。王十朋治《春秋》,具有鲜明的经世色彩,受到胡氏观念影响,这是毋庸置疑的。

学界认为,孔子所作的《春秋》是一部蕴含着作者深刻政治思想的政治

---

① 参见何忠礼《南宋科举制度史》,第188—189页。
② 《王十朋全集》附录二,第1120页。
③ 欧阳修:《居士集》卷一八,《春秋论中》载《欧阳修全集》,中国书店1986年版,第187页。
④ 胡安国:《春秋传序》,《春秋传》卷六,第5、53页。转引曹宇峰《南宋义理史学研究》第13页。

学著作。这是从先秦孟、荀到两汉马、班诸家一致的看法。王十朋显然是赞同《春秋》非史之说,而把《春秋》作为政治学、社会学著作来读来用的。

《春秋》的"经世致用"观点,最集中地体现在他的《廷试策》运用《春秋》阐述人主揽权之说。"法天揽权"是十朋此次廷对的主题。在论述君主如何能把握"揽权"之义时,他提出关键在于深研儒家《五经》的治道,尤其是要精研《春秋》,说:"《五经》泛言治道,而《春秋》者人主揽权之书也。"这在本书第二章中已有所申论。在王十朋看来,《春秋》这部书的一个重要宗旨,就是体现了君主法天揽权的思想。他在《廷试策》中正是用这种思路来重新阐释《春秋》,为当代的政治提供理论支持。① 王十朋阐发了《春秋》在政治方面的主要价值。

十朋以此在当时建立了学术地位。此后他虽然更多从事的是州郡行政,而因为他总是依据《春秋》经典来议政、参政与行政,故朝廷与士林一直将其视为一位经术与文史都很精通的学者。本传还记载他晚年为太子詹事,"谒东宫,太子以其旧学,待遇有加",②这里的"旧学",指的就是儒家经术,他之所以在东宫"待遇有加",就因为他是一位有很高声望的精通经术的儒学家。

王十朋对《诗》《礼》《春秋》都有一定的研究,《宋史》本传记载了他的著述有"《尚书》《春秋》《论语》《孟子》讲义,皆指授学者,未成书也"。他早年就精研《春秋》,所作七绝《十月十九日雷二十一日雪》就是以《春秋》的微言大义来阐说社会问题的。诗曰:

> 前日始惊雷失令,今朝忽见雪漫天。
> 寒窗夜拥黄绸坐,闲读春秋隐九年。③

诗用的是春秋隐公九年所记:"三月癸酉,大雨,震电。庚辰,大雨雪。"

---

① 参见钱志熙《论南宋名臣王十朋的学术思想与生平业绩》,《论文集》第3—5页。
② 《宋史·王十朋列传》,见《全集》附录二,第1113—1117页。
③ 《王十朋全集》诗卷四,第49页。

又《左传》:"三月癸酉,大雨霖以震,书始也。庚辰,大雨雪,亦如之。书,时失也。"苦寒读书,因"夏雨雪"之节候失令,以"始惊""忽见""闲读"几个词语突出天气变化之骤及与之相生的忧喜情变。因天象变局而感悟《春秋》微言的深意,其理性的细密思考传达出一位未仕乡绅的忧患情怀和仁爱慈心。

本书前文已述及《畎亩十首》其四赞颂《春秋》父母之仇不共戴天之说:"仲尼作《春秋》,垂训千万年。古者父母仇,义不共戴天。"王安石废弃《春秋》之学,说《春秋》并非圣人所作,只是后儒的随便编集,贬之为断烂朝报。王十朋对此深为不满,《观国朝故事四首》其三指斥"二蔡""曲学尊金陵(指王安石)",致使"《春秋》亦获罪,学者专三经。心术遂大坏,风俗从此倾",概言之,他认为"祸端首熙宁"。① 可见得他精研《春秋》,提倡《春秋》,有现实的经世济用目的。在王十朋看来,《春秋》是一部政治学著作,《春秋》寄寓着作者深刻的政治思想。

王十朋在梅溪聚徒讲习《春秋》,已称得上是《春秋》的专家了。其《送章生端武》诗有云:"麟经绝笔今几年,学者异说何纷然。操矛入室务相伐,谁能浚井得美泉。梅溪野人独好古,遗经独抱期心传。"他鼓励后学"《春秋》明日遂东矣,情钟我辈徒拳拳"。② 钱志熙教授解读十朋此诗的基本旨趣,指出,"王十朋《春秋》之学的特点,也是从文字间寻求圣人的微言大义,以期求得圣人的'心传'。在这方面,他还使用庄子的'得鱼忘筌,得兔忘蹄'的方法,主张'得意忘言',重在体悟"。

二、以《春秋》学术议政论人

王十朋自己立朝治郡的施政,他评价历史与本朝人物,也以《春秋》学术为依据。他的历史观,他对隆兴北伐的义理申张,都是以《春秋》复古尊王之义、夏夷之辨为宗旨的。他在政治上的成功,比如力赞恢复大计,弹劾宰相史浩及其党羽,并且说服孝宗重用张浚、刘锜等,之所以能够比较顺利地被

---

① 《王十朋全集》诗卷一,第2页。
② 《王十朋全集》诗卷三,第40页。

朝廷采纳,与他秉持《春秋》义理的学术水准分不开。

他的策论援引《春秋》复古之义,反对王安石等人的变先王成宪、祖宗成法,认为宋朝之致治,在于太祖、太宗与大臣范质、赵普等造我宋之家法,真宗、仁宗、神宗与李沆、王旦、寇准、王曾、李迪、杜衍、韩琦、范仲淹、富弼等人"相与守我宋成法"。至神宗时,王安石、吕惠卿等人要变祖宗成法,而司马光力守之。对于策问所提出的刑赏、赋敛、取士、黜陟各项询问,十朋的策论一一根据《春秋》经义加以解释,都归本于君主揽权之说。绍兴三十一年(1161)正月丙申,临安大雪,朝廷出内府钱赐三衙卫士,并予贫民之不能自存者三万九千余人,并命常平官赈给辅郡细民。正任著作佐郎的王十朋上书宰相陈康伯,以《春秋》灾异为说,建言宰相"居燮调之任,当任贤退不肖之责,愿以《春秋》灾异之说,为上力言之。进君子,退小人,内修阙政,外备强虏",①都可见十朋常用《春秋》来议政。

评价历史与本朝人物,依据的也是这一宗旨。《梅溪集》总录咏史诗计160余首,其中诗卷一○组合110首咏史诗吟咏传说和历史上的106位人物。言君、言臣、言时政、言人伦、言忠、言孝、言节操,评论历代王朝兴衰史和帝王将相、宿儒贤士的功过得失,史学文心博大精深,春秋微言大义、讽规意图十分鲜明。有三项主题尤多警世意义。其一是赞许祖宗家法以助推中兴和王化政教,如《天子始䄍》《玄鸟至》;其二是吟咏有作为的贤明君主和中兴帝王,如《吴大帝》《宋武帝》《光武》等;其三是讽谏荒唐帝君、当权奸佞的朝政国事,如《秦始皇》《幽王》《炀帝》《比干》等。《孔父》《仇牧》《荀息》②三首则直接评论春秋捐躯三义士,喟叹"皆欲求仁未得仁"。王十朋饱学经书,作为一个清醒的文人志士,他对当今奸佞当权的朝政国事深怀隐忧隐痛,对大忠大勇、能仁能孝、功成身退的忠臣义士深怀敬慕,对古来君臣相得的政治局面尤多向往。

本书前已述论其《和永贞行》诗贬斥"子厚年少躁飞腾,身陷丑党罹熏蒸",③

---

① 《王十朋全集》文卷二一《与宰相论灾异》,第938页。又见《系年要录》卷一八八。
② 《王十朋全集》诗卷六、卷八、卷十,第84、114、144、151、155、163页。
③ 《王十朋全集》诗卷九,第132页。

用的也是《春秋》义理。他的《国朝名臣赞》,选择了寇准、韩琦、范仲淹、富弼、杜衍、欧阳修、文彦博、赵抃、司马光、苏轼、苏辙、陈莹中,主要的就是曾被一度禁抑的元祐党人,以及庆历人物。王十朋景慕范仲淹的"正色立朝,奸邪不容",富弼的"公在相位,四裔稽颡",欧阳修的"知进知退,既明且哲……当世大儒,邦家之光",文彦博的"夷狄来朝,服公之德",赵抃的"于维清献,典天之宪",等等,从其此等景慕深情,犹可领会十朋之于《春秋》大义之所向。十朋诵习《春秋》之义,选择国朝名臣为榜样以治己身,并希望后世王者,实行其义,以治天下。如此"微言大义",足以治万世之天下,实乃《春秋》的核心内容。《春秋》有大义,有微言。所谓大义者,诛讨乱贼以戒后世;所谓微言,改立法制以致太平。这正是孟子已明言的。

  隆兴元年(1163),王十朋五十二岁,除起居舍人,兼经筵侍讲。他在经筵侍讲时,也曾讲《春秋》,现存讲义《僖公》《元年春王正月》《齐师宋师曹师次于聂北救邢》三篇,其宗旨也都是以《春秋》寓时事之议。第一篇写鲁僖公即位,"能遵伯禽之法,俭以足用,宽以爱民";"能用贤相,君臣有道";"能修泮宫,以服淮夷","能复周公土宇",因此诗人作诗赞之。但在《春秋》"犹不免乎讥",足见《春秋》之法,责贤者备"。第二篇也以僖公为例,讲"人君能正其始,斯能正其终。正始之道,必先正其心"。第三篇讲狄犯邢,管仲言于齐侯曰:"戎狄豺狼,不可厌也;诸夏亲暱,不可弃也,宴安鸩毒,不可怀也,请救邢。"十朋分析《春秋》齐师救不及时,次于聂北,有逗留之意。"齐侯虽有救患之仁心,而无急义之大勇,故《春秋》虽书'救'以善之,又书'次'以讥之,由是见圣人之心,急于攘夷狄而救中国也。"①这三篇《春秋》的阐发经义,没有一篇不是针对时事而说的。十朋的《春秋》学,完全是以经世济用为宗旨的。②

  王十朋专攻《春秋》,负有盛名。他精研《春秋》之学,与中唐至北宋《春秋》学传统是一脉相承的。而其君主揽权之说,又是针对北宋后期王安石变

---

① 《王十朋全集》文卷二三,第981—983页。
② 参见钱志熙《论南宋名臣王十朋的学术思想与生平业绩》,《论文集》第6页。

法、蔡京等人以及南宋初秦桧的专权而发的。至其提倡《春秋》君父之仇不共戴天之义,则直接用于抗金恢复大计。其《春秋》学的现实针对性很明显。他的殿试策之所以得到高宗的采纳,并且被时人看作是具有西汉晁错、董仲舒对策的相同价值,就是因为这个原因。

王十朋长期精研《春秋》大义,并且运用《春秋》来建立他个人的政治观、历史观。早在太学升上舍生时,得知太学司业王大宝将接替温州知州张子韶之任。王十朋作《送王司业元龟守永嘉》相赠。王司业,即王大宝,字元龟,建炎初,廷试第二,历知连州、袁州,直敷文阁,后就国子司业。十朋在太学期间受知殷切。这次出知温州,王十朋赠诗说:"先生况是儒宗师,敛此大惠施一方。入境愿问民疾苦,下车宜诛吏奸赃。"以太学生身份对家乡的父母官提出爱民惩奸、为官清正的要求,似有不妥,但凭其对王司业学术的了解和敬重,就可理解此举的动力了。十朋赞扬并激励王司业云:"中兴天子初龙翔,临轩策士当维扬……先生大对过晁董,指切时务言激昂。麟经绝笔二千载,收拾纸上生光芒。"①据此可知,王司业的廷对策,也是以《春秋》来论时事的。在仕途中多有交集的他俩有共同的学术思想。大宝居谏省时,十朋任秘书郎、著作郎;在隆兴北伐时,两人又取同一立场,互为呼应,人称"二龟两王"。王十朋赞扬王司业的这几句诗,正可移作后来他自己《廷试策》的赞语。

王十朋结交了一批研究《春秋》学的臣僚挚友。与他一起犯颜直谏的名臣胡铨,也以《春秋》见长,《宋史·胡铨传》说他"丁父忧,从乡先生萧楚学《春秋》",为言官时,"时旱蝗、星变,诏问政事阙失,铨应诏上书数千言,始终以《春秋》书灾异之法,言政令之阙者有十,而上下之情不合者亦有十"。这与十朋上书宰相陈康伯,劝其以"《春秋》灾异为说,为上力言之",可谓同声相应。② 十朋《与交代胡侍郎》有云:"心惟忧国,屡推造膝之诚;义不戴

---

① 《王十朋全集》诗卷八,第124页。
② 《宋史》卷三七四《胡铨传》,载胡铨应诏上书中有云:"陛下自即位以来,号召逐客,与臣同召者张焘、辛次膺、王大宝、王十朋,今焘去矣,次膺去矣,十朋去矣,大宝又将去矣。以言为讳,而欲塞灾异之源,臣知其必不能也。"第11584页。

天,力沮和戎之议。卒落落而难合,竟栖栖而不容",①道出他们二人同怀《春秋》大义。

第四节 "真儒者"的教育思想

南宋的诸多思想家,同时也是教育家。他们聚徒讲学,从者甚众。讲学的场所主要是各地的书院。南宋书院盛极一时。这些书院,属于国子监、太学和州学、县学的官学系统以外由士人(知识分子)私人举办的私学系统,打破了"学在官府"的垄断局面,为学术繁荣的一大标志。

王十朋创办梅溪书院、组结诗盟、聚徒教化对乐清以及瓯越之地的儒学教育与人才培养功不可没。他历知四郡,重视地方教化,割俸兴建教育设施,始终怀有为国育才之心。他主持国子监,两度出任帝师,更突出了他的教育家身份特征。八百多年前的王十朋将诗教统一于书院儒教,践履育才宗旨,不愧宋明书院讲学精神的开创者,儒家教化传统的忠实执行者。

有关王十朋的教育实践和业绩,本书已在第一章第三节"设馆结社,传承儒学"及入仕治郡阶段的相关章节中作过较具体的阐述,这里只就两方面略为综括,以展示其把控教育价值的思想特征和核心内涵。

一、彰显教育本质属性的目标规范

考"教育"之本义,一是"教",有教化之意,包含传授、训导、约束;二是"育",有培育之意,包含呵护、涵养、促进。其第一层面,是通过获取知识,提高个人修为,增加对生活的感受力,从而认知自己,并不断提高自己。第二层面,就是北宋著名教育学家张载所说的"为天地立心,为生民立命,为往圣继绝学,为万世开太平"(《张子语录》)。

王十朋将自己的书院教育目标规范设定于"先德后艺""学问自立",契

---

① 《王十朋全集》文卷一九,第904页。

合儒学教化传统,彰显了教育的本质属性。可用他自己的三句话加以概括:

其一,"士之致先器识后文艺"。

先德后艺育人才。办学馆与结诗社有相一致的宗旨,都以修身为主,以人格为重。王十朋非常重视书院和诗社的德性教育,《送表叔贾元范赴省试序》完整提出科举取士应"先器识后文艺"①的主张。器识,器量与见识,指人的内在涵养、精神境界;艺文,指学问,运用文字的技巧。王十朋强调的是做人的器量与见识。在王十朋看来,重视道德情性的涵养,方能培养出利济苍生的胸怀。

梅溪书院重视经学,真正实施器识其先、文艺其从的育人原则,致力于"遗经独抱期心传"的育人思想。在《次韵万先之读庄子》诗中说:"六经有真味,奚用食马肝。"在《别宋孝先》又说:"经术有根蒂,词章富波澜。"②

他向乡丈申明科考大义:"国家养士恩至渥,千戈不废菁莪育。诸公报国当如何,莫把刚肠慕粱肉。"③希望"诸公报国"守"刚肠",不慕"粱肉";做"丈夫",不为"一第"。此等境界,鲲鹏远志,正气凛然,在有宋一代令人瞩目。

一般说来,宋代教育已经形成经学、教育和科举三位一体的紧密结构。如前所论,这种将教育的功能简单地、狭隘地与仕途相结合的态势,不可避免地孕育着此后中国教育转向落后的因素。王十朋将经学、教育、科举与报国紧密结合的胸襟抱负,远非那些汲汲于蝇头功利的"俗儒"们所能比肩。

其二,"以学问自立而其进未艾"。

教育的终极目标是教育价值的核心内涵。"学问自立"的教育目标一旦达成,日后成才前途无量。十朋《渊源堂记》有云:

> 其后诸孙日益长,师友日益亲,渊源日益叩,而事业日益修,推其绪

---

① 《王十朋全集》文卷一二,第758—759页。
② 《王十朋全集》诗卷四,第53、54页。
③ 《王十朋全集》诗卷三《前诗送三乡丈行》,第35页。

> 余以事进取,有隶天子学,登乡老书,擢进士第者凡数人,余皆以学问自立,而其进未艾。①

十朋认为,儒教最终目标的达成,不只是"擢进士第者凡数人",更重要的是使受教育者"皆以学问自立而其进未艾"。"学问自立"之学问,当然包括"尊礼贵德""蒙以养正"的广义之学,是日后进入社会"诸孙日益长,师友日益亲,渊源日益叩,而事业日益修"的前提条件和必备基础。"学问自立"意在为学生今日生存的学识长进与进入社会的继续发展集聚潜力,留下巨大的"其进未艾"的空间——这是教育的终极目标,正是王十朋创设梅溪书院、师席剡溪书院并为之付出艰辛劳作的最大成功之处。

其三,"气治古可到,何止科第间"。

作于绍兴十九年(1149)的五古《别宋孝先》有句曰:

> 楚台风骚客,遥遥有奇孙。……予尝语所学,文当气为先。
> 气治古可到,何止科第间。……男儿各自勉,事业无穷年。②

生徒三十人酌别,十朋为多人赋诗送行,此长篇五古,二十八句,见得十朋惜别门下第一号弟子宋孝先时的深重情意。

诗以"遥遥有奇孙"开篇,末以"男儿"互称互勉,给学生送去"事业无穷年"的祝福,总收全篇。十朋强调的是,一个人要养得一身正气,有了浩然之气,则"学"与"文"皆有无量前景,何必拘于"科第间"的一时得失。这是十朋对学子的期许和奖掖。多年后,宋孝先没有辜负先生的期望,终于"经魁南省""擢进士第",堪称"其进未艾",达成了教育的目标预设。楼钥《攻媿集》有文述其事,云:

---

① 《王十朋全集》文卷一二,第769页。
② 《王十朋全集》诗卷四,第54页。

君讳晋之,正卿其字也。旧名孝先,字舜卿。五季时处士靖,自福之长溪徙温之乐清……弱冠从梅溪先生王公十朋游,学徒数百人,独君首出,王公器之,曾以诗赠别,褒借甚至。未几入太学,登乙科,授左迪功郎、汀州司户参军,王公又以诗送行,期待尤远。①

二、富有现代启示意义的教育观念

王十朋的教育思想直接影响了稍后蓬勃发展的理学家们所从事的书院教育,开始从根本上否认教育乃科举仕途的敲门砖。张栻在阐述岳麓书院的办学宗旨时说:"岂将使子群居族谈,但为决科利禄计乎?抑岂使子习为言语文词之工而已乎?盖欲成就人材以传道而济斯民也。"②朱熹也说:"古昔圣贤所以教人为学之意,莫非使之讲明义理,以修其身,然后推以及人,非徒欲其务记览、为词章,以钓声名取利禄而已也。"③王十朋与理学家们一致认为学校教育不应沉溺于科举之学,而应落实先德后艺的育才宗旨,采用教学相长的育才方式,促进人才成长。

梅溪书院开设《论语》《春秋》等六经,育才方式丰富多彩,生动活泼;乐清三诗社也提倡唱酬激励,研讨诗艺,相互切磋,营造了师生和谐、教学相长、诗文齐进的优良学风。实施的就是朱熹提倡的在自然清境中促发"道机"的教育机制。这样的教育观念颇有现代启示意义。

其一,师生互勉。

王十朋亲自"说书",学生"会茶举故事";师生之间互有"讲论",故其诗云"从予讲论有赵陆,得趣往往忘蹄筌";也不乏师生间驳难,所谓"操矛入室务相伐,谁能浚井得美泉"。学习之余,十朋也组织书院同舍生"送春于梅溪",进行一些"以齿序分韵"的诗社活动。④

会饮是师生吟咏唱和的重要形式。生徒同游山水间,赏菊东篱下,欢聚

---

① 楼钥:《攻媿集》卷一〇九《朝散郎致仕宋君墓志铭》。
② 张栻:《南轩集》卷一〇《潭州重修岳麓书院记》,文渊阁《四库全书》本。
③ 朱熹:《晦庵先生朱文公文集》卷七四《白鹿洞书院揭示》。
④ 《王十朋全集》诗卷四《三月晦日》,第52页。

会趣堂,把酒文字饮,迭相唱和,"应制赋诗","坐湖联句",让学生在师徒感情融洽的氛围中增进学识和诗才。王十朋还与生徒一起观水作文,其师生同乐情景令人联想起《论语·侍坐章》描述的"暮春咏归"的和谐情趣,十朋示范性的短文《观水记》①理盛文茂,引孟子"观水有术,必观其澜"作结,启而不发,深得孔夫子育人之妙方。

梅溪帐下高徒宋孝先曾为十朋《自宽集》跋后,十朋读后作七古以回应,再现了学馆与诗社教学相长、师生情感契合的生动情景。在感谢宋生"十韵殷勤为跋"的同时,十朋自评兼评人:揣摩自己诗作的缺憾,又对为跋者坦诚直率地提出了有普遍意义的文学批评原则:"针我膏肓乃相厚。"②操矛入室,痛下针砭,直入膏肓。对自己的学生兼诗友如此真诚直率,真乃坦荡荡之谦谦君子也。

其二,劝学勉进。

师生共勉,提升学业,推进人格成长,这是书院与诗社共同实施并期望延伸于终身教育的一个重要方略。集结于明庆寺书会的青衿学子们即将结束黉舍学业,各奔前程,王十朋怀惜别之情作"劝学新篇"《再用前韵勉诸友》,③勉励生徒们继续向学进取,牢记"书生事业无雨晴",修身养性永无终止期。

特别对那些多年跟随他的弟子,依依惜别之情更溢于言表。组诗《己巳梅溪同舍三十人其九人者从游之旧也……遂各以其姓赋诗送之》,以周仲翔、李大鼎、许辉先、谢鹏之名各赋诗一首,评以"善交固耐久","厚德著乡里","学问如驰马","磨砻出圭角",④称学生为"友"为"子"。梅溪书院这种亦师亦友的师生关系,至今都令人向往。

综上所述,王十朋自成一体的以爱国忧民、以民为本、教化育人观念为

---

① 《王十朋全集》文卷一二,第766页。
② 《王十朋全集》诗卷五《宋孝先示〈读自宽集〉复用前韵》,第72页。
③ 《王十朋全集》诗卷八,第117页。
④ 《王十朋全集》诗卷四《周仲翔》《李大鼎》《许辉先》,第53、54页。

主旨的儒学思想体系,在封建社会发展中期虽受到封建集权思想与皇权统治的严重束缚,但基本涵盖了中国优秀传统文化的内涵要素,贯穿着优秀传统士大夫深切饱满的家国情怀,包括民族大统、家国同构和民本仁爱之情。可以认为,正是他们这种富赡的家国情怀与执著进取,才造就了中国学术史、思想史上的辉煌时代。

王十朋的学思人生是独特的。在儒学和史学领域中都堪称"真儒者",是朱熹所称的"粹然"的"醇儒",能"粹然以醇儒自律"。① 儒学不可离经学,他尤精于《春秋》之学;儒学不可不重史学,他的儒家经典《梅溪集》,如前所叙,正有着郑重的史学意义;儒家关心整全的社会治理,政治在其中至关重要,王十朋不论在朝做官还是外任州郡,都有自己独到而深邃的见解。王十朋还善于做事,不论乡居还是出仕,都做出了卓著的业绩。儒者不是足不出户、坐而论道的读书人,作为"真儒者",王十朋博学之,审问之,慎思之,明辨之,笃行之,善思,又能做事,立德、立言还立功。他特立不回,正色凛凛,堪称"知行合一"的南宋大贤。

王十朋是一位典型的儒家士子。他致力于儒家义理之阐述和实践,投身于儒家价值和理念的实践,尊重文化传统,从多方面构建自己的思想体系。

王十朋及其群体以济苍生安社稷为己任,积极用世,自强不息,他们都曾以异于常人的毅力抗争时代命运,埋头苦干、为民请命、舍身求法,他们都曾以不合时宜的谏言妄议,最大可能地诠释着对现实秩序的愤懑与自身的时代担当。"真儒者"王十朋的秉性诗情,为儒家传统深邃的仁爱精神与理想人格作了最好的注脚,足以令后人记取并反思,裨益世教;足以开启求索之路,砥砺后辈不辍前行。

---

① 《朱熹集》卷三六《答陈同甫》,第1590页。

结　　语

赵宋王朝是一个物质和文化高度发达的时代,一个政治上对儒士较为宽舒的时代。邓广铭称:"宋代的文化,在中国封建社会历史时期之内,截至明清之际西学东渐时期为止,可以说,已经达到了登峰造极的高度。"①但遗憾的是,宋朝又一直被称为"积贫积弱"、社会动荡、对外屈辱,最终,"北定中原""一统江山"的不是王十朋、陆游们企盼的南宋"王师",而是蒙古铁骑。更遗憾的是,王十朋生活在一个号称创造了中国封建社会发展巅峰的朝代,却未能亲历"乾淳之治"的"辉煌灿烂"。其所有的诗文翰墨,追怀的只是历史上的文景之治、贞观之治与开元盛世等等,却没有留下多少有关当下的"太平""兴盛"。

然而,正是这样一个忧患时代却孕育出了王十朋这样一位人格高贵、学养纯粹的"真儒者",在抗争的血与火中彰显其刚正、坚毅的人格光辉与大贤风范。

王十朋君子人格与大贤风范的诞育和发展,有其深刻的社会文化背景,除了家风家学的规约和传承,至少受到三方面因素的助推。

首先是受到政治因素的直接推动。在中原沦于敌手、宋朝仅保有半壁河山而且经常面临亡国危险的情况下,对金的战、和、守问题,始终是南宋政治的首要问题。阶级矛盾和民族矛盾交织在一起,而民族矛盾上升为主要

---

① 邓广铭:《宋代文化的高度发展与宋王朝的文化政策》,《历史研究》1990年第1期。

矛盾。忧国忧民的爱国热情,政治上反对苟安求和、主张复仇和恢复故土的立场,使得王十朋潜心研究国家政治、经济、军事上的弊端,寻求救国救民之道,探求改革弊政的措施。严酷的现实和振衰起弊的迫切愿望,使王十朋心胸开阔,关注国家政局和天下大事,既高扬"正心诚意"的阳刚人格,又面对现实讲求经世济民的实践精神。

其次,王十朋的君子人格与大贤风范,无疑是在永嘉地区比较发达的社会经济文化,包括浙闽地域迅猛发展的商品经济的基础上产生的。其时,温州已经是东南地区重要的工商城市,由于未遭兵火之害,社会比较安定,交通趋于便利,书院教化盛行,地域文化成长,本土士人群体迅速崛起,像王十朋这样耕读起家的文人有了较之北宋更有利的从事精神活动的空间,有幸成为导民向善的贤达和当地学术文化发展的先驱。而其后期的仕宦经历,特别是泉州发达的商品外贸经济,更为其借鉴先贤、交游志士而砥砺品格、更新观念创造有利条件,践行《大学》所言"诚意、正心、修身、齐家、治国、平天下"的士人节操品格。

第三,王十朋君子人格与大贤风范的诞育和发展,从根本上看,乃是中原文化同东南沿海地区的经济社会相结合的产物。王十朋一生文化政治活动的足迹,不限于温州地区,而遍及吴越、浙闽、荆楚、巴蜀。宋室南渡后,随着东南新的政治中心的形成,中原文化南移,中原学者纷纷南迁,南北文化交流向纵深发展,瓯越本地崛起了新的文人群体,酷爱读经研史的王十朋有了更为广泛的现实企慕和交流对象。进入仕途后,王十朋不断扩大交游圈,交流思想,提升官品,其流风相接,不但包括前后的纵向承接关系,也包括同乡、同僚之间志同道合者的横向交流促进。没有这样的条件,《孟子》所言的"富贵不能淫,贫贱不能移,威武不能屈"的古圣先贤品格的诞育和发展也是不可能的。

王十朋终其一生,不论遇到多么大的挫折与困难,都不曾放弃对国家、百姓的责任感,不曾放弃抗战复国的政治理想,都始终坚持匡时淑世的报国之志。这种独立自主的可贵人格,正是他被称为"当代伟人"而垂范后世的可贵之处。

一、阳德刚明的君子人格

通常说来,圣人、贤人和君子,是中国古典人格的三重境界。孔子慨叹,"圣人,吾不得而见之矣;得见君子者,斯可矣"(《论语·述而》)。儒家的最高理想人格是圣人,但圣人是孔夫子都说可遇而不可求的。"道之统在圣,而其寄在贤。"圣人之旨、儒家之道需要通过一代又一代的贤人、君子的实践在现实中落实呈现,代代相传。王十朋的君子人格,从道德品质意义上来说实则中国人立言立德立功、"修身齐家治国平天下"的基因。做个贤人、君子,确立最具终极意义的人生价值追求,既是中华文化的普世价值,又是一个时代精神品格的高标。余秋雨说,中国文化因为有了君子就什么都有了,没有君子什么都是徒劳。任何文化都是前人对后代的遗嘱。后代应该成为怎样的人?中国文化由儒家作了理想性的回答:做个君子,也就是做个最合格最理想的中国人。中国文化没有沦丧的最终原因,是君子未死,人格未溃。①

(一)代表民族正气的人格精义

王十朋的官位终于未至良相执政,连吏部侍郎之职都被他辞谢了。其一生功业或有超越杜工部子美者,却难以与他景慕的先贤范仲淹相媲美,然而其立朝治民的名节政声却足以让时贤后世肃然起敬。究其因,盖为其以天下为己任的儒者大贤情怀及其所铸就的君子人格自能光照千古。

在那个把人的道德与人格考验推向极致的艰难时世中,王十朋始终关注民生,敢于担当,冠冕堂皇地谠论于庙堂官宦,慷慨激昂地横议于江湖士群。其早期直斥集权魁首,竟至奋不顾身,固然得避居穷乡僻壤之地利;但于仕途全程,即使远离中央权力中心,处大孤独、大绝望之境,依然秉承大坚忍、大担当,全心为民并持续诤议中央朝政,则其内心必有大无畏君子人格的强力支撑。

何谓君子?据考,"君子"一词最早见于《尚书》,流行于西周。"君,

---

① 余秋雨:《君子,中国人的人格理想》,《政工学刊》2015 年第 2 期。

尊也。从尹，发号。"(《说文解字》)"君"本指奴隶社会中的国君，"子"是对男性的尊称。"君子"最初是对统治者的泛称，常常与被统治的百姓、民众相对立。后泛指有德行有修养的人，敦厚、儒雅、端庄、从容，具有道德隐喻性。

君子人格的精义何在？有曰："君子有九思：视思明，听思聪，色思温，貌思恭，言思忠，事思敬，疑思问，忿思难，见得思义。"(《论语·季氏》)常见的君子人格林林总总，表征为：才学，"君子博学于文"；品德，"君子无终食之间违仁"；人际交往，"君子和而不同"，"君子周而不比"；雅趣，"游于艺"，等等。还可归纳为自强、慎独、宽容等若干关键词。"天行健，君子以自强不息"(《周易·象传》)。具有君子人格的人，有理想、有信念、有追求、有担当。以本章前引楼宇烈教授《真正的儒者智慧七大要点》逐一审视之，王十朋君子人格的主要特征至少包含以下内容：一是"仁"，有仁爱之心；二是"义"，凡事讲"义理"；三是追求"孔颜之乐"；四是讲求"中和之美"。此即所谓阳德刚明君子人格的精义所在。

人们强调宋儒风采，可列举出范仲淹、苏轼、李纲、宗泽、胡铨、王十朋、文天祥等一大批代表民族正气的有志节之士人。他们代表了忧国爱民、磨砺品节、清正廉洁、直言敢谏、忍辱负重、临危受命等优秀的政治传统，具有鲜明的政治人格和强烈的"士本位意识"，代表了中华民族的浩然正气。王十朋师承前辈风范，推演到新的境域，成为这一时代中狂直忠谏、勇往直前的杰出典型，而并非绝无仅有的个例。南宋士大夫中涌现出一大批积极进言的忠臣义士，这是个奇特现象。何忠礼教授揭示了君子人格形成的背景，说："南宋科举，考之以义理，发明以本心，对培养读书人具有'正心、修身、治国、平天下'的高尚情操起到一定作用"，"儒家学说的长期熏陶"使王十朋这类官员"树立以天下为己任的思想"，"一是不顾个人得失，敢于直言谏诤；二是不顾个人安危，敢于挺身挽救时局"。①

但从另一个角度看来，他们在成千上万的士人中，毕竟居于少数派地

---

① 何忠礼：《南宋科举制度史》，第320页。

位。南宋初,士人气节问题无疑集中在反对降金乞和。在宋高宗奉行清洗抗战派的政策时,多少士人丧失立场,一时间文丐奔竞,谄诗谀文铺天盖地,连爱国词人张孝祥、著名诗人范成大在策文和献诗中都不得不说违心话,为了功名利益而吹捧秦桧,足以反映绍兴和议前后文士失节的普遍性和严重性。注重义利之辨的朱熹,遇到科场的实际利益,也只能暂时倾向"利"的一边。据载,朱熹于绍兴十八年(1148)科举中只是登同榜中的第五甲第九十人,以其学问反观之,可推知其违心之论说得不重,对宋高宗的降金政策吹捧不力,但毕竟出于不得不捧还是捧了的,今人已无法找到他当时的策文。翻开史料,宋人哀叹士风日下的言论何其多也。

相比于士风主流深受污染的社会状态,王十朋磊落光明的高贵品格代表着民族正气的人格精义,真有鹤立鸡群之姿,令包括朱熹在内的后人肃然起敬!

(二)进退长葆名节的阳刚之气

王十朋对名节德行的追求始于青年时期,并践行终身而不渝。他推崇《论语·卫灵公》中赞赏孔夫子在义与利、为己或为人等方面所进行的比对,更认同《荀子·大略》所云:"君子能为可贵,不能使人必贵己;能为可用,不能使人必用己。"并据此立论,作《君子能为可用论》,较充分地表达了儒学家重视德行修养的君子论思想:

> 君子之道有三。其未达也,修其所为用;其既达也,行其所当用;不幸而不遇,则处其所不用。修其所为用,则能尽己;行其所当用,则能尽人;处其所不用,则能尽天。①

在这里他明确了君子之道的精神内涵。基于这一认识,在未仕之前,王十朋明示了君子修养的达成目标并确已修养成这样的有道君子:"知所以为己,知所以为人,又知所谓有天,斯可谓有道君子矣。"王十朋中举前的诗文,

---

① 《王十朋全集》文卷七,第684页。

已有民族"刚气"的支撑,中国传统读书人追求的君子坦荡襟抱足以呈现其气象的厚重坚实,犹如他笔下的"南枝"梅品,"纯乎阳德刚明之气"。① 其时,他对进取科第与退保名节有一段深刻的论述:

> 布衣之士,诧一第以为天香耳。若夫学士大夫所谓香者,则不然。以不负居职,以不欺事君,以清白正直立身,姓名不污干进之书,足迹不至权贵之门,进退以道,穷达知命,节贯岁寒而流芳后世,斯可谓之香矣。②

他的价值观很明确:"科第之香,孰如名节之香。"

基于此,尽管半生科场蹭蹬,王十朋却始终坚守"富贵有天命,安贫士之常"的理念,效慕颜渊,坦然于"丈夫未遇当安贫,带经且作锄园人"。③

基于此,王十朋进退长葆名节,"在朝美政,在野美俗"。在位时兢兢业业,克己奉公,勤于政务,即"美政";不在位时,依然严于修身,恪守社会行为规范,引领风尚,此即"美俗"。

基于此,王十朋一展其"正大之学,忠愤之气,爱君忧国之诚,仁民爱物之念","立朝刚直为当代伟人",④成为后世高标。

王十朋一生标榜的梅花品格,"纯乎阳德刚明",为士大夫的人生规范了人格追求的高标范式,引领一代朝臣儒士对于国势时局的群体自觉。他身上有政治家的执着,也有文人的洒脱,却始终没有摆脱儒教的束缚。他自觉维护传统伦理纲常,中规中矩地把自己的"早醒"拘囿在一个框架中。他是高宗亲擢的状元,又是建王府之师,离实现政治抱负似应只有一步之遥。但现实总是离他越来越远,屡因主战而招谤,因尽职而生怨。主和苟安的朝廷

---

① 朱熹:《宋梅溪王忠文公文集序》,《全集》附录一,第 1090 页。
② 《王十朋全集》文卷二二《天香亭记》,第 946 页。
③ 《王十朋全集》诗卷七《东园小阁丹粉一新》,第 102 页。
④ 王闻礼:《梅溪王先生文集·跋》,见《全集》附录一,第 1099 页;《四库总目提要》卷一五九《梅溪集》。

怕他,烦他,忌用他,终于把他挤出朝廷决策层而外迁州郡。在屡经抗争,终于认清南宋朝廷的羸弱与怯懦根植于"圣上"以苟安求生存的本质之后,王十朋坚守君子修为,不怨怼于人,不愤世嫉俗,而自己则去意决然,几番乞祠,带着无力补天之憾,回梅溪老家赏手植之梅花去了。他一生景仰孔孟人格却并非死抱"纯臣"角色不放,他不违心谀世,不甘为奴才,处混沌乱世而能自守清明,自葆人格;居人臣之位而能永葆清醒,自知进退。既忧国爱民,又乐道顺命。此固君子之耿耿人格使然也。王十朋尊奉的当是孟子所强调的理念:"天下有道,以道殉身;天下无道,以身殉道;未闻以道殉乎人者也。"(《孟子·尽心上》)

综观王十朋的从政生涯,"在朝廷则以犯颜极谏为忠,仕州县则以勤事爱民为职,内外交修,不遗余力"。① 即便违忤当局,也宁可请祠去官,而决不改其"忠言直节"。王十朋风节,得朱熹极力称扬,千百年来遂为定论。朱熹大弟子兼女婿黄榦,于王十朋亦极其倾倒,其所撰《勉斋集》卷二一《送徐居父归永嘉序》云:

> 榦尝读詹事王公之文,观其序篇致意于君子小人之际,而得公之用心明白若日月,浩汗若河汉,未尝不废卷而叹也。曰:世岂复有斯人也耶? 高明广大者,天理之公也;诘曲偏暗者,人欲之私也;天理不明,人欲日肆,世岂复有斯人也耶? 及考其世系,则公永嘉人也。尝欲游于其乡,以览观山川之胜,访于其乡之士,岂无闻公之风而兴起者乎?……呜呼! 公不复作矣。公之用心,余殆将有所考焉。而世之说者乃曰"皓皓者易污,不若循循而俯者之可以集事也",则公之用心是耶? 非欤?

我们可以认为,正是王十朋尊奉的孔孟忠孝理念,一方面造就了士大夫忠于皇权的奴性,另一方面也造就了士大夫个人淳厚严谨的品格风范。王

---

① 朱熹:《晦庵集》卷七五《序》,郭齐、尹波点校《朱熹集》,四川教育出版社1996年版,第3958—3960页。

十朋文明自己,关爱民生,不仅感召周边的儒士朝臣,还坚持自己对时势的独立评判,大节凛然,力持正论,为高宗、孝宗献计献策,劝诫诱导,竭尽全力影响朝廷高端决策,践行杜甫"致君尧舜上,再使风俗淳"的宏愿。可见得,从政未必定然导致主体人格对权力的奴性依附,相反,独立人格亦可经政治奋斗而得以实现或提升。犹如王十朋于仕途险恶处"托古自期"的屈原,既能"竭忠尽智,以事其君",又有王十朋《屈大夫》诗中颂扬的"醒清今古独"的孤高之气。而正是这孤高之气,正是这"今古独"的"醒清",使得屈原不惮于自身之卑微,而凭借礼崩乐坏、群雄争霸之战国舞台,一举赢得尊严,高蹈于人格之峰巅。①

质言之,无论外部环境如何变幻莫测,报国无门的苦闷终究掩盖不了爱国直臣激励名节的心志。王十朋的忧乐进退是与范文正同趋同质化的。达则兼济天下,穷则独善其身;进则治国经邦,退则修身齐家。正如钱志熙研究指出的,"宋学之要,在于尊德性,即重视主体的人格修养","宋学的根本精神即在此,其尊德性与道问学两方面,是以尊德性为根本的"。又说:"王十朋一生所成就的,是一种传统儒家的君子人格","王十朋是一个标准的儒者,是儒家所提倡的君子人格的自觉实行者。他的学术、文章与政治行为,都是循着这样一个根源发生出来的"。②

二、垂范后世的南宋大贤

王十朋无愧于南宋士大夫的优秀代表。在中华民族的历史上,正是成千上万像王十朋这样的贤士、君子,通过他们的涵泳与砥砺,以他们的坚忍与正气,承载着家国、社会的重负。王十朋筚路蓝缕的一生足资证明,中国古老的仁义道德,支撑中华民族几千年不坠的君子品格、大丈夫气概,能够继续支撑中国人面临文明危机而笃信好学,守死善道,尽显人生的庄严不朽。

---

① 详见拙作《忧患时代士大夫的人格范式及其审美价值探析》,《论文集》第239—240页。
② 钱志熙:《论南宋名臣王十朋的学术思想与生平业绩》,《论文集》第10—12页。

今之乐清、温州学界以"南宋大贤"为王十朋的历史文化和精神品格量身定制了评价定位,以"厚德、刚正、坚毅、民本"八字诠释梅溪精神;①而搜罗《王十朋全集》附录之《梅溪集》旧集序、跋及《四库全书总目提要·梅溪集》、王十朋墓志铭、《宋史·王十朋传》诸文本,其出现频率最高者当为"正大""阳刚""忠纯""坚执"与"光明正大""阳德刚明""仁民爱物""廉洁公正"两组词汇最具光彩。概言之,王十朋之行事,完全顺应天地人三道客观规律,即《大戴礼记·哀公问五义第四十》所言:"所谓贤人者,好恶与民同情,取舍与民同统;行中矩绳,而不伤于本;言足法于天下,而不害于其身;躬为匹夫而愿富贵,为诸侯而无财。"这样的大贤深受后世推崇敬仰,理所当然地得到"纪念王十朋诞辰九百周年全国学术研讨会"与会者的一致认可、赞同。

中国宋史研究会会长邓小南在研讨会闭幕式上赞扬王十朋是"正色凛凛'特立不回'的'真儒者'";中国宋史研究会副会长葛金芳也说:王十朋是南宋初期浙南孕育的拥有声望的南宋大贤。他在中央政府任职时,敢迕当朝宰相史浩及其同朝为官的侄子,书生意气,挥斥方遒。他在主政饶、夔、湖、泉四郡时,不仅敢顶催交欠赋的顶头上司——户部,而且敢驳当朝宰相洪适的请托,一身正气,无私无畏。特别是他在治郡实践中表现出来的廉洁自律、团结僚属、礼贤下士、详察政情,"抚"字当头、心系民生、减轻赋役、决不扰民等施政理念,及其爱民亲民、具体务实的施政风格,更是值得今人学习、深思和发扬光大。

浙江省社会科学院院长迟全华说:"王十朋是南宋状元,也是著名的南宋大贤。他长期担任地方行政职务,所到之处,体察民情,兴利除弊,注重民生;他在隆兴和议的政治风波中,大节凛然,力持正论,与投降派进行了针锋相对的斗争;他才气纵横,擅长诗赋,为后人留下不少脍炙人口、充满情思雅致的名篇;他不慕荣利,洁己奉公,受到世人的普遍敬仰。"

光明日报社副总编李春林说:王十朋无论是为文,还是为人、为官,都达

---

① 王志成、张卓鹏:《梅溪精神探微》,中国文联出版社2015年版,第2页。

到了圣贤的境地,实现了"立德、立功、立言"的"三不朽",他的身上洋溢着思想的光辉和道德的温暖。这种思想的光辉和道德的温暖,超越时空,具有巨大而恒久的魅力。

此前,徐顺平先生从"爱民至深、一生清廉、刚正不阿"三个方面概述梅溪精神品格的表现及其影响,将他的坚执慷慨与温厚博大、直道愤懑与仁慈宽厚融为一体,共同营构出人格中的华彩,颂扬梅溪人格丰碑将永立人间,其大贤形象及其人格风范将播扬后世。总结说:"王十朋以文章名节彪炳于世,他的爱国爱民、清正廉洁、刚直不阿的高尚品质与思想精髓,不仅有着重大的历史意义,而且在当今往后也有着深刻的现实意义,永为人们仰怀纪念!"①

王十朋建树的大贤风范,包括他诗风诗艺在内的文化愿景,将继续作用于后世的士风民气和诗教文明传统。他不媚俗,不倦怠,有操守,崇阳明,自信自强,先觉先行,为忧患时代士大夫的人格自律增设了新标杆。秘响旁通,这里用得上司马光评点历史人物的金句:"夫切直之言,非人臣之利,乃国家之福也。"②王十朋为国事自觉担当这个对自己有百害而无一利的批评者角色,特别是在国家利益受到重大威胁时,彰显出"正色凛凛'特立不回'的'真儒者'"本色,心地纯粹,精神昂扬,胸怀广阔,眼界高远,坚忍不拔,像孟子那样"养吾浩然之气",纵观天下,心系黎民,以实现"王道""仁政"为己任,且有"当今之世,舍我其谁也"(《孟子·公孙丑下》)这般豪迈气概。这样的君子伟岸形象,在几千年的历史长河中虽非众多,亦非鲜见,当令我辈永抱"温情和敬意"。

王十朋完美的大贤风范,以君子人格为基础,是中国古代读书人的信仰和目标。如今,君子人格灌注在中国人的血脉中,渗透在我们的日常生活中。有关君子品格的箴言,早已为大众耳熟能详,即如"君子一言,驷马难追""君子爱财,取之有道""君子成人之美""君子不夺人之好""君子动口

---

① 徐顺平:《王十朋的高尚品德与思想精神》,《论文集》第168—170页。
② 司马光:《资治通鉴》卷四三《汉纪三五》,建武十五年己亥春正月辛丑。

不动手""近君子远小人"等,其蕴含的为人处事的道理,不再曲高和寡,不再高不可攀,而是可以身体力行。时代要求我们培养有操守、有担当、有襟怀、有胆识、有雅趣的新君子。提升强化家国观念、悲悯情怀、生命意识和人文素养乃时代责任所在。

大贤杳去,梅魂萦回。王十朋的大贤风范和君子人格已经融化到我国的优秀思想文化传统之中。王十朋留下的精神财富,正以丰沛的中国古典式的美感魅力温暖着世道人心。学习和弘扬王十朋的精神品格,对于当前提倡的防腐倡廉,传承中华传统优秀文化,培育和弘扬社会主义核心价值观来说,都有丰富的现实启示意义。

附　录　王十朋年谱

宋徽宗政和二年壬辰(1112年),一岁。

十月二十八日生于温州乐清左原(今淡溪镇梅溪村)。

时,奸臣蔡京为相。西北战事复起,金军破辽阳。

宋徽宗宣和元年戊戌(1118年),七岁。

此时开始至十三岁,在家塾从谢师启蒙。开始接受父亲严格有序的教育安排。十岁时,随父祖避乱于左原西南之三井,凡三宿。家十余间房屋因乱被焚毁。

宋江、方腊起义。宣和二年,宋金订立"海上之盟",议定联合灭辽。赵构封康王。

宋徽宗宣和四年壬寅(1123年),十二岁。

先祖有疾服药,思鲫鱼,十朋父钓于井而得之。十朋侍立井旁亲见之。后人命该井为"孝感井"。

宋金相约攻辽,是岁辽亡。

宋徽宗宣和七年乙巳(1125年),十四岁。

开始在贾岙鹿岩乡塾读书。冬,作诗《宣和乙巳冬大雪次表叔贾元实韵》,"操笔即有忧世拯民之志"。

宋联金灭辽后,金国转攻宋,宋遣使求和。徽宗禅位于其子桓,是为钦宗。次年,即靖康元年(1126)钦宗任康王赵构为兵马大元帅。丁未(1127)三至四月,京师破,执徽、钦二帝及宗室北去,北宋亡。五月,赵构即位于南京(今河南商丘南),改元建炎,即为高宗。太学生陈东、布衣欧阳澈上书言事,被杀。

宋高宗建炎二年戊申(1128年),十七岁。

从潘翼先生学,重九登鹿迹岩,曾赋诗呈诸长者。组结乐清鹿岩诗社。作诗《伤时感怀》等。

宋室南迁,于次年(1129)二月驻跸杭州。金兵继续南下,先后占领扬州、建康、临安。高宗流亡海上。移幸温、台。

宋高宗建炎四年庚戌(1130年),十九岁。

目睹高宗离温时的仪卫场面,作诗《驾幸温州次僧宗觉韵》。

高宗二月初一至江心屿,二月十日进城驻跸州治。三月十八日离温州北返。五月,岳飞收复建康。十一月,秦桧从金营归,建议讲和。

宋高宗绍兴元年辛亥(1131年),二十岁。

这年至绍兴四年,在县邑金溪招仙馆从林师禹求学。与僧觉无象往来唱酬。结金溪诗社,号称"八叟"。编诗集。

二月,秦桧为参知政事;八月,进宰相兼知枢密院事。

绍兴二年壬子(1132年),二十一岁。

在金溪邑馆读书。诗翁刘光卒。作《南浦老人诗集序》。

正月,高宗至临安。八月,秦桧罢相。金宗翰执国政。次年(1133),复元祐十科取士法。

绍兴四年甲寅(1134年),二十三岁。

伤怀国事,作《读亲征诏书二首》等。父置"四友堂"。

五月,岳飞破伪齐。十月,高宗起用张浚、马扩;昭雪陈东、欧阳澈。冬十月,诏戒朋党,禁温、台二州民结集社会。

绍兴五年乙卯(1135年),二十四岁。

这年至绍兴九年己未,进乐清县学读书。作《乐清县学落成百韵》颂其事。

此期间,张浚、赵鼎、李纲相位轮替。四月,徽宗死于五国城(今黑龙江依兰)。汪应辰状元及第。绍兴七年(1137),高宗进驻建康。

绍兴八年戊午(1138年),二十七岁。

与贾氏夫人成婚,夫人为贾叅贾元范侄女。次年十月,长子闻诗出生。秋至温州州学从吴秉信教授学,为明年秋试准备。

秦桧独相,独揽军政大权,主和议。张浚、韩世忠、岳飞、李纲等上书反对议和。张浚贬永州(今湖南零陵)。十一月,胡铨上疏请斩主和派头子秦桧,被谪昭州(今广西乐平县)。

绍兴十年庚申(1140年),二十九岁。

秋试落第,欲废经而用赋。离别县学。

五月,金破坏和议南侵。七月,岳飞违诏进军中原,大败金军,寻奉诏班师。

绍兴十一年辛酉(1141年),三十岁。

功名未就,左原家居。二月二日次子闻礼出生。作《夜雨述怀》《更为古诗一章》等,抒发忧怀,抨击时政,为胡铨等鸣不平,申明科第精义。

正月,金兵渡淮。高宗、秦桧解韩世忠、岳飞等兵权。十一月,宋金"绍兴和议"成,划淮为界,南宋臣附于金。十二月岳飞父子遭害。李光贬藤州。

绍兴十二年壬戌(1142年),三十一岁。

父王辅去世,十朋居丧尽礼。次年作《家政集》。

二月,宋进谢表于金,称臣割地。五月,沿淮设榷场进行宋金贸易。七月,胡铨编管新州(今广东新兴)。九月,秦桧进太师,封魏国公。次年国子监太学作于岳飞故宅。宋、金互通使贺正旦。

绍兴十四年甲子(1144年),三十三岁。

在左原居父丧。于梅溪辟书馆授徒,次年(1145)冬,书馆罢会,赴补临安太学,作《乙丑冬罢会呈诸友》。

立太学及科举试法,分经义、诗赋两科取士。赐秦桧第宅。秦桧控制言论,疏请禁野史,专制尤甚。

绍兴十六年丙寅(1146年),三十五岁。

春,初赴临安太学,便道第一次游雁荡。沿途有诗。幼子孟丙出生。秋,自太学归。

诏建秦桧家庙。谪张浚居连州(今广东连县)。

绍兴十七年丁卯(1147年),三十六岁。

春,第二次赴临安太学,由外舍生升为内舍生。秋归,赴温州鹿鸣宴。因明年春省试,冬初离家赴临安。顺道再游雁荡。

秦桧指使毒死岳飞部将牛皋。赵鼎在吉阳军(今海南崖城)谪所绝食死。

绍兴十八年戊辰(1148年),三十七岁。

春三月省试落第。四月归至绍兴复还临安追补太学。闰八月,别太学同舍还乡。应太学同舍周汝士之邀,到嵊县讲学,任师席。

时,秦熺知枢密事。十月,金宗弼(兀术)死。胡铨再贬吉阳军。

绍兴十九年己巳(1149年),三十八岁。

在左原家居。因国事不堪,仕途颠踬,有"儒冠误身"之叹。研读《韩昌黎集》,作和韩诗二十九首。八月初,第五次离家赴临安,万先之同行,途经雁荡,沿途有诗。通过太学考试升上舍生。母万氏去世,奔丧归里。

金完颜亮杀其主熙宗自立。

绍兴二十年庚午(1150年),三十九岁。

是年始至绍兴二十二年,在左原居母丧。幼子孟丙夭亡。录古律诗数十篇编为《自宽集》。继续办学授徒。作《四友录》《读苏文》《观水记》《岩松记》《西征》《哭孟丙》等。

叶适生。韩世忠去世。

绍兴二十三年癸酉(1153年),四十二岁。

春三月,应太学同舍周德远之邀,前往剡溪书院任师席。八月回左原。作有《书院杂咏》《渊源堂记》等诗文。

金迁都于燕(即今北京),改燕京为中都大兴府。秦桧罢相。

绍兴二十四年甲戌(1154年),四十三岁。

赴补归。自是年至次年,在左原家居,执教梅溪书院。辟东园种花木自娱。作《林下十二子诗》与《小小园》等。

高宗亲试举人,张孝祥为第一。次年十月,秦桧病死。加秦熺少傅,封魏国公。复张浚等官,胡铨从吉阳军内移衡州(今湖南衡阳)。

绍兴二十六年丙子(1156年),四十五岁。

开书会于郭路明庆寺,又另建别业。其诗作《明庆忏院上方地爽而幽》《孟夏十有一日时雨初霁》等有天意分明、阳刚振发气象。十月,赴临安太学,备明年春闱殿试。过剡,作《天香亭记》。

沈该、万俟卨为宰相。张九成知温州。"诏妄议和好"。张浚因上疏议恢复事复居永州。

绍兴二十七年丁丑(1157年),四十六岁。

三月二十一日,参加集英殿由高宗皇帝主持的殿试。高宗御批十朋《廷试策》:"经学淹通,议论醇正,可作第一人。"初授左承事郎。九月底,特遣绍兴府签判。十二月赴任,榜所居廨曰"民事堂"。赈济灾民,平冤救弊,访贤探古,代帅上书言时政,请备战。作"会稽三赋"与《民事堂》诗。至绍兴二十九年(1159)十二月初七,绍兴府签判秩满解官。同月十九日,抵乐清左原家。

九月,陈康伯参知政事。金扩军欲南侵,高宗与宰执不信,疏于战备。

绍兴三十年庚辰(1160年),四十九岁。

正月初二,命除秘书省校书郎,初八上任。三月,兼建王府小学教授。轮对言金将渝盟,力陈抗战之要,荐用张浚、刘锜,劾杨存中。其言大略施行。高宗嘉纳,解杨存中兵权。太学生作"五贤诗"赞之。

二月,立普安郡王瑗为皇太子,进封建王。临安府发行纸币"会子"。汤思退罢。

绍兴三十一年辛巳(1161年),五十岁。

二月,改除著作佐郎。受主和派排挤,迁太宗正丞,供职绍兴府。累章乞祠。五月十八离京,六月归里,续乞祠,得请主管台州崇道观。第一次辞官,在左原家居,作《左原诗三十二首》等。

正月,金使声称以长江为界;八月,金主完颜亮大举南侵,虞允文督宋军大败南侵金军于采石。完颜亮兵变被杀,金军北撤。张浚判建康府。

绍兴三十二年壬午(1162年),五十一岁。

左原家居。六月十一日,高宗内禅,孝宗即位。二十一日诏知严州,尚未赴任,孝宗即召对,商议国家大计,主营军需。因大风雨拔屋未能赴任。九月二十日离家,十月抵京城临安。冬,除司封员外郎兼国史编修,又兼崇政殿说书。迁国子司业。会召百官言事,上疏陈弊事,与侍郎张阐对便殿,言百官"居其官不履其职"等。

七月,岳飞冤狱昭雪。张浚为江淮宣抚使。十月,金兵南侵,向宋索取海、泗、唐、邓、商等州及岁币。

宋孝宗隆兴元年癸未(1163年),五十二岁。

四月,除起居舍人,改兼侍读,升侍讲。又任右史,与左史胡铨同奏论史职废坏者四事。越月(五月)改除侍御史、起居郎。一月内上札十六件,议论军事、政治、财政、用人等事宜,力排和议,为北伐献计献策,志在恢复中原。荐张浚,劾宰相史浩怀奸、误国等八罪,又劾其奸党史正志、林安宅,并使之罢职。符离少挫,王师不利。诏以权吏部侍郎,十朋坚辞不拜,上表自劾。六月十九日,第二次辞官,毅然去国归里。

正月,吴璘奉诏从陕西退兵,西线宋军从此丧失进攻能力。木待问进士第一。此后朝廷和战争斗激烈,宰执进退、朝臣更替频繁,国是动摇。两浙大水,害蝗虫。

隆兴二年甲申(1164年),五十三岁。

乡居左原。遇灾荒,生活困迫。六月,以集英殿修撰起知饶州。六月一日离家赴任。七月三日抵达府署所在地鄱阳。饶州遇大旱,十朋入境即雨。在饶州水南僧舍会见张浚。丞相洪适请故学宫基扩其圃,遭十朋拒绝。至次年即乾道元年(1165)七月九日奉命离饶。于饶州任期一年。知饶期间,抚民爱民施仁政,重视风教,标榜先贤,组结楚东诗社,编刊《楚东酬唱集》。订交张孝祥。

四月,张浚罢相,判福州。八月,张浚卒。汤思退奏遣魏杞赴金议和。十一月,汤思退以自坏边备革职,谪居永州,未至而死。陈康伯复相。

宋孝宗乾道元年乙酉(1165),五十四岁。

知饶州任上,至七月八日。离任时,饶民乞留,断桥阻行,十朋从间道去。逗留庐山,乞祠不允。寻除敷文阁待制知夔州,兼充夔州路安抚使。八月十五日出庐山赴夔州。闻诗、闻礼不赴秋试,追至兴国军服侍双亲。十一月初一到达夔州任所。于夔州任期二年。

十二月,宋金"隆兴和议"生成,改君臣为叔侄,岁贡改称岁币。太学生张观、宋鼎等上书,请求陛下召虞允文、王十朋等"协谋同心,以济大计"。

乾道二年丙戌(1166 年),五十五岁。

拜帅守夔州。掌帅印,保民安,惠民办实事,修筑城墙,买山植树,马纲复旧路,兴儒利教化。修诸葛武侯祠,拜诗圣杜甫,会别政坛挚友,三元际会,组结夔州诗社。

杨存中死。洪适罢,林安宅同知枢密院事,不久免。陈俊卿同知枢密院事。

乾道三年丁亥(1167 年),五十六岁。

春夏在知夔州任上。为民请免户部责虚逋钱十四万而不得,即丐祠去。七月七日迁知湖州。七月十七日离夔东下,九月一日至临安,应孝宗召对,上《除知湖州上殿札子三首》。九月十三日以左奉议郎、敷文阁待制移知湖州。时值湖州淫雨,十朋入境即霁。抗灾救灾,恢复生产。湖州任期 8 个月。

虞允文知枢密院事,代任四川宣抚使。两浙饥,乐邑海溢,夜潮入城,生存者十一。

乾道四年戊子(1168 年),五十七岁。

知湖州任上。赈灾恤民,重置贡院,振兴湖学,为湖州百姓请免税赋,恢复生产,湖民称颂。因户部责虚逋钱三十四万,十朋为民请免不允,请祠去。得举太平兴国宫。六月抵家。同年八月二日诏下,起知泉州,进敷文阁直学士。九月十九行,十月初到达泉州任所。作《宴七邑宰》诗诫勉抚民。十二月,夫人贾氏病故,作《哭令人》诗等。

二月,王炎签书枢密院事。十月,陈俊卿为同平章事兼枢密使。

乾道五年己丑(1169 年),五十八岁。

在知泉州任上。劳农劝农,浚伏田塘,割俸建贡院,立韩魏公祠,修名胜北楼,构社中诗令,倡宗杜学韩。因病三上章乞祠不允。

刘珙参知政事。虞允文同平章事兼枢密使。江浙水旱、蝗灾。

乾道六年庚寅(1170年),五十九岁。

春,在知泉州任上。任满,闰五月二十日离泉州,扶夫人贾氏灵柩归乡。九月,复以敷文阁直学士、左朝奉郎知台州军州事,以病力辞乞致仕。泉人为立生祠纪念。

吏部尚书汪应辰罢。辛弃疾上《九议》。张孝祥卒。

乾道七年辛卯(1171年),六十岁。

二月初八,孝宗立第三子恭王赵惇为太子。春三月,除王十朋为太子詹事。孝宗召见选德殿,十朋力疾造朝,奏上殿札子三首,极论时事,孝宗赐金带袭衣。回归故里后,病趋重,三上章,乞致仕,诏以龙图阁学士致仕。命下,十朋卒,享年六十。时七月初三(丙子)。孝宗令两浙路转运司给葬事。积阶至左朝奉郎,封乐清县开国男,赠左散大夫。葬于左原白岩家族墓地,夫人贾氏合袝。墓亭内立"四贤碑",即《龙图阁学士王公墓志铭》系汪应辰撰文,张栻书丹,朱熹题额篆盖——四位名垂青史的同朝国士贤臣,珠联璧合,相得益彰,故后世以"四贤"名碑。

王十朋逝后二十一年,南宋光宗赵惇于绍熙三年(1192),赐谥曰忠文。是年中秋,闻诗、闻礼汇集成《梅溪王先生文集》,共五十四卷。大儒朱熹代刘共父为之序。后收入《四库全书》。

1989年12月12日,浙江省人民政府发文将王十朋墓列入省重点文物保护单位。

2008年后,"王十朋传说"列入第二批温州市非物质文化遗产名录;2012年,列入第四批浙江省非物质文化遗产名录推荐项目。

按:本年谱据《宋史·王十朋列传》《宋龙图阁学士王公墓志铭》与《王十朋全集》收录相关资料综合整理,参阅吴宏富《南宋大贤王十朋剡中诗文集》(中国文史出版社2018年出版)所列《王十朋往返剡中时间表》《王十朋仕途生涯一览》修订而成。

图书在版编目（CIP）数据

王十朋研究 / 张润秀著. —上海：上海古籍出版社，2021.11
（南宋及南宋都城临安研究系列丛书）
ISBN 978-7-5732-0122-5

Ⅰ.①王… Ⅱ.①张… Ⅲ.①王十朋（1112—1171）—人物研究 Ⅳ.①K827=442

中国版本图书馆 CIP 数据核字（2021）第 223132 号

南宋及南宋都城临安研究系列丛书·专题研究
王十朋研究 张润秀 著

责任编辑	王　赫
出版发行	上海古籍出版社
	地址：上海市闵行区号景路159弄A座5F　邮编：201101
	（1）网址：www.guji.com.cn
	（2）E-mail: gujil@guji.com.cn
	（3）易文网网址：www.ewen.co
印　刷	上海颛辉印刷厂有限公司
开　本	787×1092 毫米　1/16
印　张	29
字　数	416 千
版 印 次	2021年11月第1版　2021年11月第1次印刷
书　号	ISBN 978-7-5732-0122-5/K·3069
定　价	108.00 元

版权所有　翻印必究　印装差错　负责调换